# Beiträge zur Graphischen Datenverarbeitung

Herausgeber:
Zentrum für Graphische Datenverarbeitung e.V. Darmstadt (ZGDV)

# Beiträge zur Graphischen Datenverarbeitung


M. H. Ungerer (Hrsg.): CAD-Schnittstellen und Datentransferformate im Elektronik-Bereich. VII, 120 Seiten, 77 Abbildungen, 1987

H. R. Weber (Hrsg.): CAD-Datenaustausch und -Datenverwaltung. Schnittstellen in Architektur, Bauwesen und Maschinenbau. VII, 232 Seiten, 112 Abbildungen, 1988

J. Encarnação, H. Kuhlmann (Hrsg.): Graphik in Industrie und Technik. XVI, 361 Seiten, 195 Abbildungen, 1989

D. Krömker, H. Steusloff, H.-P. Subel (Hrsg.): PRODIA und PRODAT. Dialog- und Datenbankschnittstellen für Systementwurfswerkzeuge. XII, 426 Seiten, 45 Abbildungen, 1989

J. L. Encarnação, P. C. Lockemann, U. Rembold (Hrsg.): AUDIUS Außendienstunterstützungssystem. Anforderungen, Konzepte und Lösungsvorschläge. XII, 440 Seiten, 165 Abbildungen, 1990

J. L. Encarnação, J. Hoschek, J. Rix (Hrsg.): Geometrische Verfahren der Graphischen Datenverarbeitung. VIII, 362 Seiten, 195 Abbildungen, 1990

W. Hübner: Entwurf Graphischer Benutzerschnittstellen. Ein objektorientiertes Interaktionsmodell zur Spezifikation graphischer Dialoge. IX, 324 Seiten, 129 Abbildungen, 1990

B. Alheit, M. Göbel, M. Mehl, R. Ziegler: CGI und CGM. Graphische Standards für die Praxis. X, 192 Seiten, 44 Abbildungen, 1991

M. Frühauf, M. Göbel (Hrsg.): Visualisierung von Volumendaten. X, 178 Seiten, 107 Abbildungen, 1991

D. Krömker: Visualisierungssysteme. X, 221 Seiten, 54 Abbildungen, 1992

G. R. Hofmann: Naturalismus in der Computergrahik. VIII, 136 Seiten, 78 Abbildungen, 1992

J. L. Encarnação, H.-O. Peitgen, G. Sakas, G. Englert (Eds.): Fractal Geometry and Computer Graphics. XI, 254 Seiten, 172 Abbildungen, 1992

K. Klement: Präsentation mit STEP. Schnittstellen zwischen Computer-Graphik und CAD/CIM. IX, 168 Seiten, 50 Abbildungen, 1992

M. Göbel, J. C. Teixeira (Eds.): Graphics Modeling and Visualization in Science and Technology. XII, 263 Seiten, 137 Abbildungen, 1993

G. Sakas: Fraktale Wolken, virtuelle Flammen. XII, 242 Seiten, 138 Abbildungen, 1993

G. R. Hofmann (Hrsg.): Imaging: Bildverarbeitung und Bildkommunikation. XII, 356 Seiten, 141 Abbildungen, 1993

Georg Rainer Hofmann (Hrsg.)

# Imaging

## Bildverarbeitung und Bildkommunikation

Mit Beiträgen von
Ch. Blum, A. Hildebrand, G.R. Hofmann, P. Neugebauer,
L. Neumann, U. Schneider, R. Strack

Mit 141 Abbildungen und 16 Tabellen

Springer-Verlag
Berlin Heidelberg New York
London Paris Tokyo
Hong Kong Barcelona
Budapest

*Reihenherausgeber*

ZGDV, Zentrum für Graphische Datenverarbeitung e. V.
Wilhelminenstraße 7, D-64283 Darmstadt


*Herausgeber*

Georg Rainer Hofmann
KPMG Unternehmensberatung GmbH
Olof-Palme-Straße 31
D-60439 Frankfurt


Umschlagmotiv: Nach Salvador Dalí, *Gala mirant al mar mediterrani.*
*Mit zunehmendem Abstand zum Bild erscheinen die Umrisse eines Porträts von*
*Abraham Lincoln*


ISBN-13: 978-3-540-56373-0     e-ISBN-13: 978-3-642-78030-1
DOI: 10.1007/978-3-642-78030-1

Die Deutsche Bibliothek - CIP-Einheitsaufnahme.
Imaging: Bildverarbeitung und Bildkommunikation; mit 16 Tabellen / Georg Rainer Hofmann (Hrsg.). - Berlin;
Heidelberg; New York; London; Paris; Tokyo; Hong Kong; Barcelona; Budapest: Springer, 1993
(Beiträge zur graphischen Datenverarbeitung)
ISBN-13: 978-3-540-56373-0

NE: Hofmann, Georg R. [Hrsg.]



Satz: Reproduktionsfertige Vorlage vom Autor
33/3140-5 4 3 2 1 0 - Gedruckt auf säurefreiem Papier

# Vorwort des Herausgebers

Das vorliegende Buch *Imaging: Bildverarbeitung und Bildkommunikation* leistet eine umfassende Darstellung der wissenschaftlichen Grundlagen und der Technologie des *Imaging*. Unter *Imaging* werden Techniken der integrierten rechnergestützten Verarbeitung, Speicherung und Kommunikation von *unmittelbar bildhaften (ikonischen) Daten* subsummiert:

Beim *Imaging* steht das *diskrete Bild als Datenstruktur* und seine digitale Verarbeitung und Kommunikation mit den aus den Graphischen Datenverarbeitung bekannten Arbeitsplatz–Rechnern (*graphics workstations*[1]) im Mittelpunkt. Das *Imaging* hat sich in den letzten Jahren als ein eigenständiges Fachgebiet einerseits aus der Informatik (speziell aus der Rastergraphik als einem Teilgebiet der Graphischen Datenverarbeitung), andererseits aus der Kommunikations–Technik (und hier speziell aus dem Bereich der Bildkommunikation und Bilddatenübertragung) herausgebildet und etabliert.

Damit ist das *Imaging* ein wichtiges Beispiel für den sich abzeichnenden allgemeinen Technologie–Trend der neunziger Jahre, an dessen Endpunkt die traditionelle *Unterscheidung zwischen Informations– und Kommunikationstechnologie verschwunden* sein wird.

Die *Imaging–Technologie* grenzt sich von der *traditionellen Bildverarbeitung* da ab, wo diese geprägt ist von einer elektro–, nachrichten– und signaltechnischen Tradition, welche das diskrete Bild lediglich als ein zweidimensionales, digitales *Bild–Signal*, und nicht auch primär als *Bild–Datenstruktur*, versteht.

Die Anwendungen der *Imaging–Technologie* gewinnen seit Beginn der neunziger Jahre erheblich an kommerzieller Bedeutung: Aufbauend auf bildverarbeitungs–orientierten *Imaging*–Basissystemen werden Systeme zur ikonischen Dokumentenverwaltung und –speicherung (*document imaging systems*), aber auch Endgeräte für neue Teledienste, wie Tele–Conferencing, Multimedia–Mail, Elektronischer Daten– und Dokumentenaustausch, und andere mehr, entwickelt. Diese Systeme werden eingesetzt in privaten und

---

[1]Nicht vollständig in die deutsche Orthographie integrierte fremdsprachliche Wörter sind — wie Hervorhebungen — mittels *kursiver Schrift* gekennzeichnet.

öffentlichen Verwaltungen, inbesondere dann, wenn diese Verwaltungen auf mehrere Standorte verteilt organisiert sind.

Das vorliegende *Imaging*-Buch entstand in einem mehrjährigen Prozeß am Fraunhofer-Institut für Graphische Datenverarbeitung (IGD) in unmittelbarer Nähe zur Technischen Hochschule Darmstadt: Das Kapitel *Einführung* bildet die Weiterentwicklung eines Vorlesungs–Skripts zur Vorlesung *Bildverarbeitung*, welche ich seit mehreren Jahren im Fachbereich Informatik an der Technischen Hochschule halte. Die Autoren der vertiefenden Darstellungen sind wissenschaftliche Mitarbeiter der Abteilung *Bildverarbeitung (Imaging)* am Fraunhofer–Institut für Graphische Datenverarbeitung.

Das Buch *Imaging: Bildverarbeitung und Bildkommunikation* ist von seiner Anlage her ein *Lehrbuch*; die Absicht der Autoren ist es, das Fachgebiet *Imaging* so darzustellen, das es sich dem Leser von Grund auf — gegebenenfalls von Neuem — erschließt.
Das Buch richtet sich an Studenten höherer Fachsemester der Studienrichtungen Informatik, Wirtschafts–Informatik, Elektrotechnik, Nachrichtentechnik und andere Fachrichtungen; aber auch an Praktiker und an kommerziellen Applikationen orientierte Anwender von *Imaging-Technologien*. Um diesem sehr breiten Leserspektrum gerecht werden zu können, wurde das vorliegende Buch mehrschichtig aufgebaut: Das Kapitel *Einführung* gibt einen Einblick in die Grundbegriffe des *Imaging*, es werden die wichtigen Bildstrukturen und Operatorklassen vorgestellt, sowie die grundlegenden Schemata der Bildkommunikation vermittelt. In der *Einführung* werden jeweils gezielt Hinweise auf die anderen Kapitel des Buches gegeben, welche weitgehend eigenständige, vertiefende Texte für die behandelten Fachgebiete — Bildverarbeitungs–Basissysteme, Hardware, Bildkompressionen, Bilddatenaustausch, Segmentierung und Rekonstruktion, *Imaging*–Standards — sind, und an den derzeitigen Stand der aktuellen Forschung heranreichen. Die Fülle der in der Einführung und in den einzelnen Beiträgen angegebenen weiterführenden Literatur kann dem Leser als Grundlage für ein weiteres Selbststudium dienen.

Darmstadt, im Frühjahr 1993

Dr. Georg Rainer Hofmann

# Inhaltsverzeichnis

# 1. Einführung

*Georg Rainer Hofmann*

## 1.1 Grundlagen und Definitionen

### 1.1.1 Referenzmodelle für die Ikonische Bildverarbeitung

Die Ikonische Bildverarbeitung (IBV) — im folgenden kurz als *"Imaging"* bezeichnet — kann heute als ein Teilgebiet sowohl der generativen Graphischen Datenverarbeitung (*computer graphics, image synthesis*), als auch der Bildanalyse und des Bildverstehens (*image analysis, image understanding*) begriffen werden. Dieser Sachverhalt ist das Resultat einer integrativen technischen Entwicklung, welche noch 1975 für A. ROSENFELD keineswegs selbstverständlich war, als er die verschiedenen Teilgebiete, je nachdem, ob sie ikonische (d.h., bildhafte) oder symbolische (d.h., bildbeschreibende) Daten verarbeiten, wohl unterschied[1]. Neuere Modelle der Begriffsbestim-

**Tabelle 1.1.** Klassifizierung nach A. ROSENFELD

| von\nach | Ikonik | Symbolik |
|---|---|---|
| Ikonik | Ikonische Bildverarbeitung | Bildanalyse,–verstehen |
| Symbolik | Generative Computergraphik | sonstige Datenverarbeitung |

mung der Bildverarbeitung sind weiter differenziert, so das von der ISO/IEC JTC1/SC24[2] erarbeitete Modell[3].

Nach dem in Abbildung 1.1 dargestellten Referenzmodell wird die Ikonische Bildverarbeitung klar als eine Basistechnolgie der "höheren" Diszi-

---

[1] Siehe hierzu [62].

[2] Zu den Abkürzungen in diesem Komiteenamen siehe die weiteren Erläuterungen zum IPI-Standard in Kapitel 9.

[3] Siehe hierzu [124].

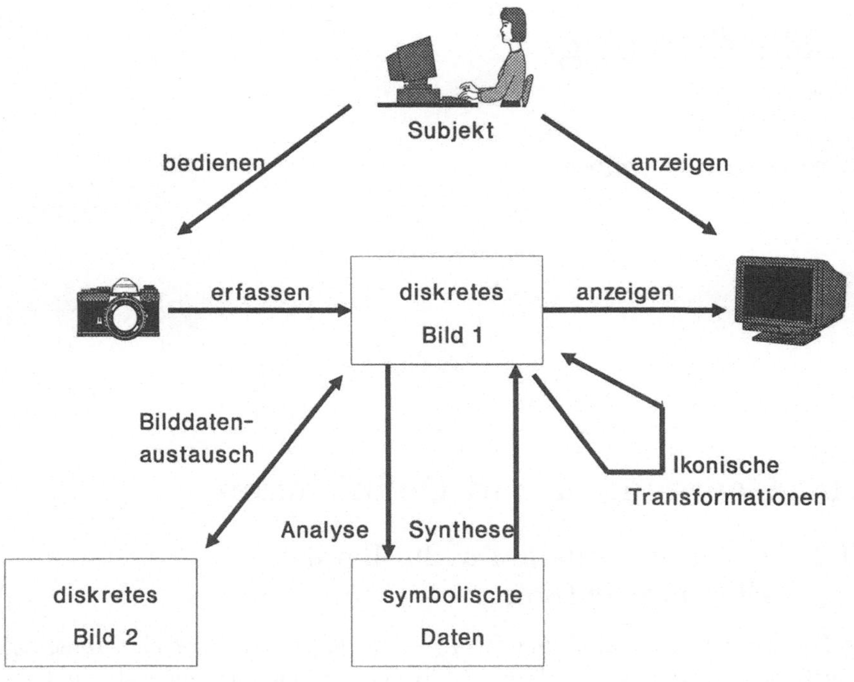


**Abb. 1.1.** Imaging–Referenzmodell der ISO/IEC (modifiziert, nach [124])

plinen Bildsynthese und Bildanalyse verstanden. Ferner kennt das Modell die Anbindung der physikalischen Realität über den Bildaufnahme– und Bildwiedergabe–Prozeß an ein im Rechner gespeichertes diskretes Bild (*digital image*). Im Modell ersichtlich ist die zentrale Rolle, welche die Bild–Bild–Transformationen und die Bildkommunikation, bzw. der Bildaustausch (*image communication*), für die Bildverarbeitung spielen.

## 1.1.2   Was ist ein Bild?

"Malerei: Darstellung der 'visuellen Wirklichkeit' auf einer Fläche mit Hilfe von Farben. Wenn bei dieser Darstellung intellektuelle Faktoren eine Rolle spielen, haben wir es mit einer minderwertigen Malerei, nämlich mit einer 'dekorativen Malerei' zu tun. Wenn die zusätzlichen Elemente aus dem Bereich der Ideen stammen, haben wir es auch mit einer minderwertigen Malerei, nämlich einer 'literarischen Malerei' zu tun. Schlußfolgerung: Die einzig echte Malerei ist die, die die Wirklichkeit wiedergibt." — Zitat nach SALVADOR DALI[4].

Der Begriff eines (gemalten) Bildes ist — losgelöst von der Informatik — exemplarisch durch obigen Text zunächst intuitiv klar. Innerhalb der

---

[4]Siehe [51].

Informatik hingegen ist das Wesen eines Bildes technisch nicht einfach abzugrenzen, da sich diskrete Bilder per se nicht von anderen, im Rechner gespeicherten und verarbeiteten Daten unterscheiden; im Rechner sind die Bilder der Graphischen Datenverarbeitung und der Bildverarbeitung bloße Zahlenfelder.

An dieser Stelle kommt eigenartigerweise ein "subjektives Moment" in die Bilddefinition hinein: Man kann nicht von Bildern sprechen, falls dieselben nichts mit visueller Präsentation gegenüber einem (menschlichen) Betrachter zu tun haben. Dieser Betrachter wird freilich — im Sinne eines genormten "Normalbeobachters" für die Farbwahrnehmung — mathematisch objektiviert; siehe Abschnitte 1.1.3.2 und 1.1.3.3

Die Verarbeitung diskreter Bilder mittels digitaler Rechner (d.i.: *Digitale Bildverarbeitung*) ist das Teilgebiet der Informatik, welches sich mit der Verarbeitung und der Kommunikation von Bildern beschäftigt, derart, daß die Eingabe– oder Ausgabeparameter der betrachteten Prozesse jeweils Bilder sind, dadurch ausgezeichnet, daß sie einem (menschlichen) Betrachter zur Betrachtung — zumindest potentiell — präsentiert werden.

## 1.1.3 Ein einfaches Modell diskreter Bilder

Die digitale Bildverarbeitung behandelt nur *diskrete Bilder*. Diese Bilder sind diskret in bezug auf den Ort, die (Farb–)Kanäle, die Amplituden und die Zeit. Man spricht von viererlei Diskretisierungen, nämlich der

- Orts–Diskretisierung,

- Kanal–Diskretisierung,

- Amplituden–Diskretisierung und der

- Zeit–Diskretisierung,

welche notwendigerweise bei der Aufnahme und Speicherung von   Bildern im Rechner vorgenommen werden müssen.

Diskrete Bilder werden vom Betrachter als "Stellvertreter" kontinuierlicher Bilder akzeptiert, weil das Auge (bzw. das ganze visuelle System) des Menschen nur über ein begrenztes Auflösungsvermögen bzgl. der betrachteten Diskretisierungs–Dimensionen verfügt. Ist die jeweilige Diskretisierung (oder *Auflösung*) nur "fein" genug, kann der Unterschied zwischen einem diskreten Bild und einem kontinuierlichen Bild vom Menschen nicht mehr erkannt werden. Im Sinne einer möglichst hohen Bildqualität sind natürlich sehr viele Diskretisierungsstufen wünschenswert, dem steht jedoch der Wunsch nach einer möglichst geringen Datenmenge für jedes im Rechner zu speichernde und zu verarbeitende Bild entgegen. In den einzelnen Applikationen der Bildverarbeitung müssen jeweils typische Kompromisse zwischen diesen beiden gegenläufigen Forderungen geschlossen werden.

Wie kann nun eine diskrete "Darstellung der visuellen Wirklichkeit auf einer Fläche mit Hilfe von Farben" mathematisch modelliert werden?

### 1.1.3.1   Orts–Diskretisierung

Ein Bild $I$ sei auf einer Fläche $F$ definiert, wobei $F$ ein endliches, geschlossenes Intervall des $\mathbf{R}^2$ mit unendlich vielen Bildpunkten ist:

$$F = \{(x,y) \in \mathbf{R}^2 \mid a \leq x \leq b \, und \, c \leq y \leq d\} \tag{1.1}$$

Die Orts–Diskretisierung geschieht nun durch den Übergang von $F$ auf $F'$, wobei $F'$ isomorph zu einem Intervall des $\mathbf{Z}^2$ mit endlich vielen Bildpunkten (Bildelementen, *picture elements*, *pixels* ) ist. Dies bedeutet, daß die ursprünglich kontinuierliche Bildebene durch ein Gitter fester Ortsauflösung ersetzt wird:

$$F' = \{(x,y) \in \mathbf{R}^2 \mid a \leq x \leq b \, und \, c \leq y \leq d \, und \, x = m \cdot \Delta x \, und \, y = n \cdot \Delta x\} \tag{1.2}$$

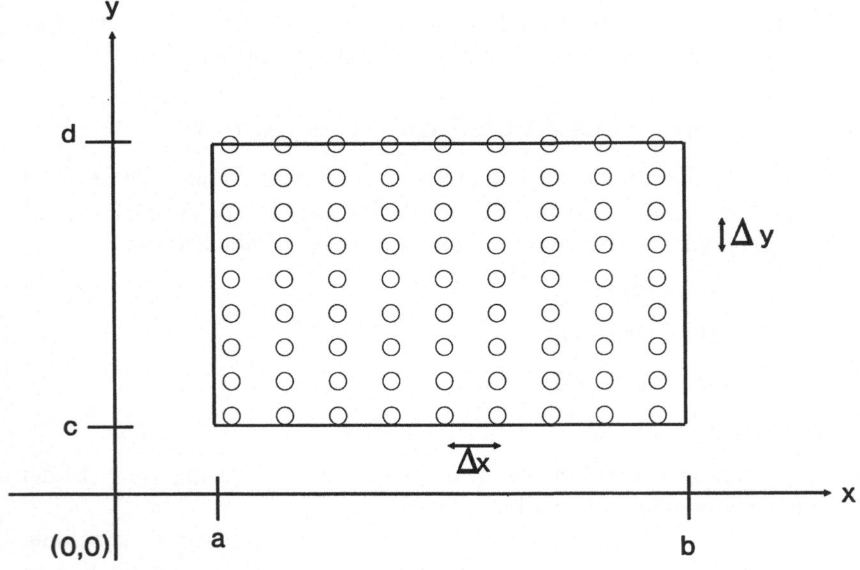


**Abb. 1.2.** Ortsraum $F'$ eines Bildes

Man bezeichnet $F'$ als den Ortsraum eines Bildes $I$, den Quotienten $(d - c)/(b - a)$ als das Seitenverhältnis () *aspect ratio* des Bildes, und den Quotienten $\Delta y/\Delta x$ als das Seitenverhältnis eines Pixels. Während das Pixel–Seitenverhältnis für diskrete Bilder meist in der Nähe von 1 liegt, schwankt das Bild–Seitenverhältnis; häufig gebräuchliche Werte sind in Tabelle 1.2 gelistet. Die Mächtigkeit der Menge $F'$ (die Anzahl der Pixel pro Bild) ist ein entscheidender Parameter für die Bildqualität. Hier gilt generell: Je kleiner der Quotient zwischen dem Abstand des Betrachters vom Bild und der physikalischen Bildgröße ist, desto mehr Pixel werden gebraucht, um den Eindruck einer kontinuierlichen Bildfläche beim Betrachter hervorzurufen.

**Tabelle 1.2.** Bildseitenverhältnis in verschiedenen Anwendungsgebieten

| Seitenverhältnis | Anwendung (hier als digital angenommen) |
|---|---|
| 3 : 4 | Fernsehen (jedoch nicht: HDTV) |
| 3 : 2 | 35mm–Kleinbildfilm |
| 1,41 : 1 | ISO–A–Papierformate |
| 9 : 16 | HDTV (*high definition television*) |
| 1 : 2,25 | Kino–Leinwand |

**Tabelle 1.3.** Typische Anzahl der Pixel pro Bild ($|\, F'\, |$) in verschiedenen Anwendungsgebieten

| $|\, F'\, |$ | Anwendung |
|---|---|
| 250.000 | einfache Bildverarbeitung (mit $512^2$ Pixel) |
| 420.000 | Digital–TV (CCIR Rec.601) |
| 1.000.000 | Computer–Graphik–Workstation |
| 2.000.000 | Gruppe–3–Fax (CCITT Rec.T.4) |
| 12.000.000 | 35mm–Film–Belichter |
| 100.000.000 | Druckvorlagen |

Die typischen Werte für $|\, F'\, |$ sind in Tabelle 1.3 gelistet. Es sind außer den hier dargestellten rechteckigen Gittern noch andere Ortsräume für diskrete Bilder in Gebrauch. Insbesondere verwendet man die anderen regulären KEPLER'schen Teilungen der Ebene (in gleichseitige Drei– bzw. Sechsecke), um zu einfacheren Nachbarschaftsbeziehungen zwischen den einzelnen Pixeln zu gelangen. Außerdem vereinfacht sich dadurch die Modellierung von Linien und zusammenhängenden Gebieten in diskreten Bildern[5]. Nichtreguläre Teilungen (*stochastic sampling*) haben den Vorteil, daß Interferenzerscheinungen des Bildgitters mit regulären Mustern, welche selbst Bildinhalt sein sollen, unterdrückt werden[6].

### 1.1.3.2 Kanal–Diskretisierung

Es wird zunächst der Fall betrachtet, daß die Pixel des diskreten Bildes sichtbare Farben darstellen. Physikalisch sendet jedes sichtbare Objekt elektromagnetische Wellen aus, die vom Auge des Menschen in einem Wellenlängenbereich zwischen 380 und 760 Nanometer (nm) — von blau bis rot über dieses Spektrum verteilt — wahrgenommen werden können. Die relative Verteilung dieser elektromagnetischen Strahlung über die Wellenlänge $\lambda$ wird mit $S(\lambda)$ bezeichnet. Die Funktion $S(\lambda)$ ist mathematisch ein Element eines unendlich–dimensionalen Funktionenraums, welcher für die Darstellung

---

[5]Siehe [151], S. 39–40.
[6]Siehe [245].

des diskreten Bildes durch endlich viele endliche Intervalle präsentiert (das heißt hier: approximiert) werden muß. Der Wert für ein Pixel — die Amplitude $A$ der Bildfunktion $I$ — ergibt sich für ein solches Intervall durch Integration über $\lambda$ innerhalb der Grenzen $\lambda_1$ und $\lambda_2$:

$$A = k \int_{\lambda_1}^{\lambda_2} S(\lambda) r(\lambda)\, d\lambda \tag{1.3}$$

Die Funktion $r(\lambda)$ heißt Spektralwertfunktion und ist interpretierbar als die "Empfindlichkeit" eines die Strahlungsfunktion $S(\lambda)$ aufnehmenden Sensors, z.B. einer elektronischen Kamera. Die Zahl $k$ ist ein Normierungsfaktor, welcher den aus dem Integral resultierenden Amplitudenwert A in einem vorgewählten Intervall, zum Beispiel zwischen 0 und 1, hält.

Eine besondere Rolle spielen die Norm–Spektralwertfunktionen $x(\lambda)$, $y(\lambda)$ und $z(\lambda)$, welche nach DIN 5033[7] den Normalbeobachter nach DIN 5033 definieren, welcher die Rot–, Grün– und Blau–Empfindlichkeit des menschlichen Auges modelliert und standardisiert. In der Norm DIN 5033 wird der Normalbeobachter anhand entsprechender Tabellen für $x(\lambda)$, $y(\lambda)$ und $z(\lambda)$ im Abstand von $5nm$ in Tabellen definiert[8].

Verallgemeinert man die Darstellung des spektralen Raumes, so kann man auch Fälle von $r(\lambda)$ betrachten, welche nahezu beliebig — auch im nichtsichtbaren Teil — im elektromagnetischen Spektrum verteilt sein können: So tastet beispielsweise der Fernerkundungssatellit LANDSAT TM die von der Erde kommende Strahlung mit sieben — wovon vier im nichtsichtbaren, infraroten Bereich liegen — verschiedenen $r(\lambda)$ ab; siehe auch Abschnitt 1.5.1.

Von der Kanal–Diskretisierung direkt abgeleitet — aber: von dieser zu unterscheiden — werden die in der Computergraphik und Bildverarbeitung verwendeten *Farbmodelle*, welche eigentlich "Farbmischmodelle" heißen sollten. Die Prinzipien der Mischung von sichtbaren Farben via additiver Mischung aus den drei Grundfarben (sogen. Primärvalenzen) Rot, Grün und Blau, sowie via subtraktiver Mischung aus den drei Grundfarben Gelb, Cyan und Magenta sind allgemein bekannt [9].

Für die Bildverarbeitung besonders wichtig ist die Farbdarstellung via einem Helligkeits– (Luminanz, *luminance*) und zwei Farbdifferenz–Kanälen (Chrominanz, *chrominance*), dem *Luv–Farbmodell*. In der Retina des Menschen werden die wahrgenommenen Grundfarben Rot, Grün und Blau sofort nach dem in Abbildung 1.3 dargestellten Prinzip weiterverarbeitet.

Der Mensch sieht also seine Umwelt nicht etwa in Rot, Grün und Blau, sondern vielmehr in einer Helligkeit, einer Rot–Grün–Differenz und einer Blau–Gelb–Differenz. Der Schwerpunkt des Schärfesehens liegt klar im Luminanz–Bereich, und nicht im Farbdifferenz–Bereich. Dieser Sachverhalt

---

[7]Deutsches Institut für Normung; DIN 5033 Farbmessung — enthält u.a. die Definition des Normalbeobachters.

[8]Siehe hierzu auch [166].

[9]Siehe hierzu auch die Darstellungen in [62].

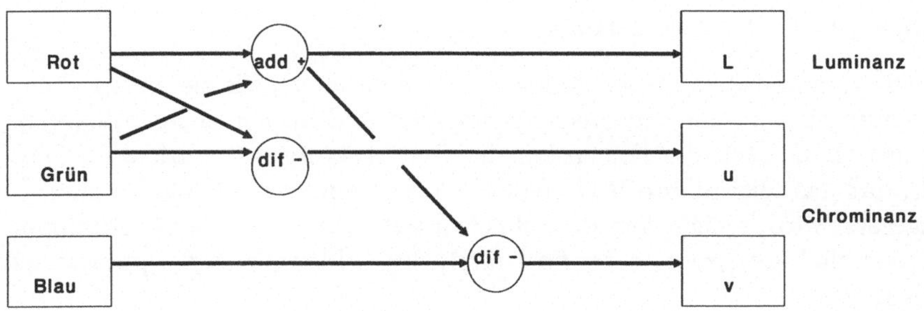


**Abb. 1.3.** Verschaltungsprinzip RGB nach Luv in der Retina

erklärt übrigens, warum man Schwarz–Weiß–Darstellungen (Photographie, Fernsehen, Kinofilm, etc.) sehr gut erkennen kann, warum die vier(!) Farben Rot, Grün, Blau und Gelb als die physiologischen Grundfarben gelten, und warum sich Farbblindheit immer auf den Ausfall der Rot–Grün– bzw. Blau–Gelb–Differenz bezieht, und nicht auf den Ausfall einer Grundfarbe allein. Das Luv–Farbmodell spielt bei der Bildkompression eine große Rolle.

### 1.1.3.3  Amplituden–Diskretisierung

Der durch die Kanal–Diskretisierung für ein Pixel entstehende Wert $A$

$$A = k \int_{\lambda_1}^{\lambda_2} S(\lambda) r(\lambda) \, d\lambda \tag{1.4}$$

ist per se eine reelle Zahl. Durch Diskretisierung geht $A$ aus $\mathbf{R}$ in ein diskretes $A'$ aus $\mathbf{Z}$ über, welches digital verarbeitet werden kann. Für die Menge X der möglichen diskreten Amplitudenwerte für ein Pixel gilt:

$$X = \{ A' \in \mathbf{R} \mid 0 \leq A' \leq A_{max} \ und \ A' = n \cdot \Delta \} \tag{1.5}$$

Die Kardinalität $\mid X \mid$ der Menge $X$ ist fast immer eine Zweierpotenz, da diese mit Binärzahlen einfach repräsentiert werden können. Die Zahl $\mid X \mid$ hängt dabei von den Anforderungen der Applikationen, aber auch von den Möglichkeiten bzgl. der Differenziertheit und der Dynamik der Helligkeitswiedergabe  des Wiedergabemediums ab. Falls $\mid X \mid = 2$, spricht man von Binärbildern; die Pixel können dann lediglich zwei Werte, am häufigsten als "schwarz" und "weiß" interpretiert, annehmen. Für Anwendungen im Farbdruck wird häufig $\mid X \mid = 16$ gewählt; für computergraphische Bildspeicher- und Monitorsysteme gilt fast immer $\mid X \mid = 256$, wobei jeweils ein $X$ für jeden Farbkanal vorzusehen ist. Für hochwertige Repräsentation von Filmmaterial, z.B. Röntgenfilme, kann $\mid X \mid$ bis zu $\mid X \mid = 4096$ und mehr betragen. Für einkanalige Bilder ist $A'$ ein Skalar, für n–kanalige Bilder hingegen ist $A'$ ein n–dimensionaler Vektor.

### 1.1.3.4   Zeit–Diskretisierung

Für zeitvariante Bilder (Bewegtbilder, *motion pictures*), wie sie in der Computeranimation, in der Videotechnik, im Film und im Fernsehen, etc., vorkommen, muß auch die Dimension der Zeit diskretisiert werden.     Dies heißt, daß das zeitvariante Bild aus nichtzeitvarianten Einzelbildern zusammengesetzt wird, welche dem menschlichen Betrachter mit einer bestimmten Bildwiederholrate (*frame rate*, *field rate*), der Bildfrequenz $f$,  präsentiert werden.

Ab ca. $f = 10Hz$ wird eine kontinuierliche Bewegung wahrgenommen. Eine derart geringe, mit starkem Flimmern behaftete, Bildfrequenz wird allenfalls für Applikationen mit der strikten Notwendigkeit geringer Datenrate eingesetzt, so z.B. Bildfernsprechen, Bewegtbildübertragung über (Nicht–Rundfunk–) Funkstrecken.

Ab ca. $f = 25Hz$ bis $f = 30Hz$ ist dem Betrachter eine Trennung der Einzelbilder nicht mehr möglich, das Bild flimmert aber noch. Diese $f$ werden z.Zt. beim Fernsehen und der Videotechnik verwendet.

Im Bereich $f = 40Hz$ bis $f = 120Hz$ nimmt das Bildflimmern immer mehr ab, zunächst in den kleineren Bilddetails, dann auch in den größeren Flächen im Bewegtbild. Diese $f$ werden z.Zt. beim Kino, bei großen Fernsehbildschirmen und beim hochauflösenden Fernsehen (*high definition television* (HDTV)) verwendet.

Als generelle Regel kann gelten: Je größer (in Grad des überdeckten Gesichtsfeldwinkels) und je heller das betrachtete Bewegtbild ist, desto höher muß die Bildwiederholrate sein, um einen flimmerfreien Bildeindruck beim Betrachter zu erreichen.

## 1.1.4   Die Bildarchitektur der SMPTE

Die SMPTE (*Society of Motion Picture and Television Engineers*) beschäftigt sich in einem 1992 herausgegebenen Bericht [239] mit der Definition einer "einheitlichen" Architektur für digitale Bilder. Eine solche Architektur stellt ein mathematisches Modell dar, aus welchem sich auch ein Bilddatenmodell ableiten läßt.

Man ist an einheitlichen Bildarchitekturen interessiert, vermöge derer verschiedene Erscheinungsweisen und Parametrisierungen diskreter Bilder harmonisiert und "aus einem Guß" modelliert werden können. Damit soll erreicht werden, daß man verschiedene Geräte zur Verarbeitung und Handhabung diskreter Bilder, wie Bildspeicher, Kameras, Monitore, Videoaufzeichnungsgeräte, usw., möglichst auch dann zueinander kompatibel konstruieren und halten kann, wenn diese Geräte aus verschiedenen Applikationsgebieten wie der Fernsehtechnik, der Filmtechnik, oder der Computergraphik (allgemeine Rastertechnologie) entstammen.

Zu diesem Zweck hat man von seiten der SMPTE für einige Geräte und deren Applikations–Bereiche typische Parametrisierungen diskreter Bilder in eine hierarchische Beziehung zueinander gesetzt. Diese Hierarchien beziehen sich auf die Ortsauflösung, die Bildwiederholrate, sowie auf die Bildseitenverhältnisse.

### 1.1.4.1 Ortsauflösungshierarchie

Die menschliche Sehschärfe (das örtliche Auflösungsvermögen des Auges) mißt man in sogenannten Zyklen (*cycles*) per Bogengrad (*degree*) des Gesichtsfeldes. Ein Zyklus wird typischerweise von einem Linienpaar, bestehend aus einer weißen und einer schwarzen Linie, gebildet. Um eine Anzahl von $n$ Zyklen in einem diskreten Bild zu modellieren, braucht man $2 \cdot n$ Linien (bzw. Spalten) im diskreten Raster.

Im Allgemeinen akzeptiert der Mensch ca. 22 Zyklen als ein "scharfes Bild"; unter idealen Bedingungen kann die menschliche Sehschärfe aber auch noch über 40 Zyklen per Grad Gesichtsfeld auflösen.

Die SMPTE unterscheidet nun 4 Klassen von Bildauflösungen (*low, normal, high, ultra high*), welche die in Tabelle 1.4 dargestellten Ortsauflösungen in Zyklen haben: Das bedeutet, zum Beispiel, daß man für eine hoch-

**Tabelle 1.4.** Bildklassenhierachie der SMPTE

|   | Auflösung (*resolution*) | *cycles per degree* |
|---|---|---|
| 1 | *low* | 1–15 |
| 2 | *normal* | 10–25 |
| 3 | *high* | 20–30 |
| 4 | *ultra high* | 30–40 |

auflösende Bildanzeige (*high resolution display*), welche 35 Grad Gesichtsfeld abdecken soll, ca. 2000 Pixels pro Zeile braucht, um 30 Zyklen pro Grad darstellen zu können. Ist z.B. eine Bildschirmzeile 19 Zoll (ca. $50cm$) lang, wäre der Betrachter ungefähr 30 Zoll (ca. $75cm$) vom Bildschirm entfernt. In Tabelle 1.4 sind weitere Beispiele abgetragen, wobei ein konstantes Bildseitenverhältnis von 16 zu 9 zugrundegelegt worden ist.

Dieses Grobkonzept der vier Auflösungsstufen wird nun überführt in ein erweitertes Modell der Ortsauflösungen des diskreten Bildes , welches — als seinen Grundelementen — aus 32 mal 32 quadratischen Unterfeldern (*tiles*) besteht. Die Kantenlänge von 32 wurde gewählt, weil man derart die gebräuchlichsten Bildseitenverhältnisse elegant modellieren kann, siehe unten.

Damit lassen die vier oben genannten Auflösungsstufen als fortwährende Unterteilung eines *tiles* in 16, 32, 64, und 128 Pixel pro Kantenlänge darstellen. Hiermit eine Anbindung der Auflösungshierarchie (unter der Annahme eines Gesichtsfeldes von 35 Grad) an absolute Pixel–Mengen (Anzahlen) per diskretes Bild gegeben ist. Dabei bleibt die geometrische Größe eines *tiles*

**Tabelle 1.5.** Fortwährende Unterteilung eines *tiles* und Anzahl der Pixel pro Bild

| Auflösung | *cycles per degree* | Pixel pro *tile* | E: 32 × 32 *tiles* |
|---|---|---|---|
| 1 *low* | 1–15 | 16 × 16 | 512 × 512 |
| 2 *normal* | 10–25 | 32 × 32 | 1024 × 1024 |
| 3 *high* | 20–30 | 64 × 64 | 2048 × 2048 |
| 4 *ultra high* | 30–40 | 128 × 128 | 4096 × 4096 |

| | A: 20 × 15 *tiles* | B: 24 × 18 *tiles* | C: 32 × 18 *tiles* | D: 32 × 24 *tiles* |
|---|---|---|---|---|
| 1 | 320 × 240 | 384 × 288 | 512 × 288 | 512 × 384 |
| 2 | 640 × 480 | 768 × 576 | 1024 × 576 | 1024 × 768 |
| 3 | 1280 × 960 | 1536 × 1152 | 2048 × 1152 | 2048 × 1536 |
| 4 | 2560 × 1920 | 3072 × 2304 | 4096 × 2304 | 4096 × 3072 |

natürlich konstant, da die Gesichtsfeldgröße als konstant angenommen ist.
Lediglich die Menge der Pixel pro Flächeneinheit ändert von Auflösungsstufe
zu Auflösungsstufe um den Faktor 4.

### 1.1.4.2  Hierarchie der Bildseitenverhältnisse

Das Modell des diskreten Bildes zu 32 mal 32 *tiles* kann (per Bildung
von Untermengen) verwendet werden, um eine Hierarchie der gängigen und
gebräuchlichen Bildseitenverhältnisse zu modellieren; siehe hierzu Abbildung
1.4.

Im einzelnen sind in Abbildung 1.4 die folgenden Bildgrößen vermittelnd
dargestellt:

*Region A* (4:3) zeigt die relative Ortsauflösung (bei "normal") der 525–
Zeilen–Systeme der NTSC–orientierten Fernsehsysteme.

*Region B* (4:3) zeigt die relative Ortsauflösung (bei "normal") der 625–
Zeilen–Systeme der PAL/SECAM–orientierten Fernsehsysteme.

*Region C* (16:9) zeigt die relative Ortsauflösung (bei "high") der
1250–Zeilen–Systeme derjenigen HDTV–Fernsehsysteme, welche sich am
PAL/SECAM–System orientieren.

*Region D* (4:3) zeigt die relative Ortsauflösung, wie sie bei den meisten
computergraphischen Workstations zum Einsatz kommt. Man beachte, daß
die unter "normal" aufgeführten Ortsauflösungen von 1024 mal 768 Pixeln,
sowie 640 mal 480 Pixeln, für Computer–Bildschirme sehr gebräuchlich sind.

*Region E* (1:1) ist eine Ortsauflösung, wie in neuerer Zeit für einige Applikationen wichtig wird. Hierzu zählen die Emulation von Radarschirmen
durch Rasterbild–Technologien, Anzeige–Instrumente in Flugzeugcockpits,
und dergleichen mehr.

Die Tabelle und Matrix in Abbildung 1.4 setzt die oben aufgeführten
Bildseitenverhältnisse (Regions A bis E) mit den Auflösungen (Resolutions
1 bis 4) in Relation. In der Tabelle abgetragen sind die jeweiligen Größen

der resultierenden Pixel–Mengen pro Bild, welche pro Region A bis E der gleichen absoluten Bildgröße entsprechen.

### 1.1.4.3  Hierarchie der zeitlichen Auflösungen

Hier versucht man, die gebräuchlichen Bildwiederholraten (*frame rates*) der wichtigsten Applikationen so zueinander in Beziehung zu setzen, daß sie sich durch einfache Teilungsverhältnisse voneinander ableiten lassen. Damit wäre es möglich, ein(!) einziges Display für eine Vielzahl von Bildwiederholraten zu konstruieren, indem dieses Display ein "kleinstes gemeinsames Vielfaches" aller Bildwiederholraten anzeigen kann, welches allerdings — aus der Sicht heute verfügbarer Technologie — kaum über $100 Hz$ liegen darf.

Die wichtigsten Bildwiederholraten sind in Tabelle 1.6 zusammengestellt. Hierbei ist der Unterschied zwischen dem Kinofilm ($24 Hz$) und dem PAL–

**Tabelle 1.6.** Bildwiederholraten

| Applikation | Bildwiederholrate [$Hz$]: |
|---|---|
| Kinofilm | 24/48 |
| PAL–Fernsehen | 25/50 |
| NTSC–Fernsehen | 30/60 |
| Computer–Displays | 70/72 |

orientierten Fernsehen ($25 Hz$) so gering (lediglich 4%), daß man diese Differenz in praktischen Anwendungen (zur Kinofilm–Wiedergabe als Fernseh–Sendungen) schlicht ignoriert:

Kinofilme werden im europäischen Fernsehen durchweg um 4% zu schnell gezeigt.

Das ungefähr Dreifache der $24/25 Hz$ liegt bei $72/75 Hz$ Bildwiederholraten. Letztere sind aber im Bereich der Computer–Displays bereits sehr üblich.

Hiermit erscheint es als realistisch, daß eine Integration gebräuchlicher Bildwiederholraten auf der Basis eines gemeinsamen Nenners von $24/25 Hz$ (unter Annahme von 4% Toleranz) möglich ist. Die NTSC–orientierten Fernsehsysteme bleiben bei dieser Art der Harmonisierung allerdings außen vor.

## Relative Auflösung eines tiles

Level 1: Low Resolution

Level 2: Normal Resolution

Level 3: High Resolution

Level 4: Ultra High Resolution

## Bildgröße und Anzahl der tiles im Display

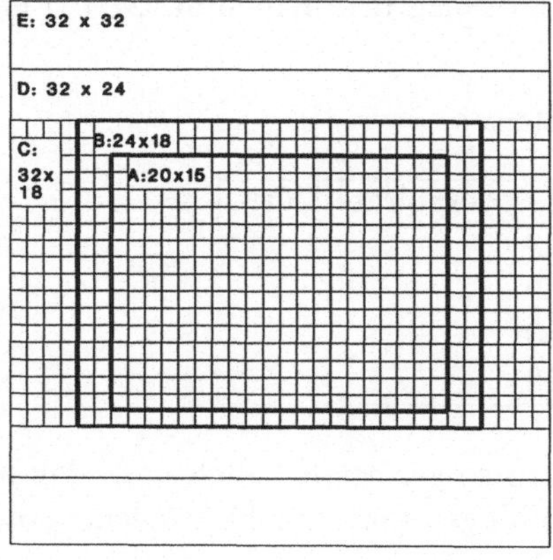


**Abb. 1.4.** Hierarchie der Bildseitenverhältnisse, nach [239])

# 1.2 Ikonische Transformationen (Bild–Bild–Transformationen)

Als ikonische Transformationen $T$ werden solche Abbildungen (Morphismen) bezeichnet, bei welchen sowohl die Eingabe– als auch Ausgabe–Menge (Parameter) sind. Die Transformationen $T$ überführen also ein Bild $I_1$ in ein anderes Bild $I_2$, es gilt daher $T(I_1) = I_2$.

## 1.2.1 Geometrische Operationen

Unter geometrischen Operationen werden hier affine Bild–Bild–Transformationen (kurz: Affine) verstanden, welche Bilder translieren, scheren, skalieren und rotieren. Für diskrete Bilder gibt es spezielle Formen der Spezifikation und der Durchführung von Affinen.

Zur Spezifikation der Affinen wird die Vier–Punkte–Transformation verwendet[10]: Von Urbild und Zielbild werden vier korrespondierende Punkte angegeben, welche ineinander transformiert werden sollen. Alle anderen Bild–Punkte ergeben sich aus der Lage dieser vier Punkte durch lineare Interpolation innerhalb der Zeilen und Spalten des diskreten Bildes, welche — in Zeilen und Spalten getrennt — über ein Zwischenbild berechnet wird. Durch diese Trennung der Abtastung in eine Zeilen– und Spalten–Abtastung wird die Wiederabtastung des Bildes stark vereinfacht. Das geometrische Prinzip zeigt Abbildung 1.5.

Die Interpolation von Zeilen und Spalten erfolgt dabei nach dem Prinzip einer pixelweisen, anteiligen Zusammenfassung von Urbildpixeln zu Zielbildpixeln. Das Beispiel in Abbildung 1.6 zeigt eine Skalierung um den Faktor $n/m = 5/6$ innerhalb einer Zeile, "aus 6 Pixeln werden 5". Zunächst wird jedes Urbildpixel in $n$ Teile geteilt, wobei $n$ die Größe des Zielbildes ist, hier $n = 5$. Danach wird in Folge jedem Zielbildpixel ein Anteil von $m/n$, hier $6/5$, an Urbildpixeln zugewiesen.

Man beachte, daß die Vier–Punkte–Transformation keine Rotationen um 90 Grad spezifizieren kann, da hierfür das Volumen des Zwischenbildes gegen 0 geht. Ferner gibt es bei der Interpolation am Rand der Zeilen Rundungsfehler, welche verursachen, daß das Bild nach mehrmaliger Rotation je nachdem immer kleiner oder größer wird. Man beachte ferner, daß keine echte projektive Abbildung mit der Vier–Punkte–Transformation berechnet werden kann: Man kann zwar über die vier Punkte den äußeren Rand des Ergebnisses der Projektion angeben, der Inhalt des Bildes wird aber immer durch lineare Interpolation berechnet, was aber nicht einer echten Projektion entspricht. Weitere Ausführungen zu Verfahren geometrischer Operationen, speziell zur Verbesserung von Details und der Beschleunigung der Berech-

---

[10]Hierbei ist zu beachten, daß die Klasse der Affinen eine Untermenge der Klasse der Vier–Punkte–Transformationen ist. Zur Definition der Affinen würden drei Punkte in der Ebene ausreichen.

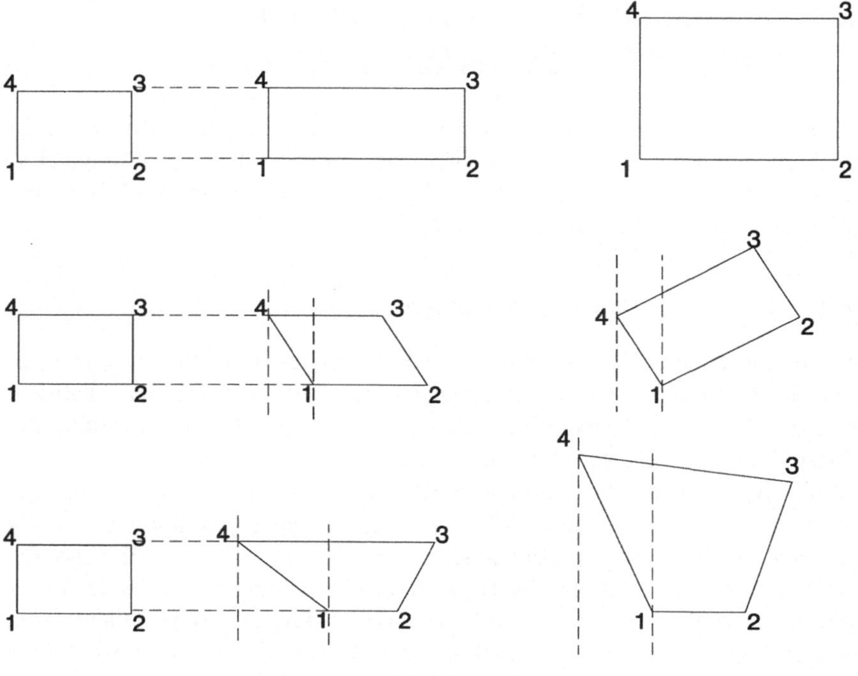

**Abb. 1.5.** Vier–Punkte–Transformation

| Urbild: | 200 | | 220 | | 60 | | 50 | .140 | 90 |
|---|---|---|---|---|---|---|---|---|---|
| Anteile: | | 5+1 | | 4+2 | | 3+3 | | 2+4 | 1+5 |
| Zielbild: | | 203 | | 167 | | 55 | | 110 | 98 |

**Abb. 1.6.** Beispiel einer Skalierung um den Faktor $n/m = 5/6$

nung, finden sich in [65]. Die Theorie der diskreten Wiederabtastungen, nullter und höherer Ordnung, werden fundiert in [245] dargelegt.

## 1.2.2   Statistische Operationen

Statistische Operationen transformieren statistische Maßzahlen wie den Mittelwert, oder die Varianz eines Bildes $I$. Sie sind orts–kontextfrei, für ein Pixel von seiner absoluten Lage und den Nachbarwerten unabhängig, via Transferfunktionen $t$ definiert. Eine Transferfunktion $t$ ordnet jedem alten Amplitudenwert $A'_1$ einen neuen Amplitudenwert $A'_2$ zu:

$$t(A'_1) = A'_2 \tag{1.6}$$

Oft ist man daran interessiert, via Transferfunktionen $t$ einen speziellen, optimierten Helligkeitsausgleich vorzunehmen. Dazu definiert man die Häufigkeitsverteilung (Histogramm) der Amplitudenwerte $A'$ eines Bildes $I$

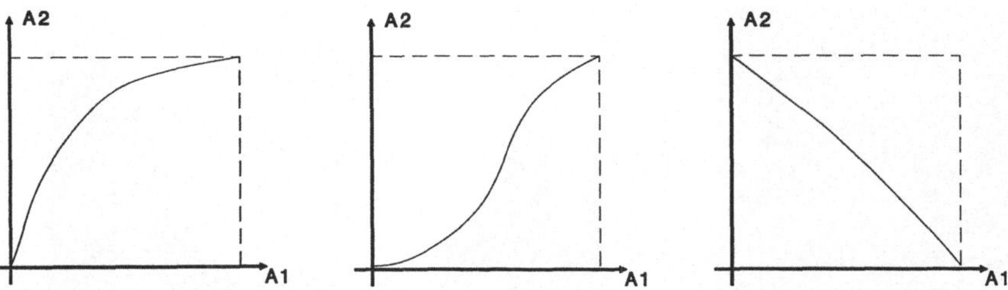

**Abb. 1.7.** Beispiele für Transferfunktionen $t$; v.l.n.r.: Aufhellung niedriger Amplitudenwerte, Kontrastverstärkung, Positiv–Negativ–Umkehr

über der Fläche $F'$:

$$h(A') =| \ \{(x,y) \in F' \mid I(x,y) = A'\} \ | \qquad (1.7)$$

Die relative Häufigkeit $h_r$ ist durch Division durch die Kardinalität von $F'$ definiert:

$$h_r(A') = h(A')/ \mid F' \mid \qquad (1.8)$$

Man beachte, daß $h_r(A')$ ortsunabhängig ist, d.h., es ändert seinen Wert durch eine geometrische Transformation [11] des Bildes nicht. Wird $h(A')$ über alle Amplitudenwerte aufsummiert, so erhält man die Summenhäufigkeitsfunktion $s(A')$:

$$s(A') = \sum_{i \in X} h(i) \qquad (1.9)$$

Eine relative Summenhäufigkeitsfunktion $s_r(A')$ wird analog dem $h_r(A')$ definiert:

$$s_r(A') = s(A')/ \mid F' \mid \qquad (1.10)$$

Die Funktion $s_r(A')$ ist monoton steigend; ist sie linear, liegt eine gleichmäßige Verteilung der Pixel über den Dynamikbereich der Amplitudenwerte vor, welches als optimale Helligkeitsverteilung und optimaler Kontrast im Bild $I$ angesehen wird. Dies wird erzielt, wenn $s_r(A')$ als Transferfunktion $t_o$ angewendet wird:

$$t_o(A'_1) = A_{max} \cdot s_r(A'_1) = A'_2 \qquad (1.11)$$

Die Transferfunktion $t_o$ ist übrigens "fast idempotent", nochmaliges Anwenden ändert $s_r$, und damit den Bildkontrast und die Helligkeit des Bildes I, kaum mehr.

### 1.2.3 Operationen im Farbraum

Operationen im Farbraum formen ein Bild $I$ bzgl. der Präsentation der Farbe um. Die beiden wichtigsten Fälle sind

---

[11] Genauer: Durch eine Kongruenzabbildung des Bildes

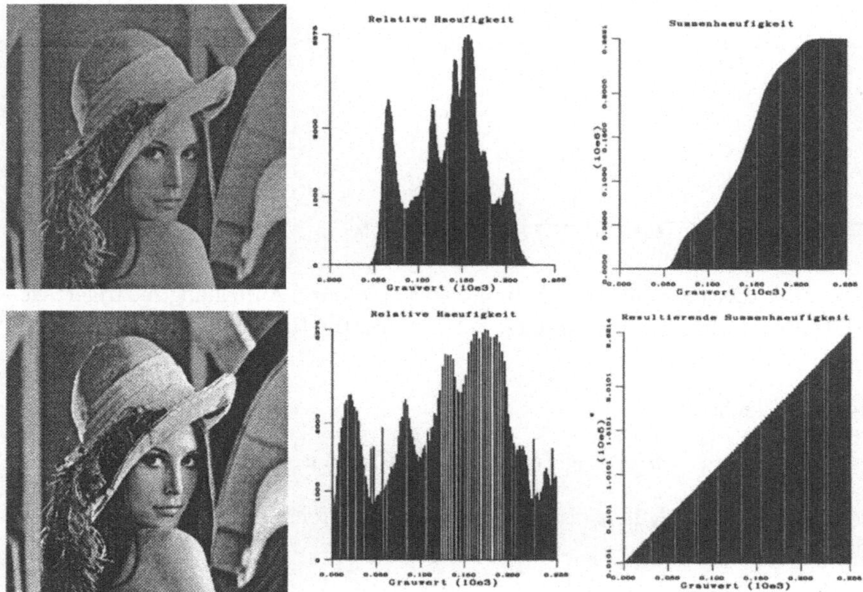

**Abb. 1.8.** Beispiele für relative Häufigkeits– und Summenhäufigkeitsfunktion.


- der Übergang von einer Amplituden– zu einer Frequenz–Modulation zur Darstellung eines Farbkanals, und

- der Wechsel der Primärvalenzen eines Bildes.


### 1.2.3.1  Übergang von Amplituden– zur Frequenz–Modulation

Wird die Helligkeit in einem Bild durch die respektive Änderung des Wertes der diskreten Amplitude $A'$ pro Pixel (z.B. der Wert 0 entspricht Schwarz, der Wert 127 entspricht einem mittleren Grau, der Wert 255 entspricht Weiß) erzielt, so liegt eine Amplituden–Modulation vor.  Manche Ausgabegeräte, z.B. Laserdrucker, können nur Binärbilder ausgeben, so daß zur Darstellung der Helligkeit im Bild keine Amplituden–Modulation verwendet werden kann. Dann wird die Helligkeit durch Modulation der Ortsfrequenz der Bildpunkte erzielt. Die gebräuchlichsten Verfahren sind hierbei das Dithering– und das Fehlerverteilungs–Verfahren [12].

Beim Dithering–Verfahren wird ein Pixel des Eingabebildes durch mehrere Pixel, eine n·n–Matrix, des Ausgabebildes dargestellt. Dabei werden — je nach Wert der Amplitude des Eingabebildes — Matrizen mit verschiedener Anzahl — mehr oder weniger — schwarzer Pixel des Ausgabebildes verwendet; ein Beispiel zeigt Abbildung 1.9.

---

[12] Siehe auch [63].

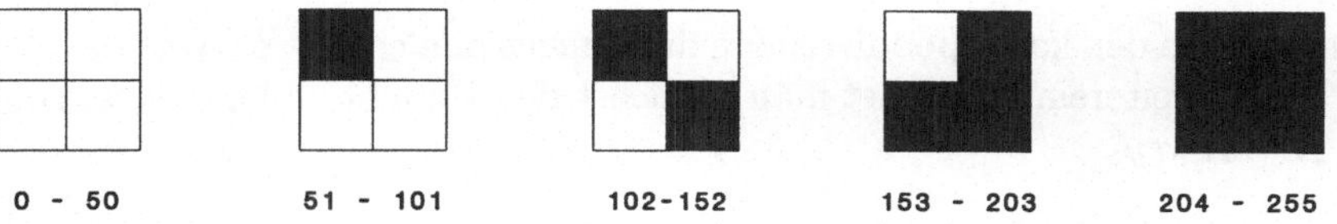

**Abb. 1.9.** Eine $2 \cdot 2$–Dithering–Matrix und zugehörige Amplitudenintervalle

Bei der Festlegung der Größe der Dithering–Matrix ist ein Kompromiß zwischen erreichbarer Helligkeits– und Orts–Auflösung im Ausgabebild zu schließen. Große Matrizen lassen viele Helligkeitsstufen zu, reduzieren aber die Ortsauflösung erheblich, und umgekehrt.

Das Fehlerverteilungs–Verfahren (*error diffusion*) arbeitet zeilenweise, indem die Amplitudenwerte des Eingabebildes entlang der Bildzeile akkumuliert werden, und, sobald der Amplitudenmaximalwert überschritten wird, ein Pixel des Ausgabebildes auf schwarz gesetzt und der Amplitudenmaximalwert vom Inhalt des Akkumulators subtrahiert wird. Ein Beispiel sei zur Illustration wird in Abbildung 1.10 angegeben, der Amplitudenmaximalwert in diesem Beispiel sei 250. Zu weiteren Ausführungen hierzu siehe auch den Beitrag in Kapitel 2.

| Bildzeile I1 | 120 | 190 | 60 | 70 | 115 | 125 | 7 | 230 |
|---|---|---|---|---|---|---|---|---|
| Akkumulator: | 120 | 310 | 120 | 190 | 305 | 180 | 187 | 407 |
| Bildzeile I2 | 0 | 1 | 0 | 0 | 1 | 0 | 0 | 1 |

**Abb. 1.10.** Beispiel für ein Fehlerverteilungsverfahren

### 1.2.3.2 Wechsel der Primärvalenzen für eine Farbbilddarstellung

Der Wechsel der Primärvalenzen für eine Farbbilddarstellung entspricht mathematisch einer Hauptachsentransformation, wie sie aus der linearen Algebra bekannt ist. Hierbei werden die Indizes, welche zu einer Normalbasis des alten Farbraumes gehören, in Indizes bzgl. der neuen Normalbasis (Primärvalenzen) umgerechnet[13].

Zwei Farbsystemwechsel, nämlich von RGB nach CMY und von RGB nach CMYK, sind jedoch in der Praxis von besonderer Bedeutung. Ersterer wird trivialerweise vollzogen, indem per Pixel der dreidimensionale RGB–Wert vom Weißwert (1,1,1) komponentenweise subtrahiert wird:

$$(C, M, Y) = (1, 1, 1) - (R, G, B) \tag{1.12}$$

---

[13]Entsprechende Darstellungen finden sich bei [167].

Man erhält so den korrespondierenden dreidimensionalen CMY–Wert des Pixels. Bei zweiterem berechnet man zunächst den Unbunt– oder Schwarzanteil $K$ (für *key*):

$$K = \mathbf{MIN}((1 - R), (1 - G), (1 - B)) \tag{1.13}$$

Danach die Bunt– oder Farbauszüge:

$$(C, M, Y) = ((1 - R - K), (1 - G - K), (1 - B - K)) \tag{1.14}$$

Das CMYK–Farbmodell wird vor allem in der Drucktechnik verwendet. Werden die berechneten Komponenten C,M,Y und K durch frequenzmodulierte Binärbilder dargestellt, so ist darauf zu achten, daß der Schwarzanteil nicht die bunten Pixel beim Druck einfach überdeckt und somit auslöscht. Dies wird beim normalen Offsetdruck durch eine Drehung der Raster um bestimmte Winkel gegeneinander erreicht, bei Tintenstrahldruckern, wo eine Verdrehung der Raster nicht möglich ist, ist eine entsprechende Priorisierung und lokale Umverteilung der Pixel der einzelnen Farbauszüge nötig[14].

### 1.2.4  Operationen im Ortsfrequenzraum

Diese Operationen werden auf das in den Ortsfrequenzraum FOURIER–transformierte Bild angewendet. Die FOURIER–Transformierte spielt aus der Sicht der Rastergraphik und der Informatik nicht eine solche zentrale Rolle, welche sie in Darstellungen der Bildverarbeitung einnimmt, welche sich evolutionär aus der elektro– und nachrichtentechnischen Signalverarbeitung ableiten: In unserem Fall steht die (Daten–) Modellierung des diskreten Bildes im Mittelpunkt. Deshalb wird hier auf eine Herleitung der zweidimensionalen FOURIER–Transformation verzichtet und auf entsprechende Darstellungen, zum Beispiel in [152] und [84], verwiesen.

Die zweidimensionale FOURIER–Transformierte $I^{\#}$ eines Bildes $I$ berechnet sich zu:

$$I^{\#}(u, v) = \int\!\!\int I(x, y) \cdot e^{(-2i\pi(ux + vy))} \, dx \, dy \tag{1.15}$$

Es gelten die Relationen

$$I^{\#}(u, v) = \mathbf{fou}\, I(x, y) \tag{1.16}$$

und

$$I(x, y) = \mathbf{fou}^{-1}\, I^{\#}(u, v) \tag{1.17}$$

Die Faltung $f * g$ zweier beliebiger Funktionen $f(x, y)$ und $g(x, y)$ ist definiert als:

$$f * g = \int\!\!\int f(u, v) \cdot g(x - u, y - v) \, du \, dv \tag{1.18}$$

---

[14]Für eine ausführlichere Darstellung dieser Verfahren siehe [230].

Wobei nun die Beziehung

$$(I_1^\#(u,v) \cdot I_2^\#(u,v)) \textbf{ fou } (I_1(x,y) * I_2(x,y)) \qquad (1.19)$$

gilt, d.h., daß einer Multiplikation im Ortsfrequenzbereich — wie sie z.B. ein Paßfilter darstellt — eine Faltung im Ortsbereich entspricht.[15]

Paßfilter werden verwendet, um bestimmte Ortsfrequenzen im Bild hervorzuheben, bzw. zu eliminieren. Dabei entsprechen — anschaulich gesprochen — Konturen hohen Ortsfrequenzen und große ebenmäßige Flächen niedrigen Ortsfrequenzen. So kann man — als Beispiel — durch Anwendung eines Hochpaßfilters die Konturen im Bild verstärken und somit die subjektiv gesehene "Bildschärfe" im Bild "verbessern". Eine objektive Erhöhung des Informationsgehaltes oder der Ortsauflösung des Bildes wird damit freilich nicht erzielt. Praktisch werden Operationen im Ortsfrequenzraum meist durch Faltungen im Ortsraum mit entsprechenden Faltungsmasken $W$ durchgeführt. Diese Masken bestehen aus Indizes $w_1, ..., w_i, ..., w_n$, welche meistens quadratisch angeordnet sind

$$W = \begin{bmatrix} w_1 & w_4 & w_7 \\ w_2 & w_5 & w_8 \\ w_3 & w_6 & w_9 \end{bmatrix} I' = \begin{bmatrix} I'_1 & I'_4 & I'_7 \\ I'_2 & I'_5 & I'_8 \\ I'_3 & I'_6 & I'_9 \end{bmatrix} \qquad (1.20)$$

und welche örtlich mit einem Bildausschnitt $I'$ korrespondieren. Das Ergebnis $I(x,y)$ der Faltung an einem Ort $(x,y)$ berechnet sich via normalem Skalarprodukt zwischen $W$ und $I'$ zu:

$$I(x,y) = \sum_{0 \leq i \leq n} w_i \cdot I'_i \qquad (1.21)$$

Es gibt nun einige $3 \cdot 3$–Masken, welchen für bestimmte Anwendungen konstruiert worden sind. Für Mittelungen im Bild, welches näherungsweise einer Tiefpaßfilterung entspricht, verwendet man

$$W = \frac{1}{9} \begin{bmatrix} 1 & 1 & 1 \\ 1 & 1 & 1 \\ 1 & 1 & 1 \end{bmatrix} \qquad (1.22)$$

Eine Verstärkung einzelner, isolierter Punkte wird erreicht mit

$$W_{pkt} = \begin{bmatrix} -1 & -1 & -1 \\ -1 & 8 & -1 \\ -1 & -1 & -1 \end{bmatrix} \qquad (1.23)$$

während Konturen in waagrechter bzw. senkrechter Richtung im Bild durch das Paar der SOBEL–Operatoren verstärkt werden:

$$W_{Sy} = \frac{1}{8} \begin{bmatrix} -1 & -2 & -1 \\ 0 & 0 & 0 \\ 1 & 2 & 1 \end{bmatrix} W_{Sx} = \frac{1}{8} \begin{bmatrix} 1 & 0 & -1 \\ 2 & 0 & -2 \\ 1 & 0 & -1 \end{bmatrix} \qquad (1.24)$$

---

[15]Dies bedeutet, daß die Algebren $((R^n)^R, \cdot, \lambda)$ und $((R^n)^R, *, \lambda)$ isomorph sind.

Ein radialsymmetrischer Operator, welcher richtungsunabhängig Konturen im Bild verstärkt, und somit näherungsweise wie ein Hochpaßfilter wirkt, ist der LAPLACE–Operator:

$$W_{Lpl} = \begin{bmatrix} 0 & 1 & 0 \\ 1 & -4 & 1 \\ 0 & 1 & 0 \end{bmatrix} \tag{1.25}$$

Alle diese Masken sind z.T. mit erheblichen Nachteilen behaftet, da nicht nur Konturen oder Punkte im Bild verstärkt werden, sondern eben auch Rauschanteile oder für bestimmte Anwendungen an sich unwichtige Details im Bild mit verstärkt werden. Für die Herleitung oben genannter Faltungs–Masken $W$ und weitere Ausführungen sei auf [151] und [84] verwiesen.

## 1.2.5   Morphologische Operationen

Morphologische Operationen dienen der "gestaltorientierten" Extraktion von bestimmten Elementen — Kanten, bestimmten Formen, etc. — in Bildern, vornehmlich Binärbildern. Dafür faßt man die Binärbilder als (Grund–) Mengen I auf, wovon die "schwarzen" Pixel im Bild dann Teilmengen $A$, $B$, usw., darstellen, welche die zu verarbeitenden "Objekte" im Bild sind. Jedem Element in $I$ ist ein Ort im $\mathbf{R}^2$ zugewiesen, so daß Translationen in $I$ definiert sind. Eine Translation verschiebt ein Objekt $A$ um einen Vektor $x$, indem man definiert:

$$A_x = \{y \in \mathbf{R}^2 \mid a \in A \text{ und } y = a + x\} \tag{1.26}$$

Eine *Dilatation* $\oplus$ eines Objektes $A$ um ein Objekt $B$ ist definiert als:

$$A \oplus B = \bigcup_{b \in B} A_b \tag{1.27}$$

Eine *Erosion* $\ominus$ eines Objektes $A$ um ein Objekt $B$ ist definiert als:

$$A \ominus B = \bigcap_{b \in B} A_{-b} = \{y \in \mathbf{R}^2 \mid y + b \in A \text{ und } b \in B\} \tag{1.28}$$

Das *Opening* $\circ$ eines Objektes $A$ um ein Objekt $B$ ist definiert als:

$$A \circ B = (A \ominus B) \oplus B \tag{1.29}$$

Das *Closing* $\bullet$ eines Objektes $A$ um ein Objekt $B$ ist definiert als:

$$A \bullet B = (A \oplus B) \ominus B \tag{1.30}$$

Der Sinn morphologischer Operationen ist, daß man durch ihren geeigneten "Mix" und die Anwendung "geeigneter" Mengen B — den sogenannten Strukturelementen — bestimmte Strukturen in $I$ sehr einfach berechnen

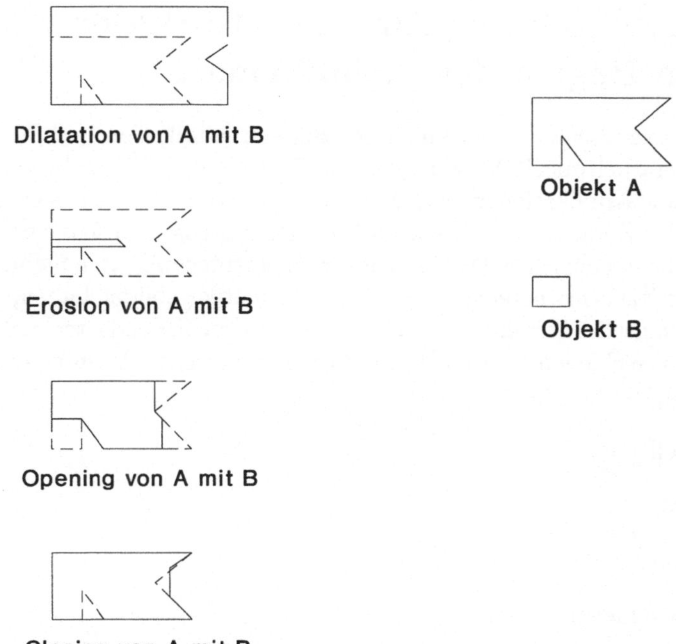



**Abb. 1.11.** Von oben nach unten: Dilatation, Erosion, Opening und Closing des Objekts *A* um das Objekt *B*

kann. So z.B. ergibt die Differenz zwischen Dilatation und Erosion mit einem kreisförmigen $B$ alle Konturen im Bild; wird statt dessen für $B$ eine gerichtete Strecke verwendet, werden alle Konturen dieser Richtung extrahiert. Nach einem Opening mit $B$ werden alle $A$ in $I$ übrigbleiben, in die die $B$ "hineinpassen", alle anderen $A$ sind gelöscht. Da man $B$ frei modellieren kann, kann eine solche Operation z.B. bei der automatischen Buchstabenerkennung (*optical character recognition* OCR) verwendet werden[16].

---

[16]Für weitere Ausführungen hierzu siehe [93].

# 1.3   Begriffsbildung für diskrete Bilder — zum Begriff des "Bildformats"

Aufgrund der technischen Entwicklung der Bildkommunikation und der ikonischen Bildverarbeitung(IBV) kommt dem  Daten- und Präsentationstyp "Bild" in vielen Applikationen eine zentrale Bedeutung zu: Da sich aber die Bereiche der Bildkommunikation und des Bilddatenaustauschs vor dem Hintergrund der technischen Disziplinen der Elektrotechnik, der Signalverarbeitung, der Nachrichtentechnik und der Informatik gebildet haben, werden einige technische Termini — in eben diesen verschiedenen technischen Disziplinen— verschieden gebraucht. Zu diesen technischen Termini zählen, unter anderem, die Begriffe

- Bildmodell

- Bildsignal

- Bildformat

- Bilddatenstruktur

- digitales/diskretes Bild

- geometrische Bildauflösung

- Bewegtbild

welche in den einzelnen Applikationen nicht immer einheitlich und konsistent verwendet werden.  Die glossarische Definition dieser technischen Termini kann wie in folgenden Abschnitten angegeben werden.

## 1.3.1   Bildmodell

Ein Bildmodell ist eine abstrakte, mathematische Niederschrift des im Kontext der Bildkommunikation und/oder der Bildverarbeitung gebrauchten Begriffs "Bild". Ein Bildmodell kann durchaus sowohl kontinuierliche (analoge) als auch diskrete (digitale) Bilder (das sind Bilddatenstrukturen, Bildsignale, etc.) beschreiben. Das Bildmodell klärt die Begriffe, Komponenten und Strukturen des Bildbegriffs. Ein Bildmodell ist in Kapitel 1.1.3 und 1.1.4 näher beschrieben.

## 1.3.2   Bildsignal, analoges

Signale sind Zeitfunktionen. Ein analoges Bildsignal ist eine zweidimensionale Sonderform eines allgemeinen analogen Signals, nämlich ein über einer Zeitachse abgetragener Amplitudenverlauf. Fast alle bekannten Bildsignale haben einen zweidimensionalen Charakter, sie beschreiben ein aus Zeilen aufgebautes (Bewegt–)Bild, welches aus einer Abfolge von Einzelbildern (*frames*) besteht. Hierzu besitzt das Bildsignal eine zeilen–periodische und eine frame–periodische Struktur, es ist also von zwei Takten unterlagert. Das Bildsignal wird also ein zeilen–diskretes und ein frame-diskretes Bild beschreiben, welches aber nicht in seiner Amplitude diskret ist, und auch nicht innerhalb einer Zeile aus diskreten Bildpunkten besteht.

### 1.3.3  Bildsignal, digitales

Ein digitales Bildsignal ist eine Sonderform eines allgemeinen digitalen Signals, nämlich ein über einer Zeitachse abgetragener Amplitudenverlauf, welcher an diskreten Stellen abgetastet wurde, und dessen Amplitudenwert quantisiert wurde. Auch das digitale Bildsignal besitzt eine zeilen–periodische und eine frame–periodische Struktur. Das digitale Bildsignal ist aber auch in seinen Amplitudenwerten diskret, und es besteht innerhalb einer Zeile aus endlich vielen diskreten Bildpunkten, den Pixeln.

### 1.3.4  Bildformat

Entweder — vor nachrichten–technischem Hintergrund: Die Bildparameter Parameter (Zeilenzahl, Pixel pro Zeile, Einzelbildfrequenz, Bildwiederholrate) eines analogen oder digitalen Bildsignals.
Oder — vor informations–technischem Hintergrund: Eine als Datenstrom wohldefinierte in einem Netzwerk austauschbare, oder in einer Datei abgelegte und gespeicherte, und darum kodierte, Bilddatenstruktur[17].

### 1.3.5  Bilddaten(-Struktur)

Entweder — vor nachrichten–technischem Hintergrund: Die (zeitliche) Abfolge der Daten (des *bitstreams*) eines digitalen Bildsignals, inklusive einer eventuellen Segmentierung desselben. Die Bilddatenstruktur ist, aufgrund des Zusammenhangs mit dem Bildsignal ziemlich stark an die Zeitdimension gebunden. Viele Bilddatenstrukturen definieren explizit eine bestimmte (*bitrate*). Datenrate
Oder — vor informations–technischem Hintergrund: Eine aus einem Bildmodell abgeleitete generische Niederschrift (*generic description*) eines diskreten Bildes mit programmiersprachlichen Mitteln. Eine wohldefinierte Bilddatenstruktur ist die Voraussetzung jeglicher Ikonischer Bildverarbeitung und/oder Bildkommunikation in digitalen Netzwerken.

### 1.3.6  Digitales/diskretes Bild

Entweder — vor nachrichten–technischem Hintergrund: Ein digitales Bildsignal, aber auch ein Einzelbild (*frame*) aus demselben.

---

[17]Siehe auch Kapitel 6.4

Oder — vor informations–technischem Hintergrund: Eine Instantiierung einer Bilddatenstruktur mit konkreten Wertebelegungen.

### 1.3.7  Geometrische Bildauflösung

Entweder — vor nachrichten–technischem Hintergrund: Die Zeilenzahl pro *frame* in einem analogen oder digitalen Bildsignal, die Pixelzahl pro Zeile in einem digitalen Bildsignal, die Anzahl *frames* pro Sekunde in einem analogen oder digitalen Bildsignal.
Oder — vor informations–technischem Hintergrund: Die Parametrisierung der Ortsauflösung in einer Bilddatenstruktur; davon unabhängig: Die maximale Bildpunktdichte (Pixel pro Länge oder Fläche) bei einem Monitor (elektrooptischen Wandler) oder einem Druckvorgang.

### 1.3.8  Bewegtbild

Entweder — vor nachrichten–technischem Hintergrund: Ein Bildsignal, dessen *frames* nicht konstant über die Zeitachse sind.
Oder — vor informations–technischem Hintergrund: Eine Instantiierung einer Bilddatenstruktur, welche eine Modellierung der zeitlichen Dimension beinhaltet, mit konkreten Wertebelegungen.

### 1.3.9  Verschiedene Bildformate: Vom Bildsignal zum Bilddokument

Man kann annehmen, daß sich bezüglich des Begriffs "Bildformats" acht verschiedene *Stufen* unterscheiden[18] lassen, welche wie folgt angegeben werden können:

**(A)**    das optische Bildsignal,

**(B)**    das analoge elektrische Bildsignal,

**(C)**    das digitale Bildsignal,

**(D)**    der unstrukturierte Bilddatenstrom,

**(E)**    die Bilddatenstruktur (Pixelfeld), echtzeit–orientiert,

**(E')**    die Bilddatenstruktur (Pixelfeld), nicht echtzeit–orientiert,

**(F)**    das Bilddatenaustauschformat,

**(G)**    das Bild innerhalb von Dokumentenarchitekturen.

Die oben aufgeführten Bildtypen von (A) bis (G) sollen im Hinblick auf die folgenden Fragestellungen weiter detailiert werden:

---

[18] In [111] als *8–stage model* für den Begriff "Bildformat" bezeichnet.

- Welches sind die charakteristischen Eigenschaften der Bildtypen (A) bis (G)?

- Vermittels welcher Transformationen und/oder Prozesse werden die Bildtypen (A) bis (G) ineinander übergeführt?

## 1.3.10  Charakterisierung der Bildtypen (A) bis (G)

Die Bildtypen (A) bis (G) lassen sich in Form eines "8–Stufen–Modells" anordnen; siehe zur Illustration die Abbildung 1.12.

In diesem 8–Stufen–Modell spielt die Dimension "Zeit" eine spezielle Rolle. Die Bildtypen (A) bis (D) sind sehr eng an die Zeit angebunden, es handelt sich bei diesen Bildtypen um direkte bildsignal–orientierte Ableitungen, um Zeitfunktionen im erweiterten Sinne. Man kann die Bildtypen (A) bis (D) auch als echtzeit–orientierte Bildtypen bezeichnen. Die Bildtypen (F) bis (G) hingegen sind mehr dokumenten–orientiert, es handelt sich bei diesen — im Gegensatz zu den Bildsignalen (A) bis (D) — um *endliche* Bilddatensätze, und eben nicht um — zumindest potentiell — unendliche Bildsignale. Vom Bildtyp (E), dem Pixelfeld, kann es sowohl eine echtzeit–orientierte als auch eine nicht echtzeit–orientierte Ausprägung geben. Daher ist der Bildtyp (E) im 8–Stufen–Modell zweigeteilt — in (E) und (E') — dargestellt.

### 1.3.10.1  (A) Das optische Bildsignal

Das optische Bildsignal ist diejenige elektromagnetische Strahlung, welche für das menschliche Auge direkt sichtbar ist. Die sichtbare Art der elektromagnetischen Strahlung ist bereits in Kapitel 1.1.3.2 hinreichend beschrieben worden.

Optische Bildsignale werden von Displays, Monitoren, etc. produziert. Kameras oder andere Sensoren absorbieren optische Bildsignale.

### 1.3.10.2  (B) Das analoge elektrische Bildsignal

Das analoge elektrische Bildsignal ist eine Funktion der elektrischen Spannung, abgetragen über einer Zeitachse. Fast alle Bildsignale sind zweidimensionale Signale: Diese Signale beschreiben Bewegtbilder welche aus diskreten Einzelbilder, und diese wiederum aus diskreten Bildzeilen bestehen. Darum haben alle analogen elektrischen Bildsignale eine zeilen–periodische und eine einzelbild–periodische Struktur. Ein typisches Beispiel für einen Bildtyp (B) ist ein gewöhnliches Fernseh– oder Video–Bildsignal.

### 1.3.10.3  (C) Das digitale Bildsignal

Wie das analoge elektrische Bildsignal, so ist auch das digitale elektrische Bildsignal eine Funktion der elektrischen Spannung, abgetragen über einer

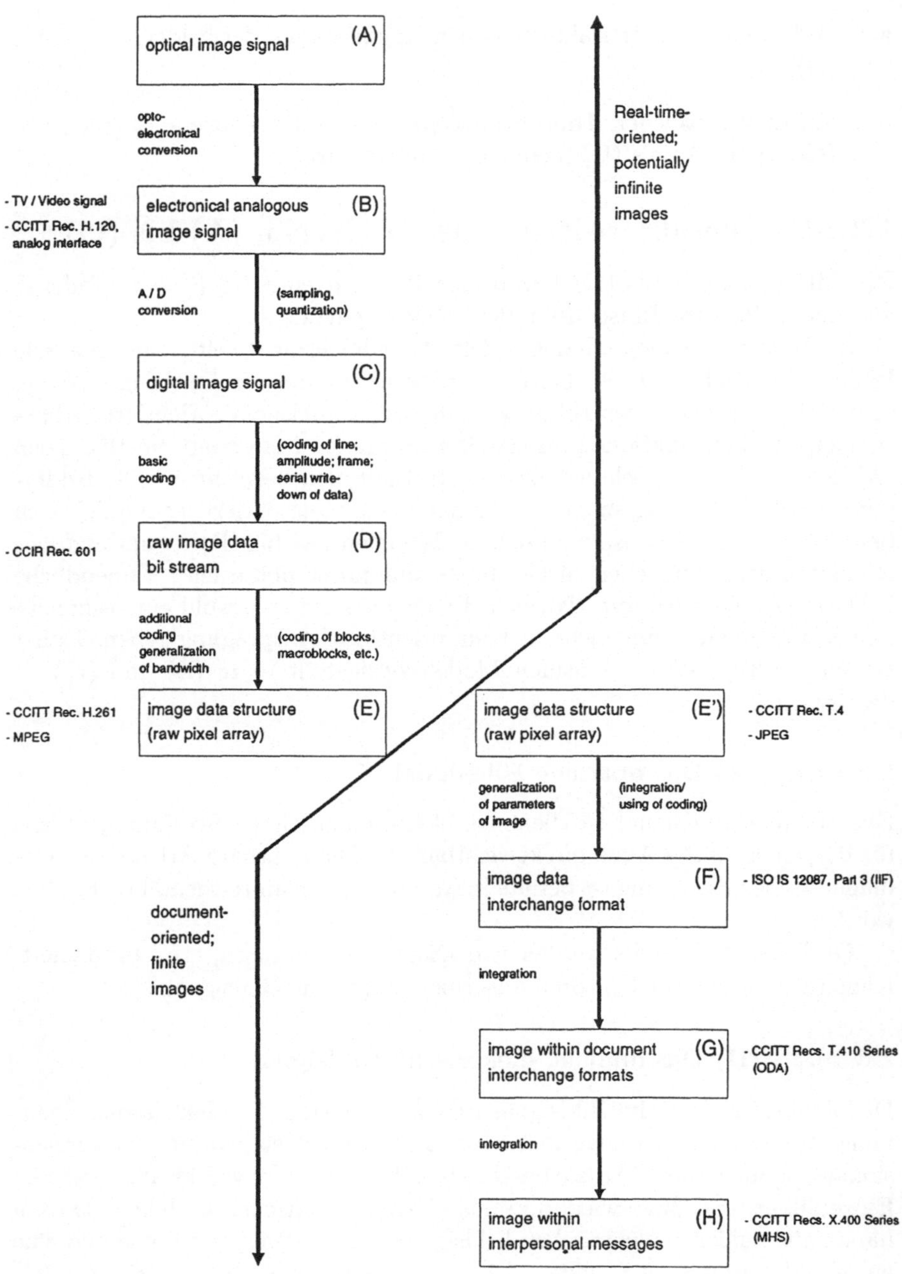


**Abb. 1.12.** 8–Stufen–Modell; nach [111]

Zeitachse. Es bestehen allerdings zwei wichtige Unterschiede: Das digitale Bildsignal zeigt ein Abtastraster über der Zeit (*sampling frequency*), und die Amplitudenwerte sind quantisiert. Die Abtastfrequenz ist im Fall eines digitalen Bildsignals meistens gleichzusetzen mit der Pixelfrequenz (*pixel frequency*), welche angibt, wieviele Bildpunkte pro Zeiteinheit bei der Präsentation eines Bewegtbildes auf einem Display dargestellt werden.

### 1.3.10.4 (D) Der unstrukturierte Bilddatenstrom

Der unstrukturierte Bilddatenstrom ist die Sequenz von Daten (bits), welche durch die direkte Kodierung der Amplituden–Werte eines digitalen Bildsignals entsteht. Der wichtigste Parameter des unstrukturierten Bilddatenstroms ist die "Datenrate". Dies ist die Datenmenge (in bits), welche der Bilddatenstrom pro Zeiteinheit (in Sekunden) beinhaltet. Diese Datenrate entspricht ungefähr der Pixelfrequenz multipliziert mit der Datenmenge pro digitalisiertem Amplitudenwert. Ein typisches Beispiel für einen unstrukturierten Bilddatenstrom ist das digitale Videoformat gemäß CCIR Rec. 601[19].

### 1.3.10.5 (E) Die Bilddatenstruktur (Pixelfeld), echtzeit–orientiert; und (E') die Bilddatenstruktur (Pixelfeld), nicht echtzeit–orientiert

Im Unterschied zu den oben beschriebenen Bildtypen (A) bis (D) besitzen die Pixelfelder (oder Bilddatenstrukturen im engeren Sinn) eine gewisse "innere" Strukturierung, wie zum Beispiel eine Blockstruktur oder eine (Dokumenten-) Seitenstruktur.

Solcherart strukturierte Pixelfelder können sowohl echtzeit–orientiert definiert sein, als auch als endliche Datensätze dokumenten–orientiert gespeichert sein. Dieser letztere Umstand wird durch die Zweiteilung dieses Bildtypes in (E) und (E') in Abbildung 1.12 illustriert. Als Beispiele für die Bildtypen (E) kann man die Bilddatenstrukturen anführen, wie sie in den Audiovisuellen Diensten nach CCITT Rec. H.261, oder im Bewegtbildkompressions–Standard MPEG angewendet werden.

Ein Beispiel für den Bildtyp (E') sind die im Fax nach CCITT Rec. T.4 verwendeten Bildformate, oder die Bildstrukturen des Bildkompressions–Standards JPEG; siehe hierzu Kapitel 5.5.3. Viele de–facto–standardisierte Dateiformate verwenden intern Bildtypen vom Typ (E').

### 1.3.10.6 (F) Das Bilddatenaustauschformat

Bilddatenaustauschformate dienen vornehmlich der Speicherung von diskreten Bildern in Dateien. Im Unterschied zu den Bildtypen (A) bis (E') zeigen Bilddatenaustauschformate eine für sie typische Generalisierung der Bildparameter. Daher sind Bilddatenaustauschformate in den meisten Fällen

---

[19]Siehe Beschreibung in [263]

flexibel gegenüber der Ortsauflösung, den verwendeten Farbkanälen, der Amplitudendiskretisierung, usw., der mittels des Bilddatenaustauschformats speicherbaren und austauschbaren Bilder.

Bilddatenaustauschformate werden durch Angabe der generischen Syntax der Bilddatenstrukturen spezifiziert, zum Beispiel mit Hilfe des *Abstract Syntax Notation One* (ASN.1); siehe auch Kapitel 6. Die Bilddatenaustauschformate, welche keine Generalisierung der Bildparameter vornehmen, sollten eigentlich mehr unter den Bildtypen (E') eingeordnet werden. Als ein in seiner Funktionalität als umfangreich geltendes Bilddatenaustauschformat ist die "Image Interchange Facility (IIF)" nach ISO/IEC IS 12087–3; siehe auch Kapitel 6.4 und Kapitel 9.

### 1.3.10.7  (G) Das Bild innerhalb von Dokumentenarchitekturen

Die Bildtypen (A) bis (F) beschreiben lediglich *ikonische Daten*, allerdings besteht auch die Notwendigkeit, innerhalb von dokumenten–orientierten Datenstrukturen *multimediale Daten* zu handhaben und zu verarbeiten. Hierfür ist notwendig, in Dokumentenarchitekturen, welche den größeren Rahmen darstellen, sogenannte *image content types* zu integrieren. Ein typisches Beispiel für eine solche Dokumentenarchitektur, in welche Bilder gemäß Fax nach CCITT Rec. T.4, oder IIF nach ISO/IEC 12087–3, integriert werden kann, ist die Open Document Architecture (ODA) gemäß der CCITT Rec. T.410 Series.

## 1.3.11  Transformationen und Prozesse zur Umwandlung der Bildtypen (A) bis (G)

### 1.3.11.1  Transformation (A)-(B): Vom optischen Bildsignal (A) in das analoge elektrische Bildsignal (B)

Diese Transformation wird durch elektro–optische Wandler (beziehungsweise im umgekehrten Fall (B)-(A) durch opto–elektronische Wandler) geleistet. Diese Wandler heißen landläufig — zum Beispiel — "Display" bzw. "Kamera". Die Basis–Parameter des elektrischen Bildsignals, wie die Bildzeilenanzahl oder die Bildwiederholrate, erscheinen hierbei als charakteristische Kenngrößen der Monitore, bzw. der Kameras; vergl. Kapitel 4.2.1.

### 1.3.11.2  Transformation (B)-(C): Vom analogen elektrischen Bildsignal (B) in das digitale Bildsignal (C)

Diese Transformation wird als Analog-Digital-Konversion (auch als A/D-Wandlung, bzw. im umgekehrten Fall als D/A-Wandlung) bezeichnet. Die Analog-Digital-Konversion umfaßt die Teilprozesse der Abtastung und der Quantisierung. Im wesentlichen werden hierbei die analogen Amplitudenverläufe des analogen Bildsignals in diskrete Abtastwerte umgewandelt: Ab dieser Transformation (B)-(C) bestehen die Bildtypen aus diskreten Pixels.

### 1.3.11.3  Transformation (C)-(D): Vom digitalen Bildsignal (C) in den unstrukturierten Bilddatenstrom (D)

Diese Transformation umfaßt den grundlegenden Prozeß der Kodierung der Amplituden–Werte der diskreten Bildpunkte des Bildes. Diese Kodierung legt die (primitive) Datenstruktur der Anzahl der bits, so wie deren Semantik, pro Amplituden–Wert fest.

### 1.3.11.4  Transformation (D)-(E): Vom unstrukturierten Bilddatenstrom (D) in die Bilddatenstruktur (E) (Pixelfeld)

Dieser Prozeß legt zusätzliche Strukturen innerhalb des diskreten Bildes fest. Diese Strukturen umfassen die Gruppierung einzelner Pixel — zum Beispiel — zu *blocks*, *pages*, *tiles*, etc. Zudem wird bei dieser Transformation der "Ausschnitt" einer endlichen(!) Bilddatenmenge aus einem potentiell unendlichen Bildsignal vorgenommen.

### 1.3.11.5  Transformation (E)-(F): Von der Bilddatenstruktur (E) (Pixelfeld) in das Bilddatenaustauschformat (F)

Diese Transformation beinhaltet die "Generalisierung" von einzelnen Bildparametern. Zum Beispiel wird von der Festlegung einer spezifischen Ortsauflösung des Bildes abstrahiert, und das Bild erhält einen generellen Parameter "Ortsauflösung" welcher von seiten der Applikation instantiierbar ist.

### 1.3.11.6  Transformation (F)-(G): Vom Bilddatenaustauschformat (F) innerhalb von Dokumentenarchitekturen (G)

Dieser Prozeß ist die Integration ikonischer Daten in (zum Teil multimediale) Dokumentenstrukturen.

Die oben im Detail beschriebenen Bildtypen (A) bis (G) werden in den nächsten Kapiteln wiederholt referenziert werden; die Bildkommunikation beschäftigt sich mit fast dem gesamten oben dargelegten Spektrum an Bildtypen — es existieren separate Bildübertragungsmechanismen für die Bildtypen (B) bis (G).

# 1.4  Bildkommunikation

## 1.4.1  Grundlagen und Modell der Bildkommunikation

Die Bildkommunikation beschäftigt sich mit der Übertragung (*image communication*, *image transfer*, *image interchange*) von diskreten Bildern über Entfernungen hinweg unter Zuhilfenahme von nachrichtentechnischen Netzwerken und Funkstrecken. Die Bildkommunikation hat aufgrund ihrer Relevanz für die menschliche Kommunikation und aufgrund ihrer technischen Entwicklung in den letzten Jahren enorm an Bedeutung gewonnen. Da sich das Gebiet der Bildverarbeitung in schneller technischer Entwicklung befindet, kann dieser Text von bestimmten Teilgebieten nur eine Momentaufnahme vom derzeitigen Stand einer Technik sein, welche in ihrer Entwicklung noch nicht abgeschlossen ist.

Bei der Bildkommunikation stehen zwei — zueinander duale — Fragen im Mittelpunkt:

1.  Gegeben sei ein öffentliches Telekommunikationsnetz mit bereits standardisierten Basisprotokollen und darum festgelegter — zumindest nach oben begrenzter — möglichen Datenübertragungsrate (Bandbreite). Die Fragestellung ist nun: Welche Bildtypen aus dem in Kapitel 1.3 dargestellten Spektrum (A) bis (G) — welcher Ortsauflösung, welcher Amplituden–Diskretisierung, welcher Zeit–Diskretisierung — lassen sich dann mit welchen Methoden der Bild–Datenstrukur–Repräsentation, sowie der Bildkompression und der Bildkodierung über dieses (Telekommunikations–) Netz übertragen?

2.  Gegeben sei ein (mathematisches) Modell von diskreten Bildern (wie z.B. Kapitel 1.1.3 vorgestellt). Hier ist die Fragestellung: Wie muß dann eine (standardisierte) (Bild–)Datenstruktur, oder ein Bilddatenformat, bezüglich der Datentypen und Attributierungen beschaffen sein, welches über die verschiedenen existierenden öffentlichen Telekommunikationsnetze — in entsprechender Kompression und Kodierung — übertragen werden kann?

Diese beiden Fragestellungen entstammen in ihrer historischen Entwicklung aus zwei verschiedenen Disziplinen und werden daher in zwei verschiedenen Standardisierungs–Gremien behandelt:

Die technischen Lösungen zur Frage zu 1. wurden in der Nachrichtentechnik bearbeitet. Die Standardisierung läuft hierbei über die nationalen Postverwaltungen (in Deutschland über die Deutsche Bundespost Telekom) im Rahmen der *International Telecommunication Union (ITU)* und hier speziell innerhalb des *International Telegraph and Telephone Consultative Committee (CCITT)*. Die im Rahmen der Telekommunikation zur Verfügung stehenden Bandbreiten haben sich von den 9600 bit/sec des PTN (*public telephone network* — allgemein verfügbar) über die 64 Kbit/sec des *integrated services digital network* (ISDN) — derzeit in der Einführung) zu den 2 Mbit/sec und 140 Mbit/sec Kanälen des B-ISDN (*integrated services digital broadband network* — derzeit in der Erprobung) entwickelt. Zu jeweils diesen Kanälen hat man innerhalb der CCITT spezifische Bildkommunikations–Mechanismen (Basisprotokolle und "Dienste") entwickelt und standardisiert; zur Netzwerktechnologie siehe auch die Ausführungen in Kapitel 4.5. Die von seiten der CCITT produzierten Normen heißen "Empfehlungen" *recommendations*, abgekürzt *Rec.*

Die technischen Lösungen zur Frage zu 2. wurden in der Informatik und Informationstechnik bearbeitet. Standardisierungsfragen werden zunächst in den nationalen Normungsgremien (in Deutschland: das "DIN Deutsches Institut für Normung e.V.") und darüber hinaus im internationalen ISO/IEC JTC1 (*Joint Technical Committee* 1, welches der *International Organization for Standardisation* ISO und der *International Electrotechnical Commission* IEC gemeinsam ist) behandelt. Die Normen der ISO/IEC heißen *International Standards*.

Von der Informatik wurden bislang etliche Bildformate — der Bildtypen (E') und (F) gemäß Kap. 1.3 — entworfen[20], wobei vielen diesen Formaten gemeinsam ist, daß sie noch nicht immer auf einer allgemein akzeptierten internationalen Standardisierungs–Arbeit beruhen, sondern per Applikation ad–hoc entwickelt wurden.

Diese oben dargestellte Polarität in der Bildkommunikation ist mittlerweile stark in der Auflösung begriffen, die von verschiedener Seite vorgenommenen Standardisierungen laufen — nicht zuletzt bedingt durch Effekte der Personalunion (*cross memberships*) in den einzelnen Gremien — nicht mehr unabhängig voneinander. Im Bereich der Bildkommunikation sind als Folge dieser Abhängigkeit voneinander einige *International Standards* und einige *Recommendations* vom technischen Inhalt her gleich, jedoch zumindest aufeinander abgestimmt.

Als ein gemeinsames Modell der Bildkommunikation gilt, daß ein Bild $I_{send}$ über ein Netz übertragen wird und als $I_{empf}$ beim Empfänger ankommt:

Wie in Abbildung 1.13 dargestellt, muß hierfür die Datenstruktur — von Bildern der Bildtypen (D) bis (G) aus Kapitel 1.3 — von $I_{send}$ durch einen Generator in ein allgemein gültiges Übertragungsformat umgewandelt werden, welches im Rahmen einer Kompression in seinem Datenvolumen reduziert werden kann. Eine Kodierung setzt die vom Generator, resp. der Kompression, erzeugten Daten in eine netzwerk–kompatible Repräsentation um, welche übertragen werden kann. Nach der Übertragung laufen auf der Empfängerseite die dargestellten Prozesse spiegelsymmetrisch, bis wieder ein per Rechner weiterverarbeitbares $I_{empf}$ vorliegt. Die einzelnen Stufen

---

[20]Siehe [88], [113], [29] und [28] als Beispiele

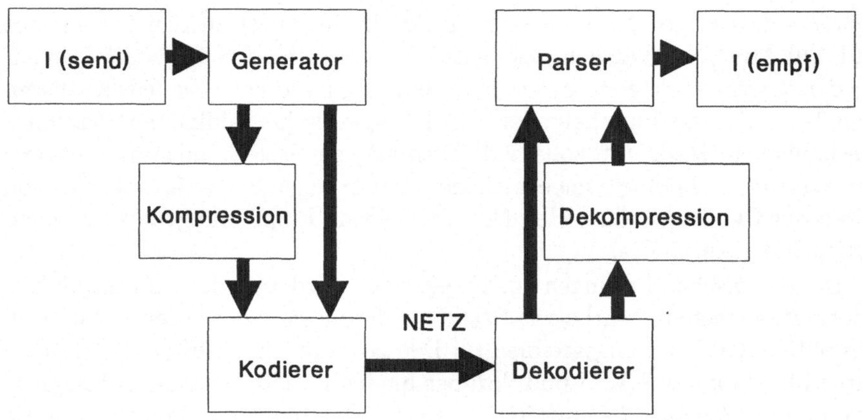

**Abb. 1.13.** Basis-Schema des Bilddatenaustauschs

- Parser/Generator für ein Bildformat

- Kompression

- Kodierung

- Übertragung per Netzwerk

sind jeweils Gegenstand separater Standardisierungsbestrebungen.

Häufig entspricht das vom Empfänger verwendete Bildformat — vom Typ (E) oder (E') aus Kap. 1.3 — nicht dem Bildformat des Senders. In diesem Fall muß der in Abbildung 1.13 dargestellte Kommunikationsprozeß eine Format–Konvertierung beinhalten. Hierzu zählen die in den in Kapitel 1.2.1 bis Kapitel 1.2.5 genannten Transformationen (*resampling*) im Bildraum (bzgl. Ort, Kanal, Amplitude, Zeit) [21].

Obwohl die Begriffe "Kodierung" und "Kompression" landläufig häufig synonym gebraucht werden — siehe auch die Darstellung in Kapitel 5 — sollte man korrekterweise wie folgt unterscheiden:

Jede Kodierung ist eine reine Zeichenumsetzung; wird die Datenmenge, nicht aber der Informationsgehalt, eines Bildes durch Kodierung reduziert, handelt es sich um eine *Redundanzreduktion*, welche das Bild mathematisch nicht ändert, es gilt dann $I_{send} = I_{empf}$.

---

[21] Siehe hierzu [28].

Bei einer Kompression hingegen ist man nicht an absoluter Gleichheit, sondern lediglich an höchstmöglicher visueller Ähnlichkeit zwischen $I_{send}$ und $I_{empf}$ interessiert. Diese viel schwächere Forderung erlaubt über eine *Irrelevanzreduktion* wesentlich höhere Kompressionsraten pro Bild. *Progressive Verfahren* zerlegen das $I_{send}$ in eine Bildfolge, deren Einzelbilder in der Summe das $I_{send}$ ergeben und deren erste Einzelbilder bereits eine Ähnlichkeit mit dem $I_{empf}$ haben, welche durch sukzessive Übertragung der restlichen Einzelbilder erhöht wird.

Für eine Bildkommunikation ist eine Kodierung der Bilddaten immer notwendig, eine Kompression hingegen ist optional.

## 1.4.2  Bildkompressionsverfahren

Bildkompressionsverfahren haben das Ziel, mit möglichst hoher Kompressionsrate ein Bild so zu übertragen, daß das $I_{send}$ dem $I_{empf}$ möglichst visuell ähnlich, aber nicht mehr notwendigerweise mathematisch gleich ist. Die Kunst der verlustbehafteten Bildkompression besteht nun darin, die physiologisch–visuell irrelevanten Parameter eines Bildes herauszufinden, damit sie bei der Bild–Übertragung weggelassen werden können. Bildkompression macht nur für Bilder mit Kanälen aus dem sichtbaren Spektrum, d.h. Grauwert– und Farbbilder, Sinn, da nur hier visuelle Faktoren überhaupt eine Rolle spielen können. Die beiden wichtigsten Bildkompressionsverfahren werden exemplarisch dargelegt — für weitere Ausführungen siehe auch Kapitel 5.

### 1.4.2.1  Unterabtastung im Ortsraum

Für die klassische Unterabtastung (*subsampling*) im Ortsraum wird ein RGB–Farbbild zunächst in ein Luv–Farbbild (siehe Erläuterung in Kapitel 1.1.3.2) umgewandelt, und generell die Ortsauflösung der uv–Kanäle (Chrominanz) gegenüber dem L–Kanal (Luminanz) um den Faktor 2 (auf jeweils ein Viertel der Pixel) reduziert. Ein Beispiel: Ein RGB–Bild mit 3 mal 8 bit Amplitude und 1024 mal 1024 Pixel enthält 3 MByte Daten, welche auf einen 8 bit Luminanz–Kanal 1024 mal 1024 Pixel und zwei u und v Kanäle mit 8 bit und 512 mal 512 Pixel reduziert werden. Diese einfache Umwandlung reduziert den Datengehalt des Bildes bereits um 50%, ohne eine sichtbare Änderung der Bildqualität.

Wird die Ortsauflösung der Chrominanz im Verhältnis gegenüber der Luminanz weiter reduziert, so ist bei Faktoren um 4 bis 8 eine leichte Einbuße der Bildqualität sichtbar, bei noch höheren Reduktionsfaktoren wirken die Farben gegenüber dem Original deutlich "ausgewaschen", und nicht präzise plaziert, wie das z.B. bei Home–Video–Systemen beobachtet werden kann.

Eine Unterabtastung der Amplitude ist ohne Bildqualitätsverlust möglich, falls die niedrigen Bitebenen ohnehin einen hohen Rauschanteil haben. Generell lassen sich mit 6 bit Amplitude für die Luminanz und 4 bit Amplitude

für die Chrominanz noch gut Bilder darstellen, welche etwa der Qualität
des einfachen Farb–Offset–Drucks (wie er z.B. bei Tageszeitungen verwendet
wird) entsprechen.

Für die absolute Ortsauflösung lassen sich natürlich kaum Angaben machen, da hier die notwendige Bildqualität vom Betrachtungsabstand, bzw.
von der physikalischen Bildgröße, abhängt. Für Festbilder (einfache Pho-
tos "zum Betrachten", keine Lesbarkeit von Schrift o.ä. erforderlich) werden
allgemein 512 mal 512 Pixel Luminanz als notwendig erachtet, bei Bewegtbildern (Home–Video, Bildfernsprechen) sind dies etwa 256 mal 256 Pixel
Luminanz.

### 1.4.2.2   Unterabtastung im Ortsfrequenzraum

Für die klassische (von der ISO/IEC JTC1/SC2/WG8/JPEG [22]) im Rahmen des *JPEG–Verfahrens* standardisierte Unterabtastung im Ortsfrequenzraum wird das zu komprimierende Originalbild $I(x, y)$ in *blocks* zu 8 mal
8 Pixel zerlegt. Jeder dieser Blöcke wird mittels der Diskreten Cosinus–
Transformation **dct** transformiert, wobei die Relationen

$$\mathbf{dct}(I(x, y)) = I^+(u, v) \tag{1.31}$$

und

$$\mathbf{dct}^{-1}(I^+(u, v)) = I(x, y) \tag{1.32}$$

gelten, wobei die Hin–Transformation mit

$$\mathbf{dct} : I^+(u, v) = 1/4 c(u)c(v) \sum_{x=0,..,7} \sum_{y=0,..,7} I(x, y)T(x, y, u, v) \tag{1.33}$$

und die Rück–Transformation mit

$$\mathbf{dct}^{-1} : I(u, v) = 1/4 \sum_{x=0,..,7} \sum_{y=0,..,7} c(u)c(v)I^+(x, y)T(x, y, u, v) \tag{1.34}$$

definiert ist. Die Koeffizienten $c$ sind mit

$$c(k) = (1/2)^{-1/2}, falls\ k = 0, \tag{1.35}$$

$$c(k) = 1\ sonst \tag{1.36}$$

sowie der Transformationskern $T$ mit

$$T(x, y, u, v) = cos((\pi(2x + 1)u/16) \cdot cos((\pi(2y + 1)v/16) \tag{1.37}$$

---

[22]Die Abkürzung des Gremiennamens bedeutet: ISO/IEC — *International Organisation
for Standardisation/ International Electrotechnical Commission;* JTC1 — *Joint Technical
Committee 1 — Information Technology;* SC2 — *Subcommittee 2 — Coding and Character
Sets;* WG8 — *Working Group 8 — Image Coding;* JPEG — *Joint Photographic Experts
Group.*

festgelegt. Es wird über die Diskrete Cosinus–Transformation ein ebenfalls 8 mal 8 Pixel großes $I^+(u,v)$ erzeugt. Eine Kompression kommt nun dadurch zustande, daß im Normalfall die meisten Koeffizienten des $I^+(u,v)$ gleich oder fast gleich 0 sein werden, und darum bei einer Bildkommunikation nicht mit übertragen werden müssen. Falls $I(x,y)$ konstante Werte aufweist, sind bis auf $I^+(u=0, v=0)$ sogar alle Koeffizienten von $I^+(u,v)$ gleich 0. Darüber hinaus werden die Koeffizienten, welche nicht gleich 0 sind, diskretisiert, wodurch eine weitere Datenreduktion erfolgt.

Die Diskrete Cosinus–Transformation extrahiert die charakteristischen Ortsfrequenzen aus einem 8 mal 8 Block des $I(x,y)$ via **dct**, überträgt ihre signifikanten Koeffizienten im $I^+(u,v)$ und rekonstruiert das $I(x,y)$ empfängerseitig via **dct**$^{-1}$.

In diesem Abschnitt wurde die Diskrete Cosinus–Transformation nur im Kontext des JPEG-Verfahrens dargestellt, zur allgemeinen Definition siehe Kapitel 5.

Die Diskrete Cosinus–Transformation funktioniert immer, falls sich das visuell Wesentliche eines Bildes tatsächlich durch seine charakteristischen Frequenzen hinreichend beschreiben läßt. Dies wird bei den meisten "natürlichen" Bildern — vor allem diskretisierten Photographien, welche reale Szenen zeigen — der Fall sein. Die Diskrete Cosinus–Transformation muß versagen, falls das Bild "bis ins Detail" wichtig ist, z.B. wenn es kleine Schrift enthält, welche anhand ihrer charakteristischen Ortsfrequenzen allein natürlich nicht mehr lesbar dargestellt werden kann. Für weitere Ausführungen sei auf [263] und [33] verwiesen.

## 1.4.3 Bildaustauschformate (Bilddateiformate)

### 1.4.3.1 Applikations-spezifische Bildaustauschformate

Derzeit befindet sich eine Vielzahl verschiedener Bilddatenaustauschformate (Dateiformate) — der Bildtypen (E'), (F), und (G) aus Kap. 1.3 — im Gebrauch, wovon die meisten in Anlehnung an eine bestimmte Applikation — oder eine bestimmte Nutzergruppe — entworfen worden sind. Daher enthalten solche Bilddatenaustauschformate nicht nur die reinen Bilddaten (ikonischen Daten), sondern auch Daten und Attributsätze, welche nur in einem spezifischen Anwendungskontext Sinn machen. In vielen Dateiformaten gibt es keine klare Trennung zwischen den eigentlichen Bilddatenstruktur Bilddatenstrukturen, den Bildattributen, sowie den Kodierungs- und Kompressionsparametern. Darüber hinaus erschweren implizit getroffene Annahmen über das in einem bestimmten Format zu beschreibende Bild die Interpretation dieses Formats, und/oder die korrekte Wiedergabe seines ikonischen Inhalts. Überdies sind die meisten derzeit gebräuchlichen Bildaustauschformate nicht international genormt. Im Rahmen dieser Darstellung kann zwar keine umfassende Analyse der derzeit gebräuchlichen Bildaustauschformate gegeben werden — im Falle weitergehenden Interesses sei auf

[19] und auf Kapitel 6 und 6.4 verwiesen, in welchem die wichtigsten dieser Bildaustauschformate hier nach Applikationsbereichen getrennt behandelt werden.

### 1.4.3.2 Fehlen eines übergreifenden Konzepts für Bildaustauschformate

Für die tägliche Praxis des Bilddatenaustauschs macht sich das Fehlen eines übergreifenden, standardisierten Konzepts nachteilig bemerkbar. Im Fall eines applikations–übergreifenden Bilddatenaustauschs kann sich die Vorgehensweise als sehr umständlich und ineffizient herausstellen; die einzelnen Schritte sind dann:

- Auswahl eines Bilddatenformats für das zu sendende Bild

- Auswahl eines Datentransportdienstes, entweder über ein Netz, oder über einen Datenträger

- Verständigung mit dem Empfänger des Bildes, ob er die Daten erhalten hat, ob sie verständlich sind, verbale Erklärung des verwendeten Formats, etc.

Es ist zudem sehr wahrscheinlich, daß der Empfänger eine Formatkonversion vornehmen muß, da das Format des Senders nicht mit dem verwendeten Bildverarbeitungssystem kompatibel ist. Dieses erfordert entsprechende eine Formatkonvertierungs–Software, und unter Umständen geht durch die Konvertierung ein Teil der zu übertragenden ikonischen Information verloren.

Maximal braucht man $n \cdot (n - 1)$ Konvertierungs–Programme, um jeweils zwischen $n$ verschiedenen Formaten eine Konvertierung vornehmen zu können. Durch die Einführung eines standardisierten, allgemein verwendeten Bildaustauschformats würde sich die Anzahl der erforderlichen Konverter drastisch auf $2 \cdot n$ verringern, weil pro (privatem) Format nurmehr ein Post– und ein Pre–Prozessor (Hin– und Rück–Konverter) zum allgemeinen, standardisierten Format erforderlich ist. Natürlich hat ein solches allgemeines Bilddatenaustauschformat möglichst viele Eigenschaften der bislang verwendeten Formate in sich zu vereinigen, es braucht also eine sehr große Flexibilität bezüglich der Datenorganisation. Zu den Bestrebungen der ISO/IEC, ein allgemein gültiges Bilddatenaustauschformat zu definieren, siehe das Kapitel 9 über den *Image Processing and Interchange (IPI)* Standard.

## 1.4.4 Multimediale Bildkommunikation

Ein sich abzeichnender Trend in der Bildkommunikation geht weg von der Übertragung rein  ikonischer Daten hin zu einer kombinierten Übertragung von Bildern mit anderen Datentypen, zum Beispiel Text, Graphiken, Audio, und anderen anwendungsspezifischen Daten.

In Bildtelephon–ähnlichen Kommunikations-Formen (ähnlich [55]) ist die kombinierte Übertragung von Bewegtbild– und Audio–Daten unabdingbar: Eine rein ikonische Übertragung würde einem "Stummfilm" entsprechen, und für die meisten Anwendungen weitgehend sinnlos.

Für *Electronic Mail* Systeme wird nicht nur die Übertragung von reinen Texten angestrebt, sondern auch deren Kombination mit anderen, multimedialen Datentypen, wie Bildern und geometrischen Graphiken zur Illustration der Texte, Audio–Daten, und anderen mehr.

Die Etablierung von *Video–and–Voice–Mail*–ähnlichen Diensten erfordert ebenfalls die Übertragung multimedialer Daten.

Eine entscheidende Rolle werden auch Kombinationen und Integrationen von verschiedenen *Telematic Services* spielen, welche — über das heute bekannte Maß hinaus — in der Lage sind *Workshop/Meeting*- und *Conferencing*-Szenarien zu emulieren, und verteilte Verwaltungs– und Verhandlungs–Situationen zu unterstützten. Es sei hier auf die weiterführende Darstellungen in den Kapiteln 3.5.3, 3.5.4, 6.4.4 und 6.4.5 verwiesen.

## 1.5 Bildverarbeitungs-orientierte Verfahren zur Bildgenerierung

Unter bezug auf Kapitel 1.1 (Darstellung der Referenzmodelle) kann man feststellen, daß es zwischen den beiden Fachgebieten der "Ikonischen Bildverarbeitung" und der "Visualisierung" eine Verwandtschaft gibt, welche sich in einer gemeinsamen Schnittmenge beider Gebiete, den bildverarbeitungsorientierten Verfahren zur Bildgenerierung, festmachen läßt. Bei dieser Form der Ikonischen Bildverarbeitung geht es darum, — allgemein ausgedrückt — "aus Bildern Bilder zu berechnen". Solche Verfahren haben zwar eine prinzipielle Ähnlichkeit zu den Bild–Bild–Transformationen, sind aber ungleich komplexer, und erfordern meist die Interaktion und Steuerung durch einen Benutzer.

Anhand zweier Beispiele sollen solche Verfahren exemplarisch erläutert werden. Weitere Beispiele sind die interaktive Objektselektion in gespeicherten Bildern (welche einen Spezialfall des Segmentierungs-Problems darstellt), photogrammetrische Applikationen mit interaktiver Punktkorrespondenz–Identifikation, und andere mehr.

### 1.5.1 Visualisierung von Satelliten-Rohdaten

*Erdbeobachtungssatelliten*, welche zu Zwecken der Kartographie oder der Meteorologie eingesetzt werden — wie LANDSAT TM oder METEOSAT — tasten die Erdoberfläche in Kanälen ab, welche nicht immer im sichtbaren Bereich des Spektrums liegen, so daß das aufgenommene Bild schon aus diesem Grund nicht Gegenstand einfacher visueller Betrachtung sein

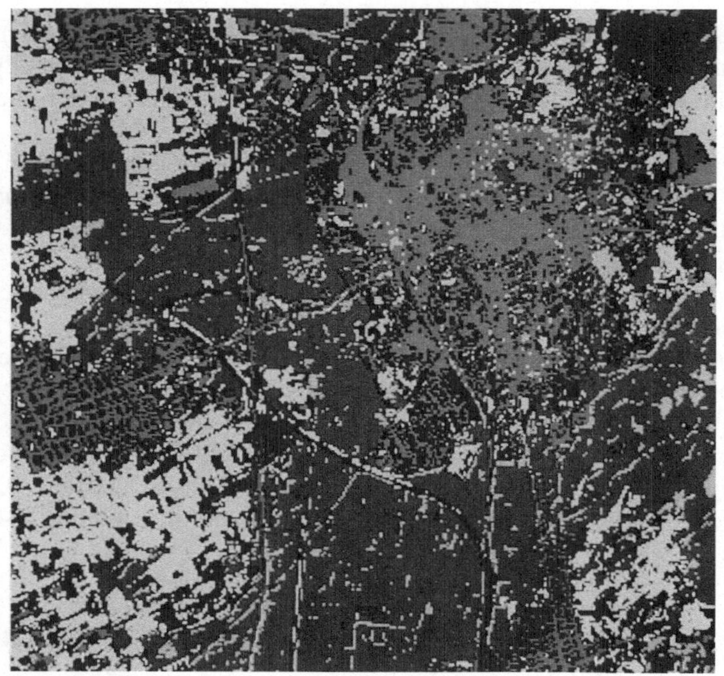

**Abb. 1.14.** Klassifizierte LANDSAT–Aufnahme der Gegend um Darmstadt (links); Klassifizierte METEOSAT–Aufnahme von Nordafrika und Europa (rechts); nach [101]

kann. Darüber hinaus ist man an der Darstellung von Objektklassen der Erdoberfläche interessiert, welche sich in speziellen Eigenschaften der abgetasteten Kanäle bemerkbar machen. Eine solche Objektklassifizierung kann mit verschiedenen Methoden erfolgen, exemplarisch sei eine Clusteranalyse dargestellt.

Bei der Clusteranalyse werden die mehrdimensionalen relativen Häufigkeiten der Amplituden der einzelnen Kanäle für je zwei Kanäle in einem Diagramm gegeneinander abgetragen. Typischerweise zeigen sich in dieser Darstellung innerhalb der relativen Häufigkeiten "Klumpen" (*cluster*), welche jeweils einer Objektklasse der Erdoberfläche zugehörig sind. Mitunter braucht man mehrere Kanalpaarungen, um die Cluster von Objektklassen klar voneinander zu trennen: Zum Beispiel fallen zwar die Cluster von "Wolken" und "Schnee" im sichtbaren Bereich des Spektrums untrennbar übereinander, nicht jedoch im thermal–infraroten Bereich des Spektrums: in anschaulicher Interpretation haben "Wolken" und "Schnee" die gleichen Farben, aber unterschiedliche Oberflächentemperaturen. Die interaktiv identifizierten Cluster werden im Ortsbereich mit symbolischen Farben belegt, also weiß für "Wolken", blau für "Wasser", grün für "Vegetation", rot für "Bebauung", usw. Zwei Beipiele klassifizierter Satellitenbilder sind oben angegeben; siehe Abbildung 1.14.

Neben der Clusteranalyse gibt es noch eine Vielzahl weiterer Klassifizierungs– und Segementierungs–Methoden, so z.B. die auf statistische Eigenschaften der Kanäle abhebende Texturanalyse, welche insbesondere "künstliche" Flächen (das bebaute und/oder landwirtschaftlich genutzte Flächen) von "natürlichen" unterscheiden kann, oder einfache Falschfarbendarstellungen von einzelnen Kanälen, oder morphologische Operationen, welche bestimmte Muster im Bild detektieren, so z.B. Straßen, und dergleichen mehr; für weitere Ausführungen siehe [101] und [86].

## 1.5.2  Bildgenerierung mit ikonisch–photographischen Komponenten

Bei der Bildgenerierung mit ikonisch–photographischen Komponenten werden photographisch gewonnene Bildelemente direkt für die Visualisierung dreidimensionaler Szenen eingesetzt. Man macht sich hierbei das Prinzip zunutze, daß mit Photographien, die fast alle optischen Eigenschaften von natürlichen Materialien, wie Farbe, Textur, Lichtreflexionseigenschaften, etc. bereits enthalten, mit relativ einfachen Mitteln besonders naturgetreue computergraphische Bilder generiert werden können. Man kombiniert für die zu visualisierende Szene die mittels eines 3D-Modellierers (z.B. an einem CAD–System) entworfene oder aber vermessene polygonale Geometrie der Szene mit Bildern, welche in der Natur photographiert worden sind, und nun die Materialien und Oberflächen der zu visualisierenden Objekte darstellen. Dabei ist man nicht nur auf plane Polygone beschränkt, sondern kann — sofern man den entstehenden perspektivischen Fehler durch ein entsprechendes Kalkül abschätzen kann — auch komplexere, dreidimensionale Teilobjekte durch flache photographische Elemente ("Kulissen")im Bild ersetzen.

**Abb. 1.15.** Bildgenerierung mit ikonisch–photographischen Komponenten; nach [110]

Diese Technik ist immer dann einzusetzen, wenn eine beliebige zu visualisierende Objekt– und Szenen–Geometrie mit bereits bekannten Texturen, Materialien und Werkstoffe darstellend, visualisiert werden soll. Dies ist in Anwendungen der Architektur, im Industriedesign und anderen Anwendungen der Fall. Für weitere Ausführungen siehe [107] und [109].

# 2. Imaging–Software

*Uwe Schneider*

Imaging–Software besteht nicht nur aus Funktionen zur Manipulation von Rasterbildern. Vielmehr dient der überwiegende Teil solcher Software der Abstraktion von gerätespezifischen Eigenschaften und der Realisierung von geeigneten Benutzungsschnittstellen (*User Interfaces*), also der Loslösung der Software von der zugrunde liegenden Hardware, sowohl im Sinne einer Abstraktion von deren Architektur, als auch im Sinne einer benutzernahen Bedienbarkeit. Spezifische Architekturen von Bildverarbeitungssystemen werden in Kapitel 3.4 (S.71) exemplarisch diskutiert und sind nicht Gegenstand dieses Kapitels.

Der zunehmende Einsatz von Software in verteilten, heterogenen Umgebungen impliziert die Verwendung von Standard–Software als Basis–Module (Basis–Systeme). Ein System, welches einerseits von der zugrunde liegenden Hardware abstrahiert und andererseits als Basis–Software zur Realisierung graphisch, interaktiver User Interface dient, ist das *X–Window System* (siehe Abschnitt 2.2.3, S.48). Ebenso wichtig wie die Verwendung von Basis–Software ist das Aufsetzen auf Standards. Der derzeit durch die ISO/IEC entwickelte Bildverarbeitungsstandard IPI definiert sowohl eine generische Rasterbild–Architektur (CAI), auf die mittels einer Schnittstelle (PIKS) zugegriffen werden kann, als auch ein Bildaustauschformat (IIF).

In Abschnitt 2.1 (S.41) wird zunächst auf die Einflüsse gerätespezifischer Eigenschaften auf Imaging–Software eingegangen. Die mit der Verwendung in heterogenen Umgebungen verbundene Forderung nach Portabilität von Imaging–Software, die Rolle standardisierter Bildaustauschformate und verbreiteter de–facto Standards als Basis–Software zur Realisierung graphischer Benutzungsoberflächen sind Gegenstand von Abschnitt 2.2 (S.46). Abschnitt 2.3 (S.53) geht schließlich auf Aspekte des Designs eines User Interface, also auf die Gestaltung der Mensch–Maschine Schnittstelle, ein.

## 2.1  Einflüsse gerätespezifischer Eigenschaften

Es existieren eine Reihe gerätespezifischer Charakteristika, welche die Eigenschaften eines Bildverarbeitungssystems limitieren. Neben der Prozessorleistung (Performance) sind dies vor allem die Orts– und die Farbauflösung des zur Bildanzeige zur Verfügung stehenden Displays.

## 2.1.1  Performance

Die interaktive Verarbeitung von Rasterbildern ist weitaus zeitkritischer als eine offline, bzw. batchgesteuerte Bildverarbeitung. Eine Erwartung an ein interaktives User Interface ist eine kurze Systemantwortzeit. Um dies zu erreichen, ist ggf. das Halten redundanter Daten erforderlich (vgl. nächsten Absatz). Wie in den meisten Anwendungen, besteht auch hier ein *trade–off* [204] bzgl. der Speicherplatz/Rechenzeit–Relation. Obwohl ein weiterer Preisverfall bei Speicherbausteinen zu erwarten ist, und Rechnersysteme daher mit immer mehr Hauptspeicher ausgestattet werden können, ist jedem System hinsichtlich des zur Verfügung stehenden Hauptspeichers eine Grenze gesetzt. Da in der Bildverarbeitung immense Mengen an Daten vorliegen können (man denke an ein Rasterbild mit einer Auflösung von 5000x5000 Pixel und einer Tiefe von 24 bit; dies entspricht einer Datenmenge von 75MB), ist eine redundante Datenhaltung nicht immer möglich. Ein System sollte daher adaptiv sein, d.h. solange ausreichend Hauptspeicher zur Verfügung steht, sollte dieser genutzt werden, um eine Effizienzsteigerung durch Datenredundanz zu erreichen. Ist die Anforderung an Hauptspeicherplatz größer als dessen Kapazität, muß die Datenredundanz auf Kosten der Effizienz dynamisch verringert werden können.

Sowohl eine hohe Orts– als auch eine hohe Farbauflösung von Rasterbildern bedingen einen entsprechend hohen Speicherplatzbedarf und damit auch einen hohen Rechenaufwand bei deren Verarbeitung. Eine Möglichkeit der Effizienzsteigerung besteht darin, die Orts– und/oder die Farbauflösung eines Rasterbildes durch geeignete Algorithmen zu reduzieren und die Bildverarbeitungsoperationen auf die reduzierten Rasterbilder anzuwenden. Das Resultat dient dann als eine Näherung, bzw. als ein *Preview* bzgl. des Resultates der Anwendung der Bildverarbeitungsoperationen auf das hochaufgelöste Rasterbild. Wurde das gewünschte Resultat erreicht, können anschließend die Bildverarbeitungsoperationen *offline* auf dem hoch aufgelösten Rasterbild durchgeführt werden. Dieses Verfahren ist jedoch nicht für alle Bildverarbeitungsoperationen akzeptabel [231].

In naher Zukunft kann durch Parallelisierung von Bildverarbeitungsalgorithmen und Ausführung durch mehrere Prozessoren eine signifikante Effizienzsteigerung erwartet werden. Dabei muß jedoch, zur Vermeidung von Ineffizienzen, der Kommunikationsaufwand zwischen den Prozessoren gering gehalten werden [211].

## 2.1.2  Ortsauflösung

Ist die Ortsauflösung eines Rasterbildes größer als die des zur Verfügung stehenden Displays, kann auf verschiedene Weise verfahren werden:

- **Anzeige eines Bildausschnittes**: Hier sollten geeignete Mechanismen zur Navigation durch das gesamte Rasterbild angeboten werden (*panning*, *scrolling*, vgl. Abschnitt 2.3.5.2, S.61). Problematisch ist es, wenn das Rasterbild Informationen enthält, die nur aus der Gesamtheit des Bildes erkannt werden können.

- **Reduktion der Ortsauflösung**: Operationen auf bzgl. der Ortsauflösung reduzierten Rasterbildern können zu erheblichen Ungenauigkeiten führen. Eine Sequenz solcher Operationen kann bis zur Unkenntlichkeit des Resultates führen. Um die Akkumulation repetetiv auftretender Berechnungsfehler zu vermeiden, können Operationen auf das nicht reduzierte Rasterbild angewendet und das Resultat wiederum zur Anzeige reduziert werden. Neben einem erhöhten Speicherplatzbedarf ergibt sich daraus auch ein erhöhter Rechenaufwand. Ein Algorithmus zur Reduktion der Ortsauflösung kann in [65] nachgelesen werden (vgl. Abschnitt 1.2.1, S.13).

Beide Möglichkeiten sollten dem Benutzer zur Verfügung stehen. Da die Semantik eines beliebigen Bildes algorithmisch nicht faßbar ist, muß die Entscheidung, welches Verfahren zur Anwendung kommt, dem Benutzer überlassen werden.

## 2.1.3 Farbauflösung

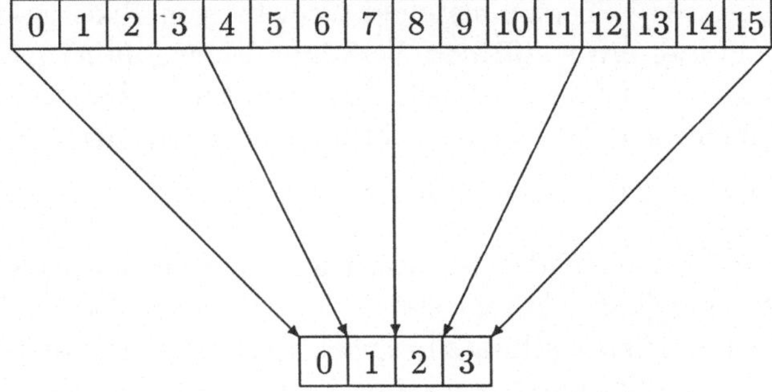

**Abb. 2.1.** Reduktion von 16 Grauwerten auf 4 Grauwerte

Ein weiterer limitierender Faktor kann die Farbauflösung des zur Verfügung stehenden Displays sein. Grundsätzlich sollte ein bildverarbeitendes System bzgl. unterschiedlicher Graphikdisplays adaptionsfähig sein, wobei eine Einschränkung der Funktionalität erforderlich sein kann. So ergibt z.B. die Veränderung der Farbsättigung eines Bildes auf einem Monochrom–Display keinen Effekt. Jedoch sollte die Helligkeitsveränderung eines Farbbildes, dargestellt auf einem Grauwert–Display, durchgeführt werden können.

Die Darstellung eines Rasterbildes auf einem Display niedrigerer Farbauflösung erfordert die Verringerung der Granularität des Farbraumes.

Abhängig von der Art des Rasterbildes und des Displays existieren unterschiedliche Verfahren, um diese Reduktion vorzunehmen:

- **Monochrom–Display**: Bewährte Verfahren, Grauwertbilder auf monochromen Displays darzustellen, sind *thresholding* (Schwellwert–Verfahren), *ordered dithering* [245] und *error diffusion* (Fehlerverteilung). Dabei wird beim *thresholding* jeder Pixelwert eines Rasterbildes mit einem Schwellwert (*threshold*) verglichen. Liegt der Pixelwert unterhalb des Schwellwertes, wird das Pixel weiß, ansonsten schwarz eingefärbt [197, S.225]. Dieses Verfahren liefert keine besonders guten Ergebnisse, insbesondere weiche Übergänge sind damit nicht darstellbar, da *thresholding* kontrastverstärkend wirkt. Das Resultat hängt stark vom gewählten Schwellwert ab[1].

  Ein verbessertes *thresholding* stellt das *ordered dithering* dar. Hierzu wird eine $m \times n$ *dither matrix* erstellt, und das Rasterbild in $m \times n$ große Kacheln unterteilt, so daß jedem Pixel des Rasterbildes ein Wert der Matrix entspricht. Dieser Wert stellt für dieses Pixel den Schwellwert dar. Ein Nachteil dieses Verfahrens ist das Auftreten regelmäßiger Mustern, die abhängig von der Wahl der *dither matrix* mehr oder weniger stark ausgeprägt sind. Es sind Verfahren bekannt, um das Auftreten von Mustern zu minimieren [16].

  Bei *error diffusion* wird der Fehler, der bei jedem Vergleich gegen den Schwellwert auftritt, mit verschiedenen Anteilen auf benachbarte Pixel verteilt. Dadurch geht die Fehlersumme eines Gebietes von Pixel gegen Null. Das bekannteste *error diffusion*-Verfahren ist das *dithering* nach FLOYD–STEINBERG , und zeichnet sich durch das Ausbleiben von Mustern, sowie durch eine gute Wiedergabe weicher Übergänge aus [71].

  Weitere Verfahren sind in [253] und [154] beschrieben.

- **Grauwert–Display**: Grauwertbilder lassen sich auf Grauwert-Displays niedrigerer Farbauflösung (hier: Anzahl der Grautöne) darstellen, indem die Grauskala von weiß nach schwarz in soviele Intervalle unterteilt wird, wie das Display Grautöne darstellen kann. Jedem dieser Intervalle wird ein Grauwert zugeordnet, der z.B. der Mittelwert aller Grauwerte des Intervalls sein kann. Jeder Grauwert des Bildes wird nun auf den Grauwert abgebildet, der dem Intervall zugeordnet ist, in das der Grauwert des Bildes fällt (Abb. 2.1, S.43). Diese Abbildung kann als ein auf mehr als zwei Intervalle erweitertes Schwellwert–Verfahren betrachtet werden, und setzt voraus, daß auf der Farbskala des Bildes eine lineare Ordnung besteht. Da der Farbraum dreidimensional ist und daher keine lineare Anordnung angegeben werden kann, ohne daß dabei 'Sprünge'

---

[1]Bessere Ergebnisse können durch eine zufällige Wahl des Schwellwertes für jedes Pixel erreicht werden. Man spricht hier von Schwellwert–Modulation (*modulation*) [197, S.226–227]

auftreten, müssen Farbbilder zunächst in Grauwertbilder konvertiert werden. Dies ist z.B. durch eine Umrechnung in das HSV–Farbmodell möglich. Jeder der Kanäle H (*Hue*), S (*Saturation*) und V (*Value*) ist linear geordnet, wobei der Value–Kanal dem Grauwert des Farbbildes entspricht [72, S.590–592]. Die Umrechnung von RGB nach HSV kann nach folgender Formel vorgenommen werden (nach [72]):

$$v = \max(r, g, b)$$

$$s = \begin{cases} \frac{d}{\max(r,g,b)} & \text{, falls } v \neq 0 \\ 0 & \text{, sonst} \end{cases}$$

$$h = \begin{cases} \frac{g-b}{d} & \text{, falls } \max(r,g,b) = r \\ 2 + \frac{b-r}{d} & \text{, falls } \max(r,g,b) = g \\ 240 + k + \frac{60(r-g)}{d} & \text{, falls } \max(r,g,b) = b\,, \\ \qquad\qquad k = \begin{cases} 360\,, & \text{falls } 4d < r - g \\ 0\ , & \text{sonst} \end{cases} \\ \text{undefiniert} & \text{, falls } s = 0 \end{cases}$$

mit $r, g, b \in [0, 1)$, $h \in [0, 360)$ $s, v \in [0, 1]$
und $d = \max(r, g, b) - \min(r, g, b)$

- **Farb–Display**: Ist die Tiefe (Farbauflösung) eines Farbdisplays gleich $n$ bit, können damit $2^n$ Farben adressiert werden. Sollen jedoch mehr als $2^n$ Farben dargestellt werden, muß eine Farbreduktion vorgenommen werden, d.h. die Menge der darzustellenden Farben muß auf die Menge der darstellbaren Farben abgebildet werden. Kann das Display mehr Farben darstellen, als über den Bildspeicher adressierbar sind, erfolgt die Auswahl von $2^n$ Farben aus $m$ Farben gewöhnlich über eine Farbtabelle (),*look–up–table colormap* die geeignet zu besetzen ist. Die Verfahren, die Farbauflösung eines darzustellenden Rasterbildes zu reduzieren, sind hierzu grundsätzlich die gleichen, wie oben beschrieben. Sie zerlegen den Farbraum in geeignete Intervalle, die hier Quader im dreidimensionalen Farbraum sind. Exemplarisch soll dies an einem Display der Tiefe 8 bit und einem RGB–Rasterbild der Tiefe 24 bit (8 bit für jede Primärvalenz veranschaulicht werden. Zunächst muß festgelegt werden, mit welchen Anteilen die drei Kanäle (RGB) auf die 8 bit des Displays verteilt werden. Da das menschliche Auge in der Wahrnehmung von "Grün" die größte Bandbreite aufweist, für "Blau" jedoch die geringste, konnten mit der Verteilung 3–3–2, aber auch 2–4–2 (für RGB) brauchbare Ergebnisse erzielt werden. Besser als eine statische Verteilung ist die adaptive Vorgehensweise des *median–cut*–Algorithmus [229]. Dieser legt einen Quader um den Farbraum des Rasterbildes und teilt diesen, an dem Median derjenigen Farbachse mit den meisten Teilungen, bzw. unterschiedlichen Pixelwerten, in zwei Teile. Die Teilung erfolgt derart, daß anschließend in jedem der beiden Intervalle die gleiche Anzahl von Pixel des Rasterbildes fällt. Dieses Verfahren wird rekursiv wiederholt bis $2^8 = 256$ Quader entstanden sind, deren Zentrum als Farbtabellen–Eintrag verwendet wird. Ein Quader dient als Intervall und bildet alle Farben, die in dieses Intervall fallen, auf den entsprechenden Farbtabellen–Eintrag ab.

Im allgemeinen können solche Farbtabellen nicht derart sortiert werden, daß eine Farbinterpolation über den Farbtabellen–Index durchgeführt werden kann (vgl. hierzu auch Abb. 2.5, S.51).

## 2.2  Software–Portabilität und graphische Standards

Im Gegensatz zur Adaptionsfähigkeit von Imaging–Software an unterschiedliche Hardware–Konfigurationen (Adaption zur Laufzeit) ist vor allem die Portabilität von Imaging–Software auf andere Hardware–Architekturen (Adaption zur Kompilationszeit) von großer Bedeutung. Durch eine geeignete Modularisierung und durch das Aufsetzen auf maschinenunabhängige Software kann hier ein hoher Grad an Portabilität erreicht werden (siehe 2.2.1).

Während die Portierung von Software auf fremde Hardware ein einmaliger, statischer Vorgang ist, erfordert der Austausch von Informationen (z.B. Bilddaten) zwischen Applikationen (insbesondere bei unterschiedlicher Hardware) einheitliche, netzwerktransparent strukturierte Daten. Dies trifft nicht nur für applikationsspezifische Daten, wie Bilddaten, sondern auch für Nachrichten zu, die zwischen Applikationen verschickt werden. Neben Kontrolldaten (z.B. Größe und Position eines Fensters auf dem Display einer anderen Maschine) können dies u.a. auch Aufträge an andere Applikationen sein (z.B. Funktionsaufrufe via *remote procedure call*–Mechanismen) [27]. In Abschnitt 2.2.2 (S.48) wird kurz auf den für die Bildverarbeitung wichtigen, zukünftigen IPI–Standard eingegangen, wobei Kontrolldaten und Remote–Prozeduren nicht Gegenstand der Diskussion sind.

### 2.2.1  Modularisierung

Die in Software–Systemen durchgeführte Modularisierung ist im allgemeinen zweidimensional: Eine vertikale Modularisierung (Layer, Schicht) dient dabei der Abstraktion von maschinenabhängigen Daten und Funktionalitäten in Richtung der abstrakten Anschauungswelt des Benutzers (vgl. Abschnitt 2.3.2, S.55), während eine horizontale Modularisierung die Verwaltung unterschiedlicher Objektgruppen auf gleichen Abstraktionsniveau durch Module beschreibt (siehe Abb. 2.2), wobei auch Aufrufe zwischen Moduln auf gleicher Abstraktionsstufe (Layer) erlaubt sind.

In Abb. 2.3 ist die vertikale Modularisierung von der Hardware bis zum

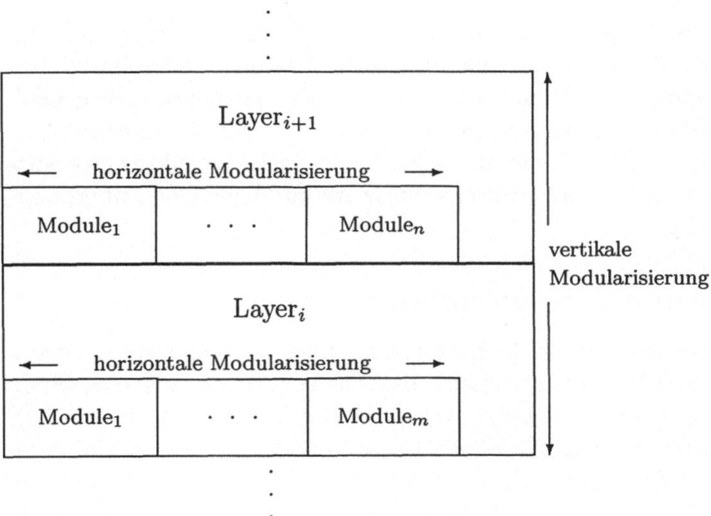

**Abb. 2.2.** Die horizontale und die vertikale Modularisierung von Software

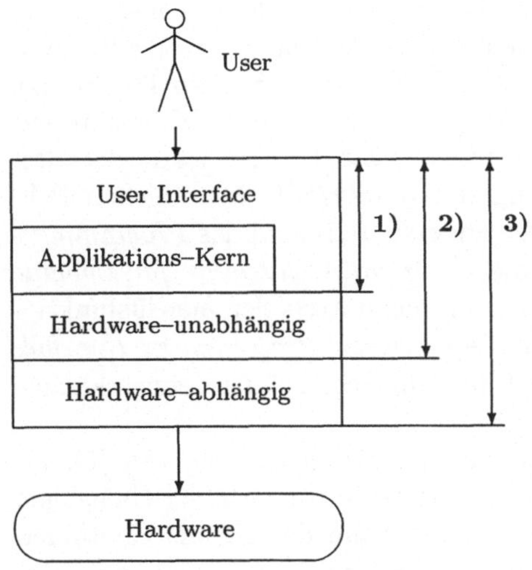


**Abb. 2.3.** Unterschiedliche Portabilitäts–Niveaus bei Software: 1) weitgehend portabel, 2) bedingt portabel und 3) im allgemeinen nicht portabel.

Benutzer dargestellt[2]. Der Grad der Portabilität einer Applikation hängt davon ab, auf welcher der dargestellten Schichten die Applikation aufsetzt. Umfaßt die Applikation die mit 1) markierten Schichten, werden nur maschinenunabhängige Funktionen aufgerufen. Umfaßt die Applikation hingegen die mit 2) markierten Schichten, werden zwar maschinenabhängige Funktionen

---

[2]Jede der dargestellten Schichten kann wiederum in mehrere Schichten unterteilt sein.

aufgerufen, jedoch erfolgt der Aufruf über eine Schnittstelle. Im Gegensatz hierzu werden bei 3) direkte Zugriffe auf die Hardware vorgenommen[3]. Ein solcher Zugriff hängt im allgemeinen nicht nur von der zugrundeliegenden Maschine ab, sondern auch von deren Konfiguration. Es ist leicht erkennbar, daß nach 1) strukturierte Software in hohem Maße, nach 2) strukturierte Software bedingt und nach 3) strukturierte Software im allgemeinen überhaupt nicht portierbar ist.

## 2.2.2   Bild– und Austauschformate

Das steigende Bedürfnis, digitale Rasterbilder über Systemgrenzen hinweg auszutauschen, erfordert einen Konsenz über das Format der ausgetauschten Daten. Zwar existieren eine Reihe weit verbreiteter Bildformate, wie GIF [49], TIFF [8] oder PPM [207], jedoch lassen sich durch diese Formate jeweils nur eine eingeschränkte Klasse von Rasterbildern repräsentieren. So sind die meisten Formate bspw. auf die Abbildung dreier Primärvalenzen beschränkt (üblicherweise RGB). Auch die Diskretisierung von Farbamplituden ist gewöhnlich ganzzahlig (integerwertig).

Einerseits fordert man von einem Bildformat die Eigenschaft einer netzwerktransparenten Austauschbarkeit von Bilddaten, andererseits sollte ein solches Bildformat nicht auf eine Klasse von Rasterbildern beschränkt sein. Das *Image Interchange Facility* (IIF) [29] ist ein Bildaustauschformat, welches diese Forderungen erfüllt. Das IIF ist eines der drei Teile des sich derzeit in der Normung durch ISO/IEC befindlichen IPI–Bildverarbeitungsstandards. Die beiden anderen Teile sind das *Programmers Imaging Kernel System* (PIKS) und die *Common Architecture for Imaging* (CAI). Die CAI definiert ein Bildformat auf das mittels der Zugriffsfunktionen des PIKS zugegriffen werden kann *Application Programmers Interface* (API). Das IIF baut auf diesem Format auf, um Rasterbilder netzwerktransparent zu kodieren.

Durch die Möglichkeit einer hierarchischen Strukturierung von Rasterbildern durch das IIF können beliebig strukturierte Rasterbilder (beliebiger Dimensionalität) repräsentiert werden. Damit kann das IIF als Containerklasse anderer Bildformate dienen, so daß diese mittels des IIF auch auf fremde Hardware–Architekturen übertragen werden können. Ziel des IIF ist es also nicht, bereits existierende, weit verbreitete Bildformate zu verdrängen, sondern diese auf das IIF abbilden zu können. Zu einer detaillierteren Diskussion des IIF siehe Kapitel 9.4 (S.293).

## 2.2.3   Das X–Window System

Das X–Window System wurde am Massachusetts Institute of Technology (MIT) im Rahmen des Athena Projekts (*Project Athena*) entwickelt, und

---

[3]Dies ist im allgemeinen nicht bei jedem Betriebssystem bzw. nicht bei jeder Hardware oder nur beschränkt möglich.

erstmals 1985 veröffentlicht [77]. Es entstand aus der Motivation heraus, eine Vielzahl unterschiedlicher Rechner auf dem Campus zu vernetzen und mit einem Window–System auszustatten. Geräteunabhängigkeit war daher von Beginn an eine feste Vorgabe. Die Idee war, Anwendungen und deren Kommunikation mit dem Benutzer über das Window–System zu entkoppeln und einen netzwerktransparenten Zugriff auf unterschiedliche Displays zu erlauben. Das X–Window System ist weit verbreitet und hat sich als de-facto Standard etabliert.

Zu den Forderungen an eine zukunftsweisende Bildverarbeitungsumgebung gehört neben dem Auslagern von bildverarbeitenden Prozessen auf eine andere Hardware, auch das Anzeigen von Bildern auf anderen, über ein Netzwerk zugängliche Displays. In verteilten Anwendungen ist in der Regel ein Mechanismus zur Synchronisation konkurrierender Prozesse erforderlich, beispielsweise, wenn zwei Anwendungen versuchen, simultan auf ein Display zugreifen. Daher ist das X–Window System ist nach dem *Client-Server*–Modell konzipiert [249, S.40–42], d.h. es existiert zu jedem Display (physikalische Einheit einer Workstation: Bildschirm(e), Tastatur, Maus, etc.) ein Server–Prozeß, welcher exclusiv Ein– und Ausgaben auf dieses Display verwaltet. Da ein Server als sequentieller Prozeß implementiert ist, kann eine Konkurrenz um Ressourcen (*race conditions*) an dieser Stelle nicht auftreten. Alle Anwendungen (*Clients*), die auf ein Display zugreifen wollen, können dies nur über einen Auftrag an den entsprechenden Server tun. Der Dialog zwischen Clients und Server erfolgt asynchron über das geräteunabhängige *X–Protokoll*. Abbildung 2.4 zeigt die Verwaltung der zu einem Display gehörenden Hardware durch den Server, während Applikationen, wie z.B. der Window–Manager, als Clients mit dem Server kommunizieren (hier über ein Netzwerk). Der Window–Manager wurde nicht in den Server integriert, um in Funktionalität und Erscheinungsbild von Darstellungselementen (Windows, Ikonen, etc.) Flexibilität zu gewährleisten. In der Tat existieren eine Reihe von Window–Managern, wie z.B. der *Motif Window Manager* (MWM) oder *Tab Window Manager* (TWM), die Darstellungselemente auf unterschiedliche Art und Weise verwalten und damit ein individuelles *look–and–feel* präsentieren. Wie aus der Abbildung ersichtlich, wird die Schnittstelle zum X–Window System durch die *Xlib* (Bibliothek, bestehend aus X–Window Funktionen) gebildet. Diese verwaltet den Dialog mit dem Server über das X–Protokoll. Der Server besteht aus einem geräteunabhängigen Teil, der ebenfalls über die Xlib–Schnittstelle kommuniziert, und einem geräteabhängigen Teil, der die Display–Hardware verwaltet. Ein Server kommuniziert in der Regel mit mehreren Clients, aber auch ein Client kann Verbindungen mit mehreren Servern aufbauen.

Ein heterogenes Rechnernetz beinhaltet im allgemeinen unterschiedliche Display–Hardware. Damit Applikationen Displays mit unterschiedlichen Eigenschaften nutzen können, ist ein von der physikalischen Architektur abstrahiertes Modell eines Displays notwendig. Das X–Window System bie-

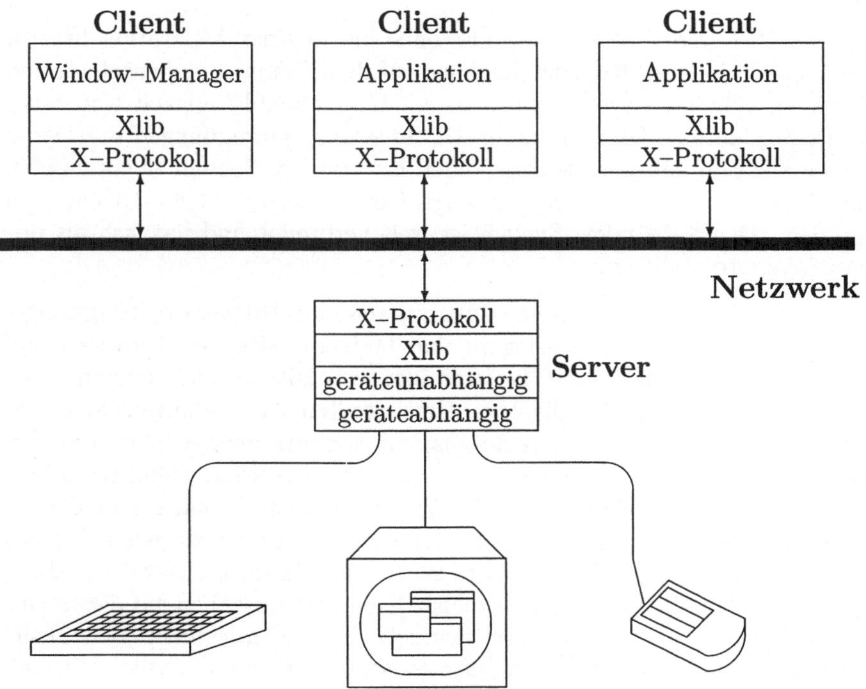



**Abb. 2.4.** Das Client–Server–Modell des X–Window Systems

tet hierfür eine Struktur, das *Visual*, welche für jedes physikalische Display
über dessen Server abgefragt werden kann. Diese Struktur beinhaltet u.a.
eine Beschreibung über den zur Verfügung stehenden Display–Typ (Monochrom, Grauwert, Farbe). Display–Typen mit einer Pixel–Tiefe größer
als Eins können auf unterschiedliche Weise realisiert sein. Zur einheitlichen
Behandlung dieser Hardware bietet das X–Window System das Konzept
der *virtuellen Farbtabelle* (*virtual colormap*). Hierbei kann eine Applikation eine Vielzahl von Farbtabellen anlegen, wobei der Server die jeweils
Aktuelle als Hardware–Farbtabelle installiert. Die Verwendung virtueller
Farbtabellen löst Applikationen daher von Hardwareabhängigkeiten. Eine
Implementierung muß hierdurch nicht mehr gerätespezifische Eigenschaften
berücksichtigen, sondern nur den Gerätetyp, bzw. das jeweils zugrundeliegende Farbmodell[4].

Abbildung 2.5 zeigt eine Farbtabelle eines Displays der Tiefe 8. Damit
können $2^8$ verschiedene Farben adressiert werden. Jeder Eintrag in der Farbtabelle enthält einen Farbwert für jede Primärvalenz (hier: rot/grün/blau).
Die Farbtabelle eines Grauwert–Displays enthält dementsprechend nur eine

---

[4]Mit *Farbmodell* ist hier der Darstellungsmodus eines Displays gemeint (Monochrom,
Grauwert, Farbtabelle, etc.), nicht eine Repräsentation des Farbraumes (RGB, HSV, CIE,
etc.)

Komponente pro Eintrag. Bei Displays mit einer größeren Pixel–Tiefe (z.B. 24 bit) wird der Index in 3×8 bit Indizes gesplittet, die jeweils einen Farbtabellen–Eintrag adressieren. Eine detaillierte Einführung über die im X–Window System verwendeten Farbmodelle ist [200] zu entnehmen. X–Window System

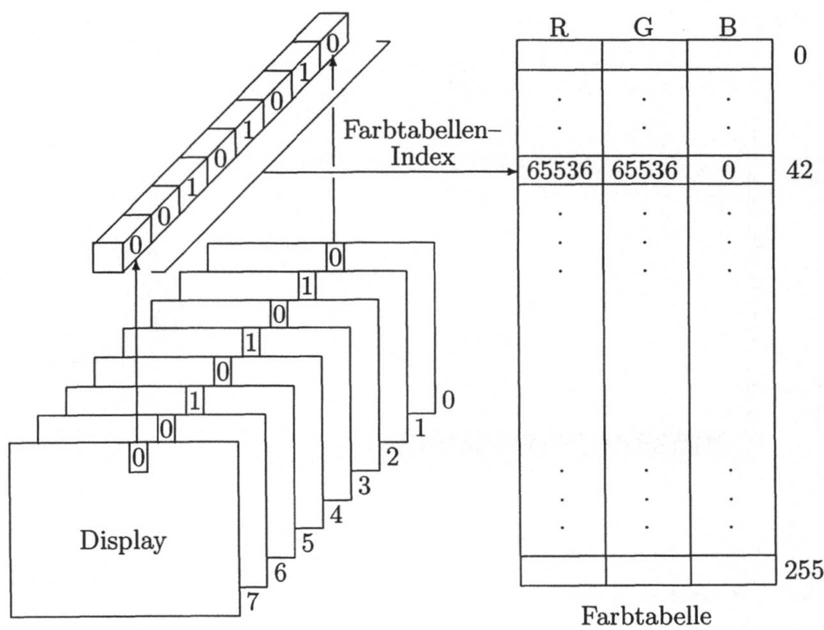


**Abb. 2.5.** Virtuelle Farbtabelle

## 2.2.4   X–Toolkit Intrinsics und OSF/Motif

Die Philosophie, welche der Schnittstelle zum X–Window System (*Xlib*) zugrunde liegt, ist es, Mechanismen zur Implementierung graphisch–interaktiver Dialogsysteme bereitzustellen, nicht aber deren Strategien festzulegen. Ein solches Basis–System sollte nahezu beliebige Gestaltungen eines User Interface zulassen, und kann daher bzgl. seiner Konzeption nur auf einem niedrigen Abstraktionsniveau stehen. Um dennoch Anwendungen auf einem hohen Abstraktionsniveau implementieren zu können, wurde das *X–Toolkit Intrinsics* entwickelt [201]. Die wohl wesentlichste Eigenschaft dieser Software–Schicht ist die Einführung von Widgets. Ein Widget (engl.: Ding, Etwas) ist ein, aus einer Menge von Rechtecken (Windows) bestehendes *Etwas*, auf dem eine Menge von Operationen definiert ist und dem eine Menge von Attributen zugeordnet ist. Der Tatsache, daß ein Widget nur auf eine so allgemeine Weise umschrieben werden kann, ist wohl dessen Namensgebung zu verdanken. Ein Widget kann mit einem *Modul* oder *Type–Manager* gleichgesetzt werden und dient der Realisierung typischer Darstellungselemente von Dialogsystemen, wie Menus, Button, Reglern, usw. Betrachtet man beispielsweise ein Window, über dessen Rollbalken (*Scrollbars*) der in dem Fenster dargestellte Ausschnitt verschoben werden kann, so besteht die Darstellung des Fensters aus einer Reihe von Rechtecken.

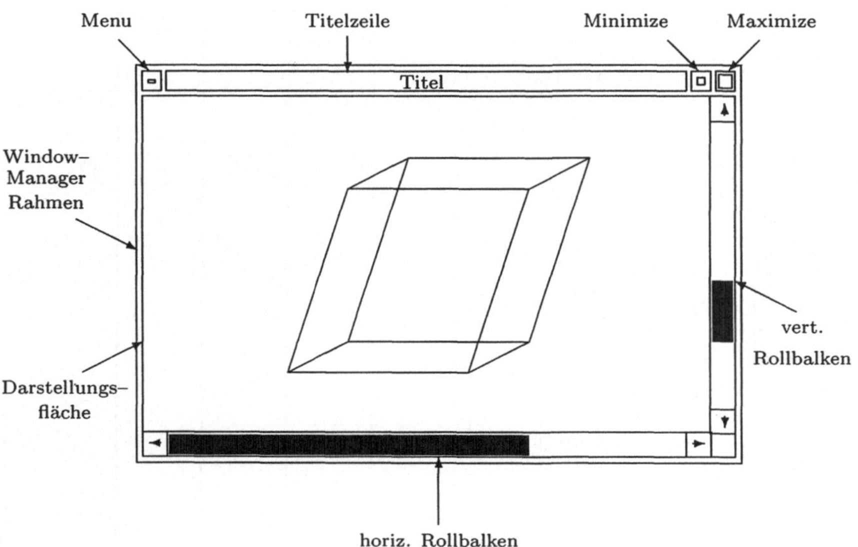


**Abb. 2.6.** *Scrolled Window*–Widget

Abbildung 2.6 stellt die Kombination eines *Scrolled Window*–Widget aus mehreren Rechtecken dar. Jedes der dort bezeichneten Rechtecke ist ein Window des X–Window Systems[5] und besitzt bestimmte Eigenschaften, z.B. läßt sich der Rollbalken (*Scrollbar*) durch *dragging* mit der Maus bewegen, während sich der Fensterinhalt entsprechend verschiebt. In diesem Sinn sind die Windows eines Widgets Objekte, auf denen, gemäß deren Funktionalität (Methoden), je nach Kontext bestimmte Operationen zugelassen sind. Eine Beziehung zwischen den Windows eines Widgets besteht darin, daß z.B. die in dem Fensterauschnitt dargestellte Fläche an der Fensterbegrenzung abgeschnitten wird, oder daß sich der *Slider* eines Rollbalkens nur innerhalb seines übergeordneten Windows bewegen läßt.

Eine weitere Neuerung des *X–Toolkit Intrinsics* ist die Einführung von *Callback–Funktionen*. Dabei handelt es sich um Anwenderfunktionen, die mit einem Widget vereinbart werden können und bei Auftreten eines bestimmten Ereignisses, z.B. dem Aktivieren eines Button durch anklicken mit der Maus, von dem *X–Toolkit* aus aufgerufen werden (*call back*).

---

[5]Sowohl ein auf dem Bildschirm dargestelltes komplexes Fenster, als auch das X–Window Primitiv 'Rechteck' wird mit *Window* bezeichnet. Ist die jeweilige Bedeutung des Wortes *Window* nicht aus dem Kontext ersichtlich, wird gesondert darauf hingewiesen.

Dem *X–Toolkit* kommt die Rolle zu, ein Konzept zur einfacheren Realisierung von User Interface Komponenten bereitzustellen und bietet daher nur *Widget Sets* (Widget–Mengen), die im Sinne eines objektorientierten Ansatzes als Super–Klassen für andere Widgets dienen. Solche Widgets besitzen keine Darstellung. Das Aussehen der Darstellungselemente eines User Interface wird erst in einer weiteren Software–Schicht, einem *Widget Set*, festgelegt. Das wohl erste *Widget Set* waren die *Athena Widgets* des MIT, später gefolgt von AT&T's OPEN LOOK [247] und OSF/Motif [73] als wichtigste Vertreter. Diese *Widget Sets* bieten komplexe Widgets wie bspw. die *Fileselectionbox* (Dateiauswahlbox). Durch die konsequente Trennung von  Mechanismen und Strategien kann auf besondere Anforderungen einer Applikation eingegangen und für diese ein entsprechendes *Widget Set* implementiert werden.

OSF/Motif stellt Widgets zur Verfügung, die den etablierten User Interface Designs Rechnung tragen und diesbezüglich alle wünschenswerten Darstellungselemente anbieten. Bestechend ist dabei die dreidimensionale, schattierte Darstellung von Umrandungen, Button, etc. Darüber hinaus ist OSF/Motif weit verbreitet und ebenfalls als de–facto Standard anzusehen.

## 2.3   User Interface Design

Gestalt und Funktionalität von Darstellungselementen eines graphisch–interaktiven User Interface spiegeln die Strategie wieder, mit der Objekte durch das Interface manipuliert werden und sollten daher dem Abstraktionsniveau auf der Ebene des Benutzers entsprechen, soweit die Problemstellung dies zuläßt. Dabei ist der Erarbeitung  des *konzeptionellen Modells* (*conceptual model*) ein großer Stellenwert beizumessen (*conceptual design*). Sie sollte, wenn möglich, unter Miteinbeziehung des Benutzers erfolgen. Das konzeptionelle Modell umfaßt die Definition der Objekte (Darstellungselemente), ihrer Eigenschaften, sowie deren Beziehungen zu anderen Objekten. Dieser Entwurf legt noch keine Strategie fest, sondern eruiert Isomorphismen zwischen der zu bearbeitenden Problemstellung und ihrer graphischen Repräsentation in der Anschauungswelt des Benutzers. Das Maß der *intuitiven Bedienbarkeit* eines User Interface bestimmt sich hierbei aus der Evidenz der hergestellen Isomorphie. Ist die Semantik einer graphischen Repräsentation nicht offensichtlich, erzeugt dies Verwirrung und Unverständnis auf Seiten des Benutzers [90].

Das *funktionale* oder *semantische* Modell (*functional model*, *semantic model*) legt das Verhalten eines User Interface fest (*functional design*). Dazu gehört die Spezifikation von Benutzer–Operationen auf den Objekten des User Interface, deren Auswirkung, sowie Reaktionen des Systems bei Auftreten von Fehlern, als Hilfestellung oder als Eingabeaufforderung. Wann der Benutzer ein *Feedback* über den Systemzustand (z.B. Bestätigung einer korrekten Eingabe, *work–in–progress*–Anzeige,  etc.) erhält, wird ebenfalls im funktionalen Modell spezifiziert [169].

Das *syntaktische Modell* legt fest, welche Sequenz von Eingaben durchzuführen ist, um eine im funktionalen Modell definierte Aktion bzw. Reaktion auszulösen.

## 2.3.1  Entwurfskriterien

In ein User Interface einer Bildverarbeitungsumgebung sind eine Reihe voneinander verschiedener Funktionalitäten zu integrieren, wie z.B.:

- *Bildquellen und Bildsenken*: Grundsätzlich existiert zu jeder Bildquelle auch eine Bildsenke mit inversem Charakter und vice versa (Scanner/Drucker, Kamera/Display, etc.), so daß diese dem Benutzer gegenüber oftmals in einheitlicher Weise präsentiert werden können. Es sind dies die sogenannten *externen Medien*, bzw. Geräte (*Devices*). Diese haben im allgemeinen verschiedenartige Parameter und können unterschiedlich strukturiert sein (zur Ablage eines Bildes in einer Datenbank bedarf es in der Regel einer strukturellen Beschreibung, *wo* das Bild innerhalb der Datenbank–Hierarchie abgelegt werden soll).

- *Bildverarbeitungsoperationen*: Im weitesten Sinne sind dies nicht nur Operationen, welche ein Bild optisch durch filtern, retuschieren, transformieren und dergleichen modifizieren, sondern beliebige Operationen, die Bilder *verarbeiten*, wie z.B. Objekterkennung, Animation einer Bewegtbildsequenz, Handhabung von Stereobildern, usw. Wie auch Bildquellen und Bildsenken unterscheiden sich Bildverarbeitungsoperationen in der Art der Parameter (eine Negativ–Operation besitzt keine Parameter im Gegensatz zu einer Helligkeitsveränderung), und in ihrer Struktur ('gewöhnliche' Bilder sind zweidimensional, während ein Stereobild eine räumliche, bzw. eine Bewegtbildsequenz eine zeitliche Komponente besitzt).

- *Navigation*: Ist ein Objekt nicht in seiner Gesamtheit darstellbar oder ist eine Menge, aus der eine Auswahl getroffen werden soll, zu groß, bedarf es eines Mechanismus, um den darstellbaren Bereich (*viewport*) durch den potentiell darstellbaren Bereich zu navigieren, bis der gewünschte Ausschnitt sichtbar ist. Auch hier sind im allgemeinen Parameter und Strukturen verschieden. Eine Navigation kann bei *linearen* Objekten (Flächen, aber auch mehrdimensionale (diskretisierte) Strukturen) durch verschieben (*panning*) oder vergrößern und/oder verkleinern zooming() sichtbarer Ausschnitte geschehen. Bei strukturierten Objekten bzw. Objektmengen kann dies durch eine Traversierung (*traversal*) geschehen, wobei jede Stufe einer Traversierung wiederum mit *panning* oder *zooming* kombiniert werden kann (vgl. Abschnitt 2.3.5, S.59).

Die Gestaltung und Repräsentation dieser (und anderer) Funktionalitäten eines Bildverarbeitungssystems erfordert die Betrachtung zweier wesentlichen Eigenschaften eines User Interface, welches eine intuitive Bedienbarkeit erlauben soll:

- *Konsistenz*: Ein User Interface ist konsistent, wenn eine Benutzeraktion, unabhängig vom Kontext, immer das gleiche Resultat bewirkt, oder wenn ähnliche Aktionen ähnliche Resultate zur Folge haben. Verschiebt z.B. das *dragging* mit der Maus in einem Kontext ein Objekt, in einem anderen Kontext aber wird das Objekt dupliziert, erfordert dies die ständige Reflexion des Benutzers über den Kontext seiner Aktion. Oder selektiert ein Doppelklick mit der Maus ein Objekt und wird ein Objekt in einem anderen Kontext durch einen Doppelklick gelöscht, muß von einem "ungeschickt definierten Verhalten" gesprochen werden. Auf der anderen Seite kann die Wahrung der Konsistenz um jeden Preis ebenfalls zu ungeschicktem Systemverhalten führen. Ist z.B. ein Objekt nach dem *dragging* auf einen Abfalleimer nicht mehr vorhanden, ist es nicht sinnvoll ein Objekt nach dem *dragging* auf ein Druckersymbol ebenfalls zu löschen. Hier sollte ein Verhalten realisiert werden, welches aus der Anschauung heraus (*intuitiv*) erwartet werden kann (*law of least astonishment*, [72]).

- *Einfachheit*: Die Bedienung eines User Interface erfordert im allgemeinen Sequenzen elementarer Benutzeraktionen. Das Löschen eines Objektes kann z.B. aus der Sequenz 'anklicken des Objektes', 'anklicken des Abfalleimers' und 'anklicken eines YES Button' (nach einer Bestätigungsaufforderung des Systems) bestehen. Die Gesamtheit aller solcher wohldefinierten, also zulässigen Sequenzen entsprechen der Syntax eines User Interface. Ziel dieses Entwurfes ist eine *einfache* Syntax. Einfachheit beinhaltet jedoch auch die Reduktion auf wenige syntaktische Strukturen, d.h. die gesamte Funktionalität kann durch eine geringe Anzahl verschiedenartiger Sequenzen genutzt werden.

Konsistenz und Einfachheit erlauben das Erlernen des Umgangs mit einem derart gestalteten User Interface auch für Anfänger in kurzer Zeit. Weiterhin haben diese beiden Aspekte die Reduktion einer potentiellen Fehlbedienung zur Folge und reduzieren damit auch das Negativ–Feedback auf den Benutzer. Häufige Frustration führt, wie intensives Nachdenken vor jeder Aktion, zu einer Ablehnung des Systems, also zu einem Verhalten, das durch den Einsatz moderner Interface–Techniken zu vermeiden versucht wird.

## 2.3.2  Das Objekt–Modell

Die innere Struktur einer jeden Applikation sollte der des zu lösenden Problems entsprechen. Diese, der Applikation inherente Struktur, sollte daher dem Abstraktionsniveau entsprechen, wie man es von objektorientierten

Sprachen her kennt. Der Objekt–Begriff abstrahiert hier von *realen Objekten*, und erklärt Objekte als Entitäten, auf denen Attribute und Methoden definiert sind. Die Einheit aller Objekte der inherenten Struktur einer Applikation und deren Beziehungen untereinander definieren das *Objekt–Modell* der Applikation. Das Objekt–Modell spiegelt einerseits die Sicht des Benutzers auf das Problem (*externes Objekt–Modell*, externe Sicht), andererseits die Sicht der Applikation (*internes Objekt–Modell*, interne Sicht) wieder. Diese beiden Sichten sind im allgemeinen nicht identisch. Die Objekte des externen Objekt–Modells repräsentieren den Status der Applikation, wie sie der Benutzer sieht. Dazu gehören die durch ihn zu manipulierenden Objekte, als auch deren Beziehungen zueinander. Darüber hinaus repräsentieren die Objekte des internen Objekt–Modells die Dialog–Zustände der Applikation und dienen damit der Manipulation der externen Objekte durch den Benutzer. Interne Objekte sind dem Benutzer im allgemeinen nicht als solche erkennbar und erscheinen, wenn überhaupt, nur als Attribute externer Objekte (z.B. als Invertierung eines selektierten Objektes). Objekte des externen Objekt–Modells müssen der Applikation in jedem Fall bekannt sein, Objekte des internen Objekt–Modells dem Benutzer jedoch nicht. Daraus ergibt sich, daß die externen Objekte immer eine Untermenge der internen Objekte darstellen.

### 2.3.3  User Interface Strategien

Zur Realisierung eines graphisch, interaktiven User Interface haben sich verschiedene Paradigmen etabliert. Die wohl wesentlichsten sind *WYSIWYG* (*what you see is what you get*), direkte Manipulation (*direct manipulation*) und ikonische Manipulation (*iconic manipulation*):

- *WYSIWYG*: Das auf dem Display repräsentierte Erscheinungsbild entspricht dem durch den Rechner simulierten realen Objekt. Viele Textverarbeitungssysteme arbeiten nach diesem Prinzip und stellen eine Textseite dar, wie sie nach dem Ausdruck aussehen wird. Weitere Anwendungen sind graphische Entwurfssysteme, wie Layout– oder Design–Systeme. Nicht alle Problemstellungen lassen sich auf diese Weise behandeln. Wenn von *what you see is what you get* gesprochen werden soll, müssen die durch das Programm zu erarbeitenden Lösungen eine äquivalente Darstellung besitzen, die über eine bloße Analogie hinausgeht. Beispielsweise besitzen die mit Hilfe von Programmentwicklungssystemen[6] erstellten Strukturen kein unmittelbares Erscheinungsbild; ein Algorithmus kann nicht in eine Abbildung überführt werden, bestenfalls kann seine Struktur veranschaulicht werden. Daher gehen Bestrebungen der Entwicklung graphisch–interaktiver

---

[6]Programmentwicklungssysteme im weitesten Sinne sind Systeme, mit denen ein Programmablauf oder ein Kontrollfluß modelliert wird.

Programmentwicklungssysteme einen anderen Weg, der sowohl Elemente der *direkten* als auch der *ikonischen Manipulation* enthält (siehe unten). Man spricht in diesem Zusammenhang auch von *visual programming* [81]. Die Qualität eines WYSIWYG–Systems hängt stark von gerätespezifischen Eigenschaften wie Orts– oder Farbauflösung ab (vgl. Abschnitt 2.1, S.41).

- *Direkte Manipulation*: Hier werden auszuführende Operationen an Abbildern realer Objekte interaktiv vorgenommen. Ein typisches Beispiel ist das Löschen eines Objektes, indem seine Darstellung durch *dragging* mit der Maus auf einen Abfalleimer gezogen wird. Die Operation selbst ist nicht durch ein Symbol dargestellt, sondern ergibt sich aus der Handlungsweise des Benutzers [237], [123, S.87–124]. Die Anwendung simuliert eine dem Benutzer bekannte Situation, so daß der Benutzer bereits über ein Wissen der dargestellten Zusammenhänge verfügt. Ein bekanntes Beispiel ist die Simulation eines Schreibtisches, mit all seinen Komponenten (Aktenordner, Blätter, Schreibmaschine, Papierkorb, etc.).

- *Ikonische Manipulation*: Im Gegensatz zur direkten Manipulation wird hier die Semantik einer Operation durch ein entsprechendes Ikon[7] dargestellt. Der Übergang zur direkten Manipulation ist jedoch fließend. Dem Löschen eines Objektes entspricht hier die Selektion des die Löschoperation darstellenden Ikons und anschließender Selektion eines Objektes (oder umgekehrt). Der Löschvorgang wird hier nicht durch eine Handlung nachvollzogen, sondern ergibt sich aus der Beziehung der zwei selektierten Objekte 'Abfalleimer' und 'Objekt'. Der Abfalleimer ist hier nicht als Objekt, sondern als Operation 'werfe weg' zu verstehen. Es ist nicht immer einfach, Ikonen zu entwerfen, die komplexe Operationen repräsentieren. Eine Untersuchung zu Aspekten des Entwurfes von Ikonen ist in [95] zu finden, Betrachtungen psychologischer Aspekte der Verwendung von Ikonen können in [180] nachgelesen werden.

Jede dieser Techniken weist Vor– und Nachteile auf, auf die hier nicht näher eingegangen werden kann. Diese und weitere Techniken werden in [238] ausführlich diskutiert. Die Realisierung eines User Interface besteht in der Regel aus einer Kombination verschiedener Verfahren.

Daß in einem graphisch–interaktiven Bildverarbeitungssystem die Darstellung von Rasterbildern dem WYSIWYG Verfahren entspricht, ist obligatorisch. Die graphisch–interaktive Kontrolle über die Parameter einer Operation wird dagegen besser durch direkte Manipulation durchgeführt. Diese Strategie erweist sich als geeignet, da der Wertebereich eines Parameters in Einheit mit dessen aktuellem Wert in der Form eines Bedienelementes,

---

[7] "Ikon" soll hier im weitesten Sinne verstanden werden und schließt auch eine Repräsentation durch Text mit ein.

wie z.B. Regler oder Button, in einer anschaulichen Form dargestellt werden kann[8]. Dies trifft grundsätzlich für alle Parameter einer Operation zu.

### 2.3.4   Objekt/Operation versus Operation/Objekt

Die ikonische Manipulation eines User Interface ist charakterisiert durch das Selektieren von Objekten, wodurch eine Beziehung zwischen diesen hergestellt wird. Da, im Gegensatz zur direkten Manipulation, Operationen nicht durch Handlungen des Benutzers nachvollzogen werden (vgl. letzten Abschnitt), müssen diese als Darstellungsobjekte realisiert werden. Ein Darstellungsobjekt kann daher ein zu manipulierendes Objekt, oder eine die Manipulation ausführende Operation sein, wie im Fall der Bildverarbeitungsoperationen.

Zur Ausführung einer Operation bedarf es der Selektion eines Objektes und einer Operation. Es ist jedoch nicht gleichgültig, in welcher Reihenfolge die Selektion erfolgt. Grundsätzlich kann erst das Objekt, dann die Operation selektiert werden (Operation/Objekt), oder umgekehrt (Objekt/Operation). Ein Vermischen beider Vorgehensweisen wird aus Konsistenzgründen nicht empfohlen.

Aus der jeweiligen Verfahrensweise ergeben sich Konsequenzen, deren Vor– und Nachteile betrachtet werden sollen:

**Objekt/Operation**

+   Nach der Selektion eines Objektes sind dem System diejenigen Operationen bekannt, die auf diesem Objekt ausgeführt werden können. Damit ist es möglich, dem Benutzer ausschließlich zulässige Operationen anzubieten.

−   Bei Operationen, die auf mehreren Objekten operieren, muß der Benutzer die Reihenfolge der Operanden (Objekte) kennen, in der sie von der Operation erwartet werden. Bei gleichartigen Objekten kann das System keine Identifikation vornehmen. Soll z.B. ein Bild von einem anderen subtrahiert werden, ist die Reihenfolge der Operanden (Rasterbilder) von Bedeutung. Es ist dem System jedoch grundsätzlich nicht möglich, ein ungewolltes Vertauschen der Operanden zu erkennen.

−   Verlangt eine Operation $n$ Objekte, und kann dem Benutzer nach der Spezifikation von $n - m$ Objekten keine Operation mehr angeboten werden, die auf diesen Operanden operieren kann, muß entweder die Fehleingabe des Benutzers korrigiert werden (welches Objekt besitzt den falschen Typ?), oder der Benutzer muß die Selektion von Objekten erneut beginnen, oder zumindest korrigieren können.

---

[8]Man denke an die Bedienelemente technischer Geräte, über die ebenfalls Parameter eingestellt werden.

– Beabsichtigt der Benutzer nach der Selektion von $n$ Objekten eine andere Operation durchzuführen als geplant, muß er ggf. die Möglichkeit besitzen, die getätigte Auswahl als ungültig zu erklären (Auf welche Weise?).

**Operation/Objekt**

+ Nach der Selektion einer Operation sind dem System alle Objekte bekannt, auf denen die Operation ausgeführt werden kann. Damit ist es möglich, dem Benutzer ausschließlich zulässige Objekte anzubieten.

+ Ist dem System die auszuführende Operation bekannt, und verlangt die Operation mehrere Objekte (Operanden), kann der Benutzer durch das System aufgefordert werden, eine bestimmte Reihenfolge der zu selektierenden Objekte einzuhalten. Dies kann global für die gesamte Operation geschehen, oder gezielt vor der Selektion jedes Objektes.

+ Beabsichtigt der Benutzer nach der Selektion von $n$ Objekten eine andere Operation durchzuführen als geplant, genügt es, eine neue Operation zu selektieren. Dem System wird somit die Ungültigkeit aller vorher selektierten Objekte mitgeteilt.

– Ist die Anzahl der Objekte einer Operation nicht festgelegt (z.B. Überlagerung einer beliebigen Anzahl von Rasterbildern), muß dem System mitgeteilt werden, wann die Operation gestartet werden soll. Dies erfordert eine zusätzliche Aktion des Benutzers (z.B. Anklicken eines Button).

Es erscheint sehr natürlich, erst ein Objekt zu benennen, und anschließend zu sagen, was damit geschehen soll. In vielen Fällen sollen auf einem Objekt oder einer Gruppe von Objekten mehrere Operationen nacheinander ausgeführt werden. Werden die Objekte zuerst benannt, können anschließend beliebig viele Operationen ohne erneute Selektion der Objekte ausgeführt werden. Aufgrund der obigen Betrachtung wird jedoch ersichtlich, daß dieser Ansatz auch Nachteile birgt. Keiner der Ansätze läßt sich pauschal gegenüber dem jeweils anderen favorisieren. Vielmehr muß im Einzelfall entschieden werden, nach welcher Strategie in einer gegebenen Applikation verfahren wird.

## 2.3.5 Navigation in einem User Interface

### 2.3.5.1 Browsen hierarchischer Strukturen

*Browsing* ist die Traversierung einer hierarchischen Struktur. Für die Darstellung bedeutet dies, daß ein strukturiertes Objekt (z.B. durch Anklicken mit der Maus) *geöffnet* werden kann. Öffnen heißt in diesem Zusammenhang die Sichtbarmachung der unter diesem Objekt verborgenen Struktur[9]. Sind die so dargestellten Unterobjekte ebenfalls strukturiert, können diese in gleicher Weise geöffnet werden. Abbildung 2.7 zeigt eine hierarchische Struktur und verschiedene Varianten, diese Struktur zu browsen, bzw. unterschiedliche Sichten auf deren Hierarchie[10]. In a) erfolgt nur die Darstellung der aktuellen Stufe der Traversierung, während in b) zusätzlich noch die Stufe des Ausgangspunktes angezeigt wird. c) dagegen stellt vom Ausgangspunkt bis zum erreichten Punkt jede dazwischen liegende Stufe, also den gesamten während der Traversierung durchstreiften Pfad, dar. Welche dieser Methoden angewendet werden sollte, hängt von verschiedenen Faktoren ab. Je nach Art der dargestellten Struktur, bzw. deren Kontext innerhalb der Anwendung, kann die eine oder die andere Methode zum Browsen solcher Strukturen geeignet sein:

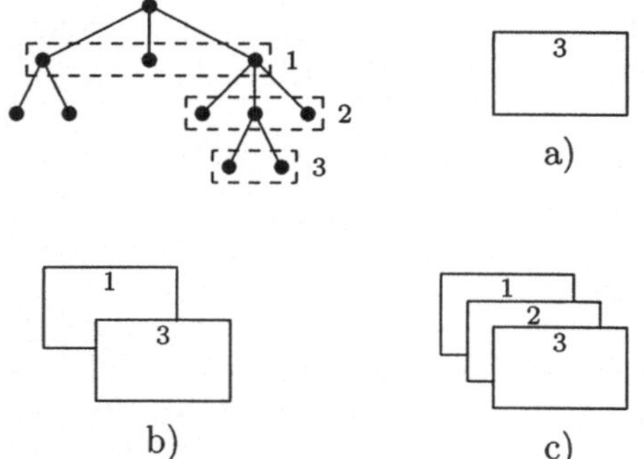


**Abb. 2.7.** Browsen einer hierarchischen Struktur

a)     Sind die Stufen 1 und 2 der Hierarchie in dem Kontext der Stufe 3 bedeutungslos, beansprucht deren Darstellung lediglich Platz auf dem Display und stellt eine zu diesem Zeitpunkt nutzlose Information dar. Die Stufen können hier z.B. Menus verschiedener Systemteile sein, die im gewählten Modus nicht genutzt werden können. Werden nicht wesentliche Informationen dargestellt, erfordert die Selektion relevanter Informationen eine erhöhte Konzentration des Benutzers.

b)     Diese Methode kann angewendet werden, wenn verschiedene Pfade der Struktur simultan traversiert werden sollen, deren Instanzierung jedoch nur von den *Startobjekten* in 1 erfolgen kann. Ein Beispiel hierfür ist das Browsen durch das Filesystem des Apple Macintosh [10]. Die oberste Stufe stellen dabei die Symbole der vorhandenen Laufwerke dar (Startobjekte), in Abb. 2.7 entspricht dies der Stufe 1). Davon ausgehend

---

[9]Ein Beispiel hierfür ist die Verzeichnis–Hierarchie vieler Systeme, in denen Verzeichnisse durch entsprechende Ikonen dargestellt werden. Durch die Selektion eines solchen Ikons erfolgt die Anzeige der Ikonen der entsprechenden Unterverzeichnisse.
[10]Exemplarisch soll hier von einer Baumstruktur ausgegangen werden.

können nun simultan verschiedene Verzeichnisse durch 'anklicken' der Laufwerksymbole instanziert werden[11]. Jedes dieser Verzeichnisse erlaubt wiederum das Browsen durch die darunter liegende Filesystem–Struktur.

c) Die Darstellung des gesamten Pfades einer Traversierung findet meist in *Pulldown Menus* Verwendung. Einerseits ist dadurch der Kontext der getroffenen Auswahl für den Benutzer unmittelbar erkennbar, andererseits lassen sich Fehlentscheidungen in der Auswahl besser korrigieren, da der Benutzer die Alternativen der Auswahl vorheriger Entscheidungsstufen noch vor Augen hat, und nicht versuchen muß, diese aus der Vorstellung heraus zu rekonstruieren. Weiterhin erlaubt diese Darstellung die Verzweigung (Instanzierung einer neuen Stufe) von jedem beliebigen Punkt des Pfades, ohne daß zuvor geöffnete Objekte geschlossen werden müssen.

Das Konzept, Benutzerobjekte gleich welcher Art, durch den gleichen Mechanismus zu traversieren, bietet die Möglichkeit, neue Komponenten in ein System zu integrieren, ohne dabei neue Bedienstrategien einführen zu müssen. Andererseits erlaubt diese Generalisierung eine einfache Syntax für die Traversierung hierarchischer Strukturen, wodurch sich für verschiedenartige Klassen ein einheitlicher (konsistenter) Mechanismus ergibt.

### 2.3.5.2 Panning, scrolling, zooming

Zu visualisierende, nicht hierarchisch strukturierte Benutzer–Objekte können im allgemeinen größer sein als die zur Verfügung stehende Darstellungsfläche, so daß zu einem Zeitpunkt nur ein Teil eines Objektes sichtbar gemacht werden kann (vgl. Abschnitt 2.1.2, S.42). Die Darstellungsfläche ist in der Regel durch ein Fenster des Displays begrenzt, mindestens aber durch das Display selbst. Kann nur ein Teil eines Benutzer–Objektes auf der entsprechenden Darstellungsfläche dargestellt werden, müssen geeignete Mechanismen angeboten werden, um den gewünschten Ausschnitt auswählen zu können. Bekannte Beispiele hierfür sind z.B. Text–Editoren und Datei–Auswahlboxen. *Panning*, *scrolling* und *zooming* sind solche Mechanismen. *Panning* ist die horizontale Verschiebung des sichtbaren Fensters auf dem zu visualisierenden Objekt, *scrolling* dagegen die vertikale Verschiebung des Fensters[12]. Die gebräuchlichsten *panning/scrolling*–Mechanismen sind Rollbalken (vgl. Abb. 2.6, S.52). Größe und Lage des sichtbaren Ausschnittes ergeben sich aus dem Verhältnis und der Lage der Schieber gegenüber den gesamten Rollbalken. Die Verwendung von Rollbalken führt zu einer kompakten Darstellung des Objekt–Ausschnittes zusammen mit den Rollbalken selbst. Eine weniger

---

[11]bzgl. ihrer Darstellung

[12]Sowohl die vertikale als auch die horizontale Positionierung des sichtbaren Ausschnittes eines Fensters werden bei einigen Autoren mit *panning* bezeichnet; gleiches gilt auch für das *scrolling*.

kompakte Darstellung bietet die Navigation über das Setzen des sichtbaren Ausschnittes an einer verkleinerten Darstellung des gesamten zu visualisierenden Objektes (Abb. 2.8). Das Positionieren eines Rahmens bestimmt die Lage des sichtbaren Ausschnittes, während die Veränderung der Größe des Rahmens ein *zooming* bewirkt (Abb. 2.9). Gegenüber der Verwendung von Rollbalken können hier *panning* und *scrolling* simultan durchgeführt werden. Die weniger kompakte Darstellung bietet jedoch den Vorteil, daß neben dem Ausschnitt des Objektes, dieses auch in seiner Gesamtheit überblickt werden kann. Die Entscheidung für einen dieser Mechanismen hängt sehr stark von der jeweiligen Anwendung ab. In einem Text–Editor spielt der Überblick auf den gesamten bisher eingegebenen Text im allgemeinen keine Rolle. Im Gegensatz dazu ist es bei der Darstellung von Rasterbildern sinnvoll (wenn nicht sogar notwendig), neben einem Ausschnitt des Rasterbildes, auch dessen komplette Darstellung zur Verfügung zu haben.

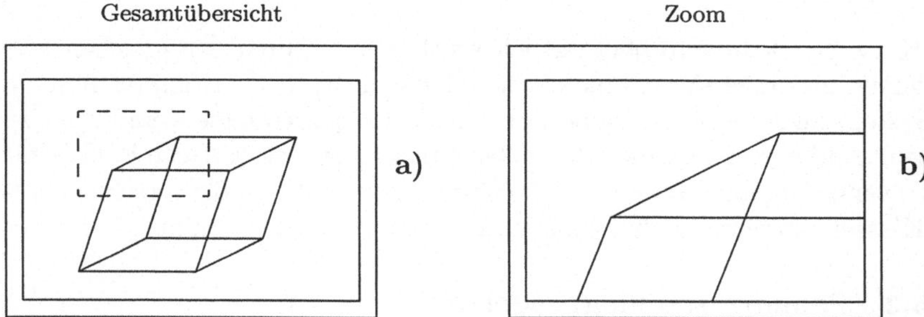


**Abb. 2.8.** **a)** Eine Gesamtübersicht zeigt Lage und Größe des sichtbaren Ausschnittes im Zoom–Fenster **b)**

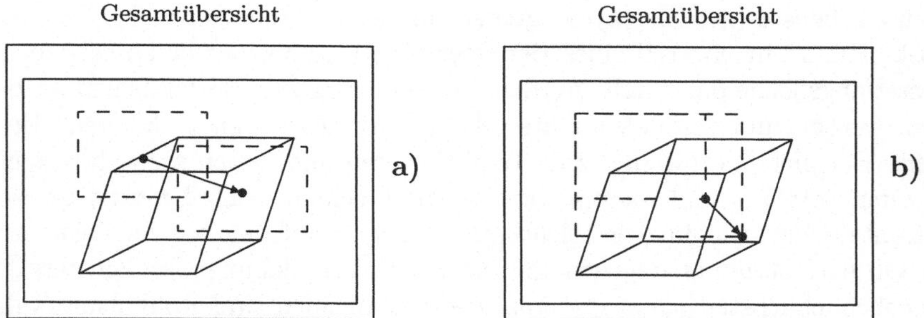


**Abb. 2.9.** **a)** Durch verschieben des Rahmens in der Gesamtübersicht können *panning* und *scrolling* simultan durchgeführt werden. **b)** Eine Veränderung der Rahmengröße bewirkt (bei gleichem Aspect–Ratio) ein *zooming* des dargestellten Bildausschnittes.

# 3. Ikonische Bildverarbeitungs–Basissysteme

*Rüdiger Strack*

## 3.1  Übersicht

Es existieren zahlreiche Systeme zur Entwicklung und Anwendung von Verfahren der ikonischen Bildverarbeitung (BV) für spezifische Applikationen, wie beispielsweise Anwendungen der Medizintechnik, der Kartographie und der Dokumentenverarbeitung, geographische Informations–Systeme oder Layout–Systeme. Viele dieser Systeme wurden im Hinblick auf eine konkrete Anwendung entwickelt, d.h. sie entstanden aus einem spezifischen Blickwinkel heraus. Nicht selten wurde versucht, allgemeine und formale Werkzeuge zu definieren, die zu einer Vereinfachung und Optimierung des Entwicklungsprozesses von Anwendungen der ikonischen BV beitragen. Die Mehrzahl dieser entwickelten Werkzeuge zielt auf bestimmte Benutzergruppen, z.B. Entwickler von BV–Algorithmen (Experten), Applikationsprogrammierer oder Endanwender mit geringen BV–Kenntnissen. In Kapitel 3.2 (S.66) werden die unterschiedlichen Kategorien von Werkzeugen kurz vorgestellt.

Erst in den letzten Jahren wurden Entwicklungsumgebungen konzipiert, die auch verschiedenen Benutzergruppen — Entwickler und Anwender mit unterschiedlichem Spezialisierungsgrad — gerecht werden. In diesen Systemen werden Werkzeuge für unterschiedliche Benutzerklassen in eine vollständige Umgebung integriert. In Kapitel 3.3 (S.67) werden exemplarisch drei Entwicklungsumgebungen vorgestellt: *Khoros* [214], *VIEW–Station* [158] und *apART* [231].

Die Entwicklung von BV–Basissystemen wurde durch die fortschreitende Entwicklung der Hardware und die damit verbundene Leistungssteigerung von allgemein–verfügbaren Plattformen, insbesondere von Graphik–Workstations, maßgeblich beeinflußt. In Fortentwicklung des traditionellen Stand–alone–Bildverarbeitungsrechners dienen netzwerkfähige Workstations als Basis zur Applikationsentwicklung und –anwendung. Diese Workstations unterstützen den Entwickler mit standardisierten Programmierwerkzeugen

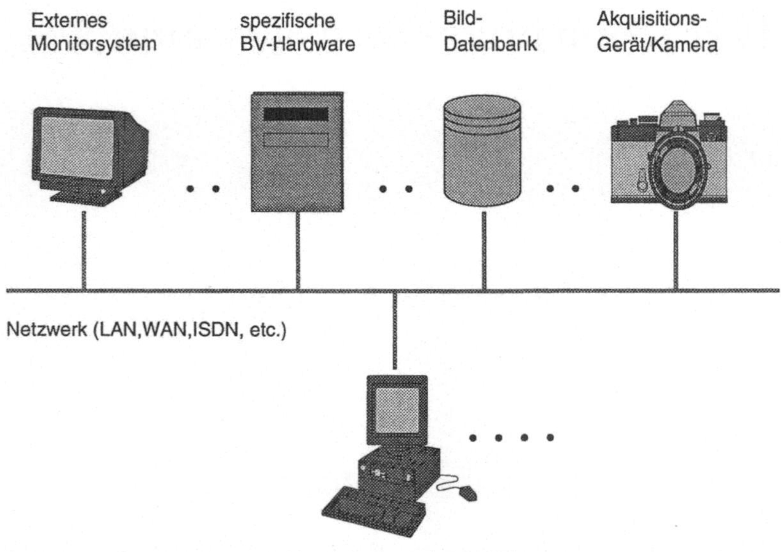


**Abb. 3.1.** Offene, verteilte Bildverarbeitungsumgebung

(z.B. Programmiersprachen, Window–Systeme, etc.) und den Anwender mit
graphisch–interaktiven Benutzungsoberflächen.

Graphik–Workstations bilden eine wesentliche Komponente einer "offenen, verteilten Bildverarbeitungsumgebung", welche aus

- Graphik–*Workstation*(s),

- *Bildquellen* (z.B. Kamera, Scanner, etc.),

- *Bildsenken* (z.B. Drucker, Bildarchiv, Plotter, hochauflösendes Moni-
  torsystem, Diarekorder, etc.),

- spezifischer *BV–Hardware* für die Ausführung von zeitkritischen, ikonischen BV–Operationen, und einem

- *Netzwerk*, ausgeprägt als ein lokales In–House–Netzwerk (LAN) oder als
  ein Telekommunikationsnetzwerk (WAN, ISDN, etc.),

besteht. In Abb. 3.1 ist eine solche verteilte BV–Umgebung skizziert.

Eine offene Umgebung stellt spezielle Anforderungen an die Architektur
eines BV–Basissystems. Dies gilt insbesondere für die zugrundeliegenden Datenstrukturen und Datenformate, die zur Verarbeitung der digitalen Bilder
verwendet werden.

Die allgemeinen Anforderungen an ein BV–Basissystem können wie folgt formuliert werden:

- Die zugrundeliegende Software sollte möglichst *maschinenunabhängig* definiert werden. Es sollten nur minimale Forderungen an die Spezialisierung der verwendeten Hardware gestellt werden. Dies fördert eine Portierung der Software auf andere Hardware–Architekturen.

- Verschiedene *Benutzergruppen*, d.h. Entwickler und Anwender mit unterschiedlichem Spezialisierungsgrad, sollten unterstützt werden. Dazu werden definierte Benutzerschnittstellen für die einzelnen Gruppen benötigt, die den jeweiligen, spezifischen Anforderungen gerecht werden.

- Die *Benutzerschnittstellen* sollten derart konzipiert sein, daß in starkem Maße von der zugrundeliegenden Hardware abstrahiert wird. Objekte der Systemumgebung sollten dem Benutzer in anschaulicher Weise zur Verfügung gestellt werden.

- Die Möglichkeit der modularen *Erweiterbarkeit* des Systems um neue Software– und/oder Hardwarekomponenten sollte gewährleistet sein. Dies bezieht sich insbesondere auf die Integration von neuen Geräten (Bildquellen und –senken), Operatoren und digitalen Bilddatentypen.

- Der *Austausch von digitalen Bildern* per definiertem Datenformat zu anderen Rechnern und Applikationen sollte unterstützt werden. Dabei sollten solche Datenformate, welche öffentlich zugänglich sind[1], verwendet werden (siehe Kapitel 6.4, S.166), um den Austausch von Bilddaten in einer offenen Umgebung zu gewährleisten.

Weitere Ausführungen in bezug auf die allgemeinen Anforderungen an ein BV–Basissystem sind in Kapitel 2 (S.41) dargelegt.

In Kapitel 3.4 (S.71) werden die BV–Basissysteme Khoros, VIEW-Station und apART als Fallstudien explizit hinsichtlich Ihrer Funktionalität in bezug auf obige Anforderungen untersucht.

Zukünftige Entwicklungen von Basissystemen werden durch verschiedene Strömungen beeinflußt. Zum einen sollte der zukünftige ISO/IEC Standard *Image Processing and Interchange* (IPI)[2] in der System–Entwicklung berücksichtigt werden. Ferner kann der Bereich der ikonischen Bildverarbeitung für die Entwicklung der nächsten Generation von Basis–Systemen nicht mehr separat betrachtet werden. Aspekte, wie die ikonische Bildkommunikation und die Integration von digitalen Bildern in multimediale Systeme, müssen bei der Konzeptionierung berücksichtigt werden. Aspekte der weiteren technischen Entwicklung von Basis–Systemen werden in Kapitel 3.5 (S.86) erläutert.

---

[1]Diese Datenformate sind z.T. international normiert (siehe Kapitel 6.4 (S.166) und Kapitel 9.4 (S.293)).

[2]Siehe [137], [138] und [139].

## 3.2 Kategorien von Applikations– und Entwicklungswerkzeugen

Derzeit verfügbare Applikations– und Entwicklungswerkzeuge der ikonischen
BV können in die folgenden Kategorien eingeordnet werden:

- *Kommando– und menübasierte Systeme*:    Diese Systeme sind vorwiegend anwendungsorientiert. Sie sind zwar relativ einfach zu bedienen,
  jedoch ist ihre Funktionalität oftmals eingeschränkt. Neben einer applikationsspezifischen Menge von BV–Operationen gilt dies insbesondere
  in bezug auf Kontroll– und Datenstrukturen, die zur Entwicklung von
  vollständigen Applikationen benötigt werden (z.B. XVision [213]).
  Die menübasierten Systeme setzen in der Regel auf Fenster–Systemen
  (*window system*,   z.B. X–Window System, etc.)   und Widget–Mengen
  (*widget sets*,   z.B. Athena, OSF/Motif, OPEN/LOOK, etc.)   auf[3].

- *BV–Bibliotheken*:    Ein Katalog von ikonischen BV–Operationen wird
  dem Applikationsprogrammierer in Form einer BV–Bibliothek, mit einer *Sprachbindung* versehen, zur Verfügung gestellt. BV–Bibliotheken
  wurden bereits sehr früh zu einer Systematisierung der BV eingesetzt.
  Eine bekannte und weit verbreitete BV–Bibliothek ist SPIDER [248],
  die über 400 BV–Funktionen umfaßt. Die BV–Bibliothek des ISO/IEC
  Standards IPI, PIKS [129],   ist der erste Versuch eines Normungsgremiums mit einer ausgewählten Basis von BV–Grundfunktionen (ca. 200)
  die Portabilität von Imaging Software zu gewährleisten[4].

- *BV–Programmiersprachen*:    BV–Programmiersprachen stellen spezifische BV–Datentypen (z.B. Bilddatentypen, graphische Datentypen,
  Histogramme, Farbtabellen, etc.)   und funktionale Notationen zur
  Verfügung, die eine einfache Spezifikation von BV–Algorithmen erlauben.    Daneben werden oftmals Funktionalitäten zur Verwaltung
  von Fensterfunktionen und zur Bildeingabe und –ausgabe unterstützt.
  Man kann zwischen Erweiterungen höherer Programmiersprachen (z.B.
  OLIVE [70], Image Algebra [221]), reinen BV–Programmiersprachen
  und visuellen Programmiersprachen (z.B. VPL [158], MacSTILE [160],
  cantata [214]) unterscheiden.    Reine BV–Sprachen sind selten und in
  der Regel an spezifische Hardware gekoppelt. Visuelle Programmiersprachen besitzen den Vorteil, daß sie auch von Benutzergruppen ohne
  Programmiererfahrung eingesetzt werden können. Sie eignen sich insbesondere für das *rapid prototyping* von BV–Algorithmen.

Ikonische BV–Basissysteme, die (vollständige) *Entwicklungsumgebungen* repräsentieren, zeichnen sich durch die Integration von unterschiedlichen Werkzeugen aus. Dadurch werden sie unterschiedlichen Gruppen von Anwendern

---

[3]Siehe hierzu auch Kapitel 2.2.3 (S.48) und Kapitel 2.2.4 (S.51).
[4]Siehe hierzu auch Kapitel 3.5.1 (S.86) und Kapitel 9 (S.285).

und Entwicklern zugänglich. Drei Systeme, die offene, ikonische Bildverarbeitungsumgebungen repräsentieren, werden exemplarisch im folgenden Kapitel 3.3 dargestellt. Diese Systeme sind speziell auf den Bereich der Bildverarbeitung ausgerichtet.

Ferner existieren Systeme, welche allgemein zur Visualisierung komplexer Datenmengen aus Wissenschaft und Technik konzipiert wurden (z.B. apE [57], AVS [254], Explorer [89]). *Visualisierungssysteme* bieten dem Anwender und Entwickler umfangreiche Werkzeuge zur aussagekräftigen Visualisierung umfangreicher Datenmengen, die beispielsweise aus Beobachtungen (z.B. mit Sensoren), Experimenten, Messungen (z.B. mit Mikrophonen), Simulationen, etc. gewonnen wurden. Sie zeichnen sich u.a. durch eine datenflußorientierte Systemarchitektur, umfassende Datenmodelle, vielfältige Darstellungstechniken und eine graphisch–interaktive Programmierschnittstelle (visuelle Programmiersprache) aus. Zwar unterstützen diese Systeme den Benutzer auch mit einer Basisfunktionalität zur Verarbeitung von digitalen Bildern. Diese reicht in der Regel jedoch nicht an die Funktionalität von Bibliotheken, Programmiersprachen und Systemen der ikonischen BV heran. Einige Konzepte von Visualisierungssystemen sind auch bei der Konzeptionierung der in Kapitel 3.3 betrachteten BV–Systeme angewandt worden.

## 3.3 Offene Anwendungs– und Entwicklungsumgebungen

Der Entwurf einer *offenen Umgebung* zur Entwicklung und Anwendung von Verfahren der ikonischen BV stellt eines der Hauptziele der ikonischen BV dar. Offen muß eine Entwicklungsumgebung in vielerlei Hinsicht sein (siehe Kapitel 3.1, S.63): Es sollten nur minimale Anforderungen an die Spezialisierung der zugrundeliegenden Hardware gestellt werden, um der Portabilität der Software Vorschub zu leisten. Unterschiedliche Benutzergruppen sollten mit Schnittstellen unterstützt werden, die deren spezifischen Anforderungen gerecht werden. Die Integration von neuen Geräten, Operatoren und digitalen Bildern (unterschiedlicher Datentypen) sollte durch respektive Mechanismen gewährleistet werden. Ein offenes System sollte den Austausch von digitalen Bildern und bildbezogenen Daten zu anderen Systemen erlauben. Schließlich sollten generell die Schnittstellen des Systems wie *application programming interfaces* (APIs) und Dateiformate, welche dem Austausch von Bildern dienen, den jeweiligen Benutzergruppen offengelegt werden.

Drei Systeme, die offene, ikonische Bildverarbeitungsumgebungen repräsentieren, werden exemplarisch zunächst kurz vorgestellt und bezüglich ausgewählter Kriterien in Kapitel 3.4 (S.71) beleuchtet: *Khoros*, eine offene Umgebung für die BV und Software–Entwicklung; *VIEW–Station*, eine BV–Workstation mit Software–Entwicklungsumgebung; und *apART*, eine ikonische Bildverarbeitungsumgebung.

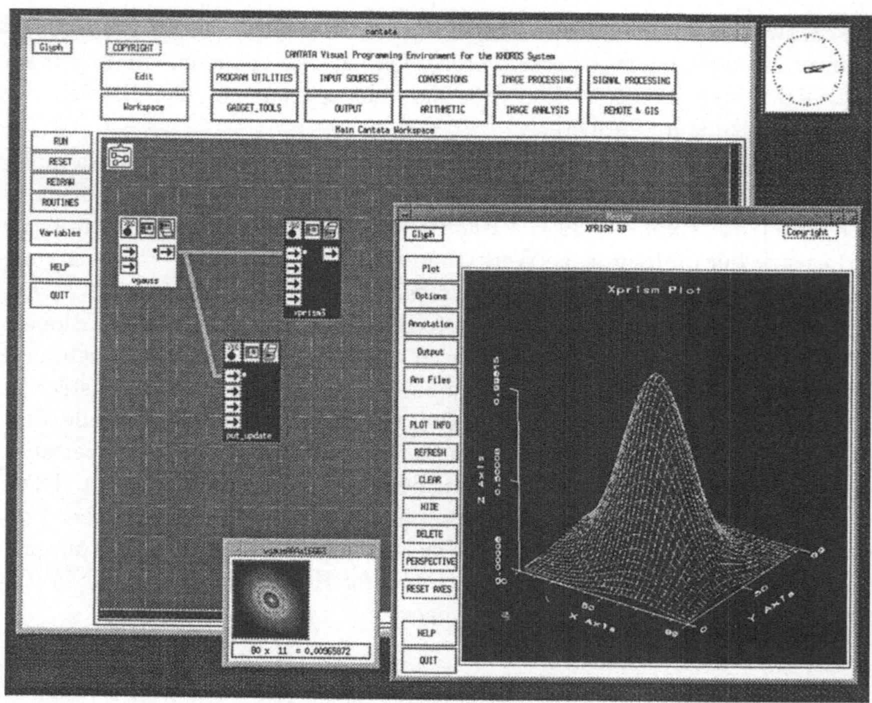

**Abb. 3.2.** Applikationsentwicklung unter Khoros

## 3.3.1  Khoros

Khoros [187], [214] ist eine integrierte Software–Entwicklungsumgebung für
die Informationsverarbeitung und Visualisierung mit einem Schwerpunkt auf
der ikonischen Bildverarbeitung. Das System wurde an der Universität von
New Mexico entwickelt.

Ein wichtiger Bestandteil des Khoros–Systems ist die visuelle Programmiersprache *cantata*, die es dem Anwender erlaubt, Bildverarbeitungssequenzen in Form von Datenflußgraphen zu spezifizieren und auszuführen.
Dies fördert insbesondere das *rapid prototyping* von applikationsspezifischen
BV–Algorithmen.

Die Softwarestruktur von Khoros unterstützt die Portabilität und die
Erweiterbarkeit des Systems in bezug auf den Einsatz in spezifischen
Applikationsgebieten. Ein konsistentes, flexibles Benutzungsoberflächen–
Entwicklungssystem, hält die zahlreichen Werkzeuge und Programme, die
das Khoros–System bilden, zusammen. Für die Entwicklung von neuen Programmen und für die Wartung des Systems werden beispielsweise Werkzeuge
wie Code–Generatoren und eine Spezifikationssprache für die Erstellung von
Benutzungsoberflächen zur Verfügung gestellt. Daneben umfaßt Khoros u.a.
ein Visualisierungs– und Bildaustauschformat (VIFF) und zahlreiche Bi-

bliotheken mit Algorithmen aus den Bereichen ikonische BV, digitale Signalverarbeitung, numerische Analyse, geographische Informationssysteme, Datenkonvertierung und graphische Ausgabe. Ferner stehen zahlreiche interaktive Programme, die auf dem X–Window System basieren, zur Verfügung. Diese adressieren u.a. Gebiete wie die Darstellung und Manipulation von digitalen Stand– und Bewegtbildern und die Visualisierung von 2D– und 3D–Objekten.

Khoros stellt insbesondere durch die Integration von wissenschaftlicher und applikationsorientierter Programmierung, Datenvisualisierung, Informationsverarbeitung, Dokumentation und Wartung eine sehr umfangreiche Entwicklungsumgebung dar.

### 3.3.2 VIEW–Station

Im Vordergrund der Entwicklung der VIEW–Station (*Vision and Image Engineering WorkStation*) [158], [203], [228], einer Entwicklung der Canon Inc., stand die Verschmelzung der *state–of–the–art*-Softwareumgebung einer UNIX–Workstation mit der Leistungsfähigkeit von spezifischen BV–Prozessoren.

Die Software–Architektur der VIEW–Station ist streng hierarchisch aufgebaut und unterteilt sich in Komponenten bzw. Schichten, die Werkzeuge für verschiedene Anwendergruppen zur Verfügung stellen. Die BV–Programmiersprache *V–Sugar* unterstützt verschiedene Datentypen und stellt eine funktionale Notation zur Verfügung, die eine einfache Beschreibung von BV–Algorithmen erlaubt. Daneben werden drei, teilweise graphisch–interaktive, Benutzerschnittstellen bzw. Interpreter zur Verfügung gestellt: Dies sind eine visuelle Programmiersprache (*VPL*), ein menübasiertes System (*VS–Shell*), und ein traditioneller Kommandointerpreter ($\mu$*V–Sugar*).

Anwender von VIEW–Station können somit, basierend auf ihrer Erfahrung, das für sie geeignete Werkzeug auswählen.

Weitere, integrale Bestandteile des Systems sind Entwicklungswerkzeuge zur Generierung der Benutzungsoberflächen von Applikationen, die auf VIEW–Station aufbauen. Dies sind eine Widget–Menge für BV–spezifische Datentypen und Operationen, sowie ein graphisch–interaktiver User Interface Generator, der WYSIWYG (*What You See Is What You Get*)-Design ermöglicht.

### 3.3.3 apART

apART (*System for the Acquisition, Processing, Archiving and ReTrieval of digital images*) [231], [243] — eine prototypische Realisierung des Fraunhofer-Instituts für Graphische Datenverarbeitung, Darmstadt, in Zusammenarbeit mit der Kontron Elektronik GmbH, Eching — stellt ein graphisch-interaktives System zur Verarbeitung von hochaufgelösten, digitalen Bildern dar.

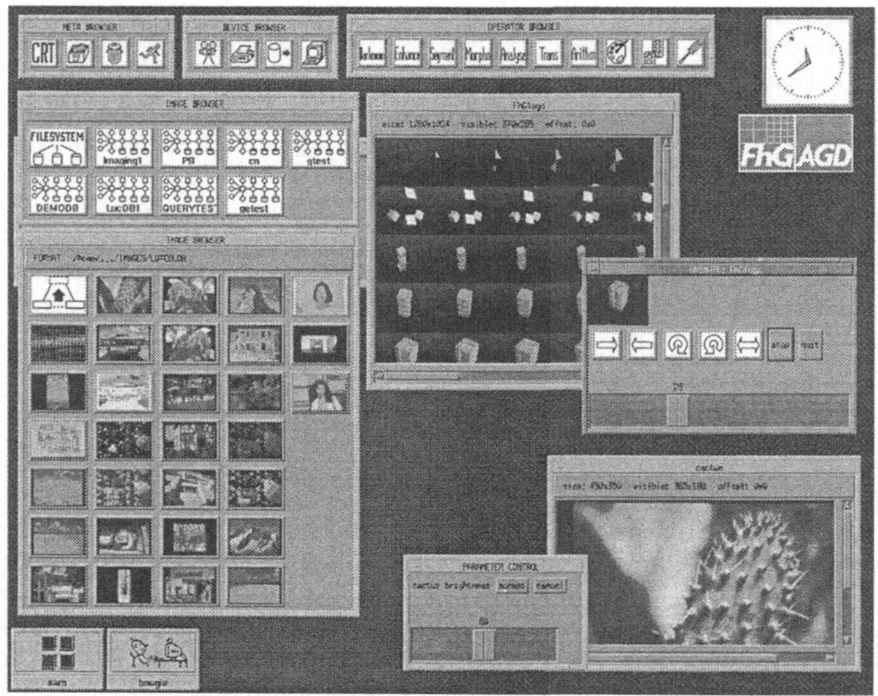

**Abb. 3.3.** Das User Interface des apART–Systems stellt Geräte–, Operator–, und Bildverzeichnisbrowser gleichzeitig dar. Bildverarbeitungsoperationen können durch Parameter–Kontroll–Fenster graphisch–interaktiv durchgeführt werden.

apART reflektiert die Struktur einer ikonischen Bildverarbeitungsumgebung. Objekte aus der Systemumgebung, wie Geräte (Bildquellen, Bildsenken), digitale Bilder (unterschiedlicher Datentypen), und Operatoren (die einer kommerziellen BV–Bibliothek entnommen werden) inklusive deren Parameter, werden prinzipiell gleich behandelt und gegenüber dem Benutzer auf anschauliche Weise präsentiert; siehe Abb. 3.3.

Ein Audit–Trail–Mechanismus protokolliert interaktive Bildmanipulationen bzw. –operationen. Dadurch besteht u.a. die Möglichkeit, niedrig–aufgelöste Bildderivate interaktiv zu bearbeiten und die Verarbeitung hochaufgelöster Originalbilder *off–line* nachzuvollziehen[5].

apART ist nicht nur ein System zur graphisch–interaktiven BV, sondern es bietet dem Benutzer eine komplette Bildverarbeitungsumgebung. Dies schließt insbesondere die Verwaltung von Bilddaten durch Bilddatenbanken ein.

Bei der Entwicklung des apART–Systems wurde einerseits ein Schwerpunkt auf die Handhabbarkeit eines größtmöglichen Spektrums an Bildda-

---

[5]Vgl. Kapitel 2.1.1, S.42 zum Begriff "redundante Datenhaltung".

tentypen (z.B. Bewegt–, Stereo–, Multispektralbilder, etc.) gelegt, so daß ikonische BV–Bibliotheken in apART eingebunden werden können. Andererseits stellt das System Mechanismen zur Verwaltung von digitalen Bildern, Operatoren und Geräten zur Verfügung, die es dem Anwendungsprogrammierer erlauben, das System gemäß der Spezifikation einer konkreten Applikation zu konfigurieren.

## 3.4 Vergleichende Fallstudie zu den Systemen Khoros, VIEW–Station und apART

Die in Kapitel 3.3 (S.67) bereits kurz dargestellten Systeme Khoros, VIEW–Station und apART werden nun in einer Fallstudie im Hinblick auf folgende spezifische Kriterien dargestellt:

- *Hardware–Architektur*: Die Hardware–Architektur des Systems wird in bezug auf die Abhängigkeit von spezifischen Hardwarekomponenten und die Integration von spezifischer Bildverarbeitungsperipherie wie Kameras, Scanner, Drucker, etc. untersucht.

- *Software–Architektur*: Dies beinhaltet u.a. die Strukturierung der Software und ihre Portabilität (Maschinenunabhängigkeit).

- *Benutzergruppen und –schnittstellen*: Die Systeme erheben u.a. den Anspruch unterschiedliche Benutzergruppen anzusprechen, wodurch unterschiedliche Schnittstellen benötigt werden.

- *Datenmodellierung*: In einem offenen BV–Basissystem ist die Modellierung der Bilddatenstrukturen insbesondere im Hinblick auf die Integration von neuen Bilddatentypen ein gewichtiger Faktor.

- *Bildarchivierung und –austausch*: Ein offenes System muß möglichst standardisierte Bildaustauschformate bzw. Archivierungsformate unterstützen. Für die Archivierung von umfangreichen Datenmengen eignen sich insbesondere Bilddatenbanken.

### 3.4.1 Hardware–Architektur

Ein Bildverarbeitungssystem sollte nur minimale Anforderungen an die Spezialisierung der zugrundeliegenden Hardware stellen, um eine Portierung der Software auf andere Hardware–Architekturen zu gewährleisten.

Die Hardware–Architekturen von Khoros und apART werden durch netzwerkfähige General–Purpose Graphik–Workstations gebildet. Beide Systeme können ohne spezifische BV–Hardware eingesetzt werden.

Die Architektur der VIEW–Station erlaubt ebenfalls den Einsatz des Systems auf einer Workstation ohne zusätzliche BV–Hardware. Ein Hauptziel der Entwicklung war jedoch die Verschmelzung der Software–Umgebung einer Workstation mit dem Leistungspotential von BV–Prozessoren. Aus diesem Grund besteht die "Basisarchitektur" der VIEW–Station aus einer Workstation und einem hochleistungsfähigen BV–Prozessorsystem (*fast image processor* FIP). Der FIP setzt sich aus Bildspeichern zur Verarbeitung (*image memory*), Bildspeichern zur Anzeige (*image display*) und spezifischen Verarbeitungsprozessoren (*image processing units*) zusammen. Workstation und FIP sind über ein Bussystem gekoppelt. Um den Transfer der Bilddaten zwischen FIP und Workstation zu optimieren, können die Bildspeicher der FIP direkt in den CPU–Adreßraum der Workstation abgebildet werden.

## 3.4.2   Software–Architektur

Die Software–Architektur eines BV–Systems sollte derart konzipiert sein, daß die Möglichkeit der modularen Erweiterung des Systems um neue Komponenten (z.B. Operatoren, Geräte, Bilddatentypen) gewährleistet wird. Durch eine klassische, hierarchische Gliederung der Software in Hardware-abhängige und Hardware–unabhängige Komponenten sollte der Portabilität des Systems Rechnung getragen werden. Auf Hardware–abhängige Komponenten sollte, soweit möglich, durch das Aufsetzen auf existierende industrielle (*de–facto*) und internationale[6] Standards verzichtet werden[7].

### 3.4.2.1   Khoros

Innerhalb des Khoros–Systems muß konzeptionell zwischen einer graphisch-interaktiven, datenflußorientierten, visuellen Programmiersprache (*cantata*) und umfangreichen Programmbibliotheken[8] getrennt werden.

Ein *cantata*-Anwendungsprogramm stellt ein Netzwerk von Khoros-Programmen dar. Dieses Netzwerk wird in Form eines Datenflußgraphen repräsentiert. Jeder Knoten des Datenflußgraphen repräsentiert ein Khoros-Programm, für welches Programmparameter und –optionen graphisch-interaktiv vom Anwender spezifiziert werden können. Ein- und Ausgabekanten repräsentieren den Datenfluß, der zur Verarbeitung vorliegt, bzw. vom respektiven Khoros–Programm produziert wurde. Khoros–Programme können sowohl von *cantata* als auch vom Betriebssystem aus — als Kommandozeile — gestartet werden.

Der Rahmen jedes Programmes innerhalb des Khoros–Systems wird durch eine Benutzungsoberflächen–Spezifikationssprache (*user interface specification* UIS) definiert. Der Einsatz dieser Spezifikationssprache zusammen

---

[6]Dies sind Standards, die von internationalen Normungsgremien wie ISO/IEC, CCITT, etc. entwickelt werden.

[7]Vgl. Kapitel 2.2, S.46.

[8]Dies beinhaltet auch graphisch–interaktive Programme.

mit automatischen Codegeneratoren ermöglicht die Verschmelzung einer traditionellen Programmschnittstelle (*command line user interface* CLUI) mit einer X–Windows–basierten Benutzungsoberfläche. Mit diesen Werkzeugen wird insbesondere auch die Integration von neuen, applikationsspezifischen Programmen in das Khoros–System automatisiert.

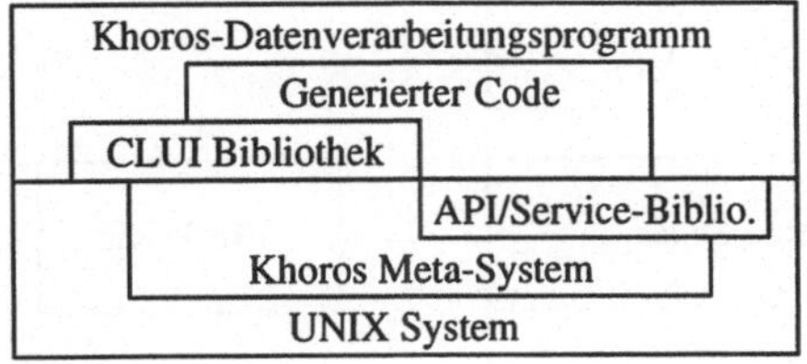

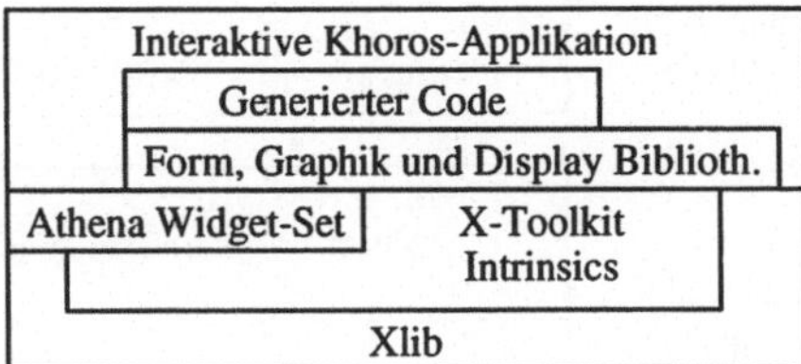


**Abb. 3.4.** Links: Software–Architektur eines Khoros–Verarbeitungsprogrammes; Rechts: Software–Architektur einer interaktiven Khoros–Applikation; nach [214]

In einem Khoros–konformen Datenverarbeitungsprogramm werden konzeptuell zwei Ebenen von Schnittstellen unterschieden: die Programmschnittstelle und die prozedurale Schnittstelle. Die Programmschnittstelle — in Form des CLUI — wird vollständig durch die UIS definiert. Die prozedurale Schnittstelle — in Form einer Daten–Service–Bibliothek — definiert ein *application programming interface* (API) für den Zugriff auf Instanzen von abstrakten Datentypen (ADTs) bzw. Objekten. Diese Art der Datenabstraktion erlaubt eine Manipulation von Bilddaten, ohne deren Datenstruktur bzw. deren Datenformat zu kennen. Die Daten–Service–Bibliothek setzt auf dem Khoros–Meta–System auf, welches ein Netzwerk–Interface — in Form einer Funktionsbibliothek — repräsentiert. Das Khoros–Meta–System erlaubt den transparenten Zugriff auf Ressourcen einer heterogenen Rechnerumgebung (z.B. lokale Datei, Datei auf externem Host (*remote file*), *socket, shared memory, pipe*). Dadurch wird u.a. auch die Entwicklung von verteilten Anwendungen — aufsetzend auf Khoros — vereinfacht. Durch die Service–Bibliothek und das Meta–System werden dem Benutzer (Applikationsprogrammierer, Endbenutzer) sowohl die aktuelle Datenlokalisation, als auch Speicher- und Allokierungsmechanismen vollständig transparent. So kann der Applikations–Programmierer durch Nutzung des API beispielsweise Bilder manipulieren, die in verschiedenen Bildformaten (z.B. TIFF [38], GIF [49], VIFF [214], etc.) vorliegen, ohne die Spezifikation dieser Formate und die Ressource, die zur Archivierung verwendet wird, zu kennen. Die Software–Architektur eines Khoros–konformen Datenverarbeitungsprogrammes wird in Abb. 3.4 dargestellt.

Das Khoros–System beinhaltet verschiedene Bibliotheken (*display, graphics, forms, utils*, etc.) zur Erstellung von neuen, graphisch–interaktiven Applikationen. Diese Bibliotheken dienen dem Benutzer als Visualisierungs-Werkzeuge. Sie setzen auf dem X–Window System (*Xlib, X–Toolkit*) und dem *Athena Widget Set* auf. Die Software–Architektur einer interaktiven

Khoros–Applikation wird in Abb. 3.4 dargestellt.

## 3.4.2.2  VIEW–Station

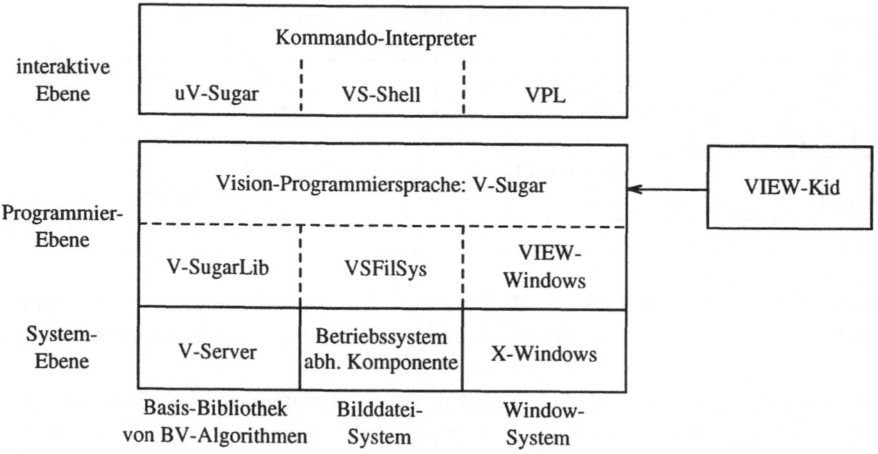



**Abb. 3.5.** Software–Architektur der VIEW–Station; nach [158]

Die Software–Architektur der VIEW–Station ist streng hierarchisch aufgebaut. Dadurch wird einerseits eine Geräteunabhängigkeit in bezug auf eine Portierung der Software auf unterschiedliche Hardware–Plattformen gewährleistet. Andererseits dient dies einer einfachen Erweiterbarkeit in bezug auf die Entwicklung von Applikationen. Die Software unterteilt sich in drei Ebenen, die unterschiedliche Komponenten und Werkzeuge beinhalten (siehe Abb. 3.5):

- *Systemebene*: Die Systemebene stellt in Form des Moduls *V–Server* einen Mechanismus zur dynamischen Verwaltung von HW–Ressourcen zur Verfügung. Durch dessen Verwendung können Unterschiede in den jeweiligen HW–Konfigurationen, z.B. die Anzahl und Größe von Bildspeichern, Existenz und Typ von FIPs, etc., gegenüber dem Programmierer versteckt werden.

- *Programmierebene*: Die Programmierebene stellt dem Applikationsprogrammierer verschiedene Werkzeuge zur Erstellung von spezifischen Anwendungen bereit:

  - User Interface Erweiterung *View–Windows*:  *View–Windows* stellt Erweiterungen von existierenden Fenster–Systemen in bezug auf BV–Funktionalität dar.  Dies beinhaltet u.a. einen Window–Manager und Funktionen zur Anzeige von digitalen Bildern bzw. bildbezogenen Daten auf dem Monitor der Workstation und/oder FIP.

- Bildarchivierungsbibliothek *VSFilSys*:  Die Bibliothek *VSFilSys* beinhaltet Funktionen zur Handhabung bzw. Archivierung von Bildern auf peripheren Speichermedien in Form von Bildarchivierungs- bzw. Bildaustauschformaten.

- BV–Bibliothek *V–SugarLib*:  *V–SugarLib* stellt eine Bibliothek von primitiven Algorithmen zur Konstruktion von BV–Algorithmen dar.

- BV–Programmiersprache *V–Sugar*:  *V–Sugar* stellt BV–spezifische Datentypen (z.B. Bilddatentypen, graphische Datentypen, Histogramme, etc.) und funktionale Notationen zur Verfügung, die eine einfache Spezifikation von BV–Algorithmen erlauben. Die Programmiersprache beinhaltet Schnittstellen zur Verwendung der Werkzeuge und Bibliotheken *V–SugarLib*, *VSFilSys* und *VIEW–Windows*.

- *Interaktive Ebene*: Die interaktive Ebene unterscheidet drei Benutzungsoberflächen mit verschiedenen Interaktionsmodi:

  - BV–Kommandointerpreter $\mu$ *V–Sugar*:  $\mu$ *V–Sugar* ist ein traditioneller, zeichenbasierter Kommandointerpreter, dessen Syntax der funktionalen Notation der Programmiersprache *V–Sugar* entspricht. Damit kann er insbesondere für das interaktive Testen von *V–Sugar*–Programmen eingesetzt werden.

  - Menübasiertes System *VS–Shell*:  *VS–Shell* bietet speziell dem Einsteiger in das System bzw. dem Anwender mit geringen "Informatikkenntnissen" eine möglichst einfache Handhabung des Systems in Form eines Menüsystems, welches die Ausführung von Funktionen durch Menüauswahl und durch eine einfache Kommandosprache erlaubt.

  - Visuelle Programmiersprache *VPL*:  *VPL* erlaubt die visuelle Programmierung, d.h. die graphisch–interaktive Entwicklung und Anwendung, von Bildverarbeitungsalgorithmen in Form eines Datenflußgraphen (siehe Kapitel 3.4.3, S.77).

### 3.4.2.3 apART

Die Software des apART–Systems ist in eine mehrschichtige Struktur eingebettet. Wie in Abb. 3.6 dargestellt, ist die Software–Architektur modular gestaltet. Die einzelnen Module spiegeln die logische Struktur des Systems wider. Komponenten, wie die Datenarchivierung, Ein– und Ausgaberoutinen, usw. werden durch jeweils eigene Module realisiert. Dadurch werden die funktional unabhängigen Systemkomponenten weitgehend entkoppelt. Andererseits vereinfacht dies eine Erweiterung der existierenden Software um neue Funktionalitäten. Die Software unterteilt sich in folgende Module:

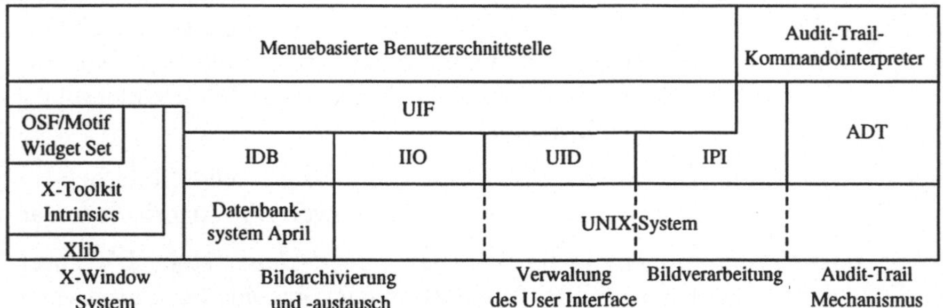

**Abb. 3.6.** Software–Architektur des apART–Systems

- Datenhaltungsmodul (UID): Innerhalb des apART–Systems wird zwischen Benutzerobjekten und internen Objekten unterschieden. Benutzerobjekte sind diejenigen Objekte, die der Anschauungswelt des Benutzers entsprechen (z.B. Browser, Bilder, Operatoren, Geräte). Interne
  Objekte dienen der Verwaltung des User Interface, der Repräsentation
  der externen Objekte (Zustände) und ihrer Relationen (Synchronisation, etc.). Die Verwaltung der internen Objekte des Systems erfolgt
  durch das Datenhaltungsmodul UID (*User Interface Data*). Durch die
  zentrale Verwaltung der Objekte und deren Beziehungen zu anderen Objekten können inkonsistente Zustände in der Datenhaltung vermieden
  werden.

- Bilddatenbankmodul (IDB): apART erlaubt die Archivierung von Rasterbildern in Bilddatenbanken. Diese setzen auf dem strukturell–
  objektorientierten Datenbanksystem APRIL [15] auf. Das Modul IDB
  (*Image Database*) beinhaltet alle Funktionen, die sich auf die Bilddatenbanken beziehen. Ein Schwerpunkt beim Entwurf dieses Moduls war
  die Abstraktion von spezifischen Datenbank–Mechanismen. D.h. es stehen Funktionen zur Verfügung, die allgemein in Datenbanksystemen
  vorzufinden sind. Dadurch ist apART nicht an die Verwendung eines
  bestimmten Datenbanksystems gebunden.

- Bildaustauschmodul (IIO): Das Modul IIO (*Image Input/Output*) dient
  dem Import und Export von Rasterbildern. Dabei werden mehrere
  Bildaustauschformate (TIFF, GIF, IIF, etc.) unterstützt.

- Bildverarbeitungsmodul (IPI): Im Rahmen der Entwicklung des apART–
  Systems wurden die Datenstrukturen des sich im Normungsprozeß durch
  die ISO/IEC befindlichen Bildverarbeitungsstandards IPI prototypisch
  realisiert. Die Nutzung der Datenstrukturen des IPI, des CAI (*Common Architecture for Imaging*) [128], ermöglicht die Verwendung der
  Programmierschnittstelle PIKS (*Programmers Imaging Kernel System*)

[129] und dem Austauschformat IIF (*Image Interchange Facility*) [130][9].
Einige elementare BV–Operatoren wurden zur Validierung der Datenstrukturen exemplarisch realisiert.

- Audit–Trail–Modul (ADT): Alle während einer graphisch–interaktiven
  menübasierten Sitzung mit dem apART–System durchgeführten Operationen werden in einer Audit–Trail–Datei als funktionale Beschreibung
  protokolliert. Dadurch kann die von der Präsentation unabhängige Be-
  arbeitung von Rasterbildern zu einem späteren Zeitpunkt off–line durchgeführt werden. Das Modul ADT umfaßt die Funktionalität, die für das
  Generieren und Parsen einer Audit–Trail–Datei benötigt wird.

- Benutzungsoberfläche (UIF): Alle Funktionen, die zur Visualisierung
  von Objekten dienen, sind Bestandteil des Moduls UIF (*User Interface*).

Als interaktive Schnittstellen stellt apART neben einer graphisch–interaktiven, menübasierten Benutzungsoberfläche (siehe Kapitel 3.4.3.4, S.80) dem
Benutzer einen Kommandointerpreter für den Audit–Trail–Mechanismus zur
Verfügung. Dieser text–basierte Kommandointerpreter kann eingeschränkt
auch für das interaktive Testen von BV–Sequenzen eingesetzt werden.

## 3.4.3 Benutzungsschnittstelle

Der Term "Benutzungsschnittstelle" definiert allgemein die Schnittstelle zwischen dem Anwender und dem System bzw. der Applikation. Die Benutzungsschnittstelle muß ein effizientes Arbeiten des Anwenders mit dem
System ermöglichen, ohne daß eine lange Einarbeitungszeit oder die Kenntnis bestimmter Systemeigenschaften erforderlich sind. Die Benutzer von
BV–Systemen können in verschiedene Kategorien bzw. Gruppen eingeordnet werden:

- *Entwickler von BV–Algorithmen (BV–Experte)*:  Hierbei handelt es sich
  um Experten im Bereich Bildverarbeitung, welche sich mit der Entwicklung von neuen BV–Algorithmen auseinandersetzen.

- *Applikations– bzw. Systementwickler*:  Diese Gruppe ist in der Entwicklung bzw. Erstellung von Endsystemen für bestimmte Anwendungsgebiete, wie der Medizintechnik, der Dokumentenverarbeitung, etc.,
  tätig. Dabei werden insbesondere existierende BV–Basisalgorithmen
  für applikations–spezifische Aufgaben und Verfahren kombiniert bzw.
  verknüpft.

- *Endanwender*:  Der Endanwender führt mit dem System bestimmte
  BV–Operationen aus. Das System wird von ihm weder verändert noch
  weiterentwickelt.

---

[9]Zu weiteren Ausführungen zum IPI–Standard siehe Kapitel 9 (S.285).

Jede dieser Gruppen benötigt zur Erledigung der für sie spezifischen Arbeits-
aufgaben bestimmte Werkzeuge (*tools*), die ohne Umwege zum Ziel führen
und nicht durch die Eigenschaften der Werkzeuge zusätzlich belastet werden.
In Tabelle 3.1 sind die verschiedenen Gruppen zusammen mit den für sie
notwendigen Werkzeugen dargestellt.

**Tabelle 3.1.** Benutzergruppen eines BV–Basissystems

|  | Entwicklungsebene (*engineer level*) | | Benutzungsebene (*user level*) |
|---|---|---|---|
|  | BV–Experte | Applikationsentwickler | Endanwender |
| Ziele | Entwicklung von BV–Algorithmen | Entwicklung von Applikationen/Systemen | Benutzung der Applikation |
| Aufgaben | Programmierung von BV–Algorithmen | Applikationsentwicklung durch Kombination von Basis–Algorithmen | Aufruf von Algo-rithmen; Setzen von Parametern |
| Werkzeuge | Basis–Program-mierwerkzeuge | *high–level*-Programmier-werkzeuge; interaktive Entwicklungsumgebung | spezifisches User Interface |

Ein BV–Basissystem zielt insbesondere auf die Benutzungsgruppen, die
in der Entwicklungsebene (*engineer level*) tätig sind. Graphisch–interaktive
Benutzungsoberflächen — als Bestandteile der Systeme — erlauben jedoch
auch dem Endanwender die Benutzung der Systeme und garantieren gleichzeitig eine einfache und schnelle Einarbeitung in die Systemsoftware. In den
folgenden Kapiteln werden verschiedene Benutzungsschnittstellen, welche die
Systeme bieten, kurz vorgestellt.

### 3.4.3.1  BV–Bibliotheken

Das Khoros–System bietet die Funktionalität einer Bibliothek von ikonischen
BV–Operationen sowohl in Form von Funktionsbibliotheken als auch in Form
von "Programm–Bibliotheken". Für jede Funktion existiert ein respekti-
ves Programm, dessen Benutzungsschnittstelle mit Hilfe von User Interface
Spezifikationstools und Khoros–Codegeneratoren erstellt wurde. D.h. ikonische Operationen sind sowohl als Funktionen innerhalb eines Programmes
als auch als Programm, von der Betriebssystemebene aus, aufrufbar. Die
Khoros–Bibliotheken umfassen, in bezug auf ikonische Operationen, ca. 260
Funktionen bzw. Programme, die in Funktionsgruppen (z.B. arithmetische,
statistische, morphologische und geometrische Operationen, Operationen im
Ortsfrequenzraum, Operationen zur Segmentierung und Klassifikation, etc.)
verschiedene Kategorien der BV adressieren.

Die Bildverarbeitungsbibliothek der VIEW–Station beinhaltet ebenfalls
eine sehr umfangreiche Sammlung von elementaren BV–Algorithmen (ca.

400), die ein sehr breitgefächertes Spektrum von Anwendungen adressieren. Diese Bibliothek setzt derzeit auf der SPIDER–Bibliothek [248] auf.

Innerhalb des apART–Systems wurden keine eigene BV–Bibliotheken erstellt. Vielmehr wurde durch eine prototypische Realisierung der IPI–Datenstrukturen als Bilddatenstruktur des apART–Systems, die Möglichkeit der Integration von existierenden BV–Bibliotheken — insbesondere die Nutzung von zukünftigen PIKS–Implementierungen — geschaffen. Zur Validierung der Konzepte wurden exemplarisch einige elementare BV–Algorithmen integriert.

### 3.4.3.2 BV–Programmiersprachen

VIEW–Station beinhaltet die BV–Programmiersprache ( *V–Sugar*), welche BV–spezifische Datentypen zur Verfügung stellt und die Spezifikation von BV–Algorithmen in Form einer funktionalen Notation erlaubt. Die BV–Datentypen der Programmiersprache werden dabei nicht nach ihrer physikalischen Repräsentation (z.B. *integer* oder *float*), sondern nach ihren semantischen Eigenschaften kategorisiert (siehe Kapitel 3.4.4, S.82). Die BV–Datentypen umfassen Bilddatentypen (z.B. Binärbild, Grauwertbild, Distanzbild, etc.), graphische Datentypen (z.B. Kette, Punkt, Linie, Region, etc.) und bild–bezogene Datentypen (z.B. Histogramm, *look–up–table*, etc.). Die Parameter von BV–Funktionen sind dabei in der Regel *V–Sugar*-Datentypen. Um Seiteneffekte zu vermeiden, werden Ein– und Ausgabeargumente einer Funktion innerhalb *V–Sugar* strikt getrennt. Außerdem liefert jede BV–Funktion nur einen *V–Sugar*-Datentyp zurück.

### 3.4.3.3 BV–Kommandointerpreter

BV–Kommandointerpreter sind Werkzeuge zum interaktiven Testen von Bildverarbeitungssequenzen. Der traditionelle, klassische Interpreter, der in zahlreichen BV–Systemen existiert, ist rein text–basiert. Die Syntax eines BV–Kommandointerpreters unterstützt in der Regel eine bestimmte Menge an BV–Datentypen, den Aufruf der elementaren Bildverarbeitungsoperationen sowie die Verwendung von Ablaufkonstrukten ( *if, then, else, while, for,* etc.).

Khoros bietet keinen speziellen, text–basierten Kommandointerpreter an. Operationen, die sich aus elementaren, ikonischen Operationen zusammensetzen, können jedoch auf der Betriebssystemebene durch Aneinanderreihung der respektiven Programme interaktiv getestet werden.

VIEW–Station bietet einen BV–Kommandointerpreter ($\mu$ *V–Sugar*) — aufbauend auf der BV–Programmiersprache ( *V–Sugar*) — an. Dieser bietet die vollständige Funktionalität von *V–Sugar*.

### 3.4.3.4 Menübasierte Benutzungsoberfläche

Menübasierte Benutzungsoberflächen bieten speziell dem Einsteiger in die Bildverarbeitung eine möglichst einfache Handhabung der Hard–und Software. Dies erfolgt durch die Verwendung einer vertrauten Begriffswelt und durch Verwendung von einfachen, konsistenten Interaktionsmechanismen.

Innerhalb des Khoros–Systems existieren zahlreiche graphisch–interaktive, menübasierte Applikationen, die separat oder von der visuellen Programmiersprache *cantata* (siehe folgendes Kapitel) aufgerufen werden können.

View–Station bietet dem Benutzer eine menübasierte Benutzungsoberfläche ( *VS–Shell*)   an, die sich aus folgenden Komponenten zusammensetzt:

- *Viewer*: Für die verschiedenen Datentypen des Systems existieren spezifische *viewer*. Der Wert (Inhalt) einer Variablen eines Datentypes – als Ergebnis einer BV–Operation — kann somit durch Aktivierung des respektiven *viewers* dem Benutzer gegenüber präsentiert werden.

- *Kommandomenü*: Ein Kommandomenü ist an jeden *viewer* angekoppelt. Das Menü beinhaltet alle BV–Operationen, die für den respektiven Datentyp einer Variablen definiert bzw. anwendbar sind.

- *Browser*: Benutzer können den Inhalt von Dateien und aktiven Variablen, die Kategorien von ikonischen BV–Operationen (Kommandos), und das Sitzungsprotokoll (*execution history*) traversieren, siehe auch Kapitel 2.3.5.1 (S.59). View–Station stellt vier verschiedene Browser zur Verfügung: Datei–, Variablen–, Kommando– und Protokoll–Browser.

Die Benutzungsoberfläche des apART–Systems beinhaltet — zumindest teilweise — vergleichbare Komponenten. Objekte aus der Systemumgebung, wie Bildsenken, Bildquellen, Rasterbilder und Operatoren inklusive deren Parameter werden dem Benutzer mit Hilfe von drei Präsentationsformen präsentiert (siehe auch Abb. 3.3):

- *Browser*: Hierarchisch strukturierte Elemente können mit Hilfe eines Browsers traversiert werden; siehe auch Kapitel 2.3.5.1 (S.59). Nicht nur Bildquellen und Bildsenken (z.B. das Filesystem von UNIX), sondern auch Rasterbilder können eine Hierarchie widerspiegeln. Objekte der gleichen Klasse, wie Geräte, Operatoren und Rasterbilder bilden innerhalb des apART–System ebenfalls eine Hierarchie. Alle hierarchischen Strukturen lassen sich so in gleicher Weise darstellen und traversieren.

- *Einfache Fenster*: Nicht strukturierte Objekte, wie bzgl. einer Traversierung atomare Rasterbilder, werden in einem Fenster zur Anzeige gebracht.

- *Parameter–Kontroll–Fenster*: Der interaktive Abgleich von Parametern erfolgt in einem Fenster, welches zu jedem Parameter einer Operation oder eines Gerätes ein geeignetes Darstellungselement besitzt (z.B. Schieberegler oder Rubberbanding–Mechanismen).

Mit Hilfe dieser wenigen Grundelemente können Rasterbilder mit dem apART–System auf einfache Weise akquiriert, verarbeitet und archiviert werden.

## 3.4.3.5  Visuelle Programmiersprachen

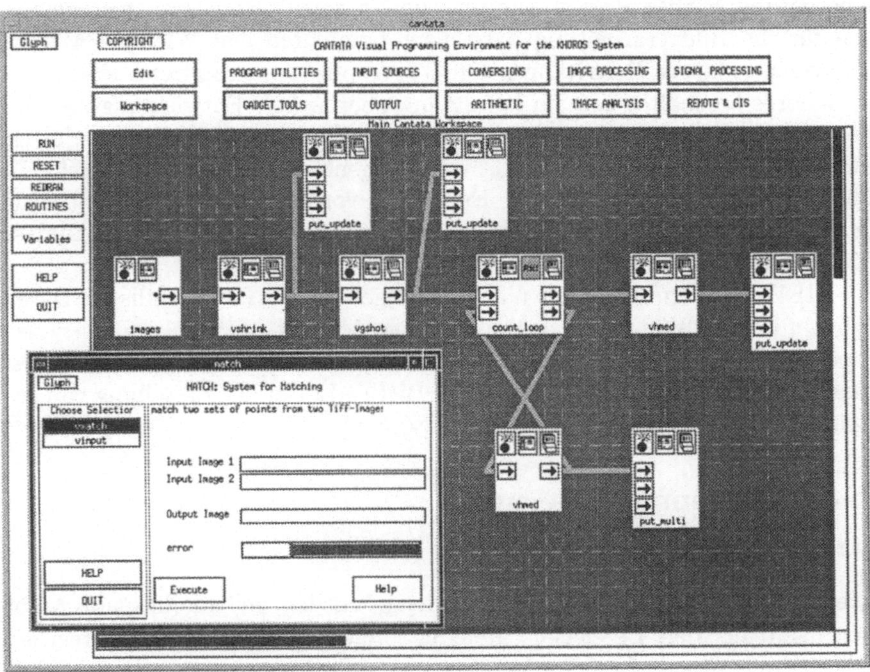

**Abb. 3.7.** Spezifikation einer BV–Anwendung mit der visuellen Programmiersprache *cantata* des Khoros–Systems

Algorithmen bzw. Verfahren der Bild– und Signalverarbeitung können in der Regel durch Datenflußgraphen oder Blockdiagramme spezifiziert werden. Khoros und VIEW–Station unterstützen eine derartige Spezifikation in Form von visuellen Programmiersprachen (*cantata* [214], *Visual Programming Language* (*VPL*) [203]).     Diese stellen graphisch–interaktive Benutzungsoberflächen dar, welche die Spezifikation von Datenflußgraphen erlauben. Die Knoten des Datenflußgraphen stellen dabei Verarbeitungseinheiten dar, die Kanten den Datenfluß, der zwischen diesen Einheiten fließt. Die Verarbeitungseinheiten repräsentieren dabei sowohl klassische Operatoren der Bildverarbeitung, als auch komplexe Operatoren wie z.B. die bildtyp–spezifische Präsentation in Form eines Videorecorders. Alle Einheiten können mittels

Ikonen dargestellt und graphisch–interaktiv parametrisiert werden. Dabei wird von beiden Systemem die Verwendung von Kontrollkonstrukten wie Schleifen und Abfragebedingungen unterstützt. Dadurch fördern beide Systeme u.a. auch das *rapid prototyping* von Applikationen.

Abb. 3.7 illustriert eine Anwendung mit der visuellen Programmiersprache *cantata* des Khoros–Systems.

### 3.4.3.6   Andere Werkzeuge

Khoros und VIEW–Station, die sehr umfangreiche Entwicklungsumgebungen für die Bildverarbeitung darstellen, beinhalten eine Vielzahl weiterer Werkzeuge, die zur Entwicklung von BV–Applikationen hilfreich sind.

Khoros beinhaltet u.a. ein Benutzungsoberflächen–Entwicklungssystem, bestehend aus graphisch–interaktiven Werkzeugen zur Spezifikation der Benutzungsschnittstelle und respektive Codegeneratoren; und zahlreiche Bibliotheken und Programme zur Erstellung von spezifischen Anwendungen (z.B. Bibliotheken zur Bildformatkonvertierung, der numerischen Analyse, für geographische Informationssysteme, etc.).

VIEW–Station beinhaltet u.a. ein Widget Set für BV–spezifische Datentypen (*VIEW–Windows*); einen Window–Manager (*frame manager*), ein separater UNIX–Prozeß, der die Darstellung von BV–Datentypen verwaltet; und einen graphisch–interaktiven *WYSIWYG*–Editor zur Erstellung von graphischen Benutzungsoberflächen (*VIEW–Kid*).

## 3.4.4   Datenmodellierung

### 3.4.4.1   Khoros

Die Datenstrukturen des Khoros–Systems wurden im Hinblick auf Anforderungen aus den Bereichen "Imaging" und "Visualisierung" entwickelt. Khoros unterstützt die Verarbeitung von mehrdimensionalen Daten. Dies sind eindimensionale Daten, zweidimensionale Daten, multispektrale Daten und $n$–dimensionale Vektordaten. In bezug auf digitale Bilder können insbesondere Bewegtbilder, multispektrale Bilder, und $n$–dimensionale Bilder verarbeitet werden. Dabei gelten im Khoros–System die folgenden Definitionen: Ein Bewegtbild ist definiert als eine Sequenz von Bildern. Ein Bild besteht aus einem oder mehreren Kanälen. Ein Bild ist definiert als ein zweidimensionales Feld (*array*) von Pixeln, welche entweder implizit oder explizit im ($n$–dimensionalen) Raum positioniert werden können (d.h. die Modellierung eines multispektralen Bildes erfolgt Pixel–*interleaved*, die Anzahl der Komponenten eines Pixels entspricht der Anzahl der Kanäle des Bildes).

Bild– und Visualisierungsobjekte werden im Khoros–Datenmodell im wesentlichen durch folgende Komponenten beschrieben:

* *Allgemeine Information* (*header information*): Dies beinhaltet beschreibende Bildattribute wie Höhe, Breite, Anzahl der Kanäle, Kodierungs-

schema, Farbmodell, Abbildungstyp, etc.

- *Implizite Daten (implicit data)*: Die Datenwerte (Pixelwerte) eines Bildes werden als implizite Daten bezeichnet.

- *Positionierungsdaten (location data)*: Jedes Pixel kann explizit im $n$–dimensionalen Raum plaziert werden. Dadurch können insbesondere auch dünn besetzte $n$–dimensionale Daten (*sparse data*) repräsentiert werden.

- *Abbildungsdaten (map data)*: Mit Hilfe der Abbildungsdaten können die impliziten Daten mit Attributen verbunden werden. Ein Beispiel für Abbildungsdaten stellen Farbwerte dar, die über einen Index adressiert werden können (Farbtabelle).

- *Verbindungsdaten (connectivity)*: Mit Hilfe der Verbindungsdaten können implizite Daten verknüpft werden.

Mit Hilfe dieser Komponenten ist es möglich, ein breites Spektrum an Bild- und Vektordaten, die von unterschiedlichen Quellen stammen, zu beschreiben.

In Abb. 3.8 wird exemplarisch anhand eines dreidimensionalen Farbbildes dargestellt, wie die einzelnen Komponenten des Khoros–Datenmodelles gemeinsam verwendet werden können.

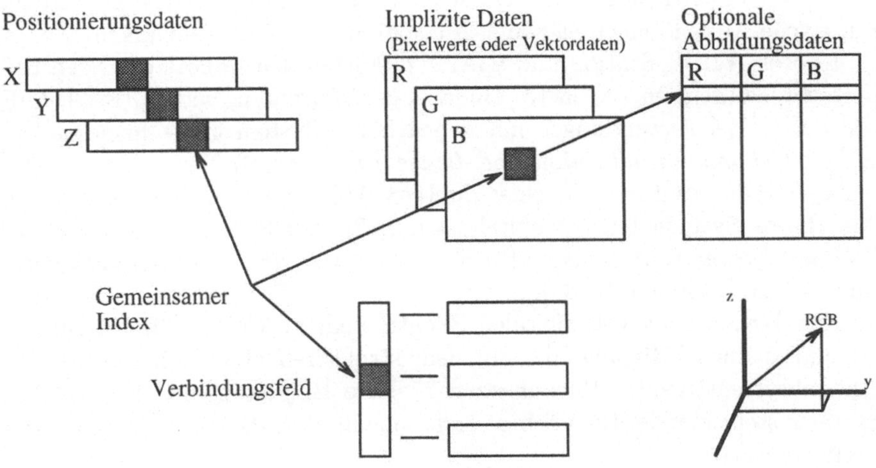


**Abb. 3.8.** Bilddatenmodellierung im Khoros–System; nach [214]

### 3.4.4.2 VIEW–Station

Die BV–Datentypen der VIEW–Station umfassen Bilddatentypen, graphische Datentypen und bildbezogene Datentypen. Die Bilddatentypen wurden

anhand der semantischen Eigenschaften von Bildern kategorisiert. Dadurch
kann der Applikationsprogrammierer von der physikalischen Repräsentation
der Bilder (z.B. *integer* oder *float*), die implementierungsabhängig ist, ab-
strahieren. In Abb. 3.9 sind die BV–Datentypen der Programmiersprache
*V–Sugar*, welche als Klassen[10] im objektorientierten Sinn realisiert sind, in
Form der *V–Sugar* Vererbungshierarchie dargestellt.

### 3.4.4.3  apART

Die Bilddatenstrukturen des apART–Systems orientieren sich an den Datenstrukturen des IPI–Standards. Eine detaillierte Beschreibung der IPI–
Datenstrukturen erfolgt in Kapitel 9.2.1 (S.288).

## 3.4.5  Bildarchivierung und –austausch

Heutige Applikationen der Bildverarbeitung besitzen einen zunehmenden Bedarf an Mechanismen und Methoden der offenen Bildkommunikation. Um
den Austausch von Rasterbildern zu anderen Applikationen und Anwendungen zu gewährleisten, ist es daher zwingend erforderlich, daß die ikonischen Basissysteme offene, standardisierte Austauschformate unterstützen.
Eine Übersicht über existierende Bilddatenformate erfolgt in Kapitel 6.4
(S.166). Betrachtet man den Aspekt der Datenorganisation und die Archivierung einer großen Anzahl von Bildern, so sollte die Archivierung nicht
auf Datenarchivierungs– bzw. Datenaustauschformate beschränkt werden.
Für solche Anwendungen eignen sich insbesondere Bilddatenbanken.

Khoros, VIEW–Station und apART gestatten den Import bzw. den Export von zahlreichen (de–facto) Bildaustauschformaten, wie TIFF [7], GIF
[49], etc. Bei Anwendungen mit dem Khoros–System findet insbesondere
VIFF (*Khoros Visualization and Image File Format*) Verwendung. Das
VIFF–Format resultiert aus einer direkten Abbildung der Datenstrukturen
des Khoros–Systems (siehe Kapitel 3.4.4, S.82). apART beinhaltet als erstes
BV–Basissystem prototypische Realisierungen von IIF–Parsern und Generatoren (siehe Kapitel 9, S.285).

Zur Archivierung von digitalen Bildern stellt apART zusätzlich Bilddatenbanken zur Verfügung, die auf dem strukturell objektorientierten Datenbanksystem APRIL [15] aufsetzen[11]. Eine Bilddatenbank des apART–
Systems stellt eine leistungsfähige Komponente dar, die folgende Charakteristiken besitzt:

- Die Archivierung von Rasterbildern erfolgt in einheitlicher Weise mit
  den typischen Datenbankeigenschaften wie Datensicherheit und Daten-
  unabhängigkeit.

---

[10]Unter einer Klasse versteht man eine Datenstruktur, die mit den dazugehörigen Funktionen und Operationen (Methoden) definiert ist (abstrakter Datentyp), und die Fähigkeit
der Vererbung besitzt.

[11]Siehe dazu auch [243].

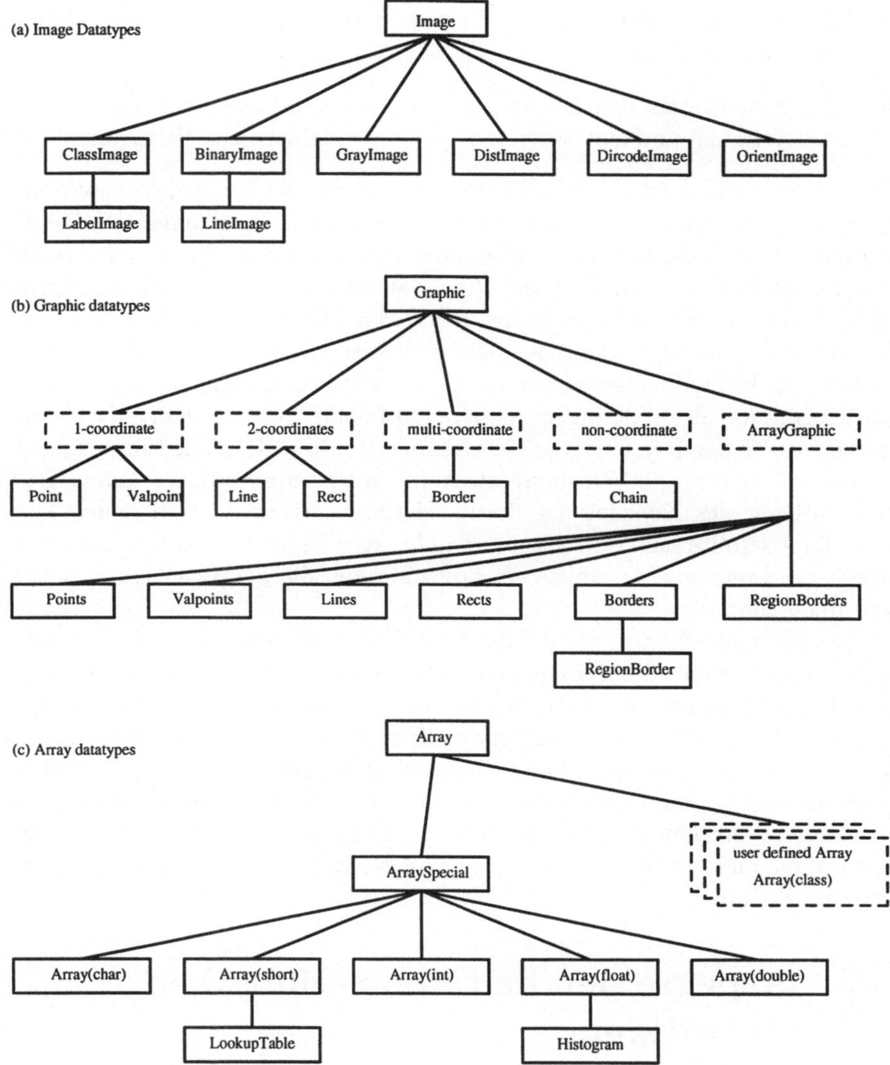



**Abb. 3.9.** Die Datentypen der Programmiersprache *V–Sugar*, nach [158]

- Die Datenbank gewährleistet einen Zugriff auf Rasterbilder und bildbezogene Daten über das Netzwerk.

- Der Benutzer kann eine Bilddatenbank nach applikationsspezifischen Anforderungen durch die Spezifikation eines Klassifikations–Graphen strukturieren.

- Die Datenbank ermöglicht eine Attributierung von Rasterbildern nach applikationsspezifischen Anforderungen.

- Abfrageoperationen auf den Rasterbildern und bildbezogenen Daten werden unterstützt.

- Das System stellt dem Benutzer graphisch–interaktive Mechanismen zur Archivierung und zum Retrieval von Rasterbildern zur Verfügung.

Jedes Rasterbild wird in der Bilddatenbank durch ein Bildobjekt repräsentiert, das aus den folgenden Komponenten besteht: das hochaufgelöste Originalbild in maximaler Qualität und Auflösung, Bildderivate für die graphisch–interaktive Präsentation und das Retrieval, und bildbegleitende Attribute (z.B. Auflösung, Farbtabelle, Kanal, etc.). Ein Bildobjekt repräsentiert eine Instanz eines vom Benutzer definierten Types in der Datenbank, der neben diesen Komponenten anwendungsspezische, beschreibende Eigenschaften (Attribute) der ihm zugeordneten Bildobjekte besitzt. Jeder Typ wird durch einen Knoten in einem azyklischen, gerichteten Klassifikationsgraphen repräsentiert, der mit Vererbungsmechanimen erweitert werden kann. Dabei wird auf das Konzept der Spezialisierung aufgebaut. Ein neuer Typ erbt die Attribute seiner direkten und indirekten Vorgängerknoten und kann durch beschreibende Attribute erweitert werden, die der Benutzer al gusto zuordnen kann.

Ein Graphen–Editor erlaubt die Interaktion auf dem Klassifikationsgraphen. Dies schließt die dynamische Erweiterung des Graphen, die Anfrage von Typinformation, das Retrieval von Rasterbildern eines spezifischen Types und das Laden und Speichern von Rasterbildern mit ein. Ein Query-Editor ermöglicht ein Retrieval nach Attributen. Dabei sind sowohl bildbegleitende als auch beschreibende Attribute für die Anfrageformulierung in einer SQL ähnlichen Notation nutzbar. Das Resultat einer Anfrage (Query) wird durch einen Browser angezeigt, der jedes Rasterbild durch ein entsprechendes Ikon darstellt.

## 3.5  Aspekte der weiteren technischen Entwicklung

### 3.5.1  Einfluß des IPI–Standards

Mit dem IPI–Standard (siehe Kapitel 9, S.285) wurde ein internationaler Konsensus für die Definition eines Standards im Bereich der ikonischen Bildverarbeitung erreicht. Der IPI–Standard wird zwei Kernprobleme im Bereich Bildverarbeitung lösen:

- Portabilität der Imaging Software,

- Austausch digitaler Bilder.

Dies eröffnet der Entwicklung bzw. der Kommerzialisierung von Produkten und Programmen aus dem Bereich Bildverarbeitung neue Perspektiven, speziell bei spezifischen Applikationen, wie der Medizintechnik, der Kartographie, der Dokumentenverarbeitung, Landinformations-Systemen, Layout-Systemen, sowie anderen industriellen Anwendungen.

Für den IPI–Standard der ISO/IEC wurden die folgenden, wichtigsten Anforderungen identifiziert:

- Geräte–Unabhängigkeit,

- Kompatibilität zu anderen ISO–Standards im Bereich der Graphischen Datenverarbeitung (GKS [140], CGI [150], CGM [143], u.a.) und der sonstigen Informationsverarbeitung (OSI–Referenzmodell [42], ODA/ODIF [142] etc.),

- Interaktions– und Echtzeitfähigkeit,

- Mathematisch–formale Modellierung der Daten und Operatoren,

- Erweiterbarkeit.

Es ist davon auszugehen, daß zukünftige Bildverarbeitungssysteme sich an den vorliegenden Standardisierungs-Vorschlägen der ISO/IEC orientieren bzw. auf IPI–Implementierungen aufsetzen. In den vorgestellten Basis–Systemen wurde über den Einsatz des IPI–Standards bereits diskutiert (VIEW-Station, siehe hierzu [158]), bzw. auf prototypische IPI–Realisierungen aufgesetzt (apART, siehe hierzu [231]).

## 3.5.2 Visual Imaging–Computer–Systems

Wie in [164], [61] dargelegt, manifestiert sich für die nächste Generation der Workstation–Technologie — deren Realisierungs–Horizont im Zeitraum der zweiten Hälfte der 1990er Jahre liegen wird — ein Trend, der eine Integration der bisher separat betrachteten Teilgebiete der

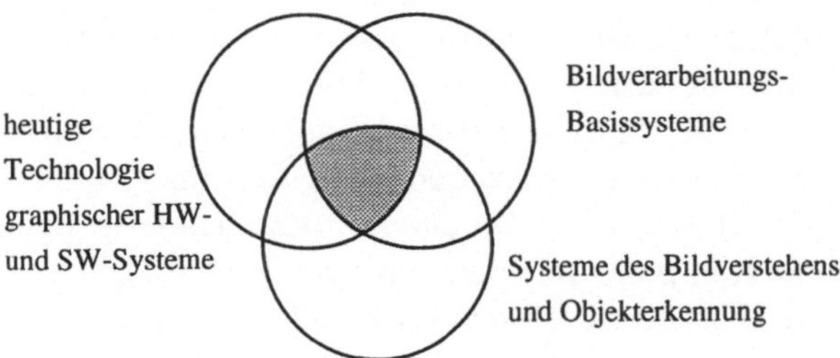


**Abb. 3.10.** *Visual imaging computing system:* Synthese dreier Technologien

- heutigen Technologie graphischer Hardware– und Software–Systeme, wie GKS [140], PHIGS+ [149], X–Window System [77], etc.,

- Bildverarbeitungs–Basissysteme, wie IPI [136] (siehe Kapitel 9, S.285), und

- Systeme des Bildverstehens und der Objekterkennung (*computer vision systems*)

mit sich bringen wird (siehe Abb. 3.10).

Die sich abzeichnende neue Workstation-Technologie, welche in der Schnittmenge der drei oben genannten Bereiche liegt, wird als *visual imaging computing*[12] bezeichnet.

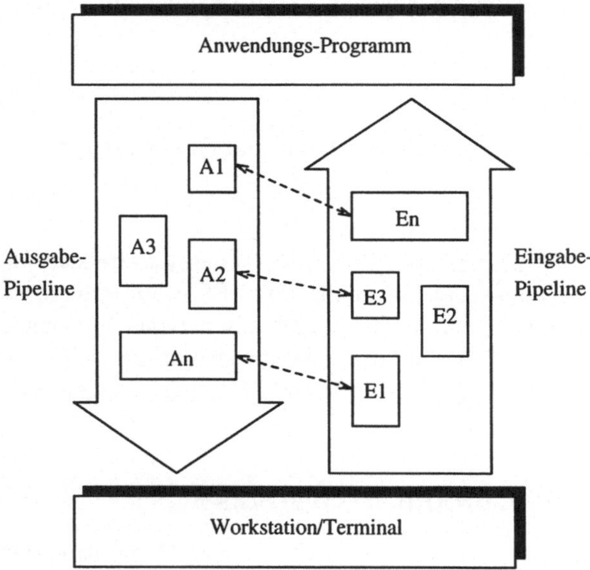


**Abb. 3.11.** Symmetrie zwischen Ein– und Ausgabemodulen

Die "Architektur" des *visual imaging computing systems* ist in Abb. 3.11 dargestellt. In dieser Abbildung ist die Polarität zwischen "Anwendungs-Programm" und einem benutzer–orientierten Modul "Workstation/Terminal" abgetragen. Zwischen diesen beiden Hauptkomponenten läßt sich jeweils eine Pipeline für die Eingabe und Ausgabe lokalisieren. Die Ausgabe–Pipeline — aus seriellen oder parallelen Modulen $A_1$ bis $A_n$ bestehend — kann man sich aus den klassichen Komponenten der heutigen Technologie graphischer Systeme, wie oben skizziert, bestehend vorstellen. Die aktuelle Forschung beschäftigt sich in diesem Kontext eher mit Integrations– und Harmonisierungs–Problemen; die technischen Grundlagen der Ausgabe sind weitgehend gelegt.

Die Eingabe–Pipeline andererseits — ganz analog aus seriellen oder parallelen Modulen $E_1$ bis $E_n$ bestehend – baut sich aus bereits bekannten

---

[12]Vgl. auch [164].

Komponenten auf, wie der Tastatur und/oder der Maus, welche funktional z.B. nach Maßgabe der Eingabe–Modelle von GKS oder PHIGS+ modelliert sind. Hier beschäftigt sich die aktuelle Forschung mit zwei Aspekten:

- Der Erweiterung der Palette der Eingabegeräte durch *computer vision*–basierte Systeme, welche z.B. Methoden der gesten–basierten Eingabe (*gesture–based input*) oder der photogrammetrie–basierten Eingabe von Objekt–Geometrien in CAD–Systeme unterstützen können.

- Der direkten Kopplung von Ein– und Ausgabe–Modulen, wie es durch die gestrichelten Linien in Abb. 3.11 angedeutet ist. Hierdurch wird es, im Gegensatz zu den heute existierenden Systemen, zum Beispiel möglich sein, auf einem Monitor dargestellte Objekte und/oder Dokumente direkt zu manipulieren.

Das Ergebnis dieser Entwicklungen wird ein *visual imaging computer system* sein. Aus dieser Entwicklung heraus werden sich Architekturen, Pipelines, Algorithmen und Paradigmen ergeben.

## 3.5.3 Multimediale Basis–Systeme

Der Begriff "Multimedia" wurde in den Bereichen der Informatik und der Telekommunikation zu einem der Schlagworte der späten 80er und frühen 90er Jahre. Insbesondere herrscht eine breite Übereinstimmung dahingehend, daß zukünftige Systeme und Dienste multimediale Funktionalitäten beinhalten bzw. unterstützen sollten. Die spezifische Funktionalität, die ein multimediales System aufweisen sollte, wird jedoch oftmals sehr unterschiedlich definiert. Systeme werden — insbesondere unter Marketing–Aspekten — häufig bereits als multimediale Systeme bezeichnet, wenn sie die Verknüpfung von Text und digitalen Festbildern erlauben. Andere Personengruppen wenden diesen Begriff erst dann an, wenn ein System die integrierte, hochqualitative Verarbeitung von Text, Graphik, hochaufgelösten Fest–und Bewegtbildern, und Audio — z.T. synchronisiert mit Bewegtbildern — erlaubt. In diesem Kapitel werden daher zunächst die Begriffe "Multimedia" und "multimediales System" näher erläutert. Dabei wird auf existierende Definitionen zurückgegriffen. Aus der integrierten Verarbeitung von verschiedenen Repräsentationstypen ergeben sich spezifische Anforderungen an die Modellierung der Referenzen (Bezüge) zwischen den Repräsentationstypen und Anforderungen an Bilddatenstrukturen, die in rein ikonischen Systemen nicht berücksichtigt werden müssen. Die Funktionalität eines multimedialen Systems wird im Hinblick auf diese Anforderungen dargelegt.

### 3.5.3.1 Definitionen im Kontext multimedialer Systeme

Jede Information, die menschliche Sinne anspricht, wird durch ein "Medium" übertragen. Medien sind aus der Perspektive der Datenverarbeitung Mittel der Kommunikation zwischen Mensch und Computer und zwischen Menschen, die den Computer als Kommunikationswerkzeuge einsetzen (nach [97]).

In dem ISO/IEC Standard *Coded Representation of Multimedia and Hypermedia Information Objects* (MHEG) [127] wird der Term "Medium" definiert als "*a means by which information is perceived, expressed, stored, or transmitted*". Weiterhin wird dort explizit zwischen folgenden, spezifischen Begriffen unterschieden:

- Wahrnehmungsmedium (*perception medium*): (z.B. akustische Wahrnehmung in Form von Sprache, Musik, Geräuschen, oder visuelle Wahrnehmung in Form von Bildern, Text, oder Szenen).

- Repräsentationsmedium (*representation medium*): Das Repräsentationsmedium stellt den Datentyp (und dessen Kodierung), der zur Repräsentation eines Mediums definiert ist, dar.

- Präsentationsmedium (*presentation medium*): Als Präsentationsmedium werden physikalische Medien zur Reproduktion und zur Akquisition von Informationen bezeichnet (z.B. Monitor, Drucker, Mikrofon, usw.).

- Speichermedium (*storage medium*): Als Speichermedium werden physikalische Medien zur Archivierung von Informationen bezeichnet (z.B. Festplatte, Diskette, usw.).

- Übertragungsmedium (*transmission medium*): Als Übertragungsmedium werden physikalische Medien zum Transfer von Informationen bezeichnet (z.B. Koaxialkabel, Lichtwellenleiter, etc.).

- Austauschmedium (*interchange medium*): Das Austauschmedium stellt entweder ein Speicher–, ein Übertragungsmedium oder eine Kombination aus beiden Medien dar.

Der Term "Multimedia" wird in MHEG [127] explizit in Verbindung mit der Verwendung verschiedener Typen von Repräsentationsmedien definiert: "*multimedia representation is the property to handle several types of representation media*". Für die Modellierung der Daten in einem multimedialen System spielen neben den Repräsentationsmedien insbesondere die Wahrnehmungsmedien eine spezifische Rolle. Ein wesentliches Ziel in bezug auf Wahrnehmungsmedien ist es u.a., eine zeitgerechte Präsentation und Synchronization der Medien zu gewährleisten.

Im Rahmen des BERKOM[13]-Referenzmodell [20] wird in bezug auf Repräsentationsmedien zwischen Basis– und anwendungsorientierten Repräsentationsmedien bzw. Repräsentationstypen unterschieden. Dabei sind folgende vier Basis–Repräsentationstypen definiert:

---

[13]BERliner KOMmunikationssystem.

- Text,

- Graphik,

- Audio,

- Fest– und Bewegtbild .

Während es sich bei den Repräsentationstypen "Text", "Graphik" und "Festbild" um zeitinvariante Typen handelt, sind "Bewegtbild" und "Audio" individuell zeitabhängig (zeitvariant). Aus diesem Grund wird oftmals auch zwischen "diskreten Medien" (*discrete media*) und "kontinuierlichen Medien" (*continuous media*) [97] unterschieden.

Ein multimediales System muß sowohl die Verarbeitung von diskreten als auch kontinuierlichen Medien gewährleisten. Dabei sollte es möglich sein, diese Medien separat und beliebig verknüpft zu verarbeiten. Nach [97] wird ein multimediales System wie folgt definiert: "Ein multimediales System ist durch die rechnergesteuerte *integrierte* Erzeugung, Manipulation, Darstellung, Speicherung, und Kommunikation von unabhängigen diskreten und kontinuierlichen Medien gekennzeichnet" ("*a multimedia system is characterized by the computer–controlled generation, manipulation, presentation, storage and communication of independent discrete and continuous media*"). Die individuellen Komponenten für die Handhabung von spezifischen Repräsentationstypen, die ein multimediales System bilden, müssen dabei nicht notwendigerweise neu konzipiert werden. Daher sollten die Repräsentationstypen eines Systems — als generelle Richtlinie — in bezug auf ihre Funktionalität so wenig wie möglich überlappen. Ein Hauptanliegen bei der Konzeptionierung eines multimedialen Systems sind geeignete Mechanismen zur Strukturierung und Verknüpfung der (verschiedenen) Repräsentationstypen, die eine Integration der verschiedenen Medien in ein System ermöglichen.

Können die Bezüge (*links*) zwischen den Repräsentationsmedien dynamisch vom Benutzer, z.B. dem Autor eines multimedialen Dokumentes, erzeugt werden und ist die resultierende, zugrundeliegende Struktur kommunizierbar (navigierbar), so spricht man von "Hypermedia". In [127] ist "Hypermedia" definiert als "*ability to access monomedia and multimedia information by navigating across links*".

### 3.5.3.2 Datenmodellierung

Multimediale Systeme müssen geeignete Mechanismen zur Integration der verschiedenen Repräsentationsmedien in ein System zur Verfügung stellen. In bezug auf die Datenmodellierung müssen insbesondere adäquate Strukturierungsmechanismen zur Verknüpfung der verschiedenen Repräsentationsmedien bereitgestellt werden.

Multimediale Informationen können von unterschiedlichen Sichten strukturiert werden: Aus einer logischen Sicht können beispielsweise Bezüge wie eine Sequenz von Texten oder ein Bild mit Audio–Annotation modelliert werden. Aus der Sicht der Präsentation ist eine Beschreibung der Positionierung der multimedialen Daten in Raum und Zeit erforderlich. Es existieren eine Reihe von ISO/IEC Standards, welche bei der Strukturierung — der Modellierung von Bezügen — beide Sichten berücksichtigen. Hier sind u.a. ODA/ODIF [142], HyTime [131] und MHEG [127] zu erwähnen. In bezug auf die Integration von digitalen Bildern (Fest- und Bewegtbild) in multimediale Systeme, sollten die Strukturierungsmechanismen, welche diese Standards beinhalten, genutzt werden, um die Beziehung von digitalen Bildern zu anderen Repräsentationstypen zu definieren. Neben der Referenzierung vollständiger Repräsentationsmedien ist es oftmals sinnvoll, auch die Teile eines Repräsentationsmediums näher spezifizieren zu können. Die Datenstrukturen des Repräsentationstypes "Bild" sollten deshalb derart konzipiert werden, daß eine Referenzierung von Teilen des Bildes ermöglicht wird. in Kapitel 3.5.3.4 wird dieser Aspekt näher erörtert.

Die Modellierung der Repräsentationstypes "Bild" ist in den Standards ODA und MHEG, die als Basis für die Entwicklung von multimedialen Systemen berücksichtigt werden können, bisher auf bestimmte Typen beschränkt. In der *Office/Open Document Architecture* (ODA) [142] bilden Inhalts–Architekturen (*content architectures*) die Grundbestandteile eines Dokumentes. In bezug auf den Repräsentationstyp "Bild" ist in ODA die Inhalts–Architektur "Raster–Graphik" definiert. Diese beschränkt sich auf zweidimensionale Binärbilder. Der Integration von neuen Medien wird durch die Definition von neuen Inhalts–Architekturen ermöglicht bzw. ist in ODA verankert. Die Definition einer ODA Inhalts–Architektur für digitale Bilder, die auf generischen Datenstrukturen basiert, ist als ein Ziel in dem dritten Teil des IPI–Standards, IIF [139], bereits aufgeführt. Durch die Integration von zeitabhängigen Mediei. wie "Bewegtbild" und "Audio" werden neue Synchronisierungsmechanismen notwendig, die derzeit noch nicht Bestandteil von ODA sind (vgl. Kapitel 3.5.3.3, S.92). Diese werden im Rahmen von anderen Standardisierungsaktivitäten, z.B. HyperODA und HyTime [131] entwickelt.

In MHEG sind in bezug auf digitale Bilder die Objektklassen *Still{Content, Request, Projector}* und *Audiovisual{Content, Request, Projector}* definiert. Die Inhalts–Klassen weisen in bezug auf Bilddatentypen und ihrer Kodierung/Kompression bereits eine gewisse Flexibilität auf. So deckt die Objektklasse *Still Content* beispielsweise Binär–, Grauwert–, und Farbbilder (verschiedener Farbsysteme) ab und erlaubt die Anwendung von verlustfreien und –behafteten Kompressionsverfahren wie arithmetische Kodierung, HUFFMAN-Kodierung [119], JPEG [132] und JBIG [135].

### 3.5.3.3  Isochronität und Synchronisation

Bei zeitabhängigen Medien spielt der Begriff der "Isochronität" eine wichtige Rolle. Ein wesentliches Ziel ist, daß das zeitvariante, separate Medium zeitgerecht akquiriert, übertragen und präsentiert wird. Isochronität wird oftmals auch mit dem Term "serielle Synchronisation" bezeichnet. Neben der seriellen Synchronisation tritt in einem multimedialen System zusätzlich das Problem der relativen ("temporalen") Abhängigkeit zwischen den Repräsentationsmedien auf ("parallele Synchronisation"). Dieses Problem stellt sich insbesondere im Hinblick auf die Synchronisation von Bewegtbild und Audio, da diese oftmals kombiniert präsentiert werden. Die kombinierte Präsentation muß insbesondere auch bereits bei der Definition der Kodierung der Repräsentationstypen berücksichtigt werden. Während aus logischer Sicht ein temporaler bezug zwischen Bewegtbild und Audio besteht, kann die Kodierung in Form eines verschränkten Bild–/Audiodatenstromes (*interleaved*) erfolgen. In zahlreichen Systemen wird neben den Basis–Repräsentationstypen, wie sie in BERKOM–Referenzmodell definiert sind (vgl. Kapitel 3.5.3.1, S.89), zur Vereinfachung ein anwendungsspezifischer Repräsentationstyp "Video" definiert. Damit wird die Handhabung in bezug auf die Synchronisation von Bewegtbild und Audio vereinfacht.

Ein weiterer Aspekt, der bei der Synchronisation von Medien eine wichtige Rolle spielt, ist die Präzision, die ein System für spezifische Anwendungen zur Verfügung stellen muß. Beispielsweise erfordert die Präsentation von zwei Stereo–Audio Kanälen eine präzisere Synchronisation als eine Lippen–synchrone Präsentation von Sprache und Bewegtbild. Die Präsentation einer Bewegtbildsequenz mit Untertiteln oder Hintergrundmusik ist im Vergleich dazu weniger zeitkritisch.

### 3.5.3.4  Lokalisierungsmodelle

In multimedialen Systemen ist es sinnvoll, neben der Referenzierung bzw. Lokalisierung vollständiger Repräsentationsmedien, auch Teile/Elemente eines Repräsentationsmediums näher spezifizieren zu können. So ist es oftmals notwendig, für einen Teil eines Repräsentationsmediums eine Referenz auf ein anderes Repräsentationsmedium bzw. einen Teil dieses Mediums zu definieren. Dies gilt insbesondere auch in bezug auf digitale Fest– und Bewegtbilder. Für digitale Festbilder ist es beispielsweise sinnvoll, einen bestimmten Bereich des Bildes mit Text zu verknüpfen, welcher den Inhalt dieses Bereiches beschreibt oder aus einem Rasterbild einen Auschnitt für die Verwendung als Textur zu definieren. Für eine Bewegtbildsequenz ist es sinnvoll, einzelne Bilder (*frames*) mit Audiofragmenten zu verknüpfen oder mit Untertiteln zu versehen.

Innerhalb des ISO/IEC Standards *Hypermedia/Time–based Document Structure Language* (HyTime) [131], der auf der *Standard Generalized Markup Language* (SGML) [148] basiert, ist ein umfangreiches Modell (*location model*) zur Addressierung und Lokalisierung von Elementen in strukturierten, zeitvarianten Dokumenten definiert. Eine fundamentale Form der Lokalisierung von Elementen in einem multimedialen System ist die Verwendung von eindeutigen Bezeichnern (*unique identifier*). HyTime stellt dem Benutzer,

z.B. einem Editor eines Hyperdokumentes, sogenannte Adressierungsele-
mente (*location address elements*) zur Verfügung, die mit den Elementen
(Objekten) des Dokumentes verbunden werden können und diesen Elementen eindeutige Bezeichner zuordnen. Das Adressierungselement bildet zusammen mit dem verbundenen Element ein Paar. HyTime unterstützt drei
unterschiedliche Arten der Adressierung[14]:

- *Adressierung durch den Namen:* Die Adressierung eines Elementes erfolgt über den Namen des Elementes. Die Verwendung des Adres-
  sierungselementes ermöglicht insbesondere auch die Adressierung von
  Elementen, die Bestandteile eines externen Dokumentes sind.

- *Adressierung durch die Position:* Die Adressierung eines Elementes
  erfolgt über die Position des Elementes innerhalb eines (beliebigen)
  Koordinatensystems. HyTime beinhaltet verschiedene Adressierungs-
  elemente, welche die Adressierung über die Position eines Elementes
  erlauben. In bezug auf Rasterbilder ist insbesondere das *Finite Coor-
  dinate Space* (FCS) Adressierungsmodul zu nennen, welches eine Spezifikation von beliebigen Teilen eines Objektes erlaubt. Beispielsweise
  können beliebige Regionen (*region of interests*) eines Rasterbildes mit
  Hilfe des FCS–Modules adressiert werden.

- *Semantische Adressierung:* Die Adressierung eines Elementes erfolgt
  über den Wert des Elementes. Die Notations–spezifische Adressierung
  ist eine Art der semantischen Adressierung. Diese kann z.B. in Form von
  Applikations–spezifischen Abfragen (*queries*) erfolgen (z.B. "Extrahiere
  alle Bilder, in denen Kreise dargestellt werden").

### 3.5.4  Telekommunikations–Endgeräte

Das letzte Jahrzehnt war im Bereich der WANs (*Wide Area Networks*) durch
eine Vielfalt von Technologie–Entwicklungen geprägt [206]. Diese Vielfalt
umfaßt Netzwerke

- für unterschiedliche Applikationen (Telex, Datenkommunikation, TV,
  Telematik Services, etc.),

- die auf unterschiedlichen Vermittlungstechnologien (Ringvermittlung
  (*circuit switching*), Paketvermittlung (*packet switching*) basieren, und

- die verschiedene Übertragungsmedien nutzen (z.B. Koaxialkabel, Lichtwellenleiter, Satelliten, etc.).

Der derzeitige Entwicklungsschwerpunkt fokussiert auf der Integration der
unterschiedlichen Netzwerke, die genutzt werden, in ein Netzwerk, welches

---

[14]Siehe dazu auch [196].

den Anfordungen von unterschiedlichen Applikationen in bezug auf die Qualität der Dienste (*Quality of Service*) (QoS) gerecht wird. Eine notwendige Vorraussetzung für diese Integration ist die Digitalisierung der traditionellen Applikationen, die auf analogen Signalen (z.B. TV, Sprache, etc.) basieren. Dies ist nicht nur für die Übertragung der Daten notwendig, sondern insbesondere auch für die Verarbeitung der Daten an den Endgeräten.

Ein erster Schritt in diesem Integrationsprozeß war die Einführung von *Integrated Service Digital Network* (ISDN) mit einer Datenübertragungsrate von 64 kbit/s. ISDN entwickelt sich langsam zum flächendeckenden Netz. Die nächste Generation von digitalen Netzen befindet sich gegenwärtig in der Einführungs– und Versuchsphase[15]. Am Ende dieser Entwicklung steht Breitband (*broadband*)–ISDN (B–ISDN) mit einer Übertragungsrate von 140 Mbit/s. B–ISDN ist die Voraussetzung für ein universelles, integriertes Breitband–Kommunikationsnetzwerk (*Integrated Broadband Communication Network*) (IBCN). Parallel zu der Entwicklung der öffentlichen Netze in Richtung B–ISDN folgen auch die lokalen (*Local Area Network*) (LAN) und regionalen (*Metropolitan Area Network*) (MAN) Entwicklungen durch die Einführung und Definition von standardisierten Protokollen und integrierten Diensten einem Integrationsprozeß. Dabei erlauben FDDI (*Fibre Distributed Data Interface*), *Frame Relay* und MANs bereits heute Übertragungen im Bereich von 100 Mbit/s. Eine detaillierte Betrachtung von Netzwerk–Aspekten bzw. deren Entwicklung erfolgt in Kapitel 4.5.

Aus Sicht des Nutzers können die breitbandigen, digitalen Netze durch folgende Eigenschaften charakterisiert werden:

- Hohe Übertragungsraten über weite Entfernungen.

- Diskrete und kontinuierliche Repräsentationsmedien — Text, Graphik, Audio, Fest– und Bewegtbild , Video – können separat oder im Verbund übertragen werden.

- Standardisierte Schnittstellen (in bezug auf B–ISDN).

Die Anforderungen an zukünftige Endgeräte werden durch die Entwicklung der breitbandigen Netzwerke maßgeblich beeinflußt. Insbesondere die Verarbeitung von kontinuierlichen Medien stellt neue Anforderungen an Prozessoren, Speicherkapazitäten, Monitorsysteme, etc., denen konventionelle Terminals nicht mehr gerecht werden. Eine zunehmende Bedeutung als Telekommunikations–Endgeräte erlangen insbesondere Graphik–Workstations, welche die Verarbeitung von multimedialen Informationen erlauben. Diese zeichnen sich u.a. durch leistungsfähige Prozessoren, große Hauptspeicher und externe Speicher mit kurzen Zugriffszeiten, Graphikfähigkeit, etc. aus.

---

[15]In diesem Kontext existieren u.a. das "Vermittelnde Breitband–Netz" (VBN) mit Übertragungsraten von 2Mbit/s bis 140Mbit/s und das Projekt BERKOM [216], welches neben netzwerk– und kommunikationsorientierten Vorhaben, die Konzeption und Erprobung zukünftiger Anwendungen für Breitband–ISDN umfaßt.

In bezug auf die Übertragung von Fest– und Bewegtbildern spielt insbesondere auch der Einsatz von Kompressionsverfahren eine wichtige Rolle, da die Bandbreite (*bandwidth*) der Kommunikationskanäle oftmals beschränkt ist. Für die Kompression von Fest– und Bewegtbildern existieren zahlreiche Standards[16], beispielsweise JBIG [135] und JPEG [132] für Festbilder und MPEG [133] und H.261 [45] für Bewegtbilder. Konform zu den Normen wurden bereits einige Hardware–Chips entwickelt, welche integriert in das Endgerät — z.B. als Bestandteil von Erweiterungskarten (*add on boards*) — zu einer erheblichen Leistungssteigerung bei der Kodierung bzw. Dekodierung der Bilddaten führen können.

Zahlreiche Prototypen von Telekommunikations–Endgeräten wurden inzwischen entwickelt. In diesem Kontext sei exemplarisch auf die multimedialen Endgeräte, welche im BERKOM–Projekt realisiert wurden [216], die System–Architektur eines breitbandigen Endgerätes, welches im Rahmen des RACE–Projektes MCPR (*Multimedia Communication Processing and Representation*) entwickelt wurde [257], und Endgeräte der NTT (*Nippon Telegraph and Telephone*) [156] hingewiesen.

---

[16]Eine detaillierte Darstellung unterschiedlicher Kompressionsverfahren erfolgt in Kapitel 5 (S.129).

# 4. Imaging–Hardware

*Luc Neumann*

## 4.1  Einführung

Eine der ersten Anwendungen der digitalen Bildverarbeitung datiert in das Jahr 1964, als Bilder vom Mond, die eine Raumsonde aufnahm und zur Erde sendete, mit einem Computer zur Bildverbesserung verarbeitet wurden [85]: Zuerst fand die digitale Bildverarbeitung nur als Spezialdisziplin in den Gebieten der Astronomie, Medizin und Militärtechnik ihre Verbreitung, da spezielle und teure Hardware zur digitalen Bildverarbeitung notwendig war. Hinzu kommt, daß die eingesetzten Bildverarbeitungssysteme für bestimmte Anwendungen konzipiert wurden und dadurch bei veränderten Anforderungen nicht mehr eingesetzt werden konnten. Erst die dynamische Entwicklung in der Halbleiter–, Speicher– und Videotechnologie seit Mitte der 80er Jahre und der damit verbundene Preisverfall der Hardware machte die Anwendung der digitalen Bildverarbeitung für andere Bereiche (z.B. Qualitätskontrolle, Dokumentenverarbeitung, Bewegungskontrolle, etc.) interessant. Nun konnten spezielle Systeme, die auf eine jeweilige Anwendung zugeschnitten sind, günstig erstellt werden.

Man möchte jedoch weg von den Spezial- und hin zu Universalwerkzeugen, um eine größtmögliche Flexibilität und Kosteneffizienz für BV–Systeme zu erreichen (vgl. Kapitel 2.2). Aufgrund der Leistungsfähigkeit und Integrationsdichte heutiger General–Purpose Mikroprozessoren wird dieser Trend unterstützt, und die Ikonik kann vermehrt in allgemeinen Applikationen (Textverarbeitungsysteme, Mailsysteme, etc.) auf Standardrechnern eingesetzt werden.

In diesem Kapitel wird die eingesetzte Gerätetechnik für Imaging–Anwendungen vorgestellt, die sich jeweils einer Funktionalität eines IBV–Systems zuordnen lassen (siehe Abb. 4.1). Diese Zuordnung impliziert jedoch nicht, daß diese Geräte ausschließlich in der IBV zur Anwendung kommen. Aufgrund der bestehenden Dynamik der Technologieentwicklung kann hierbei nur auf grundsätzliche Techniken und Prinzipien eingegangen werden.

### 4.1.1   Hardwarekomponenten eines Bildverarbeitungssystem

Anhand der möglichen Verarbeitungsschritte lassen sich die funktionalen Komponenten für die Hardware eines Bildverarbeitungssystems identifizieren (siehe Abb. 4.1). Als erstes erfolgt die *Akquisition*, die die Erstellung einer Aufnahme von einem Bild und die zur Weiterverarbeitung notwendige Digitalisierung beeinhaltet. Dabei können auch Operationen zur Bildvorverarbeitung durchgeführt werden, um z.B. störende Effekte, bedingt durch die Aufnahme, zu entfernen. Abhängig von der Zielsetzung erfolgt dann die eigentliche *Verarbeitung* des Bildes. Für die weitere Verwendung kann das Bild zur *Archivierung* gespeichert oder zur *Präsentation* auf einem Ausgabegerät gezeigt werden. Eine weitere Möglichkeit besteht in der *Kommunikation* zum Austausch von Bildinformationen. Dabei ist die Kommunikationskomponente für lokale Systeme nicht zwingend notwendig, wird aber in Zukunft in dem Kontext offener Systeme (vgl. Kapitel 3.3) eine immer wichtigere Rolle spielen.

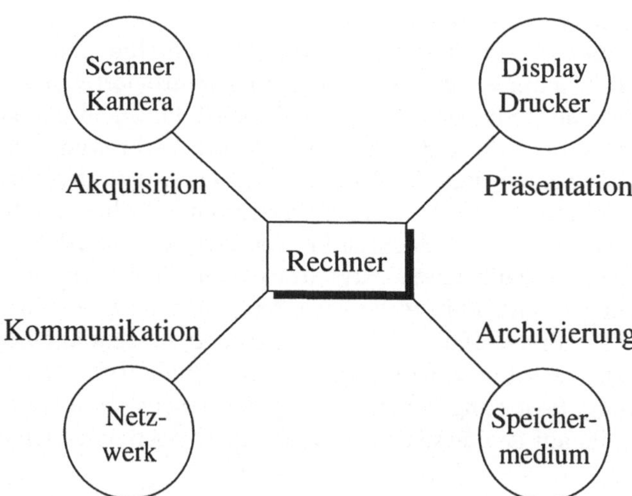


**Abb.  4.1.**  Hardwarekomponenten eines ikonischen Bildverarbeitungssystems (IBV–Systems) und die damit verbundenen Funktionalitäten

Die in Abb. 4.1 aufgezeigten Hardwarekomponenten können sowohl ein integriertes – innerhalb einer Rechnerarchitektur – als auch ein verteiltes offenes System – verteilte Ressourcen in einem Netzwerk – repräsentieren.

## 4.2   Bildeingabe und –ausgabegeräte

An der Peripherie von bildverarbeitenden Systemen sind spezielle Geräte als Bildquellen bzw. Bildsenken notwendig. Dieses Kapitel beschränkt sich auf

Peripheriegeräte, die eine visuelle Präsentation und eine optische Akquisition von Bildinhalten ermöglichen.

## 4.2.1 Sichtgeräte

Die wichtigste Schnittstelle zwischen dem Mensch und dem System ist der Bildschirm. Als Peripheriegerät eines BV–Systems muß er neben den Anforderungen zur Darstellung einer Benutzungsoberfläche auch den Anforderungen der Präsentation von Bildern gerecht werden. Dazu führen diese Geräte eine elektro–optische Wandlung, oder besser gesagt eine Bildtypen–Transformation von (B) nach (A) entsprechend dem 8–Stufenmodell (siehe Kapitel 1.3, S.22) durch. Im allgemeinen sollte ein Bildschirm folgende Eigenschaften erfüllen [172]:

- *Gute Ablesbarkeit*
  Dazu ist eine gewisse Grundhelligkeit, hoher Kontrast und hohe Schärfe der einzelnen Bildpunkte notwendig. Dabei sollte die gute Lesbarkeit unter einem möglichst großem Blickwinkel möglich sein.

- *Hohe Auflösung*
  Eine zu niedrige Auflösung läßt bei Bildern mit feinen Linien o.ä. eine Rasterung erkennbar werden, die vom Auge als störend und ermüdend empfunden wird. Die Rasterung sollte daher so fein wie nur möglich sein.

- *Schnelle Reaktion auf Bildveränderungen*
  Zur Wiedergabe von Bewegtbildern oder bei Arbeiten mit der Maus ist eine schnelle Änderung des Bildinhaltes erforderlich. Ein träger Schirm erzeugt ein sogenanntes ”Schmieren”, daß als lästig empfunden wird.

- *Flimmerfrei*
  Mit einem flimmerfreien Bildschirm ist die Basis für ein ermüdungsarmes Arbeiten geschaffen. Dies ist keine gegenläufige Forderung zu dem vorherigen Punkt, da ein Sichtgerät mit einer hohen Bildrate (ca. 70 Hz) beide Anforderungen erfüllen kann.

- *Darstellung von Graustufen*
  Einen großen Einfluß auf die dargestellte Bildqualität hat die Auflösung der Graustufen. So können durch zu wenige Grauwerte störende Farbsprünge im Bild entstehen.

- *Geringer Energieverbrauch, geringes Gewicht und geringe Bautiefe*
  Diese Aspekte gewinnen insbesondere bei mobilen Geräten, die möglichst klein und leicht gehalten werden sollen, an Relevanz. Es fördert aber auch die Entwicklung von großen Schirmflächen, die ansonsten nicht handhabbar werden würden.

- *Preis/Leistungsverhältnis*

Der bisher meistverwendete Bildschirmtyp ist die Kathodenstrahlröhre, die aber nach den oben angeführten Anforderungen zu schwer und zu groß ist und zuviel Energie benötigt. Allerdings erreichen neuere Technologien, die diese Nachteile nicht mehr besitzen, noch nicht die erwünschte Bildqualität. Es ist aber zu erwarten, daß in wenigen Jahren die klassiche Kathodenstrahlröhre ihre Führungsposition verlieren wird, und Flüssigkristallschirme, basierend auf der TFT-Technik (siehe Kapitel 4.2.1.2), mehr und mehr an Bedeutung gewinnen werden.

### 4.2.1.1   Bildröhre

Seit der Erfindung der Bildröhre hat sich am Bauprinzip der Monitore nicht viel geändert [232]: Ein Elektronenstrahl schreibt zeilenweise das Bild auf den Schirm und bringt dabei den Phosphor auf der Bildfläche zum Leuchten.

### Grundfunktion

Die Strahlerzeugung erfolgt im hinteren Teil der Röhre. Die aus einer beheizten Kathode emittierten Elektronen werden in Richtung des Schirms mittels einer, an einer Anode anliegenden, Hochspannung beschleunigt. Dabei durchfliegen sie den WEHNELT-Zylinder, der gemäß dem Videosignal die Intensität des Elektronenstrahls steuert. Nach der Anode wird der Strahl mit einer negativen geladenen Lochblende, die wie eine Linse wirkt, fokussiert und konvergiert so in einem Punkt des Schirmes. Anschließend erfolgt die horizontale und vertikale Ablenkung des Strahls auf einen bestimmten Bildpunkt durch zwei Magnetfelder. Beim Auftreffen auf der in der Schirminnenseite befindlichen Phosphorschicht, strahlt diese, abhängig von ihrer Zusammensetzung, sichtbares Licht in einer bestimmten Farbe und von einer bestimmten Dauer aus. Um nun ein flimmerfreies, oder vielmehr ein scheinbar konstantes Bild zu erzeugen, muß der Bildpunkt innerhalb der Nachleuchtdauer erneut aktiviert (*refreshed*) werden, wozu eine Bildwiederholfrequenz von mindestens 60-70 Hz notwendig ist. In Abb. 4.2 sind schematisiert die wichtigsten Komponenten einer Bildröhre und der Weg des Elektronenstrahls dargestellt.

### Farb-Bildröhre

Zur Darstellung von Farbe setzt sich jeder Bildpunkt aus einem Farbtripel mit den Grundfarben Rot, Grün und Blau zusammen. Aus der additiven Mischung dieser drei Grundfarben läßt sich fast jede beliebige Farbe realisieren. Es existiert für jede Grundfarbe ein eigener Elektronenstrahl, der über das Videosignal gesteuert wird. Dies bedeutet, daß jeder Bildpunkt durch ein Elektronenstrahlsystem von drei Elektronenröhren erzeugt wird,

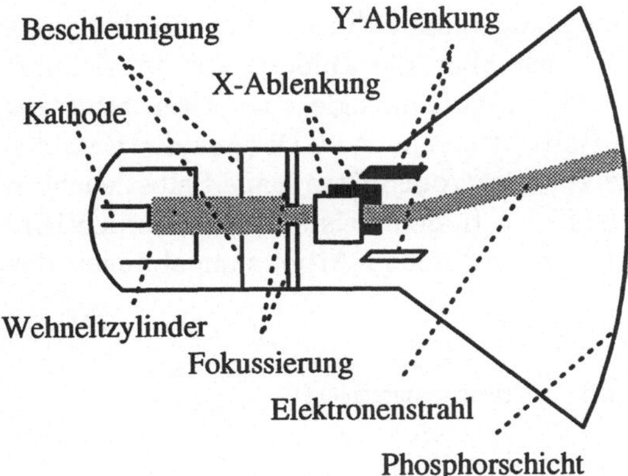


**Abb. 4.2.** Schematischer Aufbau einer Elektronenstrahlröhre

die delta– oder linienförmig angeordnet sind. Dicht vor der Phosphorschicht befindet sich eine Loch– oder Schlitzmaske, die als Fokussierungspunkt des Elektronenstrahlensystems ein Loch oder Schlitz für jedes Farbtripel eines Bildpunktes enthält (siehe Abb. 4.3).

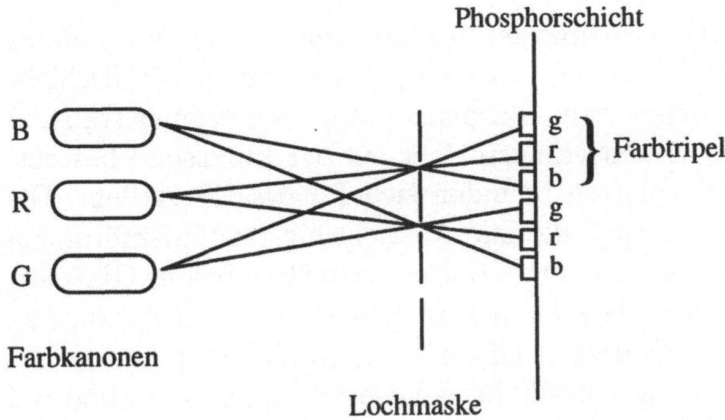


**Abb. 4.3.** Fokussierung der drei Elektronenstrahlen mit der Lochmaske in einer Farbröhre; modifziert nach [21]

Dies alles gilt unter der Prämisse, daß jeder Elektronenstrahl genau seinen Farbpunkt des Tripels trifft. Falls sie nicht exakt ausgerichtet sind, erscheinen besonders in den Randbereichen Farbränder bei der Darstellung eines weißen Gitters. Dies ist die Folge der nicht erfolgten Deckung des roten, grünen und blauen Teil–Bildes.

### 4.2.1.2 Flüssigkristallschirme

Flüssigkristallschirme werden vermehrt als Displays bei Uhren, Taschen-rechnern, Meßinstrumenten und *Laptops* eingesetzt. Bisher war die er-

reichte Bildqualität nicht gut genug, um diese Schirme auch für Imaging–
Anwendungen einzusetzen. Falls sich aber die Bildqualität in Zukunft
noch verbessert, so kann diese Bildschirmtechnologie eine Alternative zur
Bildröhre werden. Flüssigkristall–Bildschirme, auch LCDs (*liquid crystal display*) genannt, sind im Gegensatz zur Elektronenröhre keine Selbstleuchter,
sondern reflektieren das einfallende Licht. In den meisten LCDs werden Hintergrundbeleuchtungen eingesetzt, um in dunklen Arbeitsumgebungen den
Kontrast zu verstärken.

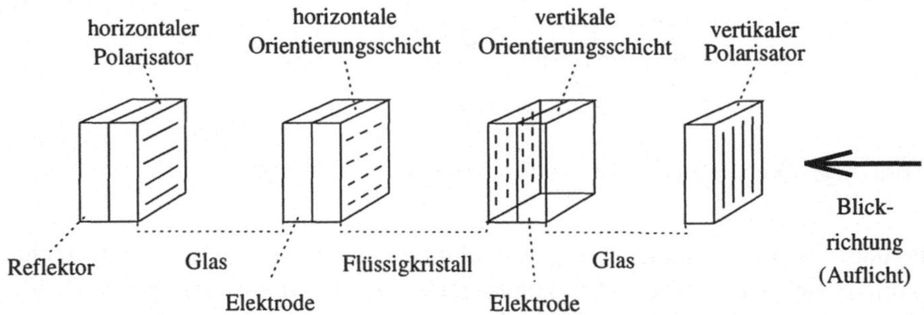


**Abb. 4.4.** Aufbau eines LCD–Bildpunktes

Abbildung 4.4 zeigt den prinzipiellen Aufbau eines LCD–Bildpunktes
oder genauer gesagt einer LCD–Zelle, die aus einer Flüssigkristallschicht
(ca. 5 bis 10 $\mu$m dick ) zwischen zwei Glasplatten mit jeweils einer transparenten Elektrode und einer Orientierungsschicht auf der Innenseite besteht.
Auf der Außenseite der Glasplatten befinden sich Polarisationsfolien. Die
Polarisatoren oder genauer gesagt, die zur Ausrichtung der fadenförmigen
Flüssigkristallmoleküle notwendigen Orientierungsschichten beider Glasplatten sind um 90 Grad gedreht. Das beim Einfall polarisierte Licht wird in
der Flüssigkristallschicht so verdreht, daß es auch durch den hinteren Polarisator 'paßt'. Diese Drehung entfällt bei angelegter Spannung aufgrund
der einheitlichen Ausrichtung der Flüssigkristallmoleküle nach dem elektrischen Feld. Somit wird das Licht absorbiert und der Beobachter sieht einen schwarzen Punkt. Da die Bildpunkte keine eigene Zuleitungen besitzen,
sondern nur über die respektive Zeilen– und Spaltenzuleitung addressierbar
sind, erfolgt die Ausgabe eines Bildes zeilenweise. Auch hier muß, ähnlich der
Bildröhre, der Bildpunkt nach einer bestimmten Zeit wieder aktiviert werden,
da sich die Flüssigkristallmoleküle ohne angelegte Spannung wieder in ihren
Ursprungzustand zurückdrehen. Der Standardtyp von Flüssigkristallanzeigen ist die verdrillte nematische (*twisted nematic*) Zelle (TN–Zelle), die wie
oben beschrieben arbeitet [172]. Je höher aber die Auflösung des Bildschirmes ist, desto schlechter wird der Kontrast und um so kleiner der mögliche
Sichtwinkel, bedingt durch die hohen Multiplexverhältnisse. Bei Graphik–
Bildschirmen mit einer Auflösung von 640 mal 480 Bildpunkten werden daher
Supertwist–Zellen (STN–Zellen), die einen größeren Kontrast und breiteren

Sichtwinkel bieten, eingesetzt. Der Unterschied zur TN–Zelle besteht in der Polarisation des Lichtes, die als Ergebnis einen hellblauen oder dunkelblauen Punkt ergibt. Für Farbbildschirme wurden die DSTN–Zelle (*double supertwist nematic*) und die TSTN–Zelle (*triple super twist nematic*) entwickelt, die diese störende Eigenfarbe nicht besitzen [172].

Das Problem der aufgezeigten LCD–Typen, die auch Passiv–Matrix–Displays genannt werden, ist ihre Trägheit. Beim Scrollen von Texten, Bewegen der Maus oder bei einer Bewegtbildanzeige entsteht ein lästiges Nachziehen des Bildinhaltes. Eine Lösung bietet die Entwicklung von sogenannten Aktiv–Matrix–Displays. Hierbei besitzt jeder Bildpunkt einen elektronischen Schalter, z.B. einen Dünnfilmtransistor (TFT *thin film transistor*) [18], über den die Ansteuerung erfolgt. Damit wird ein schnellerer Zustandswechsel der Flüssigkristalle erzielt und die Darstellung von Grauwerten ermöglicht. Bei Farb-LCDs setzen sich die Farbbilder wie üblich aus den drei Grundfarben Rot, Grün und Blau zusammen. Die Farbfilter werden auf die Glasplatte aufgebracht, wobei die drei Einzelpunkte pro Bildpunkt eine Delta– oder Diagonalanordnung bilden. Da diese Filter einen großen Anteil des einfallenden Lichtes absorbieren, muß die Hintergrundbeleuchtung ungefähr fünfmal so hell sein wie bei monochromen Bildschirmen. Andere Bildschirmtechnologien, die bei *Plasma Display Panel*, Elektro–Lumineszens–Bildschirm, Leuchtdioden–Bildschirm[1] eingesetzt werden, spielen keine wichtige Rolle in der Bildverarbeitung.

### 4.2.1.3 Auswahlkriterien für Monitore

Aufgrund der benötigten Bildqualität, insbesondere von Farbbildern, scheiden Flüssigkristallschirme zur Präsentation von hochqualitativen Bildern aus, und man beschränkt sich auf die Bildröhre. Maßgebend für die verfügbare Bildqualität eines Bildschirmes ist die Auflösung, die sich aus den drei veränderlichen Größen Adressierbarkeit, *pitch* und *spotsize* zusammensetzt. Die Adressierbarkeit bestimmt die Anzahl der individuellen Bildpunkte, die ein Schirm enthält. Mit der *spotsize* wird die Größe des Punktes, der durch den Elektronenstrahl als Leuchtpunkt erzeugt wurde, angegeben und ist damit auch ein Maß für den kleinsten erkennbaren und darstellbaren Bildinhalt. Diese Größe ist abhängig von der Qualität der Fokussierung des Strahls. Es ist auch zu beachten, daß die *spotsize* die Helligkeit des Monitores bestimmt. Je heller das Bild, desto größer ist die *spotsize*. Als letzte Größe beeinflußt die Distanz der Mittelpunkte zweier Leuchtpunkte, *pitch* genannt, die Bildqualität. Bei farbigen Bildpunkten, die aus einem RGB–Tripel von Phosphorpunkten bestehen, ist dies der Mittelpunktabstand zwischen zwei gleichfarbigen Phosphorpunkten, der auch dem Mittelpunktabstand benachbarter Löcher in der Lochmaske, die zur Fokussierung dient, entspricht. Mit der Lochmaske steht und fällt die Qualität des Monitors. Die *pitch* der

---

[1]siehe hierzu [62], [72], [258]

Lochmaske bestimmt das maximale Auflösungsvermögen, denn je kleiner sie
ist, desto Größer ist die Adressierbarkeit, also die Anzahl der individuellen
Bildpunkte. Aber eine feine Lochmaske ist schwieriger herzustellen und ver-
zerrt sich leichter bei der Erwärmung durch den Elektronenstrahl. Damit
würde der Strahl die anzusteuernden Phosphorpunkte, insbesondere in den
Randbereichen des Monitors, nicht mehr exakt treffen. Zusätzlich wird bei
sehr feinen Löchern das Bild blaß, weil die Lochmaske die meiste Elektro-
nenenergie absorbiert. Eine feine Lochmaske bedeutet nicht gleich eine gute
Bildqualität, sondern gleichzeitig ist das Verhältnis von *spotsize* zur *pitch* ein
maßgebender Faktor. Ist der Elektronenstrahl auf die Lochgröße fokussiert,
so können Helligkeitsschwankungen und Interferenzmuster im Bild entstehen [21]. Defokussiert man den Strahl werden diese Effekte gemindert, aber
das Bild wird unschärfer. In der Regel wird die *spotsize* größer als die *pitch*
gewählt, wodurch mehrere Triaden von Phosphorpunkten gleichzeitig getroffen werden. Dies hat den Effekt, daß ein interferenzfreies Bild mit weichen
Übergängen entsteht, was den Nachteil der erzeugten Unschärfe weitgehend
aufwiegt.

Gute Bildschirme mit einer Diagonalen von 15 bis 21 Zoll haben eine
*pitch* von 0,29 mm. Um die Konvergenzfehler am Rande gering zu halten,
deren Folge Farbränder und Unschärfe sind, liegt der Ablenkungsbereich für
den Elektronenstrahl bei 90 Grad.

Detaillierte Informationen über die Bewertung eines Schirmes ist in
[21], [232] und [59] enthalten. Die im Rahmen dieser Darstellung nicht
berücksichtigten ergonomischen Aspekte werden zum Beispiel in [233] und
[258] dargelegt.

## 4.2.2 Drucker

Zusätzlich zur Anzeige auf einem Monitor sollte ein Bild auch originalgetreu
auf Papier reproduziert werden können. Dazu finden in der ikonischen Bildverarbeitung vornehmlich rasterorientierte Drucker ihre Verwendung. Die
Auflösung bei diesen Geräten definiert sich aus der *dotsize*, der Größe eines Rasterpunktes, und der Adressierbarkeit, bezeichnet als 'dots per inch'
(dpi)[2].

### 4.2.2.1 Farbdruck

Um ein Bild originalgetreu wiederzugeben, sind einige drucktechnische Probleme zu lösen. Ein Problem stellt die Darstellung von Grautönen dar, denn
beim Drucken entsteht entweder Schwarz (Druckfarbe) oder Weiß (Papier).
Zur Simulierung der verschiedenen Grautöne wird das sogenannte Halbton-
Verfahren (*halftoning*) verwendet, das die Auflösungsgrenze des Auges aus-
nutzt und mit unterschiedlich großen Rasterpunkten die Grauabstufungen
erzielt. Ab einem gewissen Betrachtungsabstand verschwimmen für das Auge

---

[2]1 Inch = 1 Zoll ≈ 2.54 cm

die Rasterpunkte zu einer grauen Fläche, wobei gilt; je geringer der weiße Anteil zwischen den Rasterpunkten ist, desto dunkler erscheint der Farbton. Nun existieren auch Drucker, deren Punktgröße nicht variiert werden kann und eine wohlgeordnete Dithering–Matrix (*ordered dithering* [3], (siehe Abschnitt 2.1.3, S.44)) die verschiedenen Punktgrößen simuliert, womit ein gewisser Auflösungsverlust in Kauf genommen wird. Dies bedeutet: zur Darstellung von 17 Helligkeitsstufen stellt eine 4x4 Dithering–Matrix einen Rasterpunkt dar (siehe hierzu auch die Kapitel 1.2.3 und 2.1.3).

Für professionelle Druckvorlagen werden Satzbelichter mit 2540 dpi eingesetzt, um bei 256 Grautönen eine Auflösung von 158,75 dpi zu erreichen. Die höchste gängige Druckauflösung liegt bei 304,8 dpi [105].

Für die Farbreproduktion werden die gewünschten Farbtöne aus der Mischung von vier Druckfarben erzeugt. Hierbei wird, im Gegensatz zur Technik bei der Bildröhre, mit der subtraktiven Farbmischung gearbeitet. Drei der vier Farben, nämlich Cyan, Magenta und Gelb, sind die Komplementärfarben zu Rot, Grün und Blau. Alle drei Farben auf einem weißen Papier übereinandergedruckt ergäben Schwarz: Allerdings unterscheidet sich hier die Theorie von der Praxis. Aus den drei übereinandergedruckten Farben entsteht ein Dunkelbraun. Um trotzdem ein sattes Schwarz drucken zu können, wird dieses als vierte Druckfarbe eingesetzt. Somit entsteht ein Vier–Komponenten–Farbsystem mit Cyan, Magenta, Gelb und Schwarz (cyan, magenta, yellow, key).

Der Unbuntanteil wird vorab berechnet, und entsprechend schwarze Grundfarbe beigemischt. Durch die Beimischung nach der Farbseparation, die als *under color removal* bezeichnet wird, entstehen Bilder mit größerem Kontrast und satterer Farbtiefe [105], [72].

### 4.2.2.2  Druckertypen

Es gibt eine Anzahl von Drucktechniken, mit denen in der Bildverarbeitung einsetzbare (Desktop–) Drucker arbeiten. Es lassen sich die folgenden Druckertypen – nach steigender Bildqualität sortiert – identifizieren:

- *Tintenstrahldrucker*
  Ein Tintenstrahldrucker druckt zeilenweise und bringt in einem Arbeitsgang die Grundfarben Cyan, Magenta, Gelb und Schwarz zu Papier. Zum Aufspritzen der Farbe haben sich zwei verschiedene Verfahren durchgesetzt. Zum einen ist dies das *Bubble–Jet* Verfahren, wobei durch das Erhitzen einer in einer Kammer befindlichen Tinte ein Tintentröpfchen auf das Papier geschleudert wird. Bei einem anderen Verfahren verformt das Anlegen einer Spannung ein *Piezo*–Blättchen und schleudert damit ein Tintentröpfchen auf das Papier. Der Nachteil der Tintenstrahldrucker ist die relativ langsame, zeilenweise Ausgabe: Erfolgt beim Umschalten in die nächste Zeile keine mechanisch präzise Führung

---

[3] *Ordered dithering* ist im Gegensatz zum *random dithering* zu sehen

                                                        

des Papiers, kann dies zu unansehlichen Überlappungen oder Lücken
führen.

- *Farb–Laserdrucker*
  Die Farb–Laserdrucker arbeiten nach dem gleichen Prinzip wie die
  Schwarzweiß–Laserdrucker. Der Unterschied zu diesem besteht jedoch
  darin, daß für jede Seite die Trommel nacheinander mit den Grundfarben Cyan, Magenta, Gelb und Schwarz beschichtet wird. Der jewei-
  lige Aufbau des Druckbildes auf der Trommel erfolgt photoelektrisch.
  Dazu wird die rotierende lichtempfindliche Trommel elektrisch aufgela-
  den, und ein Laserstrahl schreibt das Negativ der Seite auf die Trommel.
  Die dabei belichteten Stellen entladen sich. An den elektrisch geladenen
  Teilen der Trommel bleibt der Toner, ein harzhaltiges Pulver, hängen,
  daß auf das Papier übertragen und mittels Erhitzen fixiert wird. Der
  Vorteil von Laserdruckern liegt in ihrer relativ hohen Auflösung von 400
  dpi.

- *Thermotransfer–Drucker*
  Ein Thermotransfer–Drucker arbeitet seitenorientiert, wobei die Farben nacheinander aufgetragen werden. Eine Trägerfolie in der Größe des
  zu bedruckenden Papiers enthält eine dünne Wachsschicht mit Farbpigmenten. Für jeden Farbauszug wird die entsprechende farbige Wachsfo-
  lie durch winzige Thermoelemente an den gewünschten Punkten erhitzt,
  und das Wachs mit den Farbpigmenten schmilzt auf das Papier. Auch
  hier spielt die Druckmechanik eine große Rolle, da eine nicht exakte
  Führung der Trägerfolie mit den unterschiedlichen Farbauszügen und
  eine ungenaue Rückführung des Papiers Farbsäume erzeugt oder das
  Bild unscharf werden läßt.

- *Thermosublimations–Drucker*
  Aus dem Thermotransferverfahren entwickelte sich das Thermosub-
  limationsverfahren, das annähernd Fotoqualität aufgrund der analogen
  Erzeugung von Farbtönen liefert. Auch dieses Verfahren arbeitet seitenorientiert und mit farbigen Wachsfolien. Nur wird hierbei die Wachsschicht so stark erhitzt, daß sie sofort verdampft. Dieser Dampf dif-
  fundiert durch die spezielle Oberflächenbeschichtung des Papiers und
  schlägt sich als Wachsschicht nieder. Die Graustufen der Farbtöne werden nicht durch eine Rasterung erzielt, sondern bilden sich durch die
  Verdampfung als nicht–diskrete Farbflächen aus. Die Betriebskosten
  liegen aufgrund des Spezialpapiers und der Farbfolie recht hoch.

Für den Druck von hochaufgelösten, hochqualitativen Bildern im Bereich der
Bildverarbeitung eignen sich am besten Thermosublimationsdrucker, auch
als *Color Video Printer* auf dem Markt, die eine mit den restlichen oben
dargestellten Druckverfahren nicht erreichbare Bildqualität liefern.

## 4.2.3 Scanner

Ein IBV–System beinhaltet Peripheriegeräte, die zur Akquisition der optischen Information eines realen Objektes dienen. Diese Geräte, *frame grabber* oder *scanner* genannt, führen dazu eine Transformation von Bildtyp (A) nach Bildtyp (C) (optisch–digitale Transformation, vgl. 1.3) aus, die sich aus einem zweistufigen Prozeß, nämlich einer opto–elektronischen und einer anschließenden analog-digitalen Wandlung, zusammensetzt. Dabei werden Bilddaten nicht nur im sichtbaren Bereich (Wellenlängenbereich von $380nm - 780nm$) aufgenommen, sondern für das ganze elektromagnetische Spektrum stehen Aufnahmegeräte zur Verfügung. Die grundlegende Anforderung an einen opto–elektronischen Wandler, der im folgenden als "Sensor" bezeichnet wird, ist die Fähigkeit der Bestimmung der Helligkeit eines Punktes, die eventuell in mehrere Spektralkanäle unterteilt ist. Damit ist implizit verbunden, daß Bilder in eine Menge von Punkten zerlegt werden. Weiterhin werden, abhängig von der Applikation, Anforderungen an die Ortsauflösung gestellt (z.B.: 512 mal 512 Bildpunkte). Bei dem anschließenden Digitalisierer müssen hauptsächlich die Aspekte Geschwindigkeit und die Auflösung der Farbamplitude (Anzahl Bits pro Spektralkanal) berücksichtigt werden.

### 4.2.3.1 Beleuchtungsarten

Die grundlegenden Beleuchtungsarten seien hier nur kurz aufgezeigt. Abhängig von der Aufgabenstellung wird das Objekt ausgeleuchtet: Ohne entsprechende Ausleuchtung könnte kein Objekt aufgenommen werden. Damit stellt die Beleuchtung eine Grundvoraussetzung für jegliche Akquisition dar. Eine optimierte Ausleuchtung des Objekts kann die spätere Weiterverarbeitung des Bildes wesentlich erleichtern. Die unterschiedlichen Arten der Beleuchtung lassen sich durch die Lage der Kamera, des Objekts und der Lichtquelle zueinander charakterisieren [5]:

- *Durchlicht*
  Befinden sich die Lichtquelle und Kamera auf verschiedenen Seiten des Objekts, so spricht man von Durchlicht–Verfahren. Es eignet sich am besten zur Erfassung von Konturen, wenn die Oberflächen– und Reflexionseigenschaften unerheblich sind. Dies gilt jedoch nur für opake Objekte, denn nur für die Aufnahme von transparenten Objekten (z.B. Diapositive) spielen die Transmissionseigenschaften der Oberfläche eine wesentliche Rolle.

- *Auflicht*
  Wenn sich die Lichtquelle und die Kamera auf der gleichen Seite des Objekts befinden, wird diese Konstellation als Auflicht bezeichnet. Hierbei kann noch zusätzlich zwischen einer Hellfeld– und Dunkelfeldbeleuchtung unterschieden werden. Dabei liegt die Kamera entweder inner- oder außerhalb der direkten Reflexion des Lichtes einer Lichtquelle.

Ein paar Beispiele für den Einsatz von Beleuchtungstechniken, um die Bild–
Auswertung und –Erkennung gezielt zu unterstützen, werden in [5] aufgezeigt.

### 4.2.3.2  Aufnahmeverfahren

Für den Einsatz in der IBV sind Sensoren interessant, die es ermöglichen eine
projezierte ein– oder zweidimensionale optische Information aufzunehmen
und ein davon abhängiges elektrisches Ausgangsignal zu erzeugen. Dafür
existieren im wesentlichen folgende zwei Entwicklungen [5]:

- *Röhrensysteme*, die sich den inneren und äußeren Fotoeffekt zu Nutze
  machen.

- *Festkörper* oder *Halbleitersysteme*, die den inneren Fotoeffekt ausnutzen.

Für die Röhrensysteme, wie *Flying spot scanner*, *Image dissector*, und *Vi-
dicons*, sei lediglich auf die entsprechende Literatur[4] verwiesen, da sie in
Zukunft vermehrt von Halbleitersystemen, insbesondere von CCDs (*charge
coupled devices*), abgelöst werden.

CCD bedeutet übersetzt "Ladungsverschiebelement". CCD–Sensoren bestehen aus Photodetektoren, welche die Bildpunkte repräsentieren, die in
Abhängigkeit vom einfallenden Licht Elektronen freisetzen, die als Ladung
pro Bildpunkt gespeichert werden. Über Steuerleitungen wird die akkumu-
lierte Ladung von Bildpunkt zu Bildpunkt (analoges Schieberegister) an den
Rand des CCD–Sensors verschoben, und dort als Schwingung unterschiedlicher sequentieller Spannungsimpulse ausgelesen [5], [178], [258]. Die CCDs
werden als flächen– oder zeilenförmige Sensoren eingesetzt, wobei die Größe
eines Bildpunktes von anfänglich 13 $\mu$m auf mittlerweile 5 $\mu$m [173] verkleinert werden konnte.

Im folgenden werden verschiedene Scanner beschrieben, die CCDs verwenden.

- *Trommelscanner mit punktförmiger Abtastung*
  Der Trommelscanner erreicht eine Auflösung von bis zu 100 000 Bildpunkten pro Zeile und ist damit der am höchsten auflösende Scanner.
  Die Vorlage wird auf einer durchsichtigen Trommel aufgespannt. Diese
  Trommel rotiert, während sich die Abtast–Lichtquelle und die Photodetektoren längs der Trommelachse langsam verschieben. Der ausge-
  strahlte Lichtstrahl – die höchste Auflösung läßt sich mit einem Laserstrahl erreichen – wird von der Vorlage reflektiert oder durchgelassen
  und anschließend von einem Photodetektor in ein elektrisches Signal
  umgewandelt.

---

[4]siehe hierzu [48], [5], [178]

- *Flachbett–Scanner mit zeilenförmiger Abtastung*
  Solch ein Scanner tastet die Vorlage mit einem CCD-Zeilensensor ab und erreicht abhängig von der Anzahl der Photodetektoren eine Auflösung von 300 bis 600 dpi. Die zweidimensionale Vorlage wird zum Digitalisieren auf eine flache Glasscheibe gelegt und Zeile für Zeile von einem Lichtstrahl angestrahlt, deren Reflexion die CCD-Zeile registriert.

- *Kamera mit flächenförmiger Abtastung*
  Als flächenförmiger Sensor kommt ein CCD–Chip zum Einsatz, der sich in einer Kamera beispielsweise an der Stelle des üblichen Films befindet. Dazu muß das bestehende Linsen– und Blendensystem nicht unbedingt verändert werden. Die eingesetzten CCD–Chips mit einem Auflösungsvermögen von bis zu 2048 mal 2048 Bildpunkten [258] erreichen fast die Bildqualität des traditionellen Kleinbildfilms. Da die Vorlage gegenüber dem Flächensensor nicht verschoben wird, im Gegensatz zu den vorherigen beiden Scannertypen, ist dieses Verfahren echtzeitfähig.

  Ein anderes Verfahren ist die Verwendung von beweglichen Flächensensoren in Kameras, die damit eine Auflösung von 3000 mal 2320 Pixeln erzielen. Dabei wird ein niedrig auflösender Flächensensor, der relativ zum Bildpunktabstand gesehen kleine Detektoren enthält, minimal verschoben. Mit diesen Mikroverschiebungen unter der Kontrolle von Bewegungssensoren tasten die Detektoren das Bild ab. Dabei entstehen mehrere Teilbilder, die miteinander verkämmt das hochaufgelöste Gesamtbild ergeben [174].

Die CCD–Sensoren sind nicht in der Lage, Farben als solche zu erkennen. Um dennoch Farben erfassen zu können, muß dafür gesorgt werden, daß den Sensor nur die Intensität des Farbanteils erreicht, der von Interesse ist. Auch hierbei bedient man sich des RGB-Modells, das in den folgenden grundsätzlich verschiedenen Verfahren eingesetzt wird [5], [174].

- *Farbfilter, parallel*
  Die Sensoren werden mit Farbfilter, die nur den gewünschten Farbanteil durchlassen, versehen. Sind diese Filter als Farbstreifenmaske angeordnet, wird natürlich die Ortsauflösung geringer, da mehrere verschiedenfarbige Photodetektoren einen Bildpunkt repräsentieren.

- *Farbfilter, sequentiell*
  Eine andere Möglichkeit besteht in der sequentiellen Erstellung von drei farbigen Grauwertbildern, die später im Bildspeicher vermischt werden. Dazu kann anstelle von Farbfiltern auch verschieden farbige Beleuchtung eingesetzt werden. Durch letztere Maßnahme wird allerdings die Zeitdauer der Akquisition verdreifacht.

- *Prismen*
  Ein Farbbild wird mit Prismen in ein rotes, grünes und blaues Teilbild

zerlegt. Es sind drei Sensoren notwendig um diese Anteile aufzunehmen (Abb. 4.5). Hierbei muß eine korrekte Positionierung der Sensoren zueinander erfolgen, da ansonsten bei der Mischung der Farb–Teilbilder das Gesamtbild verfälscht wird. Zudem erzielt man mit dieser Methode natürlich die höchste Ortsauflösung pro Farbauszug und die kürzeste Akquisitionszeit.

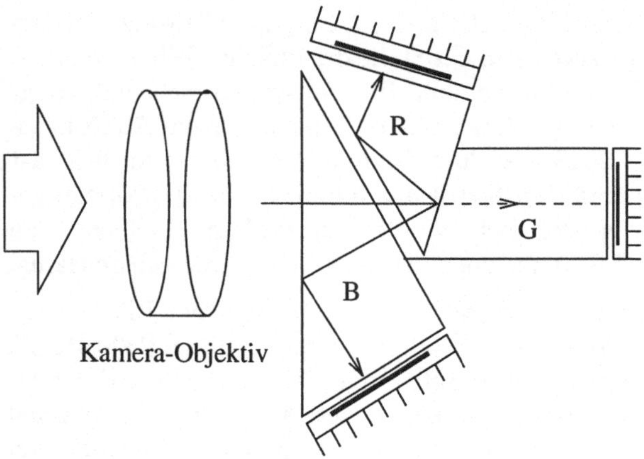


**Abb. 4.5.** Farbbildaufnahmen mit Prismen, nach [5]

## 4.3  Displaysysteme

Das Displaysystem eines IBV–Systems, das zur Präsentation der Rasterbilder dient, wandelt die interne digitale Darstellung in die optische Repräsentation des Bildes [5] um (siehe Kapitel 1.3, S.22). Diese Umwandlung erfolgt in zwei Schritten, die vornehmlich durch die beiden Hauptkomponenten Sichtgerät und Bildspeicher charakterisiert sind. Die, bereits in Kapitel 4.2.1 vorgestellten, rasterorientierten Sichtgeräte führen eine elektro–optische (von B nach A) Transformation durch und erzeugen das Bild mittels der Darstellung eines zweidimensionalen Feldes von Intensitäten. Der Bildspeicher hingegen enthält dieses Bild als zweidimensionales Feld von digitalen diskreten Werten, die für das Sichtgerät in eine analoge elektrische Form transformiert werden (von C nach B). In diesem Kapitel werden die verschiedenen Hardwarekomponenten eines Displaysystems, ihr Zusammenspiel und die damit verbundene Problematik, kurz dargestellt. Anschließend wird auf die Architektur von Displaysystemen eingegangen, die die Anzeige von Bewegtbildern ermöglicht.

---

[5]Transformation von Bildtyp (D) oder (E) nach (A) gemäß dem 8–Stufenmodell

## 4.3.1 Komponenten

Prinzipiell besteht ein Displaysystem aus einem Displayprozessor, dem Bildspeicher und einem Videocontroller (Abb. 4.6)

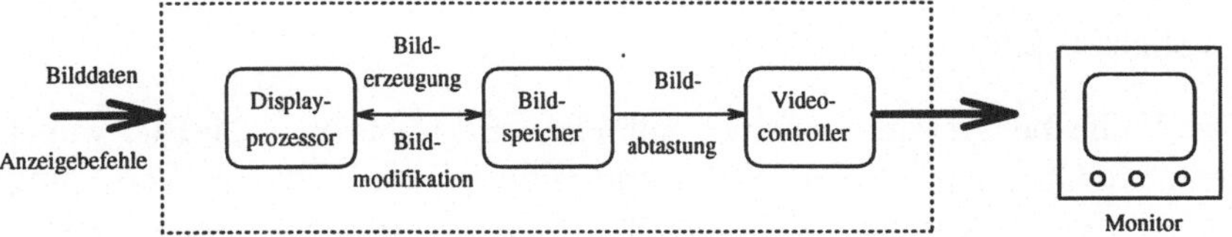


**Abb. 4.6.** Funktionalen Komponenten eines Displaysystems.

### 4.3.1.1 Displayprozessor

Die Bildgenerierung und –manipulation erfolgt direkt auf dem Bildspeicher und wird in den meisten Displaysystemen von einer speziellen Hardware, dem Displayprozessor, durchgeführt, um die Verzögerungszeiten, die aufgrund der notwendigen Veränderung großer Speicherbereiche auftreten, gering zu halten. So unterstützt er zum einen einfache graphische Operationen (z.B die Darstellung von Linien nach BRESENHAM [34]), die in der Ikonik keine Rolle spielen, jedoch zum anderen auch Rasteroperationen, wie das Verändern und Kopieren von Pixelblöcken. Damit ist der Zentralprozessor von den zeitintensiven, eventuell oft wiederholten graphischen Grundoperationen befreit und kann parallel zum Displayprozessor weiterarbeiten.

Die heutzutage eingesetzten Displayprozessoren besitzen im einfachsten Fall eine Adreßlogik, um die zweidimensionalen Koordinaten auf den linearen Adreßraum abzubilden. In *High End*–Systemen besitzen die Displayprozessoren einen eigenen Programmspeicher, womit sie frei programmierbar sind und der Zentralprozessor weitgehend von der Darstellung entkoppelt ist.

### 4.3.1.2 Bildspeicher

Im Bildspeicher ist das Bild so gerastert abgespeichert, wie es auf dem Sichtgerät erscheinen soll. Dies bedeutet, daß für jeden Bildpunkt auf dem Sichtgerät ein korrespondierendes Pixel im Bildspeicher existieren kann und damit ist der Adreßraum höchstens so groß wie die Anzahl der darstellbaren Bildpunkte. Ein weiteres Maß für die Größe des Bildspeichers ist die Amplitudenauflösung oder genauer gesagt die Anzahl der Bits, die sogenannte Farbtiefe, die für jedes Pixel zur Verfügung steht. Davon abhängig ist die mögliche Anzahl der gleichzeitig darstellbaren Farben pro Bildpunkt. Die meistverwendeten Farbtiefen in gängigen Displaysystemen und die damit präsentierbaren Bilder sind:

- *1–Bit*
  Bi–Level–Bilder (Binärbilder);

- *8–Bit*
  monochrome Bilder mit 256 Grauabstufungen, oder Pseudo–Farbbilder
  mit zwischengeschalteter *Look–up Table* (LUT);

- *24–Bit*
  Vollfarbenbild.

Die Vollfarbensysteme arbeiten mit einer Farbtiefe von 24 Bit, wobei
für jede der Grundfarben Rot, Grün und Blau jeweils 8 Bit zur Verfügung
stehen. Damit können dann $2^8 \times 2^8 \times 2^8$ – über 16 Millionen – verschiedene
Farben gleichzeitig angegeben werden. Dieses simple Konzept besitzt jedoch
den Nachteil des großen Bedarfs an schnellem und damit teuerem Speicher.
So benötigt ein Vollfarbensystem mit einer gängigen Graphik–Workstation–
Auflösung von 1152 mal 900 ca. 3,2 MByte RAM (*Random Access Memory*).

#### 4.3.1.3   Videocontroller

Der Videocontroller liest den Inhalt des Bildspeichers zeilenweise aus und
setzt die gesamte Bildinformation in analoge Steuersignale für das Sichtgerät um. Das zeilenweise Auslesen erfolgt ungefähr mit einer Frequenz von
$60\,bis\,70Hz$. Aufgrund der Tatsache, daß ein Vollfarbensystem relativ viel
Speicherplatz benötigt und die meisten Anwendungen nur eine begrenzte
Anzahl von gleichzeitig dargestellten Farben verwenden, setzen viele Displaysysteme *Color Look Up Tables* (CLUT) ein, die im Videocontroller enthalten sind. Deren Prinzip besteht darin, daß die aus dem Bildspeicher
gelesene Information keine Farbe angibt, sondern eine Adresse darstellt unter der die eigentliche Farbinformation in einer CLUT gespeichert ist [6]. Von
der erhaltenen, digitalen Farbinformation wird der entsprechende Anteil eines Farbkanals mit einem D/A–Wandler in ein analoges Signal umgesetzt,
um die Intensität der respektiven Grundfarbe im adressierten Bildpunkt des
Sichtgeräts anzeigen zu können.

### 4.3.2   Rasterdisplay–Architekturen

Für den Entwurf der Architektur eines Displaysystems müssen in bezug
auf die Eigenschaften und Relationen der o.g. Komponenten die folgenden Aspekte berücksichtigt werden:

1.   Die Bildgenerierung und –manipulation wird von dem Zentralprozessor oder von einem Displayprozessor durchgeführt: Es ist offensichtlich,
   daß der Einsatz eines Displayprozessors die höhere Leistung bietet, man
   sich jedoch auf eine spezielle Hardware festlegt. Dies deutet auf das
   generelle Problem der Balancierung von Spezialisierung und Generalisierung hin, um die optimale Leistungsfähigkeit bei größtmöglichster

---

[6](siehe Kapitel 2.1.3, S.43)

Flexibilität zu erreichen. Die Flexibilität kann in diesem Fall trotz spezieller Hardware maximiert werden, wenn ein frei programmierbarer Displayprozessor eine Bibliothek von Rasteroperationen anbietet, deren Schnittstelle konform zum PIKS des kommenden IPI–Standards (siehe Kap. 9) ist. In Abb. 4.7a wird ein einfaches System ohne Displayprozessor dargestellt. Die Abb. 4.7b und 4.7c zeigen die prinzipiellen Konfigurationen mit einem Displayprozessor und dazugehörigem Programmspeicher.

2.  Falls das Displaysystem einen Displayprozessor mit eigenem Speicherbereich besitzt, ist zu entscheiden, ob der Bildspeicher nur im Speicherbereich des Displayprozessors integriert ist (Abb. 4.7b) oder auch im allgemeinen Adreßraum des Zentralprozessors liegt (Abb. 4.7c). Die Vor– und Nachteile ergeben sich aus den möglichen direkten oder indirekten Zugriffen – also mit dem Umweg über den Displayprozessor oder nicht – auf den Bildspeicher. Eine detailliertere Abschätzung ist in [72] zu finden.

3.  Ein weiterer Aspekt sind die konkurrierenden Zugriffe des Displayprozessors und Videocontrollers auf den Bildspeicher. Letzterer muß zum Anzeigen des Bildes den Bildspeicher ungefähr 60 mal pro Sekunde auslesen und benötigt damit den Hauptteil der verfügbaren Speicherzugriffsbandbreite. Nur während der Strahlrücklaufzeiten des Monitors könnte der Displayprozessor auf den Bildspeicher zugreifen, wodurch sich die Leistung des Systems auf ca. 20% [240] reduzieren würde. Eine einfache Lösung des Problems bestände in der Verdopplung des Bildspeichers, um wechselseitig darauf Lesen und Schreiben zu können. Hierbei ergibt sich aber der Nachteil des doppelten Speicherbedarfs.

    Für diese Problematik wurden spezielle Halbleiterspeicher, die VRAMs (*Video Random Access Memory*), entwickelt. Sie besitzen einen parallelen Eingang und einen seriellen Ausgang, die beide unabhängig voneinander arbeiten. Über den seriellen Ausgang kann nun der Videocontroller zur Darstellung des Bildinhalts den Bildspeicher, parallel zu den Zugriffen des Displayprozessors, auslesen.

Da der Zentralprozessor mit fest vorgegebenen Maschinenbefehlen arbeitet, würden die Rasteroperationen oder graphische Operationen zu lange dauern. Aus diesem Grund setzt man in der Regel Koprozessoren ein, die speziell für die Pixel–Berechnung und den Graphikaufbau konzipiert sind. Um Rechner graphikfähig zu machen, werden Graphikkarten mit kompletten Displaysystemen – also Displayprozessor, Bildspeicher, Videocontroller – verwendet. Dabei besitzt diese Karte in der Regel ein eigenes Bussystem. Die hohe Integrationsdichte erlaubt es sogar ganze Bildverarbeitungsysteme mit integriertem Displaysystem, eigenem Speicher und Bussystem auf Erweiterungskarten anzubieten. Allen gemeinsam ist der Trend zu einer SAS (*single address space*)–Architektur, bei der die Speicher der Karte im Addreßraum

des Zentralprozessors liegen, und bei Bedarf direkt darauf zugegriffen werden
kann.

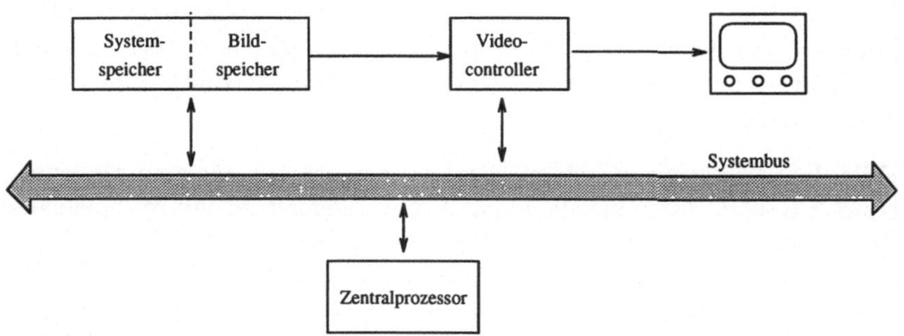


a) Einfache Displayarchitektur  mit  einem  im Systemspeicher liegenden Bildspeicher

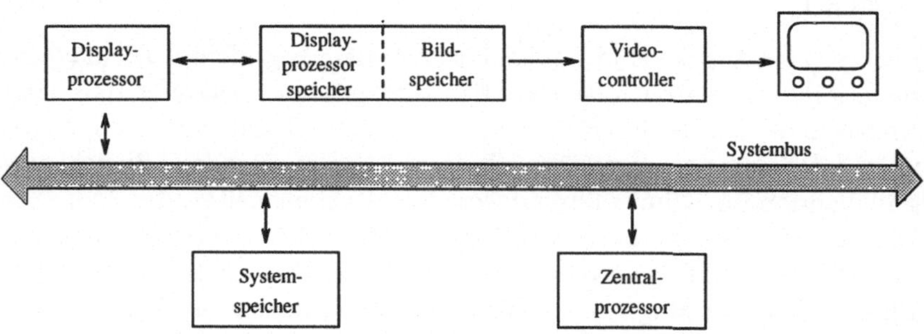


b) externes Displaysystem mit eigenem Programm- und Bildspeicher

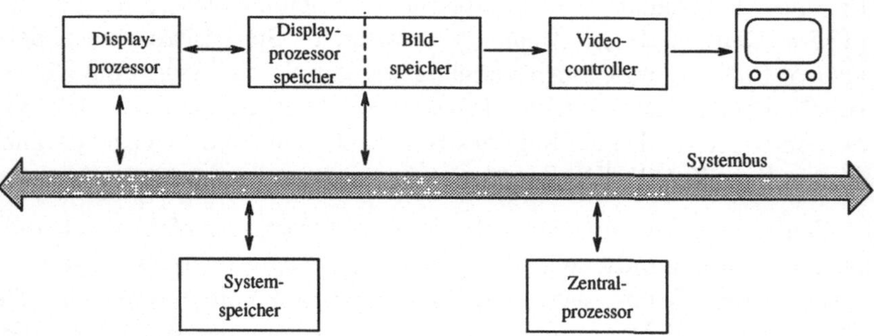


c) Displaysystem mit eigenem Programm- und Bildspeicher, die im allgemeinen
   Adressraum integriert sind

**Abb.  4.7.**  Rasterdisplay–Architekturen

### 4.3.3  Architekturen zur Bewegtbildanzeige

Die neueren Entwicklungen im Bereich der Displaysysteme unterstützen die Darstellung von Bewegtbildern deren Quelle (z.B. Videorecorder, Kamera, CD–ROM) Signale in einem analogen Videoformat (NTSC, PAL, S–VHS, RGB) oder in einem digitalen Videoformat (MPEG, M-JPEG, H.261) enthalten. Spezielle Subsysteme (sog. "Videokarten") digitalisieren die analogen Daten und präsentieren die dazugehörigen Bilder in Echtzeit. Dazu müssen die *Composite*-Videosignale[7] für die Nutzung in der RGB–Signalkomponenten–Umgebung[8] des Rechners umgewandelt werden. Die dabei auftretenden Inkompatibilitäten bei den folgenden Faktoren sollten berücksichtigt werden [25]:

- Farbvektor–Signal,

- Bildwechselfrequenz,

- Interlacing,

- Auflösung.

Aufgrund der hohen Speicher– und Bandbreiten–Anforderungen werden die digitalen Videodaten komprimiert gehandhabt. Um nun eine komprimierte Bewegtbildsequenz lesen und anschließend anzeigen zu können, verfügen diese Karten über spezielle Hardware (Coprozessoren) zum Komprimieren und Dekomprimieren der Daten basierend auf standardisierten Kompressionsalgorithmen (JPEG, MPEG, etc.). Zusätzlich können digitale Daten auch wieder als analoger Videostrom konform zu einem Videoformat ausgegeben werden. Die Videoeingabe mit anschließender Präsentation auf einem Windowsystem basiert auf folgenden Techniken [255] :

- *Analoge Überblendung*
  Das analoge Videosignal wird der Zeilenfrequenz der Graphikkarte angepaßt und das Bild in ein Fenster auf dem Schirm der Workstation eingeblendet. Der Nachteil besteht darin, daß die Bilddaten nicht verfügbar sind (Abb. 4.8a).

- *Separater Bildspeicher*
  Die Karte besitzt einen separaten Bildspeicher in der das digitalisierte Videosignal hineingeschrieben wird. Es besteht die Möglichkeit den Inhalt des separaten Bildspeichers mit dem Bildspeicher der Workstation zu mischen. Auf den Bildinhalt des separaten Speichers kann so direkt zugegriffen werden. (Abb. 4.8b)

---

[7]Ein *Composite*-Videosignal setzt sich integrativ aus den Bild–, Austast– und Synchron–Signal zusammen, wobei ein Bildsignal aus dem Luminanz– und den beiden Chrominanz–Signalen besteht.

[8]Im Gegensatz zu einem *Composite*-Signale werden bei einem Komponentensignal die dazugehörigen Signale getrennt behandelt.

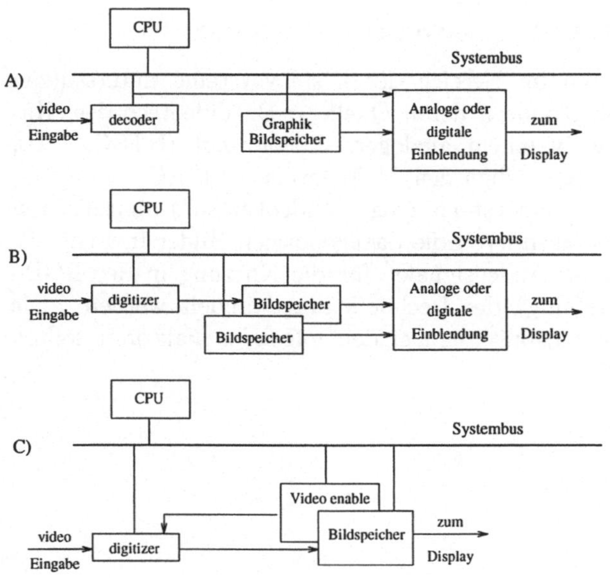

**Abb. 4.8.** Techniken der Videoeingabe, nach [255]. Von oben nach unten: a) Analoge Überblendung, b) Separater Bildspeicher, c) Integrierter Bildspeicher.

- *Integrierter Bildspeicher*
  Es existiert nur noch ein Bildspeicher, in dem der bestehende Bildspeicher durch den bereits auf der Videokarte vorhandenen ersetzt wird. Die digitalisierten Videosignale werden direkt vom Digitalisierer hineingeschrieben und es erfolgt eine direkte Anzeige des Inhalts. Das Bild kann beliebig auf dem Schirm plaziert werden. Die *Video Enable Logic* ermöglicht es, das Videobild ausschnittsweise in den Bildspeicher zu schreiben (Abb. 4.8c).

Der analoge Videoausgang, der zusätzlich zu dem analogen Ausgang für das Standard–RGB–Sichtgerät besteht, unterstützt in der Regel die gängigsten Videoformate (NTSC, SECAM, PAL) für die Ausgabe auf Videorecorder. Die digitale Ausgabe erfolgt in der Regel auf magnetische oder optische Platten, da ein wahlfreier Zugriff notwendig ist. Für den analogen Videoausgang wird mit einem *scan converter* das analoge Signal des Sichtgerätes in eines der Videoformate umgewandelt. Bei einer anderen Lösungsmöglichkeit existiert ein separater Bildspeicher, der die Daten in einem Darstellungsformat vorliegen hat, die die direkte Ausgabe des Videos ermöglicht. Letzteres kann zur Aufnahme einer Bewegtbildsequenz auf einen Videorecorder verwendet werden [255].

# 4.4 Speichermedien

Bei der Speicherung und Verarbeitung hochaufgelöster digitaler Bilder fallen relativ große Datenmengen an. In der Tabelle 4.1 ist der notwendige Speicherbedarf für Bilddaten – sowohl für Bewegtbilder als auch für Standbilder – exemplarisch aufgezeigt.

**Tabelle 4.1.** Speicherbedarf von Stand– und Bewegtbildern

| Bild | Speicherbedarf [MB] |
|---|---|
| PAL Fernsehbild (RGB 24bit 586x783) | 1.38 |
| HDTV Fernsehbild (RGB 24bit 1280x1024) | 3.9 |
| VGA Computermonitor (RGB 24bit 640x480) | 0.29 |
| Farbdia (Photo–CD Qualität) | 17.58 |
| 10 Sekunden Farbvideo (TV-PAL) | 345.0 |

Um diese Bilder in einem Bildverarbeitungssystem zu speichern, sind leistungsfähige Kompressionsmethoden (siehe Kap. 5) und Hochleistungs–Massenspeichern zwingend erforderlich.

Es existieren zwei verschiedene Arten von Massenspeicher, deren Funktionsweise auf dem Prinzip der magnetischen oder der optischen Speichertechnologie basiert. Für den Einsatzbereich von Massenspeichern sind im wesentlichen die Faktoren Zugriffszeit, Transferrate und Kapazität relevant. Bei den konventionellen magnetischen Massenspeicher eignen sich Magnetband und Diskette nicht für Imaging-Anwendungen, da entweder die Kapazität zu gering oder die Zugriffszeit zu lange ist. Lediglich die Magnetplatte – insbesondere Winchesterplatten – bietet die Möglichkeit als *Online*-Massenspeicher zu fungieren. Der Nachteil hierbei ist die mangelnde Mobilität, da sie fest in ein System integriert ist. Die Tabelle 4.2 enthält die Leistungsmerkmale verschiedener magnetischer Speicher.

**Tabelle 4.2.** Leistungsmerkmale magnetischer Speichermedien

| Speichermedium | Kapazität | Zugriffszeit | Transferrate |
|---|---|---|---|
| Magnetband | bis 2300 MB | mehrere Sekunden | 2–200 KB/s |
| Diskette | 0.160–2 MB | 100–500 ms | 16–125 KB/s |
| Festplatte | 20–1500 MB | 10 – 70 ms | 600 - 2000 KB/s |

Im Zuge der Entwicklung leistungsfähigerer Massenspeicher kamen 1984 die ersten optischen Speicherplatten auf den Markt. Deren Grundprinzip besteht in der Verwendung eines Laserstrahls zum Lesen und Schreiben der Information. Das Lesen der Daten erfolgt durch die unterschiedlichen

Reflexionseigenschaften der Oberfläche, die abhängig von den gespeicherten Informationen sind. Die ersten Platten waren WORMs (*Write Once Read Multiple*), bei denen ein hochenergetischer Laserstrahl zum Beschreiben und ein schwächerer zum Lesen verwendet wird. Aufgrund der beim Schreibvorgang erfolgten irreversiblen, physikalischen Oberflächenveränderung des Speichermediums sind diese Platten nur einmal beschreibbar, aber mehrfach lesbar. Da die Daten nicht gelöscht werden können, eignen sie sich ideal für Archive. 1985 erfolgte die Spezifikation der CD–ROM [9] (*Compact Disc Read Only Memory*), die physikalisch identisch ist mit der CD–DA (*Compact Disc Digital Audio*). Nur das Prinzip der Fehlerkorrektur wurde auf die Anforderungen von Computern angepaßt. Sie wird vorwiegend zur Verteilung großer Datenmengen an mehrere Benutzer verwendet. Ende 1988 kam die wiederbeschreibbare optische Platte auf den Markt. Sie wird MO–Disk (*magnetical optical*) genannt: Die Informationen werden durch unterschiedlich magnetisierte Punkte gespeichert deren Magnetfeldrichtung durch die Veränderung der Polarisation des reflektierten Laserstrahls (KERR–Effekt) beim Lesen erkannt wird. Die Leistungsmerkmale der verschiedenen optischen Speichermedien sind in der Tabelle 4.3 aufgelistet. Die WORM

**Tabelle 4.3.** Leistungsmerkmale optischer Speichermedien, nach [159]

| Speichermedium | Kapazität [MB] | Zugriffszeit | Transferrate |
|---|---|---|---|
| WORM 5 1/4” | 230–1200 Mbyte | 28–200 ms | 150–1000 kB/s |
| WORM 12”,14” | bis 6000 MByte | 100 – 200 ms | 150–1000 kB/s |
| CD–ROM | 600 MByte | 500ms | 153.6 kB/s |
| MO–DISC 5 1/4” | 650 MByte | 22–150 ms | 680 kB/s |
| MO–DISC 3 1/2” | 128 MByte | 40 ms | 625 kB/s |

besitzt von allen optischen Platten die höchste Kapazität und ermöglicht den schnellsten Zugriff auf die Daten. Setzt man die optischen Platten in einem Jukebox–System – ein automatisches, elektromagnetisches Plattenwechselsystem – ein, erzielt man Speichersysteme mit sehr hoher Kapazität. Die Gegenüberstellung in Tabelle 4.4 zeigt die typischen Merkmale von sogenannten *Jukebox–Systemen*, basierend auf Magnetbänder oder auf WORMs. Der Hauptgrund für den Einsatz von optischen Platten in der Bildverarbeitung ist ihre große Kapazität. Dazu kommt der relativ schnelle, wahlfreie Zugriff, der geringe Platzbedarf und die längste Lebensdauer aller verfügbaren Speichermedien. So können mit WORMs große Bildarchive aufgebaut werden. Die CD–ROM eignet sich aufgrund der einfachen und billigen Massenherstellung für die (quasi–postalische) Verteilung von Daten.

---

[9]Die Spezifikation der unterschiedlichen CD *Compact Dics* Formate und Typen sind in den Standardisierungspapieren ”*RED BOOK*” (CD–DA), ”*YELLOW BOOK*” (CD–ROM), ”*GREEN BOOK*” (CD–I), ”*ORANGE BOOK*” (CD–MO) enthalten; näheres hierzu in [242].

**Tabelle 4.4.** Vergleich von Jukebox Systemen, basierend auf verschiedenen Speichermedien

| Eigenschaft | WORM | Magnetband |
|---|---|---|
| mittlere Zugriffszeit | 20ms | 12ms |
| Anzahl Laufwerke | 1–2 | 1–4 |
| Anzahl der Mediumplätze | 10–64 | bis zu 256 |
| Gesamtkapazität | 13 TB | 6.4 TB |

Als ein Beispiel sei hier die Photo–CD genannt, die in fünf verschiedenen Auflösungsstufen bis zu 100 Bilder speichern kann. Diese Bilder können in der gewünschten Auflösung dargestellt und bearbeitet werden.

Es ist inzwischen gelungen, bei CDs Speicherdichten von bis zu 45 Milliarden Bit/Inch zu erzielen, womit sich die Kapazität um den Faktor 100 vergrößert. Damit läge die Spieldauer einer CD bei ca. 8 Tagen. Diese Entwicklungen eröffnen natürlich neue technische Applikationen. Eine ausführlichere und detailliertere Beschreibung optischer Platten bietet [159].

## 4.5 Netzwerke

Die Imaging–Technologie wird ihr volles Potential an Möglichkeiten erst dann entfalten, wenn die Bildkommunikation in einem Netzwerk mit hoher Geschwindigkeit kostengünstig erfolgen kann. Um dies zu erreichen, wird eine entsprechende physikalische Infrastruktur, die die Bandbreite und damit die Übertragungsmöglichkeiten vorgibt, benötigt. Des weiteren müssen für die Kommunikation mit digitalen Bildern bildspezifische Protokolle und Dienste eingesetzt werden. Im Gegensatz zum Kapitel 1.4, in dem die bildspezifischen Protokolle und Dienste behandelt werden, wird hier auf die bestehende Infrastruktur und deren zukünftige Entwicklung, die den hohen Bandbreitenanforderungen der Bildkommunikation gerecht werden sollen, eingegangen.

Unter einem Netzwerk wird hier ein Rechnernetz verstanden, welches ein Nachrichtennetz zur Datenübermittlung und zur Anbietung von Dienstleistungen zwischen autonomen Computern, Ein–/Ausgabegeräte oder Geräten der Datenspeicherung darstellt. Die Verbindung der Teilnehmer–Endgeräte kann über öffentliche und private Nachrichtennetze erfolgen, wobei zum Anschluß an ein öffentliches Nachrichtennetz die definierte Schnittstelle gemäß den CCITT–Empfehlungen gewährleistet sein sollte. Die CCITT (*Comité–Consultatif International Télégraphique et Téléphonique*) ist der beratende Ausschuß der ITU (*International Telecommunication Union*), der für Telefon, Telegrafie und Datenkommunikation technische Empfehlungen ausarbeitet. Für das Gebiet der Datenübertragung existieren die Empfehlungsserien V (Datenübertragung in Fernsprechnetzen) und X (Datenübertragung in öffentlichen Datennetzen).

Bei Rechnernetzen unterscheidet man zwischen lokalen Netzwerken, auch LAN (*Local Area Network*) genannt, die sich im allgemeinen über eine Entfernung von 10 m bis 1 km erstrecken und großflächigen Weitverkehrsnetzen (WAN *Wide Area Network*) mit einer größeren, territorialen Ausdehnung. Für die Netzwerke gibt es zwei Verbindungsarten, die durch die Behandlung der Daten im Netz charakterisiert sind:

- Punkt–zu–Punkt Kommunikation, und

- Mehrpunktkommunikation.

Bei einer Punkt–zu–Punkt Kommunikation besteht jeweils zwischen zwei Knoten des Netzwerkes eine Verbindung. Kann ein Punkt nicht direkt erreicht werden, so wird die Verbindung über mehrere Zwischenknoten aufgebaut. Die meisten WANs verwenden diese Art der Verbindung und bilden damit eine vermaschte Netzwerktopologie.

Mehrpunkt–Kommunikationssysteme besitzen einen einzigen Kommunikationskanal an dem alle Knoten angeschlossen sind. Hierbei muß für den Sender der Zugriff auf diesen Kanal reglementiert werden. Diese Art der Kommunikation findet bei den meisten LANs ihre Anwendung. Im wesentlichen gibt es für die Gestaltung der Netzwerktopologie nur eine Ring– oder Busstruktur.

| 7 | Applikations-schicht | FTAM<br>IS 8571 | JTM<br>IS 8831 | CASE<br>IS 8649/8650 | VT<br>IS 9040/9041 | Anwendungs-orientierte Protokolle |
|---|---|---|---|---|---|---|
| 6 | Darstellungs-schicht | ASN.1<br>IS 8824/8825 | verbindungsorientierte Darstellungsprotokolle und -dienste<br>IS 8822/8823 | | | |
| 5 | Sitzungs-schicht | verbindungsorientierte Sitzungsprotokolle und -dienste<br>IS 8326/8327 | | | | |
| 4 | Transport-schicht | verbindungsorientierte Transportprotokolle und -dienste<br>IS 8073/8074 | | | | Transport-orientierte Protokolle |
| 3 | Netzwerk-schicht | X.25 / 3 | Higher Level Interface Standard   IS 8802/1 | | | |
| 2 | Verbindungs-schicht | X.25 / 2<br>(LAPB) | Logical Link Control   IS 8802/2 | | | |
| 1 | physikalische Schicht | X.25 / 1<br>(X.21) | MAC<br>IS 8802/3 | MAC<br>IS 8802/5 | MAC<br>IS 8802/4 | MAC<br>IS 9134 |
| | Netzwerktyp | paketvermitteltes Datennetz | Ethernet | Token-ring | Token-bus | FDDI |

| FTAM | File Transfer, Acess and Management | VTP | Virtual Terminal Protocol |
|---|---|---|---|
| JTM | Job Transfer and Management | ASN.1 | Abstract Syntax Notation One |
| CASE | Common Service Application Elements | MAC | Media Access Control |

**Abb. 4.9.** Das ISO–Referenzmodell für offene Systeme mit einigen der wichtigsten ISO– und CCITT– Netzwerknormen

Die fundamentale Architektur für Rechnernetze ist eine hierarchische Strukturierung mehrerer Schichten. Hierbei erfüllt jede Schicht bestimmte

Kommunikations– und Steueraufgaben, die als Dienste der nächsthöheren Schicht zur Verfügung stehen.

Das OSI (*open system interconnection*) Referenzmodell zur Realisierung offener Systeme, stellt ein solches Mehrschichten–Standardmodell, definiert in ISO–Standard 7498 und der CCITT–Empfehlung X.200, dar. Hierbei sind die Schichten 1 bis 4 *transportorientiert* und 5 bis 7 *anwendungsorientiert* (Abb. 4.9). Dies bedeutet, daß die Anwendungen auf einem universellen, medientransparenten Transportnetz – auf den Diensten der Transportschicht – laufen und damit die Charakteristika der involvierten Subnetze (*Tokenring*, paketvermitteltes Netz, Fernmeldenetz, etc.), definiert durch die Schichten 1–3, für die Schichten 5–7 verborgen sind (Abb. 4.9). Der X.25 Standard definiert beispielsweise ein paketvermitteltes Netz, der die benötigten Netzdienste bis zur dritten Schicht standardisiert und so auch die Schicht 2 (LAPB) und Schicht 1 (X.21) vorschreibt. Dieser Standard wird weltweit von allen öffentlichen Netzwerken eingesetzt, und damit auch in WANs, die auf denselben basieren.

Zur Betrachtung der zur Verfügung stehenden Bandbreite und Übertragungsmöglichkeiten wird in diesem Kapitel auf verschiedene Techniken der unteren drei Schichten eingegangen und damit auch auf die verschiedenen Netzwerktypen, die sich grob in WANs und LANs einteilen lassen. Dabei ist zu berücksichtigen, daß die Konzepte für ein WAN auch für lokale Netzwerke eingesetzt werden können, aber nicht umgekehrt [50]. Außerdem sollte man sich vor Augen halten, daß in den untersten Schichten die Bildspezifikia keine Rolle spielen, sondern nur noch das zu übertragende Datenvolumen.

## 4.5.1  Übertragungsmedium

Zur Beurteilung von Nachrichtenkanälen (Übertragungsmedien) sind folgende Charakteristika ausschlaggebend:

- Reichweite (maximale physikalische Ausdehnung ohne Verstärker),

- Kanalkapazität (übertragbare Informationseinheiten pro Zeiteinheit).

Die Kanalkapazität steht in Beziehung mit der Bandbreite des Kanals. Das NYQUIST–Theorem gibt eine obere Grenze für die Kanalkapazität bei gegebener Bandbreite an. Diese kann auch nicht durch geschickte Kodierverfahren überschritten werden. Im folgenden werden die gängigsten Übertragungsmedien aufgezeigt:

- *Verdrilltes Leitungspaar* (twisted–pair)
  Dieses Übertragungsmedium existiert in den zwei Ausführungen *Shielded Twisted Pair* (STP) und *Unshielded Twisted Pair* (UTP). Es besteht aus vier isolierten Kupferdrähten, die paarweise verseilt sind und eine Gesamtabschirmung aus verzinnten Kupfergeflecht besitzen. Das STP enthält noch eine zusätzliche Abschirmung für die einzelnen Paare.

Abhängig von der Leitungsdicke wird eine Übertragungsrate von bis zu 10 Mb/s ermöglicht. Die maximale Kabellänge beträgt dabei ungefähr 100 Meter.

- *Koaxialkabel*
  Als Kern besitzt es einen starren Kupferdraht, der von einem Isoliermaterial umgeben ist. Verwendung findet es sowohl zur analogen als auch zur digitalen Übertragung. Mit einer Bandbreite von 400 MHz erlaubt es eine Kabellänge von ungefähr einem Kilometer und Übertragungsraten von 100 Mb/s sind erreichbar.

- *Lichtwellenleiter*
  Ein Lichtwellenleiter besteht aus sehr feinen Glasfasern, wobei grundsätzlich zwischen einer Multimodefaser und einer Monomodefaser unterschieden wird. Ein Mode beschreibt die Anzahl der diskreten Wellenlängen. Die Multimodefaser unterteilt sich nochmals in eine Stufenindex– und Gradientenindex–Faser. In lokalen Netzen kommen vorwiegend die Gradientenfasern zum Einsatz [76], während für lange Strecken vornehmlich Monomodefasern verwendet werden. Für die Übertragung dient eine Laser– oder Leuchtdiode als Sender und eine Photodiode als Empfänger. Die Bandbreite von $10^9$ Hz (1 GHz) bietet Übertragungsraten von 1000 Mb/s bei einer Länge von einem Kilometer (detailliertere Informationen in [50]).

- *Funkübertragung*
  Die Funkübertragung mittels terrestrischer oder Satellitenfunkstrecken erfolgen in dem Bereich zwischen 1 und 100 GHz.

## 4.5.2  Datenübertragungsverfahren

Über die oben erwähnten Medien kann sowohl digital als auch analog Information transferiert werden. Zur Übertragung kommen die zwei Prinzipien Breitband– und Basisbandübertragung zum Einsatz.

Bei einem Basisbandsystem werden die Signale ohne zusätliche Modulation unter Verwendung der MANCHESTERCODEIRUNG [10] zur Synchronisation der Bits, als eine Folge von Nullen und Einsen übertragen. Dies hat den Vorteil, daß den Signalen die gesamte Bandbreite des Kanals zur Verfügung steht.

Das Übertragungsmedium des Breitbandsystems hat eine so große Bandbreite, daß es in mehrere Frequenzbänder aufgeteilt werden kann (Frequenzmultiplexverfahren) und jedes Frequenzband für sich einen unabhängigen

---

[10]Bei der MANCHESTERCODIERUNG findet für jede Bitperiode eine Pegeländerung statt. Bei einer logischen Eins ist der Signalpegel in der ersten Hälfte der Bitperiode auf HIGH und in der zweiten Hälfte auf LOW. Bei einer logischen Null ist es genau umgekehrt.

Übertragungskanal darstellt. Die Signale werden beim Senden auf die entsprechende Trägerfrequenz moduliert und beim Empfänger entsprechend demoduliert. Somit bietet ein Breitband mehrere Kanäle an, über die gleichzeitig Daten–, Sprach– und Bildsignale übertragen werden können. Diese Art der Aufteilung in unabhängige Kanäle wird vorwiegend beim Koaxialkabel verwendet. Eine andere Möglichkeit ist das Zeitmultiplexen des Bitstromes zur Erzeugung von unabhängigen Kanälen, wie es z.B bei FDDI–2 eingesetzt werden soll.

### 4.5.3  WAN

Da LANs zunehmend im lokalen Kommunikations–Bereich arbeiten, können WANs als Verbindungen zwischen LANs angesehen werden. Um nun die Kopplung von verschiedenen Netzen zu ermöglichen, werden Internetzwerkeinheiten zum netzwerkübergreifenden Informationsaustausch eingesetzt. Die allgemeine Bezeichnung für solche Netzwerkübergänge lautet *Gateway* und wird auf der höchsten identischen Kommunikationsschicht realisiert. Die Bezeichnung auf den verschiedenen Ebenen lautet wie folgt:

- *Repeater* – für die physikalische Schicht,
  und dienen auch als Verstärker, wenn die maximale Kabellänge überschritten wird,

- *Bridge* – für die Sicherungsschicht, und

- *Router* – für die Netzwerkschicht.

Ein WAN benutzt vorwiegend Fernmeldenetze als Medium mit Übertragungsraten von 48 bis 72 kb/s. Der Informationstransport arbeitet hauptsächlich nach dem Prinzip der Paketvermittlung. Dieser Netzwerktyp wird vorwiegend für File–, Telematik– und Terminaldienste, die keinen Echtzeitanforderungen unterliegen, eingesetzt. Dies kann sich in Zukunft aber ändern, wenn die klassiche analoge Übertragung über Fernmeldeleitungen von ISDN (*integrated services digital networks*) mit einer integrierten Paketvermittlung zur Übertragung von Sprache, Daten, Texten, Fest– und Bewegtbilder in digitaler Form ersetzt wird. Damit sind Übertragungsraten von n x 64 kb/s (n $\leq$ 30) òder bei Breitband–ISDN (B–ISDN) von 140 Mb/s möglich. Somit wäre dann auch eine digitale, multimediale Videokonferenz mit einer Leitungsvermittlung über weite Strecken machbar.

In der Regel werden verteilte Imaging–Systeme in Verbindung mit einem LAN realisiert sein, um auf die innerhalb eines Gebäudes oder Unternehmens verfügbaren Ressourcen zurückgreifen zu können. Erst Ende der 90er Jahre wird es, basierend auf Glasfaserkabel in Verbindung mit beispielsweise B–ISDN, möglich sein, spezielle, insbesondere zeitkritische Imaging–Dienste, in einem WAN anzubieten. Der Bedarf am Austausch hochaufgelöster digitaler Bilder wird weiter wachsen, wenn man an neue Entwicklungen wie HDTV

(High Definition Televison) denkt, wofür Datenraten von ca. 300Mb/s benötigt werden. Als Beispiel für richtungweisende Entwicklungen sei auf das Wissenschaftsnetz des DFN–Vereins verwiesen, das momentan eine Datenrate von 2Mb/s zur Verfügung stellt, jedoch eine Erweiterung auf 34 Mb/s oder eventuell auf 140 Mb/s mittels spezieller Netzwerktechniken (Frame Relay, ATM, etc.) anvisiert [157].

### 4.5.4  LAN

Die unterschiedliche räumliche Ausdehnung von LANs und WANs spiegelt sich im wesentlichen in der Verschiedenartigkeit ihrer Architektur und Topologie wieder. Dies bedeutet, daß oberhalb der vierten OSI–Schicht keine Unterschiede bestehen. Ein LAN zeichnet sich durch folgende Eigenschaften aus:

- geringe Ausdehnung von ca. 10 m bis zu 1 km,

- hohe Datenübertragungsrate 10 Mb/s,

- einfache topologische Struktur (Ring– oder Busstruktur),

- Verwendung eines einzelnen Übertragungskanals.

Innerhalb eines LANs existiert nur ein Nachrichtenkanal, wodurch es sich unterhalb der OSI–Schicht 4 in seiner Schichtenstruktur von der eines WANs abgrenzt[11]. Um die Benutzung des gemeinsamen Nachrichtenkanals zu koordinieren, muß der Zugriff (*Media Access*) geregelt werden. Die Zugriffssteuerung (*Media Access Control*), zuständig für die Koordinierung der gemeinsamen Benutzung eines Mediums, charakterisiert den jeweiligen LAN–Typ und ist der untersten Schicht des OSI–Referenzmodells zuzuordnen. Es existieren folgende standardisierte Verfahren:

- *CSMA/CD (carrier sense multiple access with collision detection)*
  Dieses ist ein stochastisches Verfahren, auch unter dem Namen *Ethernet* bekannt, mit Signalabtastung und Kollisonsfeststellung.

- *Tokenring, Tokenbus*
  Beide bezeichnen ein deterministisches Zugriffsverfahren, daß auch als Token–passing–Methode bezeichnet wird. Hierbei kann der Teilnehmer senden, der das Token in Besitz hat.

- *FDDI*
  Ein spezielles Tokenring Verfahren konzipiert für optische Doppelringe mit einer maximalen Ausdehnung von 100 km.

---

[11]siehe Abb. 4.9

Das Tokenverfahren eignet sich besser als das *CSMA/CD*–Verfahren für Echtzeitanwendungen. Auch für den ungünstigsten Fall – also hohe Netzlast – kann beim Tokenverfahren eine obere Zeitschranke bis zum erfolgten Zugriff angegeben werden, wohingegen beim *CSMA/CD* nur im Niederlastbereich kurze Reaktionszeiten gewährleistet sind. Ein lokales Netzwerk besitzt zwar eine Übertragungsrate von 10 Mb/s, jedoch werden beispielsweise bei einem *Filetransfer*, bedingt durch den Overhead und die Beschränkungen des Netzcontrollers, lediglich Datenraten von ca. 1.5 Mb/s erzielt.

### 4.5.4.1 FDDI

Rechnernetze, die mit Übertragungsgeschwindigkeiten im Bereich von 100 Mb/s liegen, bezeichnet man als Hochgeschwindigkeitsnetze. FDDI (*fiber distributed data interface*) ist eine ANSI–Norm (X3T9.5) für Hochgeschwindigkeitsübertragung mit Lichtwellenleiter in lokalen Netzwerken. Die Standardisierung durch das *American National Standards Institute* (ANSI) begann 1982 und Ende der 80er Jahre gab es erste Teile des FDDI–Protokolls als ANSI–Standard. In der Hierarchie der OSI–Architektur ist FDDI in den beiden untersten Schichten einzuordnen (Abb. 4.9). Seine Hauptmerkmale sind:

- Datenübertragung 100 Mb/s,

- Bitfehlerrate $10^{-9}$,

- maximale Ausdehnung des Netzes beträgt 100 km,

- maximaler Abstand zweier Knoten ist 2 km,

- deterministischer Tokenringzugriff,

- Lichtwellenleiter mit 1300 nm,

- maximal 500 Stationen anschließbar.

Die typische Anwendung von FDDI ist der Einsatz als LAN–*Backbone*–Netz, daß lokale Netze (z.B. Ethernet, Token Ring) mit geringerer Geschwindigkeit verbindet. Zusätzlich können besonders leistungsfähige Rechner direkt angeschlossen werden (siehe Abb. 4.10).

Aufgrund der Trends, hochauflösende Grafik und Bildverarbeitung vermehrt einzusetzen und die Datenverarbeitung verstärkt zu dezentralisieren, besteht Bedarf nach der Übertragung hoher Datenraten. Nimmt man als Beispiel eine Videokonferenz, bei der für jeweils zwei MIPS Prozessorleistung ungefähr eine Datenrate von einem Mb/s benötigt wird [215], so bedeutet dies für eine Workstation mit 70 MIPS eine Übertragungsbandbreite von 35 Mb/s. Ein *Ethernet* mit 10 Mb/s oder ein *Token Ring* mit 16 Mb/s wäre damit schon hoffnungslos überlastet. Die notwendigen Datenraten lassen sich aber nur erzielen, wenn ein direkter Anschluß an die Workstations erfolgt.

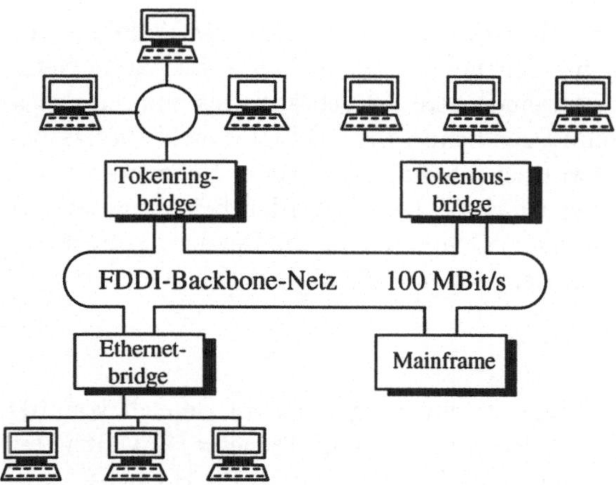

**Abb. 4.10.** FDDI–Backbone–Netz.

Leider ist es für viele Anwendungen (noch) zu teuer, Glasfaserkabel bis zu jeder Workstation zu verlegen. Es sind jedoch Bestrebungen im Gange eine Norm für FDDI basierend auf Kupferkabel zu realisieren.

Der Nachfolger von FDDI, – nämlich FDDI–2 – läßt die Beschränkung von 100 Mb/s fallen, um sich den SONET (*Synchronous Optical Network*) Geschwindigkeiten (154 Mb/s bis über 1 Gb/s) von zukünftigen Weitverkehrsnetzen anzupassen und für private Netze mit Raten von 800 Mb/s und 1,6 Gb/s gewappnet zu sein. Weiterhin sollten typische kanalvermittelte Dienste mit isochroner Übertragung von Daten für Sprach– und Videoanwendungen möglich sein. Dazu sind bei FDDI–2 bis zu 16 Kanäle von je 6,144 Mb/s vorgesehen, deren Aufteilung mittels Zeitmultiplextechnik erfolgt. Dann könnte ein FDDI–2 Ring gemäß dem Szenario in Abb. 4.11 eingsetzt werden.

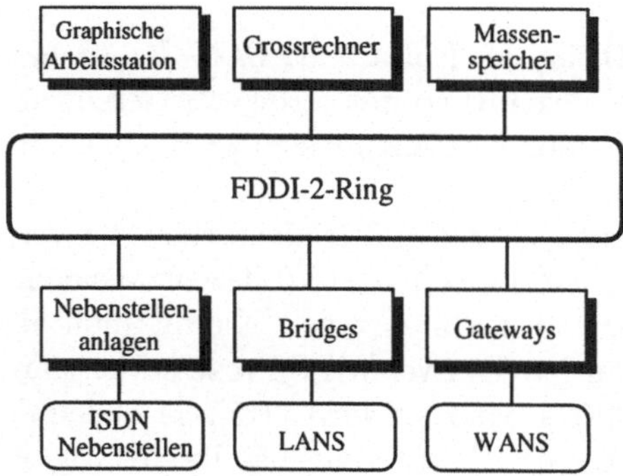

**Abb. 4.11.** Einsatzmöglichkeiten für ein FDDI–2–Backbone Netz, modifiziert nach [50]

Bei der existierenden Bandbreite der Lichtwellenleiter, die eine Übertragungsrate von bis zu 2 Gb/s ermöglichen, sollte man bei einer gewissen "Euphorie" über das Ausmaß der Einsatzmöglichkeiten auch daran denken, daß in den nächsten Jahren erst einmal wieder die Teilnehmer–Endgeräte die Rolle des "Flaschenhalses" im Netz übernehmen werden. Der interessierte Leser, der sein Wissen über Computernetze noch erweitern möchte, findet zusätzliche Informationen in den allgemein einführenden Werken von [250], [91] oder [50]. Eine Anleitung zum Aufbau eines lokalen Netzwerkes gibt das Buch [56].

# 5. Datenkompression für digitale Bilder

*Christof Blum*

Verfahren zur Datenkompression werden in fast allen Bereichen der Datenverarbeitung eingesetzt, um Speicherplatz oder Übertragungszeit zu sparen, und somit die Effizienz existierender Anwendungen zu steigern.

Speziell für die Bildkommunikation nimmt die Datenkompression jedoch eine Sonderrolle ein. Dies liegt zum einen daran, daß wegen der immens hohen Datenmenge digitaler Bilder viele Anwendungen überhaupt erst durch drastische Datenreduktion ermöglicht werden. Zum anderen enthalten digitale Bilder in ihrer akquisitionsnahen Repräsentationsform als Pixel–Matrizen wesentlich mehr Redundanzen als die herkömmlichen Repräsentationstypen Text und Graphik, wodurch sich die Anwendung redundanzmindernder Kompressionsverfahren empfiehlt.

Um die Datenmenge unkomprimierter Bilddaten zu veranschaulichen, seien zunächst einige Beispiele anhand typischer Formate für Festbilder (Tabelle 5.1) und Bewegtbilder (Tabelle 5.2) gegeben.

**Tabelle 5.1.** Datenmengen typischer Festbildformate

| *Anwendung* | *Bildformat*[1] | | | | *Datenmenge* |
|---|---|---|---|---|---|
| | H | V | K | A | |
| Binärbild Fax Gruppe 3 | 1728 | 1200 | 1 | 1 | 253,1 KBytes |
| Vollfarbenbild | 1024 | 1024 | 3 | 8 | 3,0 MBytes |
| Digitalisierter 35mm–Film | 3600 | 2400 | 3 | 8 | 24,7 MBytes |
| Digitalisiertes Röntgenbild | 5000 | 6000 | 1 | 12 | 42,9 MBytes |
| Druckvorlage | 12000 | 18000 | 4 | 1 | 103,0 MBytes |
| Satellitenbild LANDSAT TM | 7020 | 5760 | 6 | 8 | 231,3 MBytes |

---

[1]Die Angaben zur Auflösung gliedern sich in: Horizontale Auflösung $H$, vertikale Auflösung $V$, Anzahl der Kanäle $K$ und Amplitudenauflösung $A$ in bits. Der Einfachheit halber wurde in allen Fällen von homogenen Bildstrukturen , bei denen alle Kanäle

**Tabelle 5.2.** Datenmengen typischer Bewegtbildformate

| Format | Norm | Bildformat[2] | | | | Datenmenge |
|--------|------|------|------|------|------|------------|
| | | H | V | S | F | |
| QCIF | CCITT Rec. H.261 | 176 | 144 | 4:1:1 | 29,97 | 9,15 Mbit/s |
| CIF | CCITT Rec. H.261 | 352 | 288 | 4:1:1 | 29,97 | 36,45 Mbit/s |
| TV | CCIR Rec. 601 | 720 | 625 | 4:2:2 | 30 | 216 Mbit/s |
| TV | CCIR Rec. 601 RGB | 720 | 625 | 4:4:4 | 30 | 324 Mbit/s |
| HDTV | CCIR Rec. 709 | 1920 | 1080 | 4:2:2 | 50 | 1,244 Gbit/s |

Man unterscheidet die folgenden Verfahrenstypen zur Kompression digitaler Bilddaten:

- *Verlustfreie Verfahren (lossless compression):*
  Die Datenkompression wird durch eine *effizientere Codierung* erreicht, ohne daß Informationen verloren gehen. Die Verfahren basieren auf der Reduktion von *Redundanzen.*

- *Verlustbehaftete Verfahren (lossy compression):*
  Die Datenkompression basiert auf der Reduktion von Informationen, die als *irrelevant* erachtet werden bzw. auf einer der Relevanz der einzelnen Daten angepaßten, begrenzt genauen Repräsentation derselben. Die Ausgangsdaten sind nicht vollständig rekonstruierbar.

Beide Verfahrenstypen können miteinander kombiniert werden, um sowohl irrelevante als auch redundante Daten zu unterdrücken und somit ein Maximum an Datenkompression zu erreichen. In der Literatur wird häufig keine klare Trennung zwischen den Begriffen *Datenkompression* und *Codierung* gezogen. Im vorliegenden Text werden jedoch nur verlustfreie Verfahren als reine Codierverfahren angesehen. Sobald das Verfahren die Unterscheidung zwischen relevanten und irrelevanten Informationen sowie den Verlust der irrelevanten Informationen beinhaltet, wird es als Kompressionsverfahren bezeichnet, nicht jedoch als reines Codierverfahren. Das Kunstwort *Codec* entstand aus der Verbindung von *Codierer* und *Dekodierer.* Da dieser Begriff meist im Zusammenhang mit Bewegtbild–Kommunikation gebraucht wird (*Video–Codec*), umfaßt jedoch ein Codec neben Verfahren zur effizienten Codierung (und Dekodierung) auch verlustbehaftete Kompressions– und Dekompressions–Verfahren.

---

dieselbe Auflösung besitzen, ausgegangen; im Falle des LANDSAT TM–Formats wurde der niedrig aufgelöste siebte Kanal vernachlässigt.

[2]Für Bewegtbilder sind die Angaben zur Auflösung wie folgt gegliedert: Horizontale Auflösung $H$, vertikale Auflösung $V$, Samplingverhältnis $S$ zwischen dem Luminanz–Kanal und den Farbdifferenz–Kanälen und Bildwiederholfrequenz $F$ in Vollbildern pro Sekunde (dies entspricht der halben *frame rate* für *interlaced*–Verfahren). Die Amplitudenauflösung beträgt in allen Beispielen 8 bits je Kanal.

In den folgenden beiden Kapiteln werden die Grundlagen verlustfreier bzw. verlustbehafteter Datenkompression beschrieben und die Anforderungen zur Abstimmung der Verfahren auf die Eigenschaften digitaler Bilder genannt.

# 5.1 Grundlagen effizienter Codierung

Die Codierungstheorie betrachtet die zu kodierende Information (also beispielsweise ein Feld von Bildpunkten) als *Nachricht* einer *Informationsquelle*. Man unterscheidet zwischen gedächtnislosen und gedächtnisbehafteten Quellen[3].

## 5.1.1 Gedächtnislose Quellen

Eine gedächtnislose Quelle ist beschrieben durch ein Alphabet $S = \{s_1, s_2, \ldots, s_n\}$ und den Auftrittswahrscheinlichkeiten $P(S) = \{p(s_1), p(s_2), \ldots, p(s_n)\}$. Der Informationsgehalt $Inf$ jedes Zeichens bestimmt sich aus dessen Auftrittswahrscheinlichkeit:

$$Inf(s_i) = \log \frac{1}{p(s_i)}. \tag{5.1}$$

Der mittlere Informationsgehalt pro Quell–Symbol wird *Entropie* der Quelle genannt. Für eine Informationsquelle mit dem Alphabet $S$ und den Auftrittswahrscheinlichkeiten $P(S)$ ist die Entropie $H(S)$ wie folgt definiert:

$$H(S) = \sum_{i=1}^{n} p(s_i) I(s_i) = -\sum_{i=1}^{n} p(s_i) \log_2 p(s_i) \quad \text{bits pro Symbol.} \tag{5.2}$$

## 5.1.2 Markov–Quellen

Gedächtnisbehaftete Quellen werden MARKOV–Quellen genannt. Bei einer MARKOV–Quelle *mter Ordnung* ist die Wahrscheinlichkeit des Auftretens eines Zeichens in Abhängigkeit von einer bestimmten Anzahl $m$ vorangehender Zeichen modelliert:

$$p(s_i \mid s_{j_1}, s_{j_2}, \ldots, s_{j_m}) \quad \text{mit} \quad i, j_p(p = 1, \ldots, m) = 1, 2, \ldots, n. \tag{5.3}$$

Eine MARKOV–Quelle $m$–ter Ordnung kann als endlicher Automat mit $n^m$ Zuständen modelliert werden. Betrachtet man $H(S \mid s_{j_1}, s_{j_2}, \ldots, s_{j_m})$ als die Entropie der Quelle im Zustand $(s_{j_1}, s_{j_2}, \ldots, s_{j_m})$, so ergibt sich die Entropie einer MARKOV–Quelle zu:

---

[3]Siehe [251], S. 5ff und [212], S. 15ff.

$$H(S) = \sum_{S^m} p(s_{j_1}, s_{j_2}, \ldots, s_{j_m}) \, H(S \mid s_{j_1}, s_{j_2}, \ldots, s_{j_m}). \qquad (5.4)$$

Je genauer das Modell einer Informationsquelle das Auftreten eines Zeichens "vorhersagen" kann, um so geringer ist die Entropie der Quelle und mithin um so kleiner der zu kodierende Informationsgehalt. Daher stellt das Modell der Informationsquelle die Grundlage jedes effizienten Codierverfahrens dar.

### 5.1.3  Konstruktion eines Codes

Die Suche nach einer Darstellungsform, in der die zu kodierenden Zeichen mit einer ihrer Entropie entsprechenden Anzahl bits repräsentiert werden können, ist das Ziel jedes effizienten Codierverfahrens. Hat man ein Modell der Informationsquelle gegeben, so bedarf es der Konstruktion eines Codes. Um den unterschiedlichen Informationsgehalt jedes Zeichen zu berücksichtigen, bedarf es eines sogenannten *variable length codes*, also eines Codes, dessen Codewortlänge variabel ist. Möchte man vermeiden, in einer Sequenz von Codewörtern variabler Länge spezielle Markierungen für die Wortgrenzen einführen zu müssen, so muß der konstruierte Code die *Präfix-* Bedingung erfüllen. Sie besagt, daß die Menge der konstruierten Worte präfixfrei ist.

Ein präfixfreier Code wird dann als *kompakt* bezeichnet, wenn kein weiterer präfixfreier Code exisistiert, der eine kürzere mittlerer Codewortlänge aufweist.

Ein häufig genutztes Verfahren zur Konstruktion eines kompakten Codes ist das HUFFMAN–Verfahren [119]. Das Verfahren beinhaltet eine Hin– und eine Rückrichtung. In der Hin–Richtung werden sukzessive jeweils die beiden Zeichen, die die geringste Auftrittswahrscheinlichkeit besitzen, durch ein neues Zeichen substituiert, dem die Summe der Auftrittswahrscheinlichkeiten der beiden ursprünglichen Zeichen zugeordnet wird. Dies wird solange wiederholt, bis alle Zeichen zu einem einzigen zusammengefaßt wurden. Anschließend werden in Rückrichtung die Codeworte generiert. Immer dann, wenn ein Zeichen gemäß der Hin–Richtung aus zwei ursprünglichen Bestandteilen hervorgeht, wird an das bisher generierte Codewort für das eine Zeichen eine 1 und für das andere Zeichen eine 0 angehängt. So erhalten Zeichen, die aufgrund ihrer geringen Auftrittswahrscheinlichkeit in Hin–Richtung häufig substituiert wurden, die längsten Codeworte.

### 5.1.4  Optimale Codierverfahren

Ein *optimales* Codierverfahren erlaubt die Codierung der Zeichen in entsprechend der Entropie vielen bits pro Symbol. Beispielsweise ist die HUFFMAN–Codierung, die jedes Zeichen separat auf ein Codewort variabler Länge abbildet, nicht in der Lage, für jedes Modell einen optimalen Code zu generieren, da die Anzahl der bits je Codewort notwendigerweise ganzzahlig sein muß.

Mit dem Begriff *arithmetische Codierung* werden Verfahren bezeichnet, die prinzipiell zu optimaler Codierung geeignet sind.

Die arithmetische Codierung arbeitet nach dem Prinzip der Intervall-schachtelung [259]. Jedem Zeichen wird ein der Auftrittswahrscheinlichkeit entsprechendes Intervall innerhalb des Einheits–Intervalls [0..1] zugeordnet. Ausgehend vom Einheits–Intervall wird für jedes gelesene Zeichen des Eingabestromes das bisherige Intervall gemäß der Auftrittswahrscheinlichkeit des gelesenen Zeichens weiter geschachtelt. Dies ist in Abb. 5.1 dargestellt.

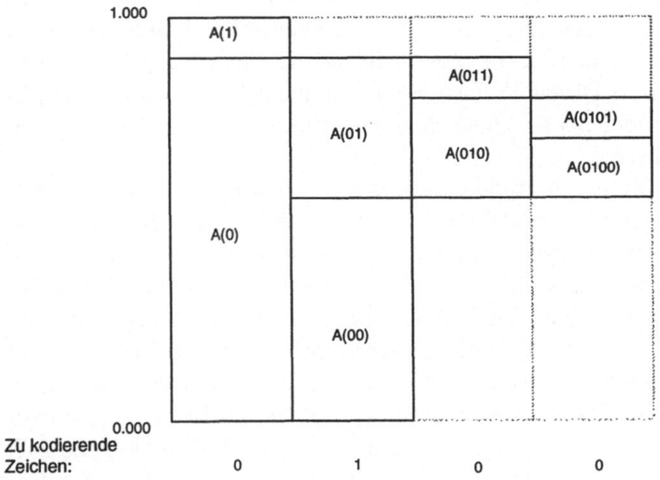

**Abb. 5.1.** Intervall–Schachtelung zur arithmetischen Codierung

Codiert wird das resultierende Intervall. Dadurch wird vermieden, für jedes Zeichen des Eingabestromes separat ein Codewort generieren zu müssen. Arithmetische Codierverfahren sind somit prinzipiell in der Lage, optimale Codes zu generieren.

Geht man von einem optimalen Verfahren aus, so ergibt sich unmittelbar aus der Güte des Modells die Kompressions–Effizienz des Verfahrens. Eine obere Schranke für die Modell–Güte gibt es nicht[4]. Die Benutzung eines Modells, welches Fehleinschätzungen bezüglich der Auftrittswahrscheinlichkeiten trifft, kann zur Datenexpansion statt Kompression führen.

## 5.1.5 Eigenschaften digitaler Bilder

Zur Kompression digitaler Bilddaten kann die gesamte Theorie der effizienten Codierung genutzt werden. Lediglich die Modelle müssen auf die speziellen statistischen Eigenschaften digitaler Bilder optimiert werden.

---

[4]Dies heißt: Selbst das komplexeste Bild kann prinzipiell mit nur einem einzigen bit kodiert werden, sofern eine Quelle vorliegt, die nur zwei verschiedene Bilder zu senden vermag. Im Zustandsautomaten eines nach einer solchen Quelle modellierten Verfahrens sind dann die Bilddaten verborgen.

Alle digitalen Bilder, die ein Abbild der realen, kontinuierlichen Welt darstellen, weisen Korrelationen zwischen räumlich und zeitlich benachbarten Bildpunkten auf[5]. Diese Korrelationen erhöhen sich bei Steigerung der räumlichen bzw. zeitlichen Auflösung und verringern sich bei Steigerung der amplitudinalen Auflösung.

Beispiele für einfache Verfahren, die Redundanzen beseitigen, die durch Korrelationen benachbarter Pixel hervorgerufen werden, sind Delta–Codierung (hier werden nur die Differenzen zwischen benachbarten Amplitudenwerten kodiert) und Lauflängen–Codierung (*run–length encoding*).

Bei letzterem Verfahren werden Wertepaare kodiert, die aus je einem Amplitudenwert und der Anzahl nachfolgender, identischer Werte bestehen. Jeweils eine Gruppe benachbarter Pixel mit identischem Amplitudenwert wird als *run* bezeichnet. Dieses Verfahren kommt speziell bei geringer amplitudinaler Auflösung oder bei synthetisch generierten Bildern mit homogenen Farbflächen zum Einsatz.

Weitere spezielle Eigenschaften können sich aus den Bildinhalten spezieller Anwendungen ergeben. Ein Beispiel hierfür ist die Binärbildkompression der Faksimile–Normen [39], [40], die auf die statistischen Charakteristiken von digitalisierten Text–Dokumenten und Liniengraphiken anhand von Referenzbildern geeicht wurden. Diese Technik wurde im sogenannten JBIG–Verfahren (siehe Kapitel 5.5.2) wesentlich verfeinert. Weitere Beispiele von Verfahren, die sich spezifischer Modelle bedienen, sind die *fraktalen* Kompressionsverfahren [13] und die sogenannten *objektorientierten* Kompressionsverfahren [191], [6]. Beide Verfahren basieren darauf, den Bildinhalt generisch zu beschreiben (als Fraktale bzw. als geometrische Objekte)[6]. Die jeweilige (platzsparende) Beschreibungsart entspricht dabei dem Modell der Informationsquelle.

Die Reduktion von Redundanzen stellt nicht die einzig mögliche Form der Datenkompression bei digitalen Bildern dar. Vergleicht man beispielsweise die Datenmenge einer Minute Bewegtbild nach CCIR–601–Norm (1620 MBytes), mit der Menge Text, die in einer Minute "konsumiert" werden kann (etwa 2 KBytes, also 6 Größenordnungen geringer) so stellt sich erneut die Frage, in welchem Verhältnis stehen Datenmenge und *Informationsgehalt* bei digitalen Bildern? Gerade bei Bewegbildern, die in vielen Anwendungen *flüchtig* konsumiert werden, erscheint die Erhaltung und Darstellung sämtlicher Bildinformationen nicht unbedingt als erforderlich bzw. sinnvoll.

## 5.2   Verlustbehaftete Verfahren

Die Klasse der *verlustbehafteten* Verfahren befaßt sich allgemein mit der Reduktion von irrelevanten Bildinformationen. Während typische Vertreter der

---

[5] Dies ist für synthetisch generierte Bilder nicht notwendigerweise der Fall.
[6] Übliche Implementierungen arbeiten nicht informationserhaltend.

verlustfreien Verfahren auf Reduktionsfaktoren im Bereich 1,5 bis 2 kommen, bieten verlustbehaftete Verfahren wesentlich stärkere Kompressionsmöglichkeiten. Natürlich schließen sich beide Verfahrenstypen nicht gegenseitig aus. Das sogenannte JPEG–Verfahren (siehe Kapitel 5.5.3) erlaubt unter Kombination beider Verfahrenstypen eine Datenreduktion mit einem Faktor von etwa 35 für "typische" Farbbildvorlagen.

Der Reduktion von Irrelevanzen liegt prinzipiell die subjektive Einschätzung des "Irrelevanten" zugrunde. Effizientere Verfahren erlauben statt der groben Einteilung in "relevant" und "irrelevant" eine Klassifizierung in verschiedene Stufen mehr oder weniger relevanter Informationen. Die Codierung der Daten erfolgt dann nach der entsprechenden Relevanz gewichtet.

## 5.2.1 Relevanz ikonischer Informationen

Die Entscheidung über die Relevanz von (ikonischen) Informationen ist unmittelbar an deren Wahrnehmbarkeit von seiten eines Betrachters geknüpft: Der menschliche Sehvorgang setzt Grenzen der Wahrnehmbarkeit in allen Dimensionen eines Bildes:

- *Die örtliche Auflösung:*
  Wie in Kapitel 1.1.4.1 beschrieben, wird die menschliche Sehschärfe (des örtlichen Auflösungsvermögens des Auges) in Zyklen pro Bogenmaß gemessen. In jedem Fall genügt eine Ortsauflösung $\leq 40$ Zyklen pro Grad Gesichtsfeld, um den Eindruck eines absolut scharfen Bildes zu gewährleisten. Im allgemeinen werden bereits 22 Zyklen als "scharf" empfunden[7]. Im Druckbereich genügt im allgemeinen eine Auflösung von 1200 dpi, um für den Betrachter den Eindruck "optimaler Qualität" zu erwecken.

- *Die zeitliche Auflösung:*
  Eine Bildwiederholfrequenz von $25 Hz$ reicht in der Regel aus, um den Eindruck kontinuierlicher Bewegungen herzustellen[8]. Man beachte, daß die Bildwiederholfrequenz, der es bedarf, um monitorbedingte Flimmereffekte zu unterdrücken, ggf. wesentlich höher ist.
  Die Wahrnehmungsfähigkeit für Details in der Ortsauflösung sinkt bei bewegtem Bildinhalt.

- *Die Farb– und Amplitudenauflösung:*
  Zur Darstellung der Chrominanz bedarf es einer geringeren Auflösung als zur Darstellung der Luminanz 1.1.3.2; dies wird in den in der Fernsehtechnik üblichen $YC_BC_R$–Darstellungen mit einem Abtastverhältnis von 4:2:2 oder 4:1:1 ausgenutzt; außerdem werden Farbunterschiede in verschiedenen Bereichen des Spektums als unterschiedlich stark empfunden [185].

---

[7]Vgl. hierzu Tabelle 1.4 in Kapitel 1.1.4.1.
[8]Siehe Tabelle 1.6 in Kapitel 1.1.4.3 zu Bildwiederholfrequenzen verschiedener Medien.

Neben den Einschränkungen der Wahrnehmbarkeit, die sich aus den physiologischen Eigenschaften der menschliche Sinne (hier: der Augen) ergeben, entstehen auch Einschränkungen durch die vorhandenen Werkzeuge zur Darstellung der Information. Einfachstes Beispiel hierfür ist die Reduktion der Ortsauflösung eines Bildes durch Unterabtastung, begründet durch die beschränkte Auflösung eines bestimmten, zur Darstellung genutzten Bildschirmes. Die Frage nach der Irrelevanz ist also auch stets an den Anwendungzweck geknüpft. Um genau zu erfassen, in welcher Weise die gezielte Reduktion von Bild–Informationen von einem Betrachter wahrgenommen wird, müssen in der Regel umfangreiche empirische Untersuchungen mit Testpersonen durchgeführt werden. Das Ergebnis hängt sowohl vom Betrachtungsszenario, als auch von der Auswahl der Testbilder ab.

### 5.2.2 Techniken zur Irrelevanzreduktion

Zur gezielten Einsparung irrelevanter Informationen bedarf es zunächst einer Separierung von relevanten und irrelevanten (bzw. weniger relevanten) Informationen.

Zur Reduktion der örtlichen Auflösung können einfache Techniken zur Unterabtastung (*subsampling*) angewendet werden. Möchte man dabei die mittlere Farb– oder Helligkeits–Information erhalten, so werden die Amplitudenwerte der bei der Reduktion der Auflösung gemittelt (*averaging*).

Zur Reduktion von Farbinformationen wird in eine geeignete Farbdarstellung transformiert (z.B. von $RGB$ nach $YUV$ oder $YC_BC_R$). Anschließend liegt die Luminanz–Information getrennt (dekorreliert) von der Farb–Information vor und kann mit unterschiedlicher Genauigkeit repräsentiert werden.

Zur Reduktion von bestimmten Bildfrequenzen werden die Bilddaten im Ortsbereich in $n \times n$ Pixel große Blöcke unterteilt und in einen "Frequenzraum" transformiert. Eine häufig angewendete reversible Transformation, die eine gute Dekorrelation der Bildinformationen erlaubt, ist die (zweidimensionale) Diskrete Cosinus–Transformation (DCT):

$$F(u,v) = \frac{4C(u)C(v)}{n^2} \sum_{j=0}^{n-1}\sum_{k=0}^{n-1} f(j,k) \cos\left[\frac{(2j+1)u\pi}{2n}\right] \cos\left[\frac{(2k+1)v\pi}{2n}\right],$$

$$(5.5)$$

mit der zugehörigen inversen Transformation:

$$f(i,k) = \sum_{u=0}^{n-1}\sum_{v=0}^{n-1} C(u)C(v)F(u,v) \cos\left[\frac{(2j+1)u\pi}{2n}\right] \cos\left[\frac{(2k+1)v\pi}{2n}\right],$$

$$(5.6)$$

mit

$$C(w) = \begin{cases} \frac{1}{\sqrt{2}} & \text{für } w = 0 \\ 1 & \text{für } w = 1, 2, \ldots, n-1. \end{cases} \qquad (5.7)$$

Für Bilder, die eine typische Korrelation zwischen benachbarten Pixeln aufweisen, ist das Ergebnis einer DCT empfindungsmäßig ununterscheidbar von der als optimal geltenden, jedoch vom Rechenaufwand her ungeeigneten KARHUNEN–LOÉVE–Transformation (KLT)[9].

Befinden sich die Bilddaten in der transformierten Form, so kann durch eine nachfolgende Quantisierung die gewünschte Darstellungsgenauigkeit gewählt werden. Für digitale Bilder, die Szenen der realen Welt repräsentieren (z.B. digitalisierte Photographien), wird durch Anwendung der DCT erreicht, daß viele der transformierten Koeffizienten — insbesondere die, die höhere Frequenzen repräsentieren — einen Wert nahe 0 erhalten. Durch geeignete Quantisierung können dann in einem zweiten Schritt diese Koeffizienten auf 0 abgebildet werden. Dies führt zu einer erheblichen Reduktion der Datenmenge, ohne daß die für den Betrachter "wesentliche" Information verloren geht. Für gescannten Text oder Liniengraphik beispielsweise, trifft dies jedoch nicht zu.

Es existieren auch relativ einfache Verfahren, die mit eingeschränkter Darstellungsgenauigkeit arbeiten. Hierzu gehört die *differential pulse code modulation (DPCM)*, bei der die Differenzen aufeinanderfolgender Amplitudenwerte mit einer gegenüber der Amplitudenauflösung wesentlich geringeren Auflösung repräsentiert werden. Eine umfangreiche Aufstellung verschiedener verlustbehafteter Verfahren ist in [212] zu finden.

## 5.3  Auswahlkriterien

Im folgenden ist eine Liste von Eigenschaften existierender Verfahren zur Datenkompression aufgeführt. Sie soll ermöglichen, die für eine bestimmte Anwendung geeigneten Kenngrößen zu ermitteln. Die einzelnen Eigenschaften wurden in technisch zusammengehörige Gruppen gegliedert. Viele Eigenschaften (wie z.B. die Bildqualität) beziehen sich nur auf verlustbehaftete Verfahren, da sie bei verlustfreien Verfahren prinzipiell keine Rolle spielen. An einigen Stellen zeigt sich, daß die jeweiligen Parameter einen relativen Charakter haben und sich daher nicht zur eindeutigen Klassifizierung eignen.

### 5.3.1  Der Informationsverlust

Die Frage, ob nur verlustfreie, oder auch verlustbehaftete Verfahren eingesetzt werden können, hängt von der jeweiligen Anwendung ab. Während

---

[9]Siehe [212], S. 107.

die Reduktion von irrelevanten Informationen für viele Anwendungen (insbesondere dort, wo die Informationen füchtig konsumiert werden, z.B. beim Fernsehen) selbstverständlich ist, ist sie z.B. in medizinischen Anwendungen nicht angebracht. Grundsätzlich entsteht bereits bei der Erfassung und Digitalisierung von analogen Bildvorlagen ein Informationsverlust, so daß der prinzipielle "Qualitätsunterschied" zwischen verlustfrei und verlustbehaftet repräsentierten Daten relativiert werden muß.

## 5.3.2   Der Kompressionsfaktor

Der Kompressionsfaktor ist für viele Anwendungen die wichtigste Kenngröße eines Kompressionsverfahrens. Der Kompressionsfaktor $K$ ist definiert als Quotient aus Ausgangs–Datenmenge und resultierender Datenmenge:

$$K = \frac{Datenmenge\ des\ Ausgangsbildes}{Datenmenge\ des\ komprimierten\ Bildes} \qquad (5.8)$$

Da die Datenmenge des Ausgangsbildes von den Charakteristiken des Akquisitions– bzw. Bildgenerierungs–Prozesses abhängt, ist auch der Kompressionsfaktor ein relatives Maß. Je mehr Redundanzen sich während der Bildakquisition anhäufen, desto größer ist der nachträglich erzielte Kompressionsfaktor. Darüber hinaus schwankt letzterer bei den meisten Verfahren erheblich in Abhängigkeit von den statistischen Eigenschaften der Eingabebilder.

## 5.3.3   Die Bildqualität

Dieser Parameter spielt nur für verlustbehaftete Verfahren eine Rolle. Es existieren zwar formale Definitionen zur Erfassung von Bildfehlern (gegeben aus den Differenzen der Pixelwerte zwischen den Originaldaten und den komprimierten und wieder dekomprimierten Daten), die Bildqualität ist jedoch — wie oben erläutert — eine subjektive Große. Zu Unterscheiden sind bewußt herbeigeführte Einbußen in der Bildqualität, die meist durch geeignete Betrachter–Bedingungen kompensiert werden können (z.B. eine Verringerung der örtlichen Auflösung) von eher unkontrollierbaren Qualitätsverlusten in Form von *Artefakten*.

## 5.3.4   Die Komplexität

Ein Verfahren zur Datenkompression weist eine bestimmte Zeit– und Speicherplatz–Komplexität auf. Die einfachsten Verfahren beschränken sich auf einen Tabellenzugriff. Komplexere Verfahren beinhalten Transformationen des Bildinhalts oder Bildanalyse–Komponenten (z.B. zur Berechnung von Bewegungsvektoren bei Bewegtbild–Kompression). Insbesondere für Bewegtbild–Anwendungen spielt die Zeit–Komplexität eine wesentliche Rolle, da sie beispielsweise über die Verzögerung bei der Präsentation der

Daten entscheidet. Ein weiterer Komplexitäts–Parameter ist die *Symmetrie* des Verfahrens, die sich aus dem Verhältnis zwischen Kompressions- und Dekompressions–Komplexität ergibt. Für Anwendungen, bei denen (*offline* erzeugte Daten häufig (*online*) gelesen werden (z.B. CD–ROM–Anwendungen), bieten sich asymmetrische Verfahren an, während bei bidirektionalen Bewegtbild–Anwendungen (z.B. Bildtelefon) typischerweise symmetrische Verfahren eingesetzt werden, um die Last gleichmäßig zwischen Sender und Empfänger aufzuteilen.

## 5.3.5 Die Adaptivität

Adaptivität bedeutet hier, daß sich ein Verfahren auf die Charakteristik der Eingabedaten *selbständig* anpassen kann (im Gegensatz zu den vom Benutzer steuerbaren Freiheitsgraden). Beispiele für adaptive Verfahren sind solche, die vor der eigentlichen Codierung mittels HUFFMAN–Tabellen die Tabellen aufgrund der Statistik der jeweiligen Bildvorlage berechnen. Da jedoch prinzipell keines der Verfahren "aus dem Rahmen des Programms springen kann", ist auch die Adaptivität ein relatives Merkmal.

## 5.3.6 Die Freiheitsgrade

Dies sind alle Variationsmöglichkeiten, die vom Benutzer frei gewählt werden können. Man kann zwischen mehreren Ebenen des Eingreifens unterscheiden. Das Setzen einer Quantisierungstabelle ist ein Eingriff auf einer unteren Ebene, während die Wahl einer gewünschten Bildqualität oder eines gewünschten Kompressionsfaktors einen Eingriff auf einer höhreren, anwendungsorientierten Ebene darstellt. Einige sehr flexible Verfahren erlauben die Selektion eines aus einer Auswahl speziellerer Verfahren. Es existiert kein Kriterium, daß zwischen einer *Sammlung* separater Verfahren und einem *flexiblen* Verfahren zu unterscheiden gestattet.

## 5.3.7 Die Invarianzen

Einige Verfahren garantieren die Einhaltung einer (wählbaren oder vorgegebenen) Datenrate oder eines Kompressions–Faktors unabhängig von der Charakteristik der Eingabedaten. Dies ist für Video–Codecs, die auf eine bestimmte Bandbreite eines Übertragungsmediums abgestimmt sind, unerläßlich. Ebenso wichtig kann die Invarianz eines Verfahrens gegenüber der erzielten Bildqualität sein, die natürlich eine Schwankung im resultierenden Kompressionsfaktor zur Folge hat.

## 5.3.8 Das Quelldatenformat

Dies ist die Charakteristik der erlaubten Eingabedaten bezüglich Bildstruktur und kodierter Repräsentation. Einige Verfahren arbeiten nur auf

Binärbildern, während andere beliebige Pixeltypen und Bilder mit beliebig vielen Kanälen unterstützen. Generell ist ein Verfahren, das beispielsweise auf Bewegtbild–Kompression optimiert ist, speziell in dieser Anwendung einem allgemeinen Verfahren überlegen. Zum Quelldatenformat gehört auch die *Blockgröße*. Dies ist die Datenmenge, die vom Kompressionsverfahren als unteilbare Einheit behandelt wird. Für eine DCT ist das meistens ein Block von 8 × 8 Pixeln. Für unvollständige Blöcke existieren entsprechende Auffüll–Strategien.

### 5.3.9   Die Datenrepräsentation

Unter der Repräsentation der komprimierten Daten ist die Reihenfolge, Struktur und Codierung der Ausgabedaten eines Kompressionsverfahrens zu verstehen. Struktur und Codierung ergeben sich aus dem Verfahren selbst, während bezüglich der Datenanordnung (z.B. *pixel interleaved*, *channel interleaved* oder geordnet nach *bitplanes*) häufig Freiheitsgrade bestehen. Einige Verfahren unterstützen eine progressive Datenordnung.   Generell hat die Art der Datenanordnung und –Strukturierung, die mit einem Kompressionsverfahren verknüpft ist, unmittelbar Auswirkungen auf die Zugriffs– und Verarbeitungs–Möglichkeiten der komprimierten Daten. Wahlfreier Zugriff (*random access*) auf Bildteile wird nicht von allen Verfahren in gleicher Weise unterstützt. Eine *interframe*-kodierte Bewegtbildsequenz ermöglicht z.B. nur an den eigens dafür eingerichteten, absolut kodierten Aufsetzpunkten sofortigen Zugriff. Zur Datenrepräsentation gehört auch die Darstellung von Verfahrensparametern (z.B. Quantisierungstabellen) und die Einführung von Marken, die eine gewisse Unterstrukturierung des Bildinhalts symbolisieren, die sich aufgrund des Kompressions–Verfahrens als sinnvoll erweist (z.B., um Aufsetzpunkte für Fehlerfälle zu haben).

## 5.4   Das Optimierungsproblem

Die große Anzahl verschiedener Eigenschaften von Kompressionsverfahren erschwert sowohl den direkten Vergleich existierender Verfahren als auch die Suche nach einem für eine gewisse Anwendung "optimalen" Verfahren. In der Literatur finden sich hierzu verschiedene Versuche, Klasseneinteilungen vorzunehmen, die jedoch eher verfahrensorientiert, als anwendungsorientiert sind[10].

Um eine Vorstellung von dem Optimierungsproblem zu bekommen, ist es hilfreich, die prinzipiellen Zusammenhänge zwischen den folgenden drei wichtigen Größen zu veranschaulichen:

- Die erzielbare Reduktion der Datenmenge ($R$),

- die resultierende Verschlechterung der Bildqualität ($Q$) und

---

[10]Siehe beispielsweise [217], S. 103.

- die Komplexität des Verfahrens ($K$).

Unter Komplexität des Verfahrens ist sowohl die Zeit– als auch die Speicher–Komplexität (die ja in Zusammenhang stehen) zu verstehen, wobei für echtzeit–orientierte Behandlung von Bewegtbildern der Zeitaufwand des Verfahrens von größerer Wichtigkeit ist. In Abb. 5.2 ist der Zusammenhang zwischen den drei Größen idealisiert dargestellt.

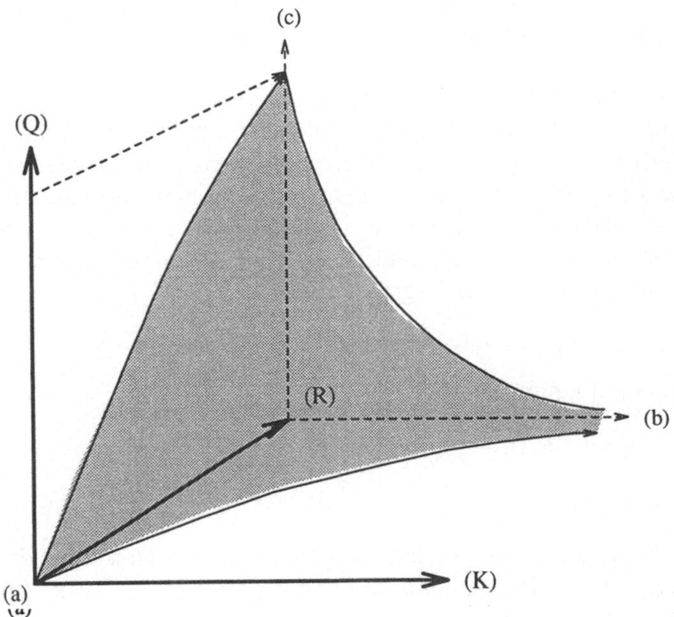


**Abb. 5.2.** Veranschaulichung des idealisierten Optimierungsproblems mit den drei Größen Komplexität (K), Datenreduktion (R) und Bildqualitätsverlust (Q)

Die horizontale Achse ($K$) symbolisiert die Verfahrenskomplexität, die vertikale Achse ($Q$) bedeutet Verschlechterung der resultierenden Bildqualität und die dritte Achse ($R$) symbolisiert die erzielte Datenreduktion. Für die Achsen R und Q sind die Grenzen (vollständige Datenreduktion bzw. vollständiger Qualitätsverlust) anhand gestrichelter Linien angezeigt. Für die Verfahrenskomplexität existiert eine solche Schranke nicht. Das schraffierte Gebilde enthält — idealisiert betrachtet — alle möglichen Orte effizienter[11] Kompressionsverfahren. Es besitzt die (aus Anwendersicht natürlich sinnlosen) Extrempunkte:

   (a) keine Datenreduktion, kein Qualitätsverlust, kein Aufwand;

   (b) vollständige Datenreduktion, absoluter Qualitätsverlust, kein Aufwand;

---

[11]Unter "effizient" ist hier zu verstehen, daß keine Verfahren betrachtet werden, die eine gegenüber ihrem Wirkungsgrad unnötige bzw. vermeidbare Komplexität beinhalten.

und nähert sich asymptotisch der horizontalen, gestrichelt dargestellten
Achse an, so daß das rechte Ende als

(a) unendlicher Aufwand, minimalster Qualitätsverlust und fast voll-
    ständige Datenreduktion

gekennzeichnet werden kann.

# 5.5  Normen zur Bilddatenkompression

Zur Verwendung von Verfahren zur Datenkompression im Zusammenhang
mit dem Austausch von Bilddaten in einer offenen, heterogenen Umgebung, ist es erforderlich, sich auf Normen zur Komprimierung und kodierten
Repräsentation der komprimierten Daten zu einigen. Die hier betrachteten
Verfahren sind internationale Normen bzw. befinden sich zum Teil noch
im Prozeß der Normierung. Sie decken ein breites Spektrum von digitalen
Bilddtypen — darunter Fest- und Bewegtbilder — ab:

- Faksimile Gruppe 3 und 4 (siehe Kapitel 5.5.1)

- JBIG (siehe Kapitel 5.5.2),

- JPEG (siehe Kapitel 5.5.3),

- MPEG (siehe Kapitel 5.5.4).

Bezüglich der Flexibilität der Verfahren gibt es große Unterschiede.
Während die Faksimile–Verfahren mit fest vorgegebener Statistik (in
Form von HUFFMAN–Tabellen) arbeiten, erlaubt beispielsweise das JPEG–
Verfahren ein Höchstmaß an Flexibilität. Dennoch ist jedes Verfahren speziell auf die Struktur der erlaubten Eingabedaten zugeschnitten, so daß die Anwendung der "Festbild–Schemata" zur Kompression von Bewegtbilder zwar
möglich ist, es jedoch effizientere Verfahren gibt.

Es sei darauf hingewiesen, daß die Spezifikation der kodierten Repräsen-
tationen, die innerhalb der Kompressions–Normen *interchange formats* genannt werden, nicht mit Bilddaten–Austauschformaten verwechselt werden
dürfen, da wichtige Parameter zur Beschreibung des Inhalts (wie z.B. die Zuordnung der Farbkanäle oder die physikalische Größe des Bildes) nicht erfaßt
werden. Siehe hierzu Kapitel 6.4.

## 5.5.1  Faksimile Gruppe 3 und 4

Die CCITT–Empfehlungen T.4 und T.6 umfassen die Spezifikation eines
Datenformates und eines Codierverfahrens für die Dokumentenübertragung
mittels Fax–Dienst Gruppe 3 und Gruppe 4 [39] [40] [261]. In Rec. T.4 werden zusätzlich Endgeräte–Charakteristiken für Gruppe 3 beschrieben. Für
Gruppe 4 sind diese in der Empfehlung T.563 angegeben.

### 5.5.1.1 Das Kompressionsverfahren

Das T.4–Codierverfahren [39] erlaubt die verlustfreie Codierung von Binärbildern. Das Verfahren basiert auf einer Kombination aus Lauflängen– und HUFFMAN–Codierung. Zwei Modi stehen zur Verfügung: *one-dimensional Modified* HUFFMAN und *two–dimensional Modified READ*.

Im ersten Modus werden die Bildzeilen in sogenannte schwarze und weiße *runs* untergliedert. Jeder *run* umfaßt eine Kette von Bildpunkten mit identischem Amplitudenwert. Die Codewörter zur Codierung der *runs* werden einer HUFFMAN–Tabelle entnommen. Die Optimierung der Tabelle wurde anhand von genormten, mit 200 dpi gescannten Testbildern[12] vorgenommen [186]. Die Bilder enthalten Text unterschiedlichen Schriftfonts und Liniengraphik–Elemente.

Während der erste Modus lediglich die Statistik einzelner Zeilen einer gescannten Vorlage berücksichtigt, wird im zweiten Modus auch die Korrelation zwischen aufeinanderfolgenden Zeilen zur Redundanzminderung ausgenutzt. Je nachdem, auf welche Weise die schwarzen und weißen *runs* der zu kodierenden Zeile der Referenz–Zeile zugeordnet werden können, wird zwischen einem *vertical mode*, einem *horizontal mode* und einem *pass mode* unterschieden. Die relative Codierung von Folgezeilen wird jedoch zur Vermeidung von Folgefehlern aufgrund eines Übertragungsfehlers auf zwei Zeilen (bzw. optional 4 Zeilen) begrenzt. Die erzielte Kompressionsrate liegt in Abhängigkeit von der Charakteristik der Eingabedaten typischerweise bei 2–5.

Das T.6–Codierverfahren [40], das innerhalb des Gruppe 4–Dienstes selbst keine Fehlerbehandlung vorsehen braucht, arbeitet ausschließlich mit relativer Zeilenkodierung. Dadurch wird eine Verbesserung der Kompressionsrate gegenüber T.4 um etwa 30% erzielt. Zusätzlich zur Codierung von Rasterbild–Informationen werden in der Empfehlung T.6 Leistungsstufen definiert, die das Übertragen von *teletex–* und *mixed mode*–Dokumenten ermöglichen.

### 5.5.1.2 Bildstrukturen und Datenanordnung

Die Struktur der Quelldaten ist für beide Verfahren ein zweidimensionales Feld von binären Pixeln. Die vertikale Auflösung (Zeilenzahl) ist beliebig, während die horizontale Auflösung fix ist. Sie beträgt für T.4 1728 (bzw. optional 2048 oder 2432) und für T.6 200 (bzw. optional 240, 300 oder 400).

Eine Spezifikation der kodierten Form der Eingabedaten existiert nicht, da die Codier–Verfahren stets in Verbindung mit den anderen Endgeräte–Komponenten verwendet werden.

---

[12]Die sogenannten *CCITT Test Documents* No. 1 bis No. 7.

## 5.5.2　JBIG

JBIG steht für *Joint Bi–level Image Experts Group* und bezeichnet das Gemeinschafts–Kommittee von ISO/IEC JTC1/SC29/WG9 und CCITT SG VIII, das sich mit der Normung eines effizienten Verfahrens zur Kompression von Binärbildern befaßt [134], [92]. Das Verfahren arbeitet verlustfrei und beinhaltet daher keine Fragestellungen bezüglich der Bildqualität. Eingabebilder können neben zwei–dimensionalen Binärbildern beliebiger Größe auch Grauwertbilder sein, die bitebenen–weise repräsentiert werden.

### 5.5.2.1　Das Kompressionsverfahren

Das Kompressionsverfahren basiert auf der sukzessiven Reduktion der örtlichen Auflösung des zu kodierenden Bildes. Ein JBIG–Codierer besitzt eine Kette hintereinandergeschalteter Bausteine, die *differential layer encoder* genannt werden. Jeder dieser Bausteine hat zwei Aufgaben:

- Erzeugung einer Variante $I_{d-1}$ des Eingabebildes $I_d$, die in beiden Dimensionen eine um den Faktor 2 verringerte Auflösung besitzt. Das Verfahren zur Reduktion der Auflösung ist auf die Charakteristiken von Text– und Linien–Graphik–Vorlagen abgestimmt.

- Generierung eines Codes $C_d$, der die Differenz zwischen dem höher aufgelösten Bild $I_d$ und dem niedriger aufgelösten Bild $I_{d-1}$ derart ausdrückt, daß bei der Dekodierung — basierend auf der Kenntnis von $I_{d-1}$ — das höher aufgelöste Bild $I_d$ verlustfrei rekonstruiert werden kann.

Zur Terminierung des geschachtelten Verfahrens existiert eine funktionale Einheit, die *bottom layer encoder* genannt wird. Sie stellt eine vereinfachte Form des *differential layer encoders* dar, bei der keine Auflösungsreduktion mehr vorgenommen wird.

Abbildung 5.3 zeigt die Komponenten eines *differential layer encoders*. Kernstück der Codiereinheit ist der adaptive arithmetische Codierer, der als Eingabe ein Bild $I_d$ sowie drei Steuerinformationen erhält und den Code $C_d$ generiert. Die Steuerinformationen werden von vier Bausteinen gegeben:

- *typical prediction:*
  Dieser Baustein meldet Regionen homogener Pixelwerte. Mit hoher Wahrscheinlichkeit sind für ein Pixel eines niedrig aufgelösten Bildes $I_{d-1}$, das in einer Nachbarschaft von acht Pixeln gleichen Pixelwerts liegt, die zugehörigen vier Pixelwerte der nächsthöheren Auflösung $I_d$ identisch.

- *deterministic prediction:*
  Hiermit werden die Fälle angezeigt, in denen aufgrund der Eigenschaften des verwendeten Verfahrens zur Reduktion der Auflösung der zu

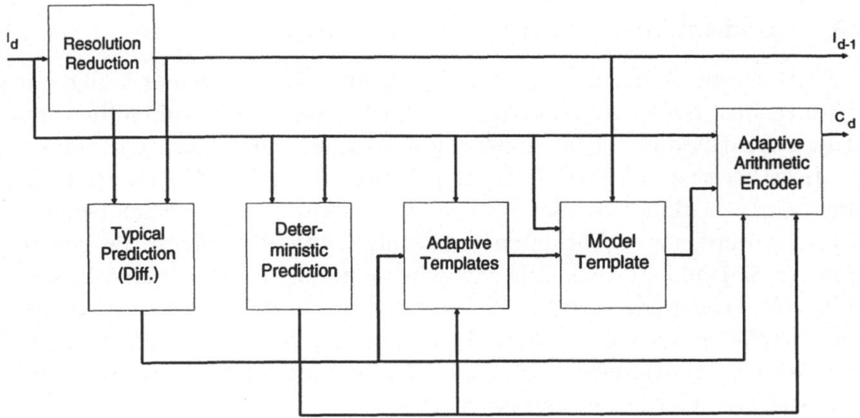


**Abb. 5.3.**  JBIG – Differential Layer Encoder

kodierende Wert eines Pixels in $I_d$ für einen Dekoder eindeutig aus dem
bereits vorliegenden $I_{d-1}$ rekonstruierbar ist und somit nicht mehr explizit kodiert werden braucht.

- *model template:*
  Dieser Baustein stellt dem arithmetischen Codierer einen Integer–Wert
  namens *context* zur Verfügung, der sich aus sechs Nachbarpixeln von $I_d$
  und vier Nachbarpixeln von $I_{d-1}$ errechnet. Er bestimmt die aktuellen
  Auftrittswahrscheinlichkeiten für das zu kodierende Pixel.

- *adaptive templates:*
  Hiermit wird nach periodischen Strukturen in der Horizontalen gesucht
  und ggf. eine Adaption des *model templates* gemäß den Charakteristiken
  der gefundenen Struktur initiiert. Auf diese Weise können speziell solche
  Strukturen effizient kodiert werden, die durch *halftoning* von Grauwertbildern entstanden sind.

Durch die vier Bausteine wird ein Modell realisiert, das die Auftrittswahrscheinlichkeiten der zu kodierenden Pixeldaten gemäß einer MARKOV-Quelle
beschreibt. Es wurde auf die Charakteristiken von abgetasteten Textvorlagen oder Linien–Graphik sowie *halftone*-Bildern geeicht. Verglichen mit dem
verlustfreien Codierverfahren des Faksimile–Standards Gruppe 4, erzielt das
JBIG–Verfahren aufgrund des verfeinerten Modells höhere Kompressionsraten. Für Textvorlagen und Linien–Graphik ergibt sich eine um 1.1 bis 1.5 mal
höhere Rate; bei den *halftone*-Bildern können bis zu 30 mal höhere Raten
erzielt werden.

### 5.5.2.2   Bildstrukturen und Datenanordnung

Die JBIG–Norm stellt ein flexibles Verfahren der Datenanordnung zur
Verfügung, das sowohl sequentiellen als auch progressiven Bildaufbau unterstützt. Die Bilddaten jeder Auflösung werden in sogenannte *stripes* unterteilt. Jeder *stripe s* auf jeder Auflösung $d$ wird als Einheit $C_{s,d}$ kodiert. Es
entsteht ein zwei–dimensionales Feld von Einheiten $C_{s,d}$. Zu dessen Sequentialisierung werden vier Varianten unterstützt, gesteuert durch die beiden
Parameter SEQ und HITOLO. Mit SEQ wird angegeben, ob jeweils alle *stripes* einer Auflösung oder jeweils alle verschiedenen Auflösungen eines *stripes*
aneinandergefügt werden. Ersteres bewirkt einen progressiven Bildaufbau,
Letzteres einen sequentiellen. Mit HITOLO wird angegeben, ob die Auflösungen aufsteigend oder absteigend geordnet sind.

## 5.5.3   JPEG

Die Abkürzung JPEG steht für *Joint Photographic Experts Group* und
bezeichnet die Arbeitsgruppe innerhalb ISO/IEC JTC1/SC29/WG10 und
CCITT SG VIII, die für die Entwicklung und Normung des gleichnamigen
Verfahrens verantwortlich ist [132], [256]. Das JPEG–Verfahren erlaubt die
Datenkompression von Grauwert– und Farbbildern (dort *continuous tone
images* genannt).

### 5.5.3.1   Das Kompressionsverfahren

Sowohl verlustfreie als auch verlustbehaftete Modi werden unterstützt. Der
verlustfreie Modus arbeitet nach dem Prinzip der Vorhersage. Die direkte Pixel–Nachbarschaft kann auf acht verschiedene Weise zu einem Vorhersagewert gewichtet werden. Codiert wird jeweils die Differenz zwischen Vorhersagewert und Pixelwert. Hierfür kann eine (vordefinierte oder
benutzer–definierte) HUFFMAN–Tabelle oder ein arithmetisches Codierverfahren gewählt werden. Die erzielten Kompressionsfaktoren für Farbbilder
in diesem Modus liegen bei etwa $K = 2$.

Im verlustbehafteten Modus werden die Bilddaten $f(x, y)$ in Blöcken
zu $8 \times 8$ Pixeln gruppiert und mit der diskreten Cosinus–Transformation
(DCT) nach $F(u, v)$ transformiert (siehe Formeln 5.5 und 5.6 in Kapitel 5.1.
Anschließend werden die transformierten Daten anhand einer 64–elementigen
Quantisierungstabelle quantisiert:

$$F^Q(u, v) = Integer\ Round\left(\frac{F(u, v)}{Q(u, v)}\right). \tag{5.9}$$

Die JPEG–Norm stellt eine vordefinierte Quantisierungs-Tabelle zur
Verfügung. Sie kann ggf. durch eine beliebige benutzer–definierte Tabelle
ersetzt werden. Abbildung 5.4 zeigt das dreistufige Verfahren in Hin- und
Rückrichtung.

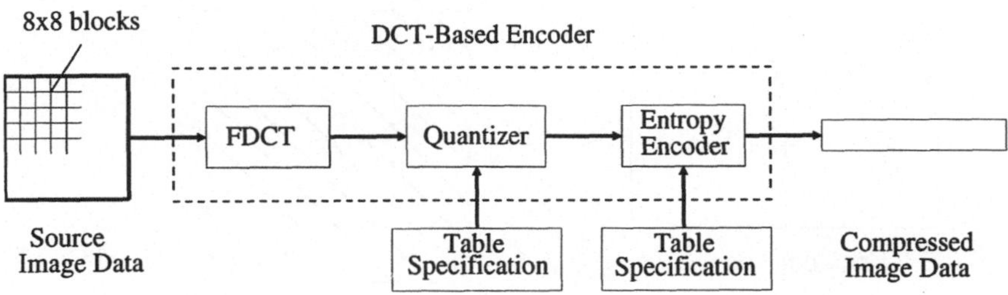


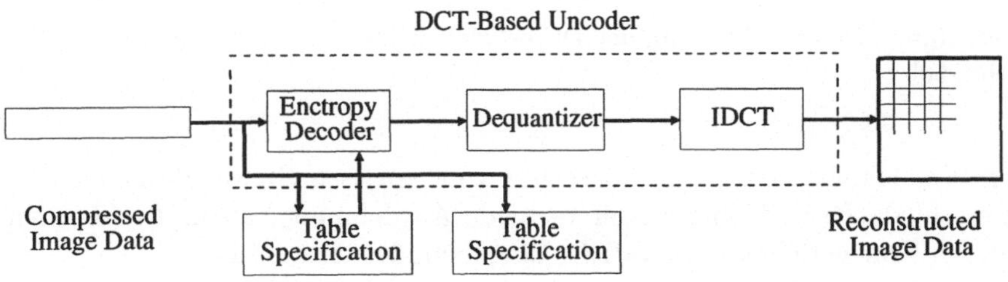


**Abb. 5.4.** Blockdiagramm des JPEG Codierers und Dekodierers im verlustbehafteten Modus, nach [132]

Jeweils der erste der 64 resultierenden Werte, der sogenannte DC–Koeffizient, wird im Gegensatz zu den restlichen 63 AC–Koeffizienten als Differenz bezüglich des DC–Koeffizienten des Vorgänger–Blocks repräsentiert. Die Koeffizienten werden in Zickzack–Reihenfolge der Signifikanz entsprechend geordnet, wie in Abb. 5.5 dargestellt.

Zur Codierung der Daten werden jeweils Wertepaare gebildet aus Anzahl der nullwertigen Koeffizienten und Wert des nachfolgenden, nicht nullwertigen Koeffizienten. Schließlich werden die Wertepaare gemäß einer HUFFMAN–Tabelle kodiert. Unter Verwendung der vordefinierten Tabellen können Farbbilder in der Regel auf 1.5 – 2.0 bits/pixel reduziert werden, ohne daß das Ergebnisbild sichtbare Fehler aufweist. Auch 0,75 bit/pixel ergeben für viele Anwendungen noch akzeptable Resultate mit guter Bildqualität. Letzteres entspricht bei farbigen Bildvorlagen, die mit 24 bit/pixel repräsentiert wurden, einer Datenkompression von $K = 32$.

## 5.5.3.2  Bildstrukturen und Datenanordnung

Ein JPEG–Eingabebild (*frame*) kann aus bis zu 255 Kanälen (*image components*) bestehen. Jeder Kanal ist ein zwei–dimensionales Feld, dessen (räumliche) Dimensionen als *horizontal* und *vertikal* bezeichnet werden. Die

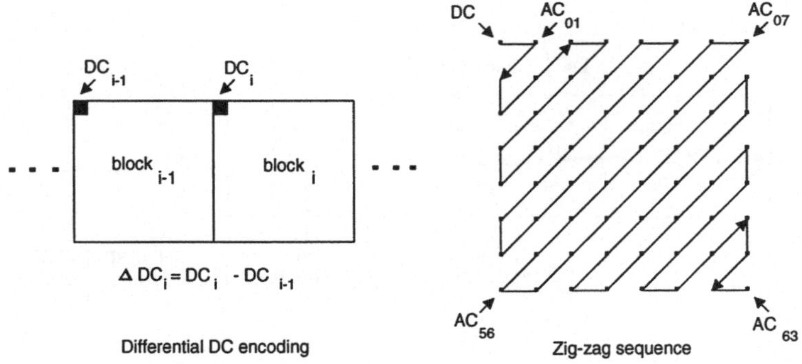



**Abb. 5.5.** Sequentialisierung der DCT–Koeffizienten in Zickzackg–Reihenfolge, nach [256]

einzelnen Kanäle können — abgesehen von gewissen Randbedingungen — unterschiedliche horizontale oder vertikale Ausdehnung haben. In Abb. 5.6 sind die Konventionen eines JPEG–Eingabebildes dargestellt.

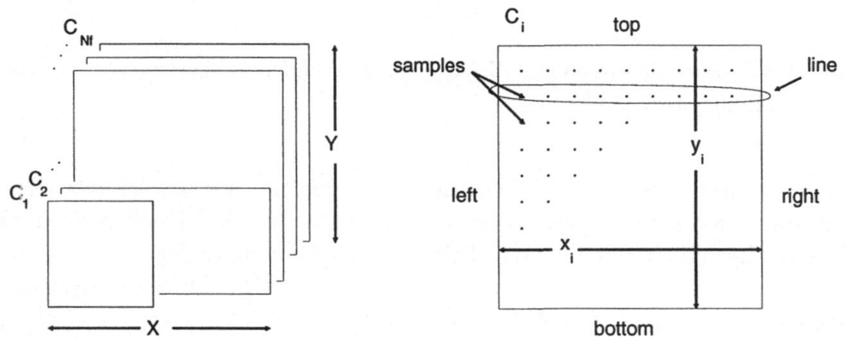



**Abb. 5.6.** JPEG – Source Image Format, nach [256]

Die Feldelemente (*samples*) sind nicht–negative Integer–Zahlen, deren Darstellungstiefe (*sample precision*) sich nach dem gewählten Kompressions–Modus richtet. Im verlustfreien Modus sind 2 bis 16 bits erlaubt; im verlustbehafteten Modus 8 oder 12 bits. Alle Kanäle müssen dieselbe gewählte Bittiefe besitzen. Die Beschreibung der Eingabebilder erfolgt in [132] mit den folgenden Parametern:

| | |
|---|---|
| $N_f$ | number of image components |
| $P$ | sample precision |
| $Y$ | number of lines |
| $X$ | number of samples per line |

Wie oben erwähnt, können unterschiedliche Kanäle unterschiedliche Auflösungen besitzen. Zur Beschreibung dieser Unterschiede werden sogenannte Sampling–Faktoren in beiden Dimensionen angegeben. Die Idee ist, ein Abbildungsverhältnis zu definieren, das besagt, wieviele Pixel eines höher aufgelösten Kanals (räumlich) auf ein Pixel des am geringsten aufgelösten Kanals treffen. Man geht also davon aus, daß alle Kanäle des Bildes den gleichen räumlichen Ausschnitt, jedoch in unterschiedlicher räumlicher Auflösung repräsentieren. Das Bildmodell stellt eine Verallgemeinerung der ursprünglich speziell anvisierten $YC_BC_R$–Darstellung dar. Die Sampling–Faktoren müssen ganzzahlig sein. Die für das gesamte Bild geltenden Parameter $X$ und $Y$ beschreiben die Feldgröße des am höchsten aufgelösten Kanals. Es ergeben sich für jeden Kanal die folgenden zusätzlichen Parameter:

| | |
|---|---|
| $C_i$ | component identifier |
| $H_i$ | horizontal sampling factor |
| $V_i$ | vertical sampling factor |
| $T_{q_i}$ | quantization table selector |

Die oben genannten Randbedingungen für die Sampling–Faktoren richten sich nach der sequentiellen Anordnung der mehrkanaligen, mehrdimensionalen, komprimierten Daten. Das JPEG–Verfahren beschreibt einen Kompressions– und Codierungs–Prozeß, der die Eingabedaten in verschiedenen sequentiellen Reihenfolgen "abarbeiten" kann. Dabei kann auch zwischen den verschiedenen Kanälen hin und her gewechselt werden. Die Reihenfolge des Zugriffs bestimmt die Reihenfolge, in der die Daten komprimiert abgelegt werden. Da die DCT auf Blöcke von $8 \times 8$ Pixeln definiert ist, stellt dies für den verlustbehafteten Modus die atomare Codiereinheit (*data unit*) dar. Gemäß der JPEG–Syntax können die *image components* eines Bildes zu einem oder mehreren *scans* zusammengefügt werden. Ein *scan* symbolisiert genau eine Durchwanderung durch die Zeilen und Spalten des Bildes (von "links" nach "rechts" und von "oben" nach "unten"), jeweils unter Berücksichtigung der Pixelwerte aller in diesem scan zusammengefaßten Kanäle. Die sich hieraus ergebende Struktur ist *pixel–interleaved*. Möchte man die einzelnen Kanäle *non–interleaved* bearbeiten bzw. abspeichern, so muß für jeden Kanal ein einzelnes *scan* definiert werden. Um auch Kanäle unterschiedlicher geometrischer Auflösung *pixel–interleaved*, also innerhalb eines *scans*, abspeichern zu können, werden sogenannte *minimum coded units* (MCU) definiert. In ihnen sind für jeden Kanal $H_i \times V_i$ *data units* enthalten. Um die sich hieraus ergebenen Sortierungen einzuschränken, wurde die folgende Bedingung formuliert:

$$\sum_{j=1}^{N_s} H_i \times V_i \leq 10. \qquad (5.10)$$

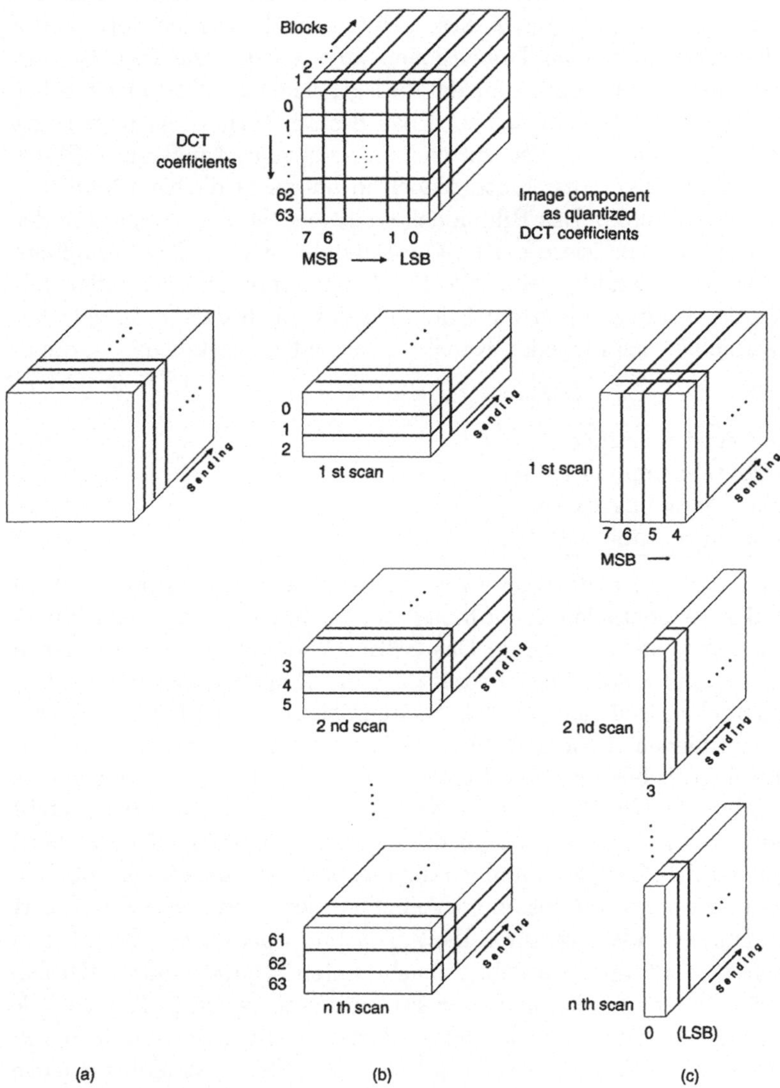



**Abb. 5.7.** JPEG – Progressive Datenanordnung, nach [256]

Bezüglich Datenordnung  stehen neben dem sequentiellen DCT–Modus auch zwei progressive Modi zur Verfügung, wie in Abb. 5.7 dargestellt:

- *spectral selection:*
  In diesem Modus werden zunächst die signifikanten Koeffizienten jedes Blocks kodiert und nachfolgend alle weniger signifikanten bis zum 64.

- *successive approximation:*
  In diesem Modus werden die Daten in *bit planes* zusammengefaßt und nach Signifikanz geordnet kodiert.

Darüber hinaus existiert ein weiterer Modus, in dem ein Bild hierarchisch aus einer Pyramide von unterschiedlich aufgelösten Derivaten repräsentiert wird. Dieser Modus kann sowohl mit der sequentiellen als auch mit einer der progressiven Datenanordnungen kombiniert werden.

## 5.5.4 MPEG

Die Abkürzung MPEG steht für *Moving Picture Coding Experts Group* und bezeichnet die Arbeitsgruppe innerhalb ISO/IEC JTC1/SC29/WG11, die sich mit der Entwicklung von Normen zur effizienten Codierung von Bewegtbildern befaßt. Gemäß der großen Bedeutung der Dimension "Zeit" für die Verarbeitung, Übertragung und Präsentation von Bewegtbildern, stehen die durch die Kompression erzielten Datenraten an oberster Stelle des Anforderungskatalogs. Die Arbeit wurde aufgespalten in die Entwicklung zweier Codecs die für unterschiedliche Datenraten und mithin unterschiedliche Qualitätsstufen konzipiert sind:

| Codec | Datenrate | Bildqualität |
| --- | --- | --- |
| MPEG–1 | 1,5 Mbits/s | VHS–Qualität |
| MPEG–2 | 10 – 40 Mbits/s | CCIR–601 bis HDTV |

Da die Fertigstellung der MPEG–2–Norm, die anfänglich in zwei getrennte Codecs für $\leq 10$ bzw. $\leq 40$ Mbits/s aufgespalten war, für 1995 geplant ist, beschränkt sich die vorliegende Arbeit auf die Beschreibung und Verwendung der MPEG–1–Norm [133], [170]. Sie wird im folgenden kurz MPEG genannt.

### 5.5.4.1 Das Kompressionsverfahren

Die verlustbehaftete MPEG–Datenkompression basiert auf zwei Komponenten. Zum einen werden in den als Sequenz von Einzelbildern (*frames*) vorliegenden Bilddaten zeitliche Redundanzen und Irrelevanzen reduziert. Zum anderen werden räumliche Redundanzen und Irrelevanzen in den einzelnen *frames* nach dem Prinzip des verlustbehafteten JPEG–Modus (DCT und Quantisierung) reduziert[13].

Für die zeitliche Komponente wird das Prinzip der *interframe*–Codierung angewendet. Dies bedeutet allgemein, daß die Pixelwerte der einzelnen *frames* nicht absolut, sondern relativ zu den Vorgänger–*frames* kodiert werden. Hierbei kann zwischen "bewegten" und "stehenden" Bildteilen unterschieden werden und anhand von Bewegungsvektoren die Lage der Bildelemente im Nachfolgebild "vorhergesagt" werden. Die tatsächlichen Abweichungen von dieser Vorhersage sind dann zusammen mit den Bewegungsvektoren

---

[13]Siehe hierzu Kapitel 5.5.3.

zu kodieren. Diese Vorgehensweise wird *motion estimation* genannt. Im MPEG–Verfahren wird zu jedem Block von $16 \times 16$ Pixeln ein Bewegungs-vektor berechnet.

MPEG schreibt die Methode zur Berechnung eines Bewegungsvektors nicht explizit vor. Es wird jedoch üblicherweise die Technik des *block matching* angewendet. Hierbei wird der Vektor durch die Minimierung einer Kostenfunktion errechnet, die die Differenz zwischen dem jeweils vorherge-sagten und dem tatsächlichen Block angibt. Gegeben ein Block $M_i$ von $16 \times 16$ Pixeln (ein sogenannter *macro block*) in einem Bild $I_c$ und ein Vek-tor $v$ bezüglich eines Referenz–Bildes $I_r$. Dann errechnet sich der optimale Bewegungsvektor durch:

$$v_i = \min^{-1} \sum_{\overline{x} \in M_i} D\left[I_c(\overline{x}) - I_r(\overline{x} + \overline{v})\right] \quad \text{mit} \quad x \in V. \tag{5.11}$$

Bei der Dekodierung von Bildsequenzen, die vollständig nach der *interframe*–Technik kodiert wurden, ist der wahlfreie Zugriff auf beliebige *frames* nicht mehr gewährleistet. Aus diesem Grund bietet die MPEG–Norm ein flexibles Verfahren an, bei dem die *frames* in drei verschiedenen Weisen repräsentiert werden können:

- *intra pictures* (I):
  Dies sind absolut kodierte *frames*, die die Referenzpunkte für Datenzu-griffe bilden.

- *predicted pictures* (P):
  Dies sind *frames*, die relativ zu einem Vorgänger–*frame* kodiert werden. Hierbei wird die oben geschilderte *motion compensation* eingesetzt.

- *interpolated pictures* (B):
  Dies sind *frames*, die durch bi–direktionale Vorhersage errechnet wer-den. Sie bieten die höchste Kompressionsrate, erfordern jedoch die Kenntnis zweier Referenz–*frames*.

In Abb. 5.8 ist eine Bildsequenz dargestellt, die nach dem Schema *"I B B B P B B B I ... "* aufgebaut ist. Sie ermöglicht wahlfreien Zugriff in einem Raster von je acht *frames*. Die Häufigkeit des Auftretens der absolut kodier-ten *intra frames* ist genau abzuwägen. Zwar bieten sie die Referenzpunkte für wahlfreien Zugriff; gleichzeitig erzielen sie jedoch vergleichsweise geringe Datenkompression. Für eine große Anzahl von Anwendungen wurde das Einfügen von *intra pictures* alle 1/10 Sekunden als am günstigsten erachtet. Das Mischungsverhältnis wird jedoch von der Norm nicht vorgeschrieben.

### 5.5.4.2 Bildstrukturen und Datenanordnung

Das MPEG–Verfahren ist konzipiert zur Kompression von Quelldaten, die als Zeitsequenz von zwei–dimensionalen, farbigen Einzelbildern vorliegen. Die

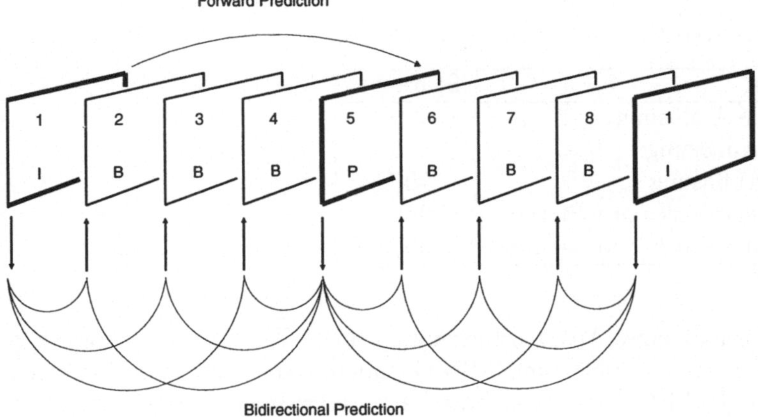



**Abb. 5.8.** MPEG – Interframe–Codierung, nach [170]

Farbrepräsentation basiert auf dem $YC_BC_R$–Farbraum, bei dem — wie in der Fernseh– und Video–Technik üblich — die Farbinformation aus einer Luminanz–Komponente ($Y$) und zwei Chrominanz–Komponenten ($C_R$ und $C_B$) aufgebaut wird, wobei die Chrominanz–Information in beiden räumlichen Dimensionen die halbe Auflösung aufweist. Die komprimierten Daten werden in einer gemäß einer hierarchischen, aus sechs Schichten bestehenden Struktur repräsentiert, die verschiedene Ebenen des Datenzugriffs ermöglichen, wie in Tabelle 5.3 dargestellt.

**Tabelle 5.3.** Hierarchischer Aufbau eines MPEG–Datenstromes

| Ebene | Struktur |
| --- | --- |
| *sequence layer* | Einheit für wahlfreien Zugriff auf den Kontext (Audio) |
| *group of picture layer* | Einheit für wahlfreien Zugriff auf die Video–Daten |
| *picture layer* | Primäre Codier–Einheit |
| *slice layer* | Resynchronisations–Einheit |
| *macroblock layer* | Bewegungs–Kompensations–Einheit incl. Bewegungsvektoren |
| *block layer* | DCT–Einheit |

Die horizontale, vertikale und zeitliche Auflösung eines Bildes sind im Prinzip frei wählbar. Um die Komplexität eines MPEG–Codecs in Grenzen zu halten, wurden jedoch die in Tabelle 5.4 zusammengefaßten Schranken gesetzt.

Man beachte, daß bezüglich der Verwendung einer Norm zur Datenkom-

**Tabelle 5.4.** Restriktionen im von der MPEG–Norm unterstützten Bildformat

| Parameter | Schranke |
|---|---|
| Horizontale Auflösung | $\leq 720$ |
| Vertikale Auflösung | $\leq 576$ |
| Zeitliche Auflösung | $\leq 30$ Hz |
| Anzahl *macroblocks* pro *Picture* | $\leq 396$ |
| Anzahl *macroblocks* pro Sekunde | $\leq 396{*}25$ |

pression innerhalb eines Austauschformats prinzipiell Unterschiede zwischen JPEG und JBIG einerseits und MPEG andererseits bestehen. Während bei JBIG und JPEG keine Annahmen zum verwendeten Farbraum und zur Bildgeometrie gemacht werden, ist dies in der MPEG–Norm implizit festgeschrieben. Darüber hinaus umfaßt ein MPEG–Datenstrom neben den Video–Daten auch Audio–Daten. Diese sind — wie in der Fernsehtechnik üblich — mit den Videodaten verschränkt (*interleaved*) angeordnet, damit die Audio/Video–Daten synchron präsentiert werden können. Daher umfaß die MPEG–Norm weit mehr als die kodierte Repräsentation komprimierter Bilddaten. Dies kann auch Probleme bereiten bei der Integration der MPEG–Norm in multimediale Anwendungen (siehe hierzu [244]).

Wie eingangs erwähnt, deckt die geschilderte MPEG–Norm den Bandbreitenbereich bis 1,5 Mbits/s ab. Aufgrund einer mehr oder weniger starken Lastenverschiebung auf die Kompressions–Komponente zugunsten möglichst schneller Dekompression, eignet sich das MPEG–Verfahren z.B. für CD–ROM–Anwendungen, nicht jedoch für bi–direktionale Kommunikation.

Zur bi–direktionalen Bewegtbild–Kommunikation auf Bandbreiten von $p \times 64$ kbit/s wurde die CCITT–Empfehlung H.261 entwickelt [45]. Sie ist in Kapitel 1.4 näher beschrieben. Um den Echtzeit–Anforderungen für Bildtelefon–Anwendungen gerecht zu werden, wurde die Verzögerungszeit des Codecs auf 150 ms begrenzt.

# 6. Bilddatenformate

*Christof Blum*

Ganz allgemein dient ein Datenformat zur Repräsentation von Daten auf einem Speichermedium oder Datenübertragungsmedium. Sofern das Datenformat zur Übertragung von Datenobjekten zwischen mehreren Anwendungen genutzt wird, kann man von einem *Austauschformat* sprechen. Zum Austausch der Datenobjekte bedarf es einer wohldefinierten Repräsentation der auszutauschenden Objekte. Im Gegensatz zu der *internen* Repräsentation — also der Darstellung der Daten im Programm bzw. im Rechner — handelt es sich hierbei um die *externe* Repräsentation dieser Objekte — also der Darstellung der Daten auf einem Speichermedium bzw. Datenübertragungsmedium.

Aufgrund der Datenabstraktion benötigt ein Programmierer im Prinzip keine Kenntnisse von der internen Repräsentation der in seinem Programm verwalteten Objekte. Die interne Repräsentation bleibt hinter den ihm zur Verfügung stehenden Zugriffsoperationen versteckt. Diese Vorgehensweise läßt sich sinngemäß auf die externe Repräsentation übertragen. Aus der Sicht des Programmierers bedarf es dann lediglich einer funktionalen Schnittstelle zur Generierung der externen Repräsentation seiner Objekte, sofern die geschaffene Repräsentation maschinenunabhängig ist, also als Schnittstelle in heterogenen Rechnernetzen verwendet werden kann. Beispiel einer funktionale Schnittstelle für den Datenaustausch in lokalen Netzen ist die vom Workstation–Hersteller SUN Microsystems entwickelte *eXternal Data Representation* (XDR) [246].

Zwar wird auf diese Weise die externe Datenrepräsentation für den Anwendungsprogrammierer verborgen, der Implementierer einer solchen funktionalen Schnittstelle benötigt jedoch die Kenntnis des externen Daten–*Formats*. Um den Datenaustausch in globalen Kommunikationsszenarien zu gewährleisten, ist daher — unabhängig von der Verfügbarkeit funktionaler Schnittstellen — die Spezifikation von Austauschformaten unerläßlich.

Gerade für speicherplatz–intensive Bilddaten existiert außerdem oftmals ein großer Unterschied zwischen der abstrakten Struktur der Objekte (also der für den Programmierer relevanten Struktur) und der Struktur der Daten in ihrer externen Repräsentation. Beispiele hierfür sind Datenkompression und Umordnung der sequentiellen Reihenfolge (z.B. für progressiven

Bildaufbau). Daher werden allgemeine funktionale Schnittstellen, die die abstrakten Strukturen *ohne* Freiheitsgrade auf externe Strukturen abbilden, aus der Sicht der Bildverarbeitung und Bildkommunikation den geschilderten Anforderungen kaum gerecht.

# 6.1 Syntax, Semantik und Kodierung

Für ein Datenformat, dessen Struktur syntaktisch beschrieben ist, können die folgenden drei Bestandteile, die zu einer vollständigen Spezifikation des Formats gehören, identifiziert werden:

- Die *Syntax:* Sie legt eine Reihenfolge und Untergliederung in *Syntax–Elemente* fest.

- Die *Sematik:* Sie gibt jedem Syntax–Element eine Bedeutung für den Anwender.

- Die *Kodierung:* Sie legt die kodierte Repräsentation der Syntax–Elemente auf dem Speicher– oder Übertragungs–Medium fest.

## 6.1.1 Syntax

Die Beschreibung der Syntax kann sowohl formal (mit Hilfe einer formalen Beschreibungstechnik) als auch informal (verbal oder z.B. anhand von Zeichnungen) erfolgen. Als formale Beschreibungstechniken werden Grammatiken verwendet. Das Datenformat kann dann als Sprache, also als die Menge aller aus der Grammatik ableitbaren Sätze, bezeichnet werden. Zur formalen Syntax–Beschreibung existieren bereits spezielle Beschreibungssprachen und Werkzeuge zur automatischen Code–Generierung und –Interpretation.

Nicht immer lassen sich durch eine kontextfreie Grammatik alle strukturellen Beziehungen zwischen den Syntax–Elementen ausdrücken. In Kapitel 6.2 wird dazu das Beispiel mit den symbolischen Referenzen gegeben. Häufig führen auch Erwägungen bezüglich Effizienz und Benutzer–Freundlichkeit dazu, nicht alle strukturellen Beziehungen durch die Grammatik "kontrollieren" zu lassen. Die Formulierung aller in der Syntax nicht ausgedrückten, jedoch implizit geforderten strukturellen Eigenschaften gehört zur Spezifikation jedes syntaktisch definierten Datenformats. Man beachte, daß die Aussage "syntaktisch korrekt" nicht notwendigerweise bedeutet, daß der vorliegende Datensatz widerspruchsfrei interpretierbar ist. Es schließt sich demnach an die syntaktische Überprüfung eine Überprüfung der Randbedingungen an, die nach der Methode der *attributierten Grammatik* bewerkstelligt werden kann. Aus der Sicht der Grammatik handelt es sich hierbei bereits um eine semantische Analyse, wenn auch aus der Sicht des Anwenders lediglich strukturelle Eigenschaften des Datensatzes überprüft werden.

## 6.1.2  Semantik

Die Definition der Semantik erfolgt per se verbal. Auch wenn diese scheinbar formal über Referenzen auf andere Formate geschieht, so ist sie letztendlich verbal, da nur eine von Menschen interpretierbare, also mithin verbale Beschreibung die Bedeutung von Dingen auszudrücken vermag. Dem Computer als reinem "Zeichenumsetzer" bleibt die eigentliche Bedeutung der Zeichen verschlossen[1]. Die Definition der Bedeutung von Daten ist jedoch unerläßlich, nicht nur um die direkte Interpretation der Daten durch den Menschen zu ermöglichen, sondern auch um die "bedeutungsgerechte" Weiterverarbeitung durch (vom Menschen geschaffene) formale Verfahren zu erlauben.

Nicht die Syntax alleine, sondern die Kombination aus Syntax und Semantik ist ausschlaggebend für die Strukturen und Informationen, die im Datenformat ausdrückbar und übermittelbar sind.

## 6.1.3  Kodierung

In Kapitel 6.2 werden unterschiedliche Beschreibungstechniken für Datenformate geschildert. Man kann zwischen solchen unterscheiden, die auf einer fest vorgegebenen Kodierung der Struktur–Elemente basieren und anderen, bei denen die Beschreibung von Syntax und kodierter Repräsentation der Syntax–Elemente unabhängig voneinander erfolgt. Die einzige Bedingung, die an die Kodierung gestellt werden muß, ist, daß sie stets das eindeutige Identifizieren der Syntax–Elemente (für alle in der Syntax erlaubten Auftrittsreihenfolgen der Elemente) gestatten muß.

Für Bilddatenformate stellt die *Effizienz* der Kodierung von Pixelfeldern ein wichtiges Kriterium dar. Die verschiedenen Möglichkeiten der verlustfreien oder verlustbehafteten Kompression von Bilddaten wurde in Kapitel 5 ausführlich erläutert.

# 6.2  Angewandte Beschreibungstechniken

Es werden nun Beschreibungstechniken vorgestellt, die bei der Spezifikation von Datenformaten häufig Anwendung finden. Untersucht wird, welche Strukturen sich durch die jeweilige Beschreibungstechnik bilden lassen und inwieweit sich die Strukturen durch eine formale, kontextfreie Syntax ausdrücken lassen.

## 6.2.1  Die Methode der absoluten Positionierung

Als *positional formats* werden Dateiformate bezeichnet, deren Struktur durch die einfache Methode definiert ist, jedem Element aufgrund der absoluten

---

[1] Welche prinzipiellen Grenzen es gibt, die Bedeutung von "Bedeutung" zu formalisieren, ist Gegenstand philosophischer Fragestellungen.

Position in der Datei eine Bedeutung zu geben. Eine Vielzahl von privat definierten und genutzten Dateiformaten basiert auf dieser einfach zu implementierenden Technik, die jedoch nicht flexibel bezüglich Erweiterungen ist. Lokale Änderungen in der Größe eines Datenfeldes (dies kann bei Generalisierungen von Datenfeldern erforderlich werden) wirken sich global aus. Ein durch absolute Positionierung spezifiziertes Format kann nicht formal anhand einer Syntax ausgedrückt werden, ohne daß eine bestimmte kodierte Repräsentation der Syntax-Elemente vorausgesetzt wird, da deren Längen in Bytes bekannt sein müssen. In Tabelle 6.1 ist ein Beispiel für einen durch absolute Positionierung spezifizierten Datei-*Header* gegeben. Die Spalte "Bemerkungen" enthält neben der Semantik des Datenfeldes auch Angaben zu Wertebereichbeschränkungen und Kodierung.

**Tabelle 6.1.** Beispiel eines durch absolute Positionierung spezifizierten Datei-*Headers* nach [32]

| Offset | Bytes | Bemerkungen |
|---|---|---|
| 0 | 1 | Nummer der dBase–Version<br>02H dBASE II–DBF–Datei |
| 1 | 2 | Zahl der Datensätze |
| 3 | 3 | Datum des letzten Schreibzugriffs<br>im Binärformat (TTMMJJ) |
| 6 | 2 | Recordlänge in Bytes (bis 1000) |
| 8-519 | 16*N | 16 Bytes pro Feld mit der Beschreibung<br>des Aufbaus (N max. 32) |
| 16*N+1 | 1 | Wert 0DH als Markierung Header Ende |

## 6.2.2   Die Methode der relativen Positionierung

Möchte man (beim Schreiben) Datenfelder an beliebiger Stelle innerhalb einer Datei positionieren können, so kann bestimmten Feldern die Bedeutung eines *offsets* gegeben werden, der beim Lesen zur Berechnung der absoluten Position eines bestimmten Datensatzes dient. Besteht keine sonstige Möglichkeit der Identifikation der referenzierten Daten, so muß sowohl der Dateianfang als auch die Struktur der Aufsetzpunkte entsprechend der Methode der absoluten Positionierung fest vorgegeben werden. Die Einführung von *offsets* kann beliebig geschachtelt werden. Nur die Segmente eines durch relative Positionierung beschriebenen Formats, die eine feste Abfolge einnehmen, nicht aber die durch *offsets* ausgedrückten Bezüge, können — unter Beachtung der oben formulierten Einschränkung — als formale Syntax formuliert werden.

### 6.2.3  Die Methode der Identifikation durch Bezeichner

Möchte man beim Lesen Datensätze weder durch absolute, noch durch relative Positionsbestimmung identifizieren können, so werden Bezeichner benötigt, die im folgenden auch *tags* genannt werden. Die Eindeutigkeit dieser Bezeichner entscheidet darüber, ob bzw. inwiefern zu ihrer Identifizierung der Kontext berücksichtigt werden muß. Das Dateiformat ergibt sich dann aus einer definierten Abfolge von Datenfeldern, die mit einem *tag* beginnen. Im einfachsten Fall ist das Auftreten der Datenfelder in völlig beliebiger Reihenfolge erlaubt. Abb. 6.1 zeigt eine solche Struktur, ausgedrückt als formale Syntax in BACKUS–NAUR–Form (BNF).

```
<format>           ::=   <tagged_field> *
<tagged_field>     ::=   <t_field_1> | <t_field_2> | ··· | <t_field_n>
<t_field_1>        ::=   T1 <field_1>
<t_field_2>        ::=   T2 <field_2>
...
<t_field_n>        ::=   Tn <field_n>
```

**Abb. 6.1.** Syntax für eine beliebige Sequenz mit Bezeichnern (*tags*) versehener Felder

Oft ist die Länge der Datenfelder (`field_i`) variabel. Eine einfache Methode zur Identifikation des Folge–Bezeichners bei variabler Länge der Datenfelder ist die Einführung von Längen–Angaben in den Datenfeldern. Zur Beschreibung der gesamten Struktur eines Datenfeldes kann entweder die Methode der absoluten oder relativen Positionierung angewendet werden oder wiederum die Methode der Identifikation durch Bezeichner. Ein Beispiel für ersteres ist in der Spezifikation des TIFF–Formats zu finden [7], die aus einer informalen Beschreibung der Identifikation durch Bezeichner und der Einführung von *offsets* zur relativen Positionierung besteht. Letzteres entspricht einer hierarchischen Schachtelung des *tag-field*–Konzepts. Diese Schachtelung kann beliebig tief erfolgen, bis hin zu elementaren Bestandteilen, die nicht weiter untergliedert werden brauchen. Felder auf höherer Ebene stellen jeweils Kollektionen von darunterliegenden Feldern dar. Es ergibt sich eine baumartige Struktur, ähnlich einer aus **Records** und **Arrays** bestehenden Datenstruktur. Ein Beispiel für eine Syntax zur Beschreibung einer beliebig tief geschachtelten Identifikation durch Bezeichner ist in Abb. 6.2 angegeben.

Da ein Datenfeld im allgemeinen Fall aus beliebig vielen bezeichneten "Unterfeldern" bestehen kann, wurde zur Identifikation der baumartigen Struktur eine Klammerung eingeführt. Dies kann auch durch Angabe der Länge (in Bytes) eines Datenfeldes, durch Angabe der Anzahl Unterfelder dieses Datenfeldes oder durch Einführung eines speziellen Ende–Bezeichners zu jedem Bezeichner geschehen[2].

---

[2] Diese Varianten unterscheiden sich nicht in der Strukturierungsmöglichkeit, sondern

```
<format>              ::=   <field> *
<field>               ::=   <constructed_field> | <elementary_field>
<constructed_field>   ::=   <constructor_tag> ( <field> * )
<constructor_tag>     ::=   TC1 | TC2 | TC3 | ··· | TCn
<elementary_field>    ::=   <elementary_tag> <element>
<elementary_tag>      ::=   TE1 | TE2 | TE3 | ··· | TEm
```

**Abb. 6.2.** Syntax für eine beliebige hierarchische Struktur mit *tags* versehener
Felder

Die in Kapitel 6.3 erläuterte abstakte Beschreibungssprache ASN.1 erlaubt die Spezifikation einer Syntax nach dem Schema der beliebig tief geschachtelten Identifikation durch Bezeichner. Die zu ASN.1 entwickelten
Kodierungsregeln BER (*basic encoding rules*) erlauben die Identifikation des
Endes eines Datenfeldes entweder durch Angabe der Länge (Modus *definite
length*) oder durch Verwendung von Ende–Bezeichnern (Modus *indefinite
length*). Eine weitere Spezifikationsmethode zur Trennung zwischen Syntax
und Kodierung bietet die *Standard Generalized Markup Language* (SGML)
[148].

Man beachte, daß für Formate, die durch eine derartige kontextfreie Syntax spezifiziert sind, ohne daß eine kodierte Repräsentation der Syntax-
Elemente fest vorgegeben ist, keine Referenzierung durch Längenangaben
(*offsets*) mehr möglich ist, sondern lediglich eine *symbolische Referenzierung*,
da auf der Ebene der Syntax–Beschreibung keine Kenntnis über Länge und
Plazierung der Objekte vorhanden ist. Dies bedeutet, daß die Referenzierung nicht formal ausgedrückt ist, sondern sich durch die Beschreibung einer
bestimmten Semantik (die der symbolischen Bezeichner) ergibt. Es können
dann syntaktisch korrekte Strukturen existieren, die symbolische Referen-
zierungen enthalten, die nicht den verbal definierten Regeln genügen (z.B.
Referenz auf einen Datensatz, der jedoch nicht in der Datei enthalten ist).

## 6.3  ASN.1

*Abstract Syntax Notation One* (ASN.1) ist die von CCITT und ISO genormte
Notation zur Beschreibung einer abstakten Syntax [43], [144]. Die ASN.1–
Notation stellt eine abstakte Beschreibungssprache dar, die vornehmlich zur
Spezifikation von  OSI–Kommunikations–Protokollen[3] entwickelt wurde [87].

Zu den mit den Mitteln von ASN.1 spezifizierten Normen gehören *File
Tranfer, Access, and Management* (FTAM) [141], *Message Handling System*
(MHS) [41] und *Open Document Architecture – Open Document Interchange
Format* (ODA/ODIF) [142].

---

darin, inwieweit wahlfreier Zugriff auf beliebige Datenfelder realisiert ist, bzw. welcher
Aufwand zur Positionierung getrieben werden muß.

[3]OSI bedeutet *Open Systems Interconnection* und bezeichnet das sieben–schichtige Referenzmodell für offene Kommunikation in Rechner–Netzen [42].

Zu ASN.1 existiert eine weitere Norm, die Regeln zur Kodierung von Daten enthält, die gemäß einer nach ASN.1 notierten Syntax vorliegen [44], [146]. Diese Regeln werden *Basic Encoding Rules* (BER) genannt. Sowohl die Syntax–Notation als auch die Kodierungsregeln wurden durch Addenda ergänzt [145], [147].

Die systematische Trennung zwischen Syntaxbeschreibung und Kodierung, die bei ASN.1 durch die Aufspaltung in zwei Normen (und deren Adenda) vollzogen wurde, ist für die Verwendung von ASN.1 essentiell. Sie erlaubt es, eine syntaktische Spezifikation des Austauschformates vorzunehmen, ohne hierdurch eine bestimmte Kodierung festzulegen. Die derzeitige Entwicklung neuer (und effizienterer) Kodierungsregeln [125], die alternativ zu den BER genutzt werden können, verdeutlicht die durch die oben genannte Trennung gewonnene Flexibilität.

ASN.1 ermöglicht es, aufbauend auf einer Menge elementarer Datentypen, zusammengesetzte, anwendungsorientierte Typen zu konstruieren und auf diese Weise die hierarchische Struktur eines Austauschformates oder Übertragungsprotokolls zu spezifizieren. Ein Modul–Konzept ermöglicht die Bündelung zusammengehöriger Typdefinitionen, sowie den Import externer Typen und Export der im Modul spezifizierten Typen.

## 6.3.1 Elementare Datentypen

Die elementaren Datentypen erlauben, Objekte unterschiedlichen Wertebereichs zu repräsentieren. Weitere Unterscheidungsmerkmale im Hinblick auf Funktionalität, entsprechend der Definition von (abstrakten) Datentypen in Programmiersprachen, sind in ASN.1 nicht gegeben.

- BOOLEAN
  Der Wertebereich dieses Datentyps ist {`wahr`, `falsch`}.

- INTEGER
  Der Wertebereich dieses Datentyps ist die Menge aller natürlichen Zahlen. Es existieren keine Beschränkungen auf einen Unterbereich.

- REAL
  Der Wertebereich dieses Datentyps ist die Menge aller reellen Zahlen. Dieser im Addendum eingeführte Datentyp wird auf drei Integer–Typen zurückgeführt:

$$Realwert = Mantisse \times Basis^{Exponent}. \tag{6.1}$$

- ENUMERATED
  Dieser Datentyp repräsentiert den Aufzählungstyp.

- BIT STRING
  Dieser Datentyp repräsentiert binäre Werte beliebiger Länge. Hiermit

können Objekte repräsentiert werden, die nicht notwendigerweise auf Wort–Grenzen ausgerichtet sein müssen.

- `OCTET STRING`
  Dieser Datentyp repräsentiert binäre Werte, deren Länge ein Vielfaches von 8 betragen muß. Hiermit können alle Objekte repräsentiert werden, die auf Byte–Grenzen ausgerichtet sind.

- `NumericString`, `PrintableString` und `IA5String`
  Diese drei Datentypen stellen Spezialisierungen des `OCTET STRING`s dar. Während der Wertebereich eines einzelnen Bytes im `NumericString` auf die Ziffern 0 bis 9 beschränkt ist, sind für den `PrintableString` alle groß– und klein–geschriebenen Zeichen, sowie Punktionszeichen und Freizeichen erlaubt. Der Wertebereich des `IA5String`s entspricht dem von der CCITT genormten internationalen Alphabet 5 (IA 5), bekannt als ASCII–Zeichensatz.

- `NULL`
  Der Wertebereich dieses Datentyps ist die leere Menge. Der Typ stellt einen Platzhalter dar, der innerhalb eines zusammengesetzten Typs (`CHOICE`, siehe unten) die Wahl einer bestimmten Alternative auszudrücken vermag.

Jedem dieser elementaren Datentypen ist ein Bezeichner *tag* zugeordnet. Die Typ–Erkennung in einem Datenstrom, dessen Syntax in ASN.1 spezifiziert ist, erfolgt anhand dieser *tags*.

## 6.3.2  Zusammengesetzte Typen

Zur Konstruktion zusammengesetzter Typen, stellt ASN.1 die folgenden Konstruktoren zur Verfügung, denen auch eindeutige Kennungen zugeordnet sind:

- `SEQUENCE`
  Hiermit kann ein Typ konstruiert werden, der aus einer beliebigen Anzahl von Elementen unterschiedlichen Typs bestehen kann. Die Elemente sind in ihrer Auftrittsreihenfolge eindeutig geordnet.

- `SEQUENCE OF`
  Hiermit kann ein Typ konstruiert werden, der aus einer beliebigen Anzahl von Elementen desselben Typs besteht.

- `SET`
  Hiermit kann ein Typ konstruiert werden, der aus einer ungeordneten Menge von Elementen unterschiedlichen Typs besteht.

- `SET OF`
  Hiermit kann ein Typ konstruiert werden, der aus einer ungeordneten Menge von Elementen desselben Typs besteht.

Die Elemente eines zusammengesetzten Typs können ihrerseits als beliebige, elementare oder zusammengesetzte Typen repräsentiert werden. Somit sind Rekursionen erlaubt. Um die Wahlmöglichkeit zwischen mehreren Alternativen ausdrücken zu können, existiert das `CHOICE`–Konstrukt. Im Unterschied zu den oben genannten Konstrukten bildet es jedoch keine Einheit, die durch ein *tag* gekennzeichnet ist. Um ein Element innerhalb eines Konstrukts als optional zu deklarieren, existiert das Schlüsselwort `OPTIONAL`.

Die vorgestellten Methoden zur Spezifikation eines zusammengesetzten Typs weisen alle Merkmale auf, die zur Formulierung von Produktionsregeln einer kontextfreien Grammatik benötigt werden. Als Beispiel für die Definitionsweise eines zusammengesetzten Typs sei ein fiktiver Typ `ImageHeader` angegeben, der Informationen zur Verwaltung von Bilddatensätzen zusammenfaßt. Neben dem Titel des Bildes, dem Namen des Erzeugers und dem Erzeugungsdatum können hierarchische Schachtelungen ausgedrückt werden. Die Bezeichner `title`, `creator`, etc. dienen dem Benutzer zur symbolischen Bezeichnung der Komponenten. Sie hat keine Relevanz für die Syntax:

```
ImageHeader ::= SEQUENCE
  {
  image-title     IA5String
  creator         IA5String OPTIONAL,
  date-and-time   GeneralizedTime,
  subimages       SEQUENCE OF ImageHeader OPTIONAL
  }
```

### 6.3.3   Typ–Bezeichner

Da mehrere Komponenten eines zusammengesetzten Typs durch den gleichen Typ repräsentiert werden können, und darüber hinaus Komponenten als optional oder als Alternativen innerhalb eines `CHOICE`–Konstrukts vereinbart werden können, ist die eindeutige Identifikation der Komponenten innerhalb eines Datenstromes alleine durch die Typ–Bezeichner nicht notwendigerweise gewährleistet. Deshalb stellt ASN.1 weitere Möglichkeiten zur Vergabe von Bezeichnern (*tags*) bereit, die sich im Geltungsbereich unterscheiden. Es wird zwischen den folgenden vier Klassen unterschieden:

- Die Klasse `UNIVERSAL`
  Sie umfaßt Bezeichner, die global eindeutig sind. Dieser Klasse gehören die Bezeichner an, die für die elementaren Typen und Konstruktoren vergeben wurden. Universelle Bezeichner können nicht vom Anwender vergeben werden.

- Die Klasse `APPLICATION`
  Sie umfaßt Bezeichner, die eine applikations–weite Gültigkeit haben. Die Bezeichner können bei der Spezifikation eines ASN.1–Moduls vergeben werden und müssen innerhalb des Moduls eindeutig sein. Sie bezeichnen jeweils einen zusammengesetzten Typ.

- Die Klasse `PRIVATE`
  Sie umfaßt Bezeichner, die als benutzer–spezifische Erweiterungen von internationalen Standards dienen. Die Vergabe der Bezeichner entspricht der Vergabe von applikations–spezifischen Bezeichnern.

- Die Klasse der kontextspezifischen Bezeichner[4]
  Sie umfaßt Bezeichner, die nur innerhalb einer einzigen Deklaration eines zusammengesetzten Typs Geltung haben. Die Bezeichner werden somit nicht an den konstruierten Typ, sondern an dessen Elemente geheftet.

Zur Vermeidung oben genannter Ableitungsprobleme genügt es, kontextspezifische Bezeichner innerhalb der kritischen Typdeklarationen zu verwenden. Durch explizites *tagging* können sich Redundanzen ergeben, da die ursprüngliche Typinformation nicht automatisch durch die neuen *tags* überschrieben wird. Um diese Redundanzen zu vermeiden, kann mit dem Schlüsselwort `IMPLICIT` der ursprüngliche Typ unterdrückt werden. Insgesamt trägt der Spezifizierer einer in ASN.1 ausgedrückten Syntax die Verantwortung bezüglich eindeutiger Ableitbarkeit.

### 6.3.4  Erweiterbarkeit

Neben den bereits vorgestellten elementaren Datentypen und Konstruktoren existieren in ASN.1 weitere Typen, die im Hinblick auf Erweiterbarkeit und Verwendbarkeit innerhalb internationaler Normen von Bedeutung sind:

- `ANY`
  Der Typ `ANY` dient als Platzhalter für einen beliebigen ASN.1–Datentyp. Dieser kann elementar oder zusammengesetzt sein. Dort, wo ein Element einer vorgegebenen Syntax den Datentyp `ANY` besitzt, kann eine Applikation beliebige Erweiterungen einklinken.

- `EXTERNAL`
  Um auf extern definierte Repräsentationsformen zu verweisen, kann der Typ `EXTERNAL` genutzt werden. Aus der Sicht eines ASN.1–Werkzeugs (Decoder oder Encoder) wird jedes Objekt — also auch ein als extern deklariertes — durch elementare ASN.1-Typen (z.B. `OCTET STRING` oder `BITSTRING`) repräsentiert; die Interpretation der Werte ist jedoch im Falle des Typs `EXTERNAL` anderweitig beschrieben. Auf diese Weise kann beispielsweise ein ASN.1–`OCTET STRING` als Pixelfeld aufgefaßt werden, wobei jedes Pixel gemäß einer extern definierten Kodierung repräsentiert wird.

- `OBJECT IDENTIFIER`
  Hiermit stellt ASN.1 die Möglichkeit der Referenzierung externer, genormter ASN.1–Module zur Verfügung. Der Typ `OBJECT IDENTIFIER`

---

[4]Im Gegensatz zu den anderen Klassen existiert hier kein ASN.1–Schlüsselwort.

stellt eine baumartige Klassifizierung von ISO/IEC–Normen und CCITT–Empfehlungen bereit.

## 6.3.5 Basic Encoding Rules

Die *Basic Encoding Rules* (BER) für ASN.1 basieren auf dem sogenannten *tag–length–value*–Prinzip (TLV). Danach werden jedem zu repräsentierenden Wert zwei Felder vorangestellt, die Typinformation und die Längeninformation. Für die Längeninformation existieren zwei Varianten: Es kann entweder eine explizite Längenangabe dem Wertefeld vorangestellt werden oder lediglich ein Vermerk, daß das Wertefeld durch eine EOC–Kennung *(End–Of–Content)* abgeschlossen ist. Erstere Variante führt zur folgenden Struktur:

| Typinformation | Längeninformation | Wertefeld |
| --- | --- | --- |

Die Typinformation setzt sich aus dem Wert des *tags* und dessen Klasse zusammen. Da Datenwerte beliebiger Länge repräsentiert werden können müssen, existiert das Längenfeld, das es ermöglicht, den Anfang der nächsten TLV–Einheit zu bestimmen. Man beachte, daß das Längenfeld selbst unterschiedliche Länge aufweisen kann.

Für jeden elementaren Datentyp existiert eine hardware–unabhängige Kodierungsvorschrift. Die Länge des Datenfeldes eines elementaren Typs hängt von dessen Wert ab.

Zur Repräsentation zusammengesetzter Datentypen wird das TLV–Konzept hierarchisch geschachtelt: Das Wertefeld des zusammengesetzten Typs (z.B. SEQUENCE OF) beinhaltet die Typ–, Längen–, und Wertefelder der Elemente. Die Kodierung der Längeninformation eines zusammengesetzten Typs erfordert die Kenntnis der Längen sämtlicher Elemente dieses Typs. Diese über alle Hierarchiestufen bis hin zu den elementaren Datentypen laufende Berechnung kann je nach vorgegebener Syntax und Datenmenge sehr rechenaufwendig sein, sie muß jedoch vor der Speicherung der Elemente geschehen, da sich der Platzbedarf des Längenfeldes nach der ermittelten Länge richtet. Da dies zu einer erheblichen Komplexität des Kodiervorganges führen kann, existiert, wie oben angedeutet, die Methode der impliziten Längenangabe durch EOC–Markierung:

| Typ | EOC flag | Inhalt | EOC |
| --- | --- | --- | --- |

Mit dieser Methode kann ein Datenstrom effizient kodiert werden, ohne daß die gesamte Länge der zu kodierenden Daten am Anfang der Kodierphase bekannt sein muß.

# 6.4  Existierende Bilddatenformate

Eine Vielzahl von Formaten zum Austausch und zur Archivierung von Bilddaten befindet sich heute in Gebrauch. Die meisten dieser Formate wurden in Anlehnung an eine bestimmte Applikation oder eine bestimmte Nutzergruppe entworfen. Daher enthalten solche Bilddatenaustauschformate nicht nur die reinen Bilddaten (ikonischen Daten), sondern auch Daten und Attributsätze, welche nur in einem spezifischen Anwendungskontext Sinn machen. In vielen Bilddatenformaten gibt es keine klare Trennung zwischen den eigentlichen Bilddatenstrukturen, den Bildattributen, sowie den Kodierungs und Kompressionsparametern. Darüber hinaus erschweren implizit getroffene Annahmen über das in einem bestimmten Format zu beschreibende Bild die Interpretation dieses Formats, und/oder die korrekte Wiedergabe seines ikonischen Inhalts. Überdies sind die meisten derzeit gebräuchlichen Bildaustauschformate nicht international genormt.

In diesem Kapitel wird zunächst eine Übersicht über existierende Formate gegeben. Weiterhin werden Kriterien entwickelt, die zur Klassifikation von Formaten gemäß deren Leistungsmerkmalen herangezogen werden können. Abschließend wird auf die allgemeine Problematik des Konvertierens zwischen unterschiedlichen Bilddatenformaten eingegangen. Aufgrund der geschilderten Konvertierungsproblematik und der eingangs erwähnten Defizite existierender Formate wurde ein internationales Normungsvorhaben zur Schaffung eines universellen Bilddatenaustauschformats (IIF–DF)[5] gestartet. Dies ist in Kapitel 9 beschrieben.

In der folgenden Übersicht werden wichtige derzeit gebräuchliche Bilddaten–Austauschformate — gegliedert nach deren Einsatzgebieten[6] — genannt[7].

## 6.4.1  Telematik

Hierzu gehören die Faksimile–Dienste Gruppe 3 und 4, deren Bildformate bereits in Kapitel 5.5.1 im Zusammenhang mit den Kompressionsverfahren und in Kapitel 1.4 aus der Sicht der Telematik–Dienste beschrieben wurde[8].

Ein weiteres Beispiel eines Telematik–Dienstes, der den Austausch digitaler Bilddaten unterstützt, ist *Photovideotex* [171]. Die Spezifikation dieses Dienstes einschließlich der Beschreibung des Bildformats wird derzeit vom ETSI (*European Telecommunications Standards Institute*) durchgeführt. Das Format soll den Austausch von farbigen Festbildern unterstützen, die gemäß der JPEG–Norm[9] [132] komprimiert wurden.

---

[5]IIF–DF bedeutet *Image Interchange Facility – Data Format.*

[6]Die genannten Einsatzgebiete überlappen sich teilweise, jedoch lassen sich für jedes Gebiet repräsentative Vertreter der Austauschformate nennen.

[7]Natürlich erhebt die Übersicht keinen Anspruch auf Vollständigkeit.

[8]Siehe auch [261].

[9]Siehe Kapitel 5.5.3.

## 6.4.2 Desktop–Publishing

Im Desktop–Publishing–Bereich existiert eine Vielzahl herstellerspezifischer Formate. Typische und weit verbreitete Vertreter sind das *Tag Image File Format* (TIFF) [7], [8] und das *Graphics Interchange Format* (GIF) [49].

TIFF Version 5.0 [7] unterstützt den Austausch von Binärbildern, Grauwertbildern, *RGB*–Farbbildern sowie mittels Look–up–Tabellen definierter Farbbilder. Es werden mehrere Arten der seriellen Anordnung der ikonischen Daten unterstützt (Zeilen– vs. Farbauszugs–Periodizität). TIFF kennt einen umfangreichen Bildattributsatz, welcher die exakte Farbwiedergabe eines übermittelten diskreten Bildes ermöglicht.

Die seit Mai 1992 herausgegebene TIFF–Version 6.0 [8] unterstützt weitere Farbmodelle (u.a. *CMYK*), erweiterte Bilddatenstrukturen (u.a. *tiling* — Zerlegung eines Bildes in kleinere rechteckige Einzelbilder), und neue Bildkompressionen, darunter das JPEG–Verfahren (siehe Kapitel 5.5.3).

## 6.4.3 Prepress

Ein in der Druckvorstufe (*prepress*) verbreitetes Format ist das von der ANSI (*American National Standard Institute*) standardisierte IT8.1. Es enthält ein sogenanntes *User Exchange Format* (UEF00), um Farbbilder auf Magnetbändern abzuspeichern. Das UEF unterstützt druck–typische Anforderungen, wie das *CMYK*–Farbmodell und vom Benutzer frei–definierte Farbmodelle, sowie das *RGB*– und *Luv*– Farbmodell. Anhänge zum IT8.1 — als IT8.2, IT8.3, usw. numeriert — enthalten Formate zum Austausch weiterer im Druckbereich benötigter Daten, u.a. geometrischer Daten (*geometric art*), wie Vektoren, Linien, etc[10].

## 6.4.4 Multimediale Dokumentenverarbeitung

Repräsentativer Vertreter für Austauschformate im Bereich der multimedialen Dokumentenverarbeitung ist die *Open Document Architecture / Open Document Interchange Format* (ODA/ODIF) [142]. Die ODA/ODIF–Norm wird zukünftig auch innerhalb der Telematik–Dienste eingesetzt werden.

Der Ursprung dieser Norm liegt in der Bestrebung, eine Dokumenten–Architektur für die offene Büro–Kommunikation zu schaffen, weshalb das Kürzel *ODA* zuvor für *Office Document Architecture* stand. Der Ausdehnung des Dokumentenbegriffs auf die Repräsentationstypen *Audio* und *Bild* wird gegenwärtig Rechnung getragen, indem entsprechende Inhalts–Architekturen (*Content Architectures*) zur ODA/ODIF–Norm ergänzt werden. Das Prinzip der Erweiterbarkeit auf der Ebene der Inhalts–Architekturen, die die Grund–Bausteine eines hierarchisch strukturierten ODA–Dokuments darstellen, ist in der Norm verankert.

---

[10]Siehe [9].

Die derzeit verfügbare *Raster Graphics Content Architecture* war anfänglich auf die Repräsentation von Binärbildern im Faksimile–Format begrenzt. Durch zwei Adenda zur Norm wurde sie um *tiling*–Mechanismen (Kachelung) und Farbrepräsentationen erweitert. Um in Zukunft auch Bewegtbilder repräsentieren zu können und effiziente Kodierungen gemäß JBIG, JPEG und MPEG für Fest– und Bewegtbilder zu erlauben, wird gegenwärtig eine neue *Still and Moving Image Content Architecture* (SMICA) auf der Basis des IIF–Datenformats erarbeitet [139][11].

### 6.4.5   Interaktive multimediale Systeme

In dieser Kategorie existieren zwei wichtige De–facto–Normen: Digital Video Interactive (DVI) [220] und Compact Disc–Interactive (CD–I) [165]. Beide zeichnen sich durch Formate aus, die es gestatten, multimediale Dokumente derart effizient zu speichern, daß Interaktivität und Bewegtbild–Präsentation in Echtzeit bei gegebener Bandbreite von 150 kbytes/s ermöglicht wird. Aufgrund des *read–only*–Szenarios bei CD–ROM–Anwendungen wurden die Verfahren zur Datenkompression stark asymmetrisch gestaltet. Zum Austausch der Daten in einer offenen Umgebung wurden die Datenformate nicht konzipiert.

### 6.4.6   Medical Imaging

Für den Bilddatenaustausch im medizinischen Bereich wurde das ACR/NEMA–Format [54] konzipiert.   Es gestattet den Austausch von in der Medizin gebräuchlichen Bildtypen wie Röntgen– und Tomographiebilder und begleitende Patientendaten. Das ACR/NEMA–Format umfasst nicht nur ein (Bild–)Datenformat, sondern auch Spezifikationen für ein Hardware–Interface und ein Konzept für die Anbindung von peripheren Bildverarbeitungs–Geräten (Sensoren, Drucker, Rechner, etc.).   Damit könnte man das ACR/NEMA eher als Konzept für eine medizinische Bildverarbeitungs–Umgebung bezeichnen als nur als ein bloßes Bildaustauschformat.

### 6.4.7   Fernerkundung

Ein typischer Vertreter eines Bilddatenformats für die Fernerkundung ist das LANDSAT TM *Tape Format* [80], welches für die Übertragung und den Austausch von multispektralen Bildern verwendet wird, die der Erdbeobachtungs–Satellit LANDSAT von der Erdoberfläche aufnimmt. Das LANDSAT TM–Bandformat enthält einen komplexen spezifischen Attributsatz, welche den Prozeß der Aufnahme des übermittelten Bildes genau beschreibt. Hierzu gehören die genauen Orbitaldaten, Bahnbewegung des

---

[11]Siehe hierzu Kapitel 9.

Satelliten, die geometrische Verzeichnung (Distorsion) der Aufnahme, der Zeitpunkt der Aufnahme, etc.

### 6.4.8   Geräteausgabe

Zur Geräteausgabe existieren viele gerätespezifische Formate (engl.: *device formats*), die eine gerätenahe Darstellungsform des Bildinhalts unterstützen.

Für den De–facto–Standard X–Windows existiert das *Portable Pixmap*–Format (PPM) [207].

Normalerweise sind Geräte–Formate stark am Bildausgabe– oder dem Bildakquisitions–Mechanismus eines bestimmten Gerätes, z.B. eines Druckers oder einer Kamera, orientiert. In letzter Zeit sind jedoch auch Geräte verfügbar, welche eine hohe lokale Rechenleistung haben, derart, daß auch höhere und komplexere Formate direkt von einem Gerät erzeugt oder interpretiert werden können.

Ein Beispiel hierfür ist die Verfügbarkeit von PostScript–fähigen Laserdruckern. In ähnlicher Weise könnten in einiger Zeit auch Hardcopy– Geräte verfügbar sein, welche direkt das neue IIF–Bilddatenformat der ISO/IEC verstehen[12].

### 6.4.9   Interne, geheime und private Formate

Neben den oben dargelegten öffentlich zugänglichen, z.T. international normierten, Bildaustauschformaten gibt es eine Vielzahl privater Formate. Diese Formate sind in ihrer Verbreitung stark eingeschränkt, z.T. geheim. Solche Formate werden typischerweise vom Militär oder von Geräteherstellern verwendet, die ihre Systeme gegen den Daten–Import und/oder –Export von und zu anderen (Konkurrenz–)Systemen schützen wollen. Diese Art des "Bildaustauschs" ist mit den Konzepten einer offenen Bildkommunikation nicht vereinbar.

## 6.5   Klassifikationskriterien

Möchte man die Eigenschaften mehrerer Formate zum Bilddatenaustausch gegenüberstellen, werden Klassifikationskriterien benötigt.

Primäres Kriterium zur Klassifikation eines Bildformats ist das *Anwendungsgebiet*, in dem es eingesetzt wird, bzw. für das es konzipiert wurde. Das Anwendungsgebiet beeinflußt die gesamte Struktur des Formats, die anhand aller weiterer Klassifikationskriterien näher erfaßt wird. Es stellt somit ein Meta–Kriterium zur Einordnung von Bildformaten dar.

Die zur Formatbeschreibung gewählte *Beschreibungstechnik* stellt das nächste Kriterium dar. Die Grundlagen hierfür wurden in Kapitel 6.2 ge-

---

[12]Vergleiche hierzu Kapitel 4.2.2.

nannt. Zur Definition jedes offengelegten[13] und syntaktisch beschriebenen Datenformates wurden in Kapitel 6.1 die Bestandteile *Syntax*, *Semantik* und *Kodierung* identifiziert. Diese Begriffsbildung kann zur Klassifizierung aller Formate zugrunde gelegt werden und dort, wo sich aufgrund der Beschreibungsart keine klare Trennung zwischen Syntax und Kodierung ziehen läßt, dieses vermerkt werden.

Die Kombination aus Syntax und Semantik ist ausschlaggebend für die Strukturen und Informationen, die im Dateiformat ausdrückbar und übermittelbar sind. In Anlehnung an eine funktionale Bildbeschreibung, bestehend aus Definitions- und Wertebereich einer Bildfunktion, können die folgenden drei Kriterien formuliert werden:

- Welche Strukturen zur Repräsentation des Definitionsbereichs (Dimensionalität und Indexbereich des Bildrasters) eines Bildes werden unterstützt?

- Welche Strukturen zur Repräsentation des Wertebereichs (Pixel–Typen und Bildkanäle) eines Bildes werden unterstützt?

- Welche Attribute zur Formulierung der Abbildung des Definitions- und Wertebereichs auf physikalische Maße werden unterstützt?

Für alle Strukturen und Attribute kann zwischen frei wählbaren und implizit vorgegebenen unterschieden werden.

Einige Formate umfassen neben den reinen Bilddaten weitere, anwendungsbezogene Informationen. Dies gilt z.B. für Formate im medizinischen Bereich, in denen Patientendaten und bestimmte Konventionen über die ikonische Darstellung von Körperteilen zur Formatspezifikation gehören. Art, Umfang und Integration der anwendungsspezifischen Daten stellt ein weiteres Kriterium dar.

Die Kodierung der Syntax–Elemente entscheidet (zusammen mit der Syntax) über die sequentielle Datenanordnung und die Möglichkeiten des wahlfreien Zugriffs auf die Pixeldaten. Diese Eigenschaften werden auch zur Klassifikation der Bildformate herangezogen. Desweiteren können noch die Hardware–Unabhängigkeit der kodierten Repräsentation sowie die Verfügbarkeit von effizienten Kompressionsschemata im Zusammenhang mit der Kodierung als Kriterien genannt werden. Hierzu wurde bereits in Kapitel 5 ausführlich erläutert.

Einige Bildformate beinhalten Spezifikationen, die über die reine Formatbeschreibung — so wie sie oben definiert ist — hinausgehen. Die Verknüpfung einer Formatbeschreibung mit weiteren Systembeschreibungen stellt somit eine weitere Kategorie zur Klassifikation dar.

---

[13] "Offengelegt" bedeutet, daß es nicht hinter einer funktionalen Schnittstelle verborgen ist.

## 6.6 Das Konvertierungsproblem

Für die tägliche Praxis des Bilddatenaustauschs macht sich das Fehlen eines übergreifenden, standardisierten Konzepts nachteilig bemerkbar. Im Fall eines applikations–übergreifenden Bilddatenaustauschs kann sich die Vorgehensweise als sehr umständlich und ineffizient herausstellen; die einzelnen Schritte sind dann:

- Auswahl eines Bilddatenformats für das zu sendende Bild;

- Auswahl eines Datentransportdienstes, entweder über ein Netz, oder über einen Datenträger;

- Verständigung mit dem Empfänger des Bildes, ob er die Daten erhalten hat, ob sie verständlich sind, verbale Erklärung des verwendeten Formats.

Es ist zudem sehr wahrscheinlich, daß der Empfänger eine Formatkonversion vornehmen muß, da das Format des Senders nicht mit seinem Bildverarbeitungssystem zusammenpaßt. Dieses erfordert entsprechende Formatkonvertierungs–Software, und unter Umständen geht durch die Konvertierung ein Teil der zu übertragenden ikonischen Information verloren.

Maximal braucht man $n \cdot (n-1)$ Konvertierungs–Programme, um jeweils zwischen $n$ verschiedenen Formaten eine Konvertierung vornehmen zu können. Durch die Einführung eines standardisierten, allgemein verwendeten Bildaustauschformats würde sich die Anzahl der erforderlichen Konverter drastisch auf $2 \cdot n$ verringern, weil pro (privatem) Format nur mehr ein Post- und ein Pre–Prozessor (Hin– und Rück–Konverter) zum allgemeinen, standardisierten Format erforderlich ist. Natürlich hat ein solches allgemeines Bilddatenaustauschformat möglichst viele Eigenschaften der bislang verwendeten Formate in sich zu vereinigen, es braucht also eine sehr große Flexibilität bezüglich der Datenorganisation. Zu den Bestrebungen der ISO/IEC, ein allgemein gültiges Bilddatenaustauschformat zu definieren, siehe Kapitel 9 über die IPI–Norm.

# 7. Segmentierung

*Axel Hildebrand und Peter J.Neugebauer*

## 7.1   Sinnesphysiologische Aspekte

Schon im griechischen Altertum beschäftigten sich die Naturphilosophen mit der Funktionsweise des visuellen Systems. Eine systematische und experimentelle Untersuchung der Vorgänge erfolgt allerdings erst seit Anfang des 20. Jahrhunderts [161]. Wesentliche Erkenntnisse hinsichtlich der Funktionsweise einzelner Regionen des visuellen Apparats wurden dabei von den Nobelpreisträgern HUBEL und WIESEL [117] in den 60er Jahren beigetragen. Ihnen gelang die Erforschung der Sinneszellen im Auge und Gehirn, und insbesondere der Existenzbeweis von Zellen die auf einen Reiz einer bestimmten Orientierung reagieren. Die Verbindung von wahrgenommenen Bildprimitiven zu Objekten einer höheren Beschreibungsebene wurde von MARR [182] in den 70er Jahren untersucht. Weitere interessante Aspekte hinsichtlich der Gruppierungsregeln des visuellen Systems bezüglich einzelner Bildprimitiva gehen aus der Gestaltpsychologie hervor[1].

### 7.1.1   Die Verarbeitung visueller Information

Die Verarbeitung visueller Information beginnt im Auge: Die Grundlage für die Weiterverarbeitung der an dieser Stelle aufgenommenen visuellen Information, besteht in der Empfindlichkeit, Größe, Anzahl und Verteilung der Photorezeptoren auf der Netzhaut (Retina). Zwei prägnante Stellen der Retina sind hervorzuheben: der blinde und der gelbe Fleck. Am blinden Fleck treten die Nervenfasern aus dem Augapfel heraus und werden zu höheren Verarbeitungseinheiten des Gehirns weitergeleitet. An dieser Stelle besitzt das Auge keine Rezeptoren: Licht, das auf diese Region der Netzhaut fällt wird nicht wahrgenommen. Demgebenüber bezeichnet der gelbe Fleck (Foveola bzw. Netzhautgrube), der sich in unmittelbarer Nähe zur optischen Achse befindet, die Stelle, an der das schärfste Sehen möglich ist.

---

[1]siehe Abschnitt 7.1.5 (S.179)

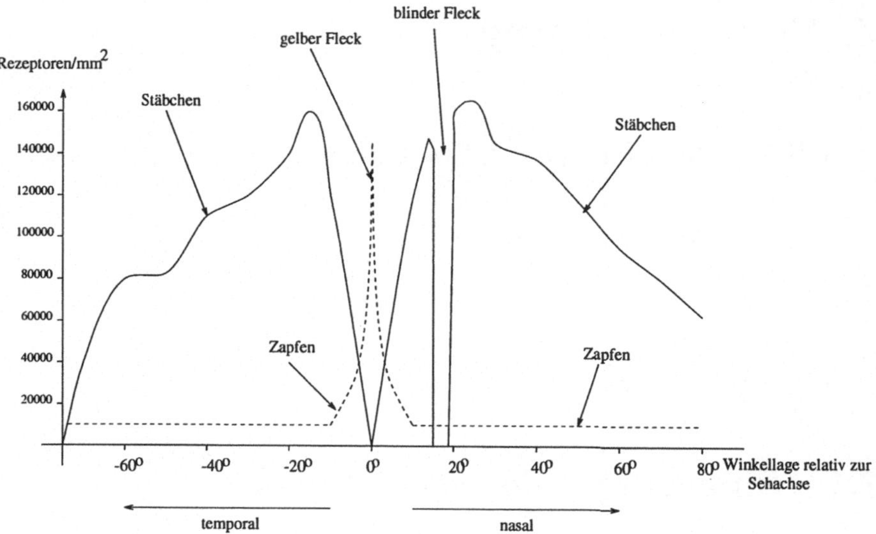


**Abb. 7.1.** Dichte der Zapfen und Stäbchen entlang des horizontalen Meridians der Retina nach [161]

Die Sinnesrezeptoren setzen sich aus zwei Typen, den Zapfen und den Stäbchen zusammen. Im Bereich des gelben Flecks, einer Region von etwa $1\ mm^2$, existieren vor allem Zapfen, die das Farbsehen ermöglichen (siehe Abb. 7.1). Dieses Gebiet entspricht etwa 1° Sehwinkel, bzw. einer Fläche von $2.5\ cm^2$ in einer Entfernung von einem Meter [161]. Mit zunehmender Exzentrizität vermindert sich die Anzahl der Zapfen, d.h. die Sehstärke nimmt ab. Neben den Zapfen existieren auf der Netzhaut sogenannte Stäbchen, welche nicht farbsehfähig sind. Stäbchen ermöglichen den Sehvorgang bei geringer Leuchtdichte, wohingegen Zapfen Farbinformationen bei hellem Tageslicht liefern. Daraus folgt, daß das Farbsehvermögen bei Veringerung der Leuchtdichte abnimmt. Licht, das auf die Photorezeptoren der Retina, den Zapfen und Stäbchen trifft, löst dort einen Reiz aus, der über Ganglienzellen, deren Nervenfasern den Sehnerv bilden, zum primären Sehfeld übertragen wird (siehe Abb. 7.2). Direkt im Auge wird das Bildsignal durch die Dichte der Zapfen und Stäbchen diskretisiert. Bei der Erkennung von Konturen und Bewegungsreizen ist die *primäre visuelle Kortex* von besonderer Bedeutung. In dieser Region wird noch keine vollständige Analyse der sensorischen Information durchgeführt, sondern es werden zunächst elementare Formmerkmale identifiziert und erkannt. Die Funktionsweise dieser Region mit Zelltypen unterschiedlicher Augen und Orientierungsdominanz wurde von HUBEL und WIESEL erforscht [118]. In sogenannten *Hyperkolumnen* sind Zellen mit differierenden rezeptiven Feldern angeordnet. So unterscheidet man Kanten-, Spalt- und Liniendetektoren. Die Operationen, die durch das visuelle System bis zu dieser Stelle durchgeführt wurden werden häufig in der Bildverarbeitung unter dem Stichwort *low level*-Verfahren zusammengefaßt.

Für den weiteren Verarbeitungs- bzw. Erkennungsprozeß wird die gewonnene Information zu benachbarten Gebieten in der Kortex weitergeleitet. Die wesentlichen Verarbeitungsschritte des Bildverstehens unter anderem die Orientierung im Raum sowie die Erfassung dreidimensionaler Szenen und Gegenstände (siehe Kapitel 8.3 (S.232) und Kapitel 8.5 (S.277)), finden in der Großhirnrinde (cerebrale Kortex) statt. Aufgrund ihrer komplexen Struktur ist ihre Funktionsweise bisher nur zum Teil erforscht [31].

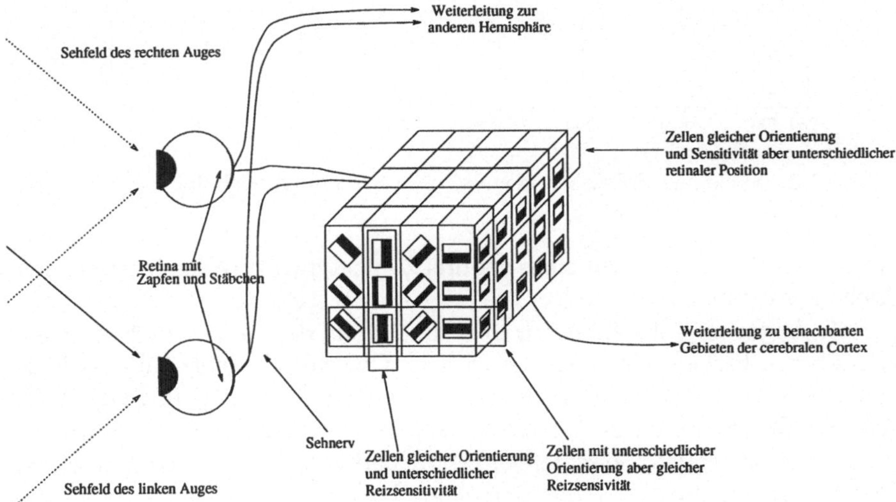


**Abb. 7.2.** Der Weg der visuellen Information vom Auge zu den Hyperkolumnen der visuellen Kortex

## 7.1.2 Farbsehen

Das sichtbare Licht stellt nur einen kleinen Bereich des gesamten Spektrums dar. Für den Mensch ist elektromagnetische Strahlung mit einer Wellenlänge zwischen 380 $nm$ (violett) und 780 $nm$ (rot) sichtbar (siehe Abb. 7.3). Außerhalb dieses Bereichs hat der Mensch keine Helligkeitsempfindung. Man kann die Strahlung allerdings teilweise aufgrund ihrer Wirkung wahrnehmen. Der Mensch hört Frequenzen ab etwa 20 Hertz bis maximal 20 kHz. Auf der anderen Seite ruft beispielsweise infrarotes Licht (ca. zwischen 300 $\mu m$ und 1600 $nm$ ) ein Wärmegefühl hervor [96].

Die Farbwahrnehmung wird durch spezielle Sinnesrezeptoren der Netzhaut, den Zapfen, hervorgerufen. Diese unterteilen sich in drei Typen mit unterschiedlichen Farbabsorptionsspektren. Eine Farbenblindheit mancher Menschen (etwa 8% der Männer und 0.5% der Frauen sind farbenblind) kann

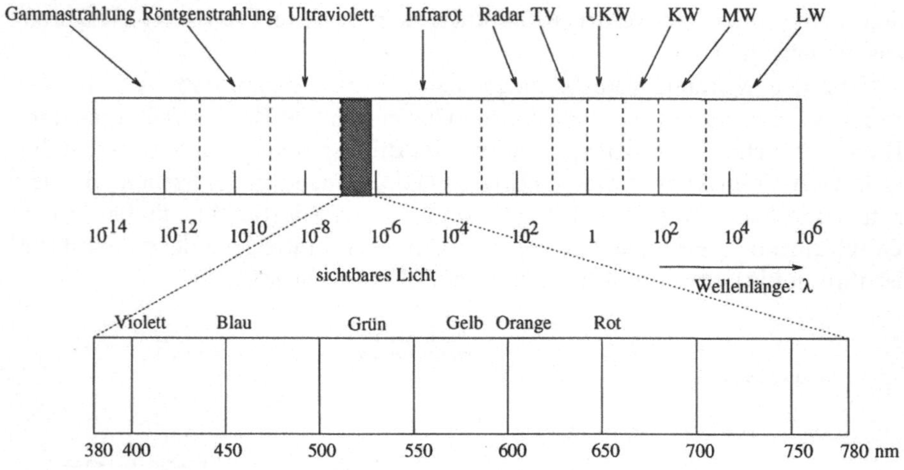


**Abb. 7.3.** Spektrum der elektromagnetischen Strahlung; nach [96]

somit auf die Untüchtigkeit eines der drei Zapfentypen zurückgeführt werden (siehe Abschnitt 1.1.3.2, S.5).

Die Angaben in der Literatur über die Anzahl der vom Menschen unterscheidbaren Farben schwanken beachtlich. Obwohl sehr viele Untersuchungen über das Farbsehen des Menschen durchgeführt wurden [4], [168], [179], [26] etc., fällt es schwer die genaue Anzahl der vom Menschen unterscheidbaren Farben zu nennen. So schreiben FOLEY und VAN DAM [72] der Mensch sei in der Lage, im direkten Vergleich mehrere hunderttausend Farben zu unterscheiden, wohingegen HUNT [121] von etwa 10 Millionen Farben spricht. Die Ursache für diese deutlich differierenden Aussagen liegt darin begründet, daß eine Studie über das menschliche Farbsehvermögen von verschiedenen Faktoren beeinflußt wird. Das Farbempfinden des Menschen ist z.B. abhängig von der jeweiligen Beleuchtungssituation (Helligkeits- und Farbadaptation). Dadurch treten teilweise sogenannte Metamerismen auf, bei denen zwei Farben unter verschiedenen Lichtverhältnissen dem Betrachter einmal gleich und einmal unterschiedlich erscheinen [26]. Außerdem ist der aktuelle Adaptationszustand des Auges entscheidend für das Farbsehempfinden.

Ausgangspunkt einer objektiven Untersuchung ist eine geeignete Definition des Farbbegriffs. Ein wesentlicher Teil heutiger Monitorsysteme erzeugt eine Farbe durch additive Überlagerung der drei Primärfarben: Rot, Grün und Blau. Ausgabegeräte hingegen verwenden meistens ein subtraktives Farbsystem (z.B. CMYK). Für eine Beurteilung des Farbsehvermögens des Menschen ist ein wahrnehmungsorientiertes Farbsystem erforderlich. Beschreibt der Mensch eine Farbe, so werden vor allem die Begriffe Farbton, Sättigung und Helligkeit verwendet [168]. So wurden verschiedene Farbmodelle entwickelt und teilweise auch standardisiert, die eine wahrnehmungsorientierte Farbmetrik ermöglichen [52], [53] (siehe Abschnitt 2.1.3 (S.43) und

Abschnitt 1.1.3.2 (S.5)). Hierauf aufbauend konnte festgestellt werden, daß der Mensch etwa 128 Farben, die nur im Farbton differieren, unterscheiden kann [72].

## 7.1.3 Helligkeit- und Kontrastsehen

Die vom Menschen empfundene Helligkeit läßt sich nicht allein durch die Anzahl der pro Zeiteinheit auf einen bestimmten Bereich der Retina einfallenden Lichtquanten beschreiben. Eine wesentliche Komponente ist der Adaptationszustand des Auges. Hierbei ist relevant, welche Lichtsituation kurz vor der Beobachtung bestand, und andererseits, welche Beleuchtungssituation in benachbarten Retinabereichen besteht. Neben der Leuchtdichte ist die Reflexionseigenschaft der beobachteten Objekte eine wichtige Einflußgröße. So wird ein schräg beleuchtetes weißes Blatt Papier auf einer schwarzen Unterlage als gleichmäßig Weiß empfunden, obwohl, abhängig von der Entfernung zur Beleuchtungsquelle, die tatsächliche Helligkeit variiert [161].

Allgemein läßt sich sagen, daß die Helligkeitsempfindung durch die Gestalt des Objektes, seiner Leuchtdichte und der Leuchtdichte des Hintergrunds beeinflußt wird. Für eine Untersuchung der minimalen Helligkeitsdifferenz, bei welcher ein Beobachter ein Objekt vom Hintergrund trennen kann, wird der sogenannte *Schwellenkontrast* eingeführt. Dies ist der Quotient aus der Leuchtdichte des Reizes $L_H + \epsilon$ und der Leuchtdichte des Hintergrunds $L_H$. Dieser Schwellenkontrast variiert in Abhängigkeit von der Hintergrundsleuchtdichte: So ist der Schwellwert, der für eine Unterscheidung von Objekt und Hintergrund überschritten werden muß, bezogen auf das Nachtsehen höher als für das Tagsehen. Weiterhin können größere Objekte bereits bei einem geringeren Kontrast wahrgenommen werden als kleinere.

Infolge der für verschiedene Leuchtdichten unterschiedlichen Aktivitäten von Zapfen und Stäbchen wird der gesamte wahrnehmbare Leuchtdichtenbereich in drei Intervalle unterteilt:

- Dies ist an der oberen Grenze, der *photopische Bereich* in dem nur Zapfen für die Wahrnehmung verantwortlich sind, dieser liegt oberhalb von $10^2 cd/m^2$ (cd = Candela) [2].

- Der mittlere Leuchtdichtebereich zwischen etwa $10^{-2}$ und $10^2 cd/m^2$, in dem sowohl Zapfen als auch Stäbchen arbeiten wird *mesopischer Bereich* genannt.

- Im *skotopischen* Bereich, der bei etwa $10^{-6} cd/m^2$, an der unteren Wahrnehmungsgrenze beginnt, arbeiten ausschließlich Stäbchen (siehe Abb. 7.4).

---

[2]Internationale Lichteinheit *Candela*, hiermit wird die Lichstärke einer Strahlungsquelle in einer gegebenen Richtung, die eine Frequenz von $500 \cdot 10^{12} Hz$ aussendet und deren Strahlstärke $1/683W$ je Steradiant in dieser Richtung beträgt.

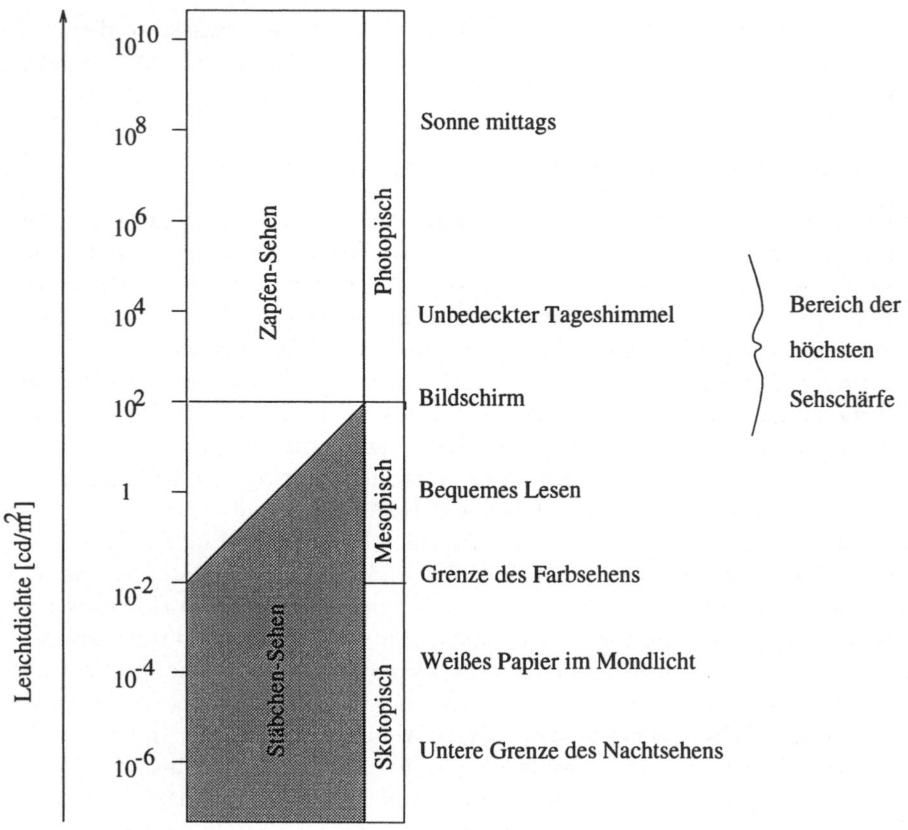

**Abb. 7.4.** Leuchtdichtebereich und einige typische optische Reize; nach [161]

## 7.1.4  Auflösung

Das Auflösungsvermögen des visuellen Systems hängt von drei Faktoren ab:
Dies sind die *Form des Objektes*, der *Kontrast* und die *Intensität der Beleuch-tung*. Um nun festzustellen, welches Auflösungsvermögen das visuelle Sy-stem besitzt, wurden Versuche unter genormten Bedingungen durchgeführt.
Abb. 7.5 zeigt typische Objekte, für die eine Wahrnehmungsgrenze ermit-telt wurde. Die Beziehung zwischen der Leuchtdichte des Umfeldes und der Sehschärfe des Auges wurde für das genormte Objekt des LANDOLTschen Ringes untersucht. Den Versuchspersonen wurden hierbei Tafeln mit LAN-DOLTschen Ringen unterschiedlicher Orientierung vorgelegt. Der Grenz-wert, an dem die Lage der Öffnung gerade noch erkennbar ist, wird *Win-kelauflösung* des Auges genannt. Der reziproke Wert der Winkelauflösung gibt die *Sehschärfe* an. In Abb. 7.5 sind für verschiedene Objekte die klein-sten mit dem Auge aus einer Entfernung von $25cm$ detektierbaren Details angegeben. Die Messungen erfolgten bei optimalen Bedingungen hinsichtlich

des Kontrastes und der Beleuchtung [161].

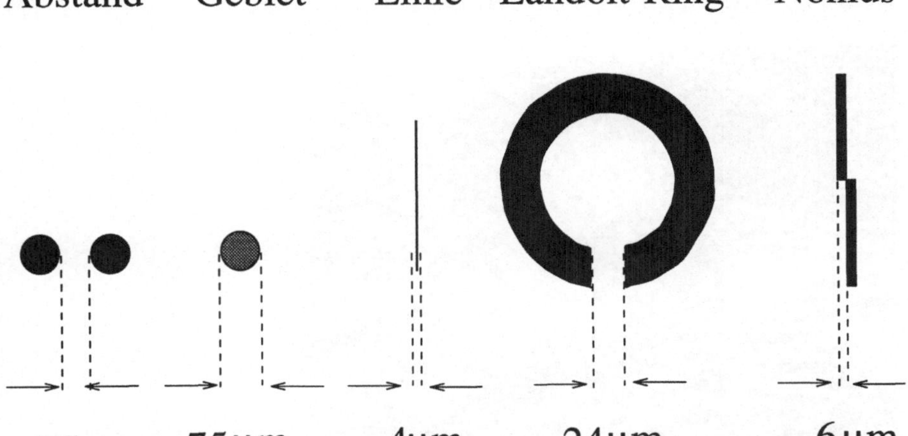


**Abb. 7.5.** Die kleinsten mit freiem Auge aus einer Entfernung von $25cm$ detektierbaren Details; nach [161].

### 7.1.5  Aspekte der Gestaltpsychologie

Versucht man den Ablauf der visuellen Informationsverarbeitung auf die Teilgebiete der Bildverarbeitung zu übertragen, so lassen sich im wesentlichen vier Verarbeitungsstufen identifizieren. Dies sind:

- die *Bildvorverarbeitung,*

- die *Merkmalsbestimmung,*

- die *Szenenanalyse,*

- die *wissensbasierte Verarbeitung.*

Die Vorverarbeitung findet im Auge und den nachgeschalteten Ganglienzellen statt. Die Zellen der visuellen Kortex reagieren optimal auf einen Reiz eines charakteristischen Musters, d.h. hier findet eine Merkmalsbestimmung statt. Die Mechanismen, die zu einer Gruppierung dieser Merkmale zu Objekten einer höheren Abstraktionsebene führen, sind derzeit im wesentlichen noch unbekannt. Allerdings liefern die Gesetze der Gestaltpsychologie einige Anhaltspunkte, die die Verbindung von Bildprimitiven zu einem Objekt erklären. Abb. 7.6 zeigt ein typisches Beispiel dieser Verarbeitungsstufe. Eine zunächst ungeordnet erscheinende Menge von Punkten verschiedener Größe, wird unter Verwendung bestimmter Gruppierungsregeln und unter

Einbeziehung von Wissen über bekannte Objekte nach kurzer Betrachtungszeit, zu einem "Dalmatinerhund" dessen Kopf in Richtung des Bodens geneigt ist.

**Abb. 7.6.** Bildbeispiel für die Leistungsfähigkeit der Strukturierungsmechanismen des visuellen Systems des Menschen

In der Gestaltpsychologie hat man die angeborenen Organisationstendenzen des visuellen Systems durch eine Anzahl von Regeln beschrieben [241], [94].

**Abb. 7.7.** Gesetz der Gleichartigkeit

**Abb. 7.8.** Gesetz der Nähe

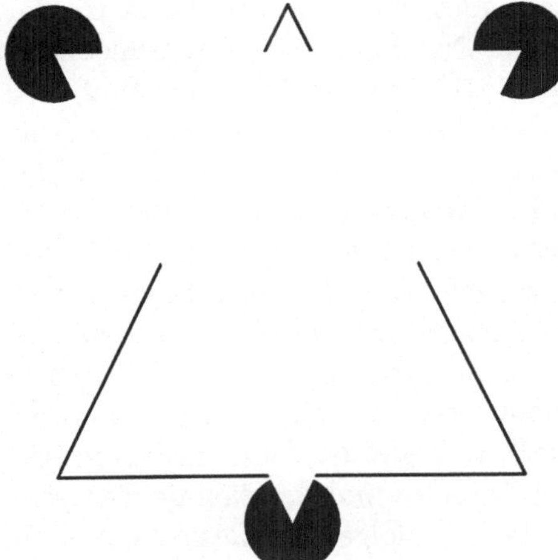

**Abb. 7.9.** KANIZSAS-Dreiecke

- Die wahrscheinlich wichtigste Regel ist das *Gesetz der Gleichheit*. Wahrgenommene Qualitätsunterschiede im Bild werden erkannt und gleiche oder ähnliche Objekte automatisch zusammengefaßt. In Abb. 7.7 wird aufgrund der Gleichartigkeit der Objekte eine künstliche Diagonale gebildet.

- Eine Gruppierung benachbarter Objekte aufgrund ihrer Entfernung beschreibt das *Gesetz der Nähe*. So zeigt Abb. 7.8 einzelne Liniensegmente, die infolge ihres Abstandes paarweise zusammengefaßt werden.

- Das *Gesetz der Geschlossenheit* besagt, daß geschlossene Objekte als stabile Gestalt wahrgenommen werden. Ein typisches Beispiel für diese Mechanismen zeigt die Abb. 7.9 der KANIZSAS-Dreiecke. Obwohl das obere Dreieck keine begrenzenden Linien besitzt, nimmt der Mensch zwei übereinanderliegende Dreiecke wahr.

Die Gesetze der Gestaltpsychologie stehen teilweise in Konkurenz zueinander und heben sich unter bestimmten Bedingungen gegenseitig auf. Leider ist in vielen Fällen nicht klar, welchem Gesetz der Vorzug gegeben wird. Somit lassen sich die Gestaltgesetze nur phänomenologisch für "bessere" und "schlechtere" Gestalten verwenden. Weiteres zu diesem Thema ist z.B. bei [94], [241] und [74] nachzulesen.

## 7.1.6 Optische Täuschungen

Bei einer Größenbestimmung berücksichtigt das visuelle System die jeweilige Entfernung zum Beobachter. Betrachtet man zwei gleichartige Objekte in unterschiedlicher Entfernung, so empfindet man eine identische Größe, obwohl die Bilder beider Objekte auf der Netzhaut eine unterschiedliche Ausdehnung besitzen. Dieses Verhalten wird *Tiefenadaptation* genannt.

Unter bestimmten Bedingungen werden Objekte oder Figuren von einem Betrachter nicht in ihrer tatsächlichen Gestalt wahrgenommen, das visuelle System wird getäuscht. Aufgrund der Tiefenadaptation des Wahrnehmungssystems wurden zunächst die meisten optischen Täuschungen auf eine Irritation der räumlichen Wahrnehmung zurückgeführt. Allerdings besitzen fast alle geometrischen Täuschungen keine räumliche Tiefe im Bild, somit ist eine andere Ursache für das Fehlverhalten anzunehmen. Es existieren verschiedene Erklärungsversuche für das Zustandekommen optischer Täuschungen. Diese lassen sich in vier Gruppen einteilen: *Kontrast- und Assimilationstheorie, Aktivitätstheorien, physiolgische Theorien* und *funktionale Theorien* [79]. Alle diese Theorien stimmen in den nachfolgenden Gesichtspunkten überein:

- Die Täuschung betrifft nicht das Denken, sondern die Wahrnehmung. Selbst wenn man weiß, daß eine Täuschung vorliegt, kann dieser Eindruck nur reduziert, nicht aber aufgehoben werden.

- Die Täuschung wird nicht auf der Netzhaut ausgelöst. Selbst wenn ein Auge einen Teil der Täschung und das andere Auge einen anderen Teil sieht, bleibt die optische Irritation erhalten.

- Bewegungen der Augen sind nicht verantwortlich für die Täuschung.

Eine wichtige Erkenntnis ist die Beziehung zwischen Ursache und Wirkung bei einer optischen Täuschung. In den meisten optischen Täuschungen löst eine Komponente die Irritation aus (die sogenannte *induzierte Komponente*) und die eigentliche Täuschung wird an einer anderen Komponente (der sogenannten *Testkomponente*) sichtbar. Am Beispiel der MÜLLER-LYER-Figur (siehe Abb. 7.10) läßt sich dieser Sachverhalt sehr leicht erkennen. Die Pfeilspitzen rufen die Täuschung hervor, während die gleichlangen Verbindungslinien als unterschiedlich lang empfunden werden.

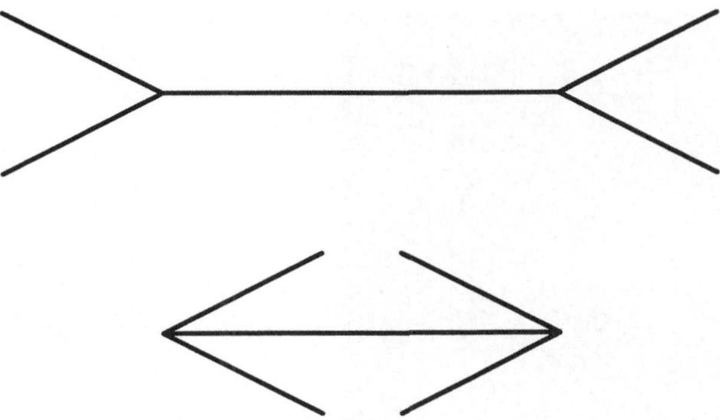

**Abb. 7.10.** Optische Täuschung (MÜLLER-LYER Figur)

Der gleiche Effekt läßt sich anhand der ZÖLLNER-Figur (siehe Abb. 7.11) aufzeigen. Die kurzen waagerechten und senkrechten Linien verursachen die Täuschung, während an den langen, parallel verlaufenden Linien die Täuschung sichtbar wird.

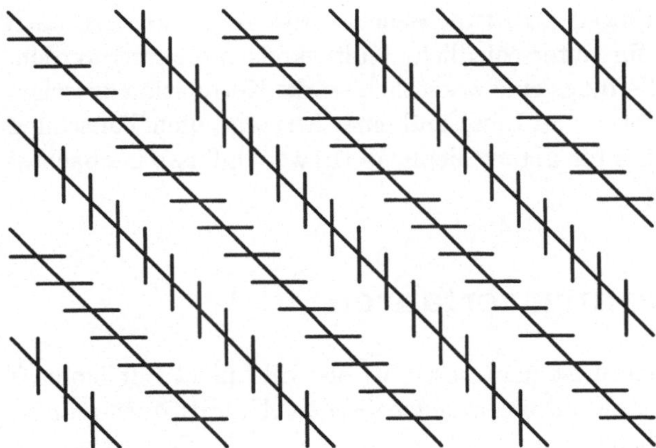

**Abb. 7.11.** Optische Täuschung (ZÖLLNER Figur)

Unterstellt das visuelle System unterschiedliche Entfernungen, so werden Netzhautbilder derselben Größe unterschiedlich wahrgenommen. Die hierdurch hervorgerufenen optischen Täuschungen bezeichnet man als PONZO-Täuschung[3]. Abb. 7.12 verdeutlicht das Verhalten des visuellen Systems. Obwohl die beiden senkrechten Linien die gleiche Länge besitzen erscheint die rechte Linie kürzer.

Es wurden verschiedene Untersuchungen durchgeführt inwieweit optische Täuschungen angeboren sind oder erst durch Erfahrungen entstehen. Festgestellt werden konnte beispielsweise, daß Kinder der MÜLLER-LYER-

---

[3]Mario Ponzo, italienischer Psychologe

**Abb. 7.12.** Optische Täuschung (PONZO-Täuschung), beide senkrechten Linien besitzen die gleiche Länge, dem Betrachter erscheint allerdings die linke Linie länger

Täuschung stärker unterliegen als Erwachsene. Desweiteren konnten auch abweichende Ergebnisse für unterschiedliche Kulturkreisen erkannt werden. Demgegenüber konnte allerdings eine wesentlich stärke Korrelation zwischen der Pigmentierung von Fovea und Linse und einer hervorgerufen Täuschung festgestellt werden, als dies für unterschiedliche Umwelteinflüsse beobachtet werden konnte [79], [222].

# 7.2 Segmentierungsverfahren

Bei der Analyse von Bildern ist man bestrebt, das Bild nicht nur ikonisch auf Pixelebene sondern auch auf einem *symbolischen Abstraktionsniveau* zu beschreiben. Ein wesentlicher Schritt auf diesem Weg ist die *Segmentierung*, bei der Muster in einfachere Bestandteile zerlegt werden. Im einfachsten Fall kann darunter die Erstellung einer Binärmaske verstanden werden, mit der interessierende Bildobjekte und der Bildhintergrund getrennt werden können. Was dabei Objekt und was Hintergrund ist, hängt im wesentlichen von der Anwendung und dem Einsatzgebiet ab.

Ganz allgemein lassen sich die Ziele der Segmentierung im Umfeld der Mustererkennung in den nachfolgenden Punkten zusammenfassen:

- Auffinden einer *Menge von Segmentierungsobjekten*, von denen sich jedes Objekt durch bestimmte homogene Eigenschaften oder Attribute auszeichnet, bzw. eine bestimmte Relation erfüllt. Homogene Bildbereiche können durch eine einheitliche Textur, gleichen Grauwert, gleiche Krümmung, etc. gekennzeichnet sein.

- Auffinden von *Objektgrenzen*, die durch Änderungen in ansonsten gleichmäßigen Mustern entstehen. Verschieden helle Grauwertbereiche lassen sich beispielsweise durch Konturlinien voneinander trennen.

- Zuordnung bzw. Gruppierung von *Musterbestandteilen*, die in einer bestimmten (z.B. geometrischen) Relation zueinander stehen (*Grouping*). Die Suche nach parallelen oder kolinearen Linien ist ein gutes Beispiel für eine mögliche Zuordnungsrelation. Auch das Auffinden von Symmetrien fällt in diesen Bereich.

Bisherige algorithmische Ansätze zur Zerlegung von Bildern in Konturen und homogene Regionen gliedern sich in:

- punktorientierte Verfahren,

- konturorientierte Verfahren,

- regionenorientierte Verfahren und

- regelbasierte Segmentierungsverfahren.

Wobei auch Kombinationen dieser Verfahren existieren. Die grundsätzlichen Ideen der aufgezählten Ansätze werden in den nachfolgenden Unterkapiteln erläutert.

## 7.2.1 Punktorientierte Segmentierung

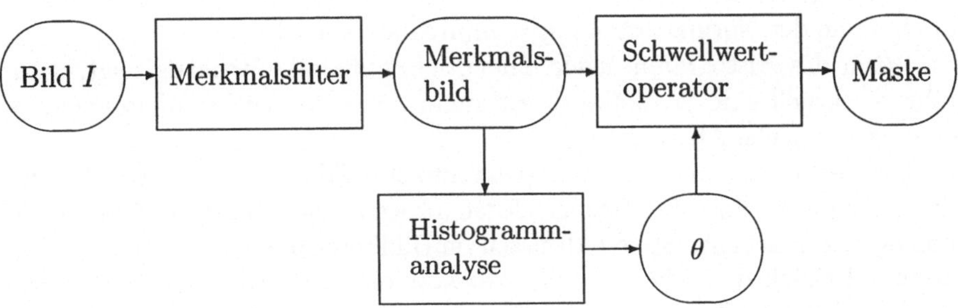


**Abb. 7.13.** Punktorientierte Segmentierung

Einfachste Segmentierungsverfahren betrachten jeden Bildpunkt separat und werden demzufolge *punktorientierte Segmentierungsverfahren* genannt. Wie aus Abb. 7.13 ersichtlich, können die für die Segmentierung relevanten Attribute durch lokale Filteroperationen aus dem Ausgangsbild $I$ berechnet und anschließend durch eine Schwellwertoperation klassifiziert werden.

$$I_{in} \longrightarrow I_{out} \qquad I_{out}(x,y) = \begin{cases} 1 & \text{für } I_{in}(x,y) > \theta \\ 0 & sonst \end{cases} \qquad (7.1)$$

oder auch

$$I_{out}(x,y) = r \quad \text{für} \quad \theta_r \leq I_{in}(x,y) < \theta_{r+1} \quad r \in \{0,\ldots r_{max}\} \qquad (7.2)$$

Die Hauptschwierigkeit hierbei ist die Wahl eines geeigneten Schwellwerts $\theta$. Da es praktisch nicht möglich ist, einen fest vorgegebenen Schwellwert für alle Eingabebilder zu verwenden, muß der Schwellwert aus dem Bildmaterial selbst geschätzt werden. Dabei orientiert man sich an der empirischen Verteilung der Grau- bzw. Merkmalswerte und schätzt den Schwellwert aus dem Histogramm $h$.

Sofern sich Objekt und Hintergrund — wie beispielsweise bei der Schrifterkennung — gut unterscheiden lassen, zeigt sich im idealisierten Histogramm ein deutlich erkennbares Minimum zwischen den Maxima für Vordergrund und Hintergrund (siehe dazu das Beispiel in Abb. 7.14). Da sich reale Histogramme durch einen sehr "rauhen Kurvenverlauf" auszeichnen, muß das Histogramm zur stabilen Detektion des Minimums durch ein *bimodales Grauwerthistogramm* modelliert werden: Beispielsweise kann das Histogramm als Überlagerung zweier Normalverteilungen $\mathcal{N}(\mu_1,\sigma_1)$ und $\mathcal{N}(\mu_2,\sigma_2)$ aufgefaßt werden, die die Grauwertverteilung für den Bildvordergrund und den Hintergrund idealisiert darstellen. Die Parameter $\mu_{1/2},\sigma_{1/2}$ werden dann so bestimmt, daß der tatsächliche Kurvenverlauf bestmöglich durch die Überlagerung der beiden Normalverteilungen approximiert wird. Der Schwellwert $\theta$ wird durch systematisches Probieren so gewählt, daß der Kurvenverlauf links und rechts von der Grenze $\theta$ jeweils möglichst gut durch eine Normalverteilung angenähert wird oder der gesamte Kurvenverlauf möglichst gut durch die Summe der Normalverteilungen approximiert wird.

Wenn das Histogramm keine eindeutige, bimodale Struktur zeigt, dann führt eventuell eine Schwellwertbestimmung mit der Diskriminatenanalyse zum Erfolg (siehe Abschnitt 7.2.1.1).

Die Festlegung eines globalen Schwellwertes führt nicht in allen Anwendungen zum gewünschten Erfolg. Gegenanzeigen liegen beispielsweise bei inhomogenen Beleuchtungsverhältnissen im Bildbereich vor. Abhilfe kann hier eventuell durch den Übergang zu *lokaladaptiven Schwellwerten* geschaffen werden, zu deren Berechnung das Histogramm nur in einem lokalen Bildausschnitt berechnet wird.

Speziell bei inhomogenen Beleuchtungsverhältnissen kann in vielen Anwendungskontexten vor der eigentlichen Objektaufnahme ein sogenanntes *Nullbild* ohne Objekt aufgenommen werden, welches die Beleuchtungsverhältnisse wiederspiegelt. Durch Subtraktion dieses Nullbildes von der eigentlichen Objektaufnahme wird eine Hintergrundkompensation erreicht.

Fällt die Beleuchtungsstärke kontinuierlich in einer Richtung im Bild ab, dann kann der Hintergrund auch auf andere Weise kompensiert bzw. begradigt werden. Der Hintergrund oder Teile davon werden durch eine lineare Funktion $f(x,y) = ax + by + c$ bestmöglich approximiert. Anschließend

**Abb. 7.14.** Schwellwertbestimmung und Binarisierung für die pixelorientierte Segmentierung an Hand eines bimodalen Histogramms (rechts im Bild).

werden alle Grauwerte in der Bildmatrix um die Werte der Approximationsfunktion $f(x, y)$ an den jeweiligen Bildkoordinaten reduziert. Das Ausgangsbild in Abb. 7.14 mußte beispielsweise mit diesem Verfahren vorverarbeitet werden, um ein augenscheinlich bimodales Histogramm zu erhalten.

### 7.2.1.1 Diskriminantenanalyse

Wenn das Histogramm keine ausgeprägte, bimodale Struktur zeigt, dann führt eventuell ein statistisch motiviertes Kriterium, das Diskriminantenkriterium (siehe [202], [236]), zum Erfolg. Unter der Annahme, daß a priori keine Informationen über mögliche Schwellwerte vorliegen, muß der Schwellwert $\theta$ aus der relativen Häufigkeitsverteilung $h_r$ des normalisierten Histogramms geschätzt werden.

Mit Hilfe des Histogramms der Amplitudenwerte $A'$ können statistische Maßzahlen leicht ermittelt werden:

$$
\begin{aligned}
\text{Mittelwert:} \qquad \mu &= \sum_{A' \in X} A' h_r(A') \\
\text{Varianz:} \qquad \sigma^2 &= \sum_{A' \in X} (A' - \mu)^2 h_r(A')
\end{aligned}
\qquad (7.3)
$$

Ein Schwellwert $\theta$ teilt das Bild $I$ in zwei Bereiche $I_1$ und $I_2$ auf. Die Pixelwerte $X_1 = \{A' | A' \leq \theta\}$ in Breich $I_1$ liegen alle unter dem Schwellwert $\theta$, entsprechend sind die Pixelwerte $X_2 = \{A' | A' > \theta\}$ von Bereich $I_2$ alle

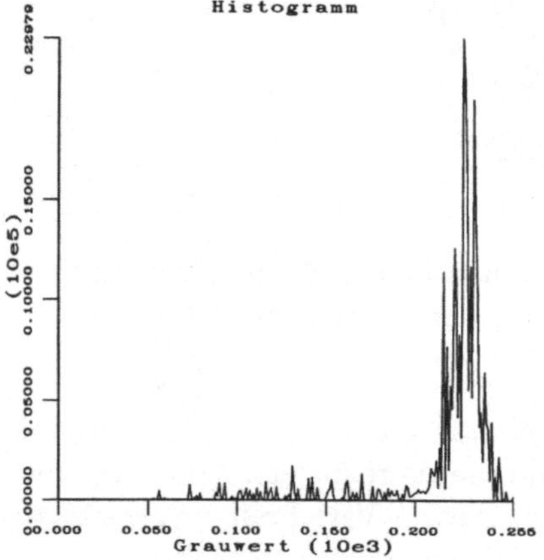
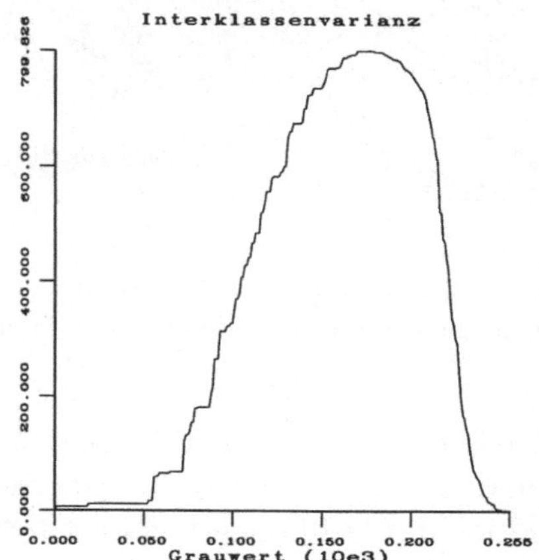

**Abb. 7.15.** Beispielbilder für eine Diskriminatenanalyse: das Bild links oben zeigt das Ausgangsbild, links unten ist das dazugehörige Histogramm zu sehen, rechts unten ist die Interklassenvarianz $\sigma_b^2$ als Funktion des Schwellwerts $\theta$ zu sehen, das segmentierte Bild ist schießlich rechts oben gezeigt.

größer als $\theta$. Für jeden dieser Bereiche lassen sich wiederum Mittelwert $\mu_{1/2}$ und Varianz $\sigma_{1/2}^2$ bestimmen:

$$
\begin{aligned}
\text{Mittelwert in } I_{1/2}: \quad \mu_{1/2} &= \frac{1}{w_{1/2}} \sum_{A' \in X_{1/2}} A' h_r(A') \\
\text{Varianz in } I_{1/2}: \quad \sigma_{1/2}^2 &= \frac{1}{w_{1/2}} \sum_{A' \in X_{1/2}} (A' - \mu_{1/2})^2 h_r(A')
\end{aligned}
\tag{7.4}
$$

Die Faktoren $w_1$ und $w_2$ geben die relativen Flächenanteile der beiden Bereiche $I_1$ und $I_2$ im Verhältnis zur Gesamtfläche an. Sie können leicht aus der relativen Summenhäufigkeitsfunktion $S_r(\theta)$, siehe Abschnitt 1.2.2 (S.14), ermittelt werden.

$$w_1 = S_r(\theta)$$
$$w_2 = 1 - S_r(\theta) \qquad (7.5)$$

Die Intraklassenvarianz $\sigma_w^2$ quantifiziert die Varianz innerhalb der beiden Bereiche $I_1$ und $I_2$. Hingegen bezeichnet die Interklassenvarianz $\sigma_b^2$ die Varianz zwischen den Amplitudenwerten beider Bereiche.

$$\sigma_w^2 = w_1\sigma_1^2 + w_2\sigma_2^2 \qquad (7.6)$$
$$\sigma_b^2 = w_1(\mu_1 - \mu)^2 + w_2(\mu_2 - \mu)^2 = w_1 w_2 (\mu_1 - \mu_2)^2 \qquad (7.7)$$

Der Schwellwert $\theta$ ist günstigerweise so einzustellen, daß die Intraklassenvarianz $\sigma_w^2$ möglichst klein und die Interklassenvarianz $\sigma_b^2$ möglichst groß wird. Wegen der Beziehung $\sigma_w^2 + \sigma_b^2 = \sigma^2$ werden beiden Forderungen durch Maximierung der leichter berechenbaren Interklassenvarianz $\sigma_b^2$ in Abhängigkeit von $\theta$ gleichzeitig erfüllt.

Für die Randwerte $w_1 = 0$ oder $w_2 = 0$ nimmt die Interklassenvarianz $\sigma_b^2$ ihr Minimum an, so daß das Maximum von $\sigma_b^2$ irgendwo zwischen den beiden Randwerten liegt. Da alle Maßzahlen aus der relativen Häufigkeitsverteilung und der relativen Summenhäufigkeitsfunktion zu berechnen sind, kann der optimale Wert von $\theta$ schnell durch eine Suche über alle Werte aus dem Wertebereich $X$ ermittelt werden.

Abb. 7.15 zeigt ein Beispiel für eine Segmentierung nach der Diskriminantenanalyse. Wie aus der Abbildung ersichtlich wird, zeigt das Histogramm hierbei keine bimodale Struktur. Dennoch läßt sich mit der Diskrimantenanalyse ein geeigneter Schwellwert $\theta$ finden, mit dem die Schrift sauber vom Bildhintergrund getrennt werden kann. Die Interklassenvarianz $\sigma_b^2$ als Funktion des Schwellwertes $\theta$ nimmt ihr Maximum an der Stelle $\theta = 177$ an und fällt ausgehend von diesem Maximum zu den Seiten hin ab.

### 7.2.2 Konturorientierte Segmentierung

Bei der konturorientierten Segmentierung sucht man nach den Regionenbegrenzungen, den Konturen. Mit Hilfe eines Konturdetektors (siehe Abschnitt 1.2.4, S.18) werden mögliche Konturpunkte detektiert. Dieser Prozeß ist stark fehlerbehaftet: gefundene Konturen sind lückenhaft und es werden Punkte detektiert, die nicht auf einer Kante liegen.

Daher versucht man, die gefundenen Punkte und Konturstücke durch gerade oder gekrümmte Linien zu verbinden und vereinzelte Punkte zu eliminieren. Als Ergebnis erhält man eine Menge von Konturlinien, die nicht notwendigerweise geschlossen sein müssen (siehe Abb. 7.16) [98], [112], [14].

### 7.2.3 Regionenorientierte Segmentierung

Neue Aspekte bei der Segmentierung zeigen sich bei der Loslösung von einer isolierten Punktbetrachtung und beim Übergang zur regionenorientierten Be-

**Abb. 7.16.** Originalbild (links) und Bild mit detektierten Konturen (rechts)

trachtungsweise, bei der das Bild in homogene Bereiche zerlegt werden soll. In diesem Sinne ist dieser Ansatz dual zum konturorientierten Ansatz.

Im Unterschied zur punktorientierten Segmentierung gibt es keine feste Nachbarschaftsgröße zur Berechnung der Merkmale, sondern die Merkmale sollen sich direkt an etwaigen Regionenbegrenzungen orientieren. Das Problem hierbei ist: Wie können Regionenmerkmale berechnet werden, ohne daß bereits die endgültigen Regionengrenzen vorliegen?

Die Lösung liegt in einem iterativen Korrekturprozeß. Ausgehend von einer initialen Segmentierung wird versucht, die Segmentierung durch Regionenverschmelzung oder durch Aufteilung inhomogener Regionen sukzessive zu verbessern. Dabei wird nach möglichst großen Regionen gesucht, die als homogen betrachtet werden können (siehe dazu Abb. 7.17).

| Finde eine initiale Segmentierung | |
|---|---|
| | Berechne Homogenitätseigenschaften in den segmentierten Regionen |
| | Verbessere bisherige Segmentierung durch Regionenspaltung oder Verschmelzung |
| bis alle Regionen homogen sind und maximale Größe haben | |

**Abb. 7.17.** Prinzip der regionenorientierten Segmentierung

Je nach dem, ob nur Regionenverschmelzungen, Regionenspaltungen oder beides verwendet wird, unterscheidet man *Merge-*, *Split-* und *Split- and Merge-*Verfahren.

Bei allen Verfahren wird versucht, das Bild $I$ vollständig in eine Menge von disjunkten, homogenen Regionen $I_{0,\dots N-1}$ zu zerlegen.

$$I = \bigcup_{\nu=0}^{N-1} I_\nu \tag{7.8}$$

$$I_\mu \cap I_\nu = \emptyset \qquad \text{für } \mu \neq \nu \tag{7.9}$$

Es wird eine Zerlegung gesucht, bei der jede Region dem Homogenitätskriterium $H(I_\nu) \longrightarrow \{0,1\}$ genüge leistet und keine zwei benachbarten Regionen zusammengefaßt werden können, ohne dabei das Homogenitätskriterium zu verletzen ([115]).

$$H(I_\mu) \quad = 1 \quad \text{für } \mu = 0, \ldots, N-1 \tag{7.10}$$
$$H(I_\mu \cup I_\nu) \quad = 0 \quad \text{für } \mu \neq \nu \text{ und } I_\mu, I_\nu \text{ benachbart} \tag{7.11}$$

Man beachte, daß diese Bedingungen weder eine eindeutige Bildzerlegung, noch eine minimale Anzahl von Regionen garantieren. Unter Umständen gibt es viele Bildzerlegungen, von denen jede die Kriterien (7.10) und (7.11) erfüllt. Nichtsdestoweniger lassen die obigen Bedingungen nur Bildzerlegungen zu, für die in praktischen Fällen die Zahl der gefundenen Regionen nahe am Minimum liegt.

Das oben definierte Homogenitätskriterium ist ein logisches Bewertungsmaß für die Homogenität einer Region. Viele Segmentierungsverfahren benötigen eine kontinuierliche Maßzahl, um die Homogenität einer Region zu beurteilen. Solch eine Maßzahl ist zumeist auf natürliche Weise gegeben. Wenn versucht wird, die Segmente durch ein vorgegebenes Modell anzunähern oder durch eine Modellfunktion zu approximieren, fällt der Approximations- oder Modellierungsfehler als Fehlergröße $E(I_\mu)$ an. Ein Segment wird als homogen betrachtet, wenn diese Fehlergröße unter einem Schwellwert $\epsilon$ bleibt:

$$H(I_\nu) = \begin{cases} 1 & \text{für } E(I_\nu) < \epsilon \\ 0 & \text{sonst} \end{cases} \tag{7.12}$$

Mit dem Homogenitätskriterium kann beispielsweise gefordert werden, daß die Varianz aller Grauwerte innerhalb einer Region durch einen Schwellwert begrenzt wird, oder daß die Differenz zwischen maximalem und minimalem Grauwert innerhalb einer Region unterhalb einer Schwelle bleibt.

$$\max(I_\nu) \quad = \quad \max\{I(x,y)|I(x,y) \in I_\nu\} \tag{7.13}$$
$$\min(I_\nu) \quad = \quad \min\{I(x,y)|I(x,y) \in I_\nu\} \tag{7.14}$$
$$H(I_\nu) \quad = \quad \begin{cases} 1 & \text{für } \max(I_\nu) - \min(I_\nu) < \epsilon \\ 0 & \text{sonst} \end{cases} \tag{7.15}$$

Bei den Beispielen (7.13), (7.14), (7.15) wird jede Region $I_\nu$ mit den Attributen $\max(I_\nu)$ und $\min(I_\nu)$ ausgestattet, die den maximalen und minimalen Grauwert der Region $I_\nu$ bezeichnen. Bei einer Regionenverschmelzung von den Regionen $I_\mu$ und $I_\nu$ können die Attribute der vereinten Region $I_\mu \cup I_\nu$ leicht aus den Attributen der beteiligten Regionen berechnet werden und die Neuberechnung des Homogenitätskriteriums geht entsprechend schnell.

$$\max(I_\mu \cup I_\nu) = \max(\max(I_\mu), \max(I_\nu)) \tag{7.16}$$

$$\min(I_\mu \cup I_\nu) = \min(\min(I_\mu), \min(I_\nu)) \tag{7.17}$$

Für praktische Zwecke ist es aus Effizienzgründen fast unverzichtbar, daß die Attribute unter Einhaltung dieser Homomorphismen-Bedingung berechnet werden können.

Bei der Wahl des Homogenitätskriteriums ist man nicht unbedingt auf solche einfachen Kriterien beschränkt. Eine sinnvolle Zusatzbedingung kann beispielsweise sein, daß zwei Regionen immer auch dann vereint werden dürfen, wenn die Trennlinie zwischen beiden Regionen nicht deutlich genug hervortritt. Andere Kriterien ergeben sich aus gestaltpsychologischen Gesichtspunkten[4].

### 7.2.3.1 Regionenspaltung

Im Gegensatz zur rein punktorientierten Segmentierung, bei der die erforderlichen Schwellwerte global oder innerhalb fest vorgegebener lokaler Bereiche ermittelt werden, kann die Berechnung der Schwellwerte auch innerhalb einer vorab bestimmten Begrenzung bzw. Region erfolgen. Die Ermittlung der Schwellwerte erfolgt dabei mit denselben Methoden wie bei der punktorientierten Segmentierung. Unter Beachtung des grundlegenden Prinzips der regionenorientierten Segmentierung in Abb. 7.17, führt diese Vorgehensweise zu Zerlegungsverfahren, die das komplette Bild sukzessive in immer feinerer Bestandteile zerlegen, bis alle Regionen die Homogenitätseigenschaft erfüllen.

### 7.2.3.2 Bereichswachstumsverfahren

Bei den Bereichswachstumsverfahren geht man von einer Bildzerlegung in Elementarregionen aus. Dies können einzelne Pixel oder auch lokale Bildbereiche, etwa von $2 \times 2$ oder $4 \times 4$ Pixel, sein. Durch sukzessives Verschmelzen benachbarter Bereiche wachsen die Regionen schließlich auf ihre endgültige Größe an.

Entscheidend ist nun, in welcher Reihenfolge die einzelnen Bereiche miteinander verschmolzen werden. Aufbauend auf dem Homogenitätskriterium (7.12) wird ein Ähnlichkeitsmaß $C(\mu, \nu)$ definiert, das den Zuwachs des gesamten Approximationsfehlers $E_{ges}$ bei einer Regionenverschmelzung von den Regionen $I_\mu$ und $I_\nu$ mißt.

$$E_{ges} = \sum_{\nu=0}^{N-1} E(I_\nu) \tag{7.18}$$

---

[4]siehe [94], [241], [74]

$$C(\mu, \nu) = E(I_\mu \cup I_\nu) - E(I_\mu) - E(I_\nu) \tag{7.19}$$

In [17] wird mit diesem Kriterium ein Bereichswachstumsverfahren beschrieben, daß die Segmentierung schrittweise optimiert. Es wird eine Bildzerlegung gesucht, bei der der globale Approximationsfehler $E_{ges}$ minimiert wird. Das Prinzip geht aus dem Ablaufdiagramm in Abb. 7.18 hervor.

<table>
<tr><td colspan="2">Finde eine initiale Segmentierung in Elementarregionen</td></tr>
<tr><td></td><td>Suche die benachbarten Segmente $I_\mu$ und $I_\nu$ mit minimaler Bewertungszahl $C(\mu, \nu)$<br>Verschmelze die Regionen $I_\mu$ und $I_\nu$</td></tr>
<tr><td colspan="2">bis keine Verschmelzungen mehr benötigt werden</td></tr>
</table>

**Abb. 7.18.** Bereichswachstumsverfahren

Durch formorientierte Bewertungszahlen lassen sich die Segmentierungsergebnisse verbessern.

**Bewertung der Elementarregionen:** Insbesondere in der Startphase der Segmentierung genügt der Fehler $E(I_\nu)$ nicht, um die Homogenität sehr kleiner Regionen zu beurteilen. Daher muß ein Maß eingeführt werden, um Pixel in homogenen Bereichen günstiger zu bewerten. Ein solches Maß kann durch lokale Filteroperationen aus dem Originalbild gewonnen werden. Beispielsweise läßt sich die lokale Glattheit in der lokalen Umgebung eines Pixels durch die zweiten Ableitungen messen. Verallgemeinert auf ganze Regionen, formuliert sich diese Bewertungszahl wie folgt:

$$C_h(\mu, \nu) = \frac{1}{|I_\mu \cup I_\nu|} \sum_{(x,y) \in I_\mu \cup I_\nu} \left| \frac{\partial^2}{\partial x^2} I(x, y) \right| + \left| \frac{\partial^2}{\partial y^2} I(x, y) \right| \tag{7.20}$$

**Relativer Zuwachs der Konturlänge:** Bei der Verschmelzung von zwei Regionen ist die Kontur der vereinigten Regionen sicherlich kürzer als die Summe der beiden einzelnen Konturlängen. Die Bewertungszahl $C_l(\mu, \nu)$ fällt nun um so günstiger aus, desto kürzer die Begrenzungslinie der vereinigten Regionen im Verhältnis zu den einzelnen Konturlängen ist.

$$C_l(\mu, \nu) = \frac{length(I_\mu \cup I_\nu)}{length(I_\mu) + length(I_\nu)} \tag{7.21}$$

**Bevorzugung von kompakten Regionen:** Kompakte Regionen sollen im Gegensatz zu langgezogenen Grundformen bevorzugt werden. Eine entsprechende Bewertungszahl $C_s(\mu, \nu)$ kann aus dem Regionenschwerpunkt $(\mu_x, \mu_y)$ und den zweiten zentralen Momenten $(\sigma_x, \sigma_y)$ abgeleitet werden.

$$n = |I_\mu \cup I_\nu| \tag{7.22}$$

$$\mu_x = \frac{1}{n} \sum_{(x,y) \in I_\mu \cup I_\nu} x \tag{7.23}$$

$$\mu_y = \frac{1}{n} \sum_{(x,y) \in I_\mu \cup I_\nu} y \tag{7.24}$$

$$\sigma_x^2 = \frac{1}{n} \sum_{(x,y) \in I_\mu \cup I_\nu} (x - \mu_x)^2 \tag{7.25}$$

$$\sigma_y^2 = \frac{1}{n} \sum_{(x,y) \in I_\mu \cup I_\nu} (y - \mu_y)^2 \tag{7.26}$$

$$C_s(\mu, \nu) = \sqrt{\frac{\sigma_x^2}{n}} + \sqrt{\frac{\sigma_y^2}{n}} \tag{7.27}$$

Die aufgelisteten Bewertungszahlen können in (7.28) zu einem Ähnlichkeitsmaß zusammengefaßt werden.

$$C_{ges}(\mu, \nu) = (C(\mu, \nu) + C_h(\mu, \nu))(C_l(\mu, \nu) - a_l)(C_s(\mu, \nu) - a_s) \tag{7.28}$$

Die darin vorkommenden Konstanten setzt man beispielsweise auf $a_l = a_s \approx 0.2$. Empirische Versuche in [17] haben gezeigt, daß durch die Verwendung der formorientierten Bewertungszahlen weniger isolierte kleine Regionen auftauchen und die gefundenen Regionenformen daher klarer hervortreten.

### 7.2.3.3  Split- and Merge-Verfahren

Oftmals ist es in der Praxis möglich, mittels einer punktorientierten Segmentierung eine initiale Bildpartitionierung zu gewinnen, die sich zwar ungefähr mit den intuitiven Erwartungen des Betrachters deckt, aber im Detail Unsauberkeiten erkennen läßt. Das Wissen, welches bereits in der initialen Zerlegung steckt, läßt sich mit *Split- and Merge*-Verfahren verwerten. Initial erkannte Regionen können bei Bedarf weiter aufgeteilt und später auf andere Art und Weise wieder zusammengefügt werden.

Solche Verfahren arbeiten besonders dann effizient, wenn in Anlehnung an eine Auflösungshierarchie bei der Regionenaufteilung eine Baumstruktur (*segmentation tree*) zugrunde gelegt wird, die etwaige Regionengrenzen vorgibt. Damit braucht nicht mehr die Entscheidung getroffen werden, entlang

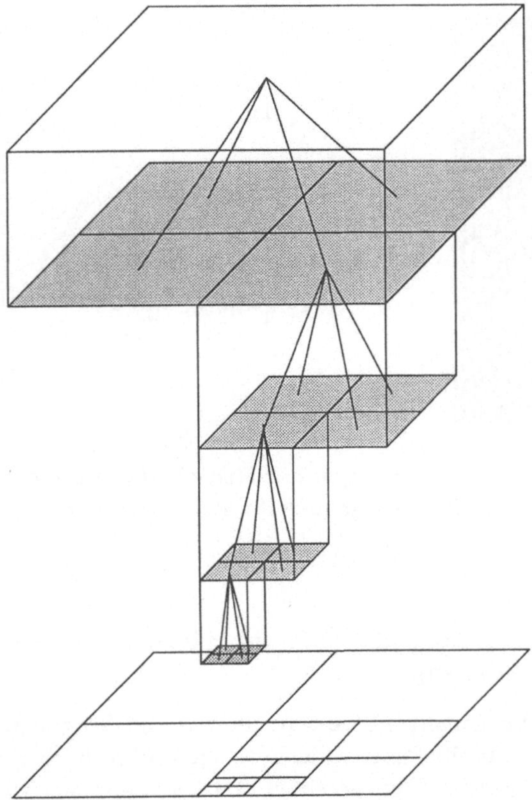

**Abb. 7.19.** Die *Quadtree*-Struktur für ein Bild

welcher Linie eine neue Begrenzung gezogen werden sollte, sondern es muß
nur noch überprüft werden, ob die Region das Homogenitätskriterium erfüllt.

Bewährt hat sich vor allem der *Quadtree* (im dreidimensionalen *Octtree*),
der besonders gut für Bilder der Kantenlänge $2^n$ geeignet ist. Abb. 7.19
veranschaulicht diese Datenstruktur. Ausgehend von der Wurzel, die das
komplette Bild repräsentiert, besitzt jeder Knoten vier Nachfolgeknoten, je
einen für die vier Quadranten des zu repräsentierenden Bildausschnitts. Jeder Quadrant steht somit wieder für einen quadratischen Bildausschnitt und
wird so in den unteren Schichten des Baumes weiter aufgeteilt, bis schließlich die Blätter dieses Baumes mit den Elementarzellen (Pixeln) des Bildes identisch sind. Alle Knoten eines Niveaus stellen somit quadratische
Bildausschnitte derselben Größe dar. Diese Datenstruktur kann sehr effizient implementiert werden, da nur die einzelnen Knoten gespeichert werden
müssen, nicht jedoch die Verzeigerung des kompletten Baumes [115], [227],
[226], [122].

Ein auf der *Quadtree*-Struktur basierender Algorithmus arbeitet die fol-

 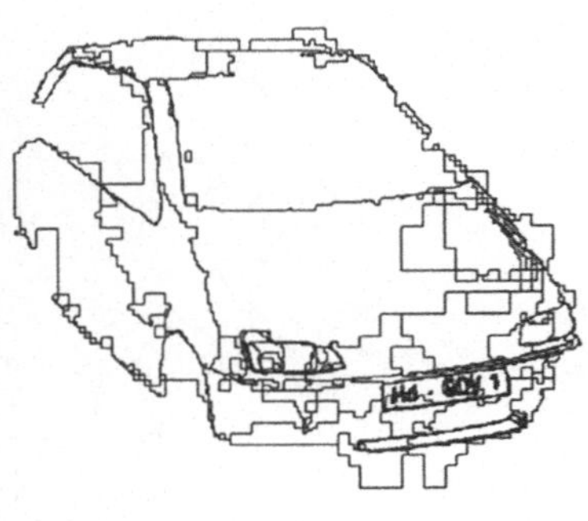

**Abb. 7.20.** Beispiel für die Segmentierung mit *Split-and-Merge* Verfahren. Links ist das Originalbild zu sehen, rechts die Regionengrenzen des segmentierten Bildes.


genden Schritte sequentiell ab:

1. Gewinne eine Initialzerlegung des Bildes (z.B. mit Hilfe der punktorientierten Segmentierungsverfahren).

2. Vereinige alle Knoten in der *Quadtree*-Struktur, die mit den Vorgaben aus der Initialzerlegung kompatibel sind. Vier Nachbarknoten im Segmentierungsbaum können jeweils dann vereinigt werden, wenn sie bei der Initialzerlegung in demselben Segment liegen.

3. Führe alle notwendigen Regionenspaltungen durch. Ein Knotensegment, das nicht das Homogenitätskriterium erfüllt, wird in vier Nachbarzellen aufgespalten.

4. Fasse in diesem Schritt, ungeachtet der *Quadtree*-Struktur, alle benachbarten Bildzellen zusammen, sofern sich dies mit dem Homogenitätskriterium vereinbaren läßt. In diesem Schritt können beliebig geformte Regionengrenzen enstehen.

5. Ordne sehr kleine Regionen der am besten passenden Nachbarregion zu.

Bei Schritt 2 und 3 wird die Initialzerlegung in die *Quadtree*-Struktur übergeführt. Der nachgeschaltete Schritt 4 ist eigentlich wieder ein Bereichswachstumsverfahren, wobei die *Quadtree*-Struktur verlassen werden muß, um beliebige Segmentformen zu bekommen.

Abb. 7.20 zeigt ein praktisches Beispiel für den vorgestellten Segmentierungsalgorithmus, wobei für das Homogenitätskriterium gefordert wird, daß die Standardabweichung aller Grauwerte innerhalb einer Region eine konstante Schwelle nicht überschreiten darf. Es ist deutlich zu sehen, daß die Granularität der Regionengröße sich stark an der Bildstruktur orientiert.

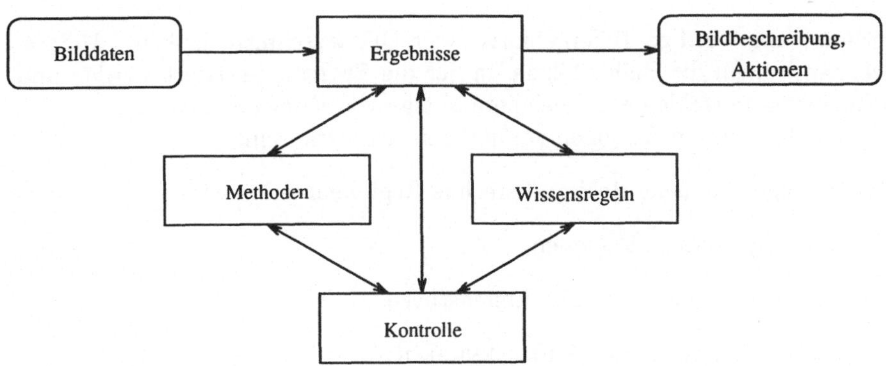


**Abb. 7.21.** Genereller Aufbau wissensbasierter Systeme zur Bildauswertung

Natürlich sind auch *Split-and-Merge*-Verfahren denkbar, die ohne einen Segmentierungsbaum auskommen. Die Regionenspaltung muß dann, wie in Abschnitt 7.2.3.1 ausgeführt, etwaige Regionengrenzen selbst finden.

Die allgemeine Erfahrung lehrt, daß Split- and Merge-Verfahren etwas länger dauern als einfache Bereichswachstumsverfahren, aber im allgemeinen bessere Ergebnisse liefern.

## 7.2.4 Regelbasierte Segmentierung

In der Mustererkennung sind viele heuristisch motivierte Segmentierungsverfahren zur Kontur- oder Regionenfindung bekannt. Jedes Verfahren löst für sich genommen eine spezielle Aufgabe und es stellt sich die Frage, wie all diese Funktionen gemeinsam genutzt und harmonisch koordiniert werden können. Zusätzlich möchte man mehr Modellwissen in die Segmentierung einfließen lassen und so einen weiteren Schritt in Richtung Bildverstehen gehen.

LEVINE und NAZIF[5] stellten einen neuen Ansatz zur Segmentierung vor, bei dem ein regelbasiertes Expertensystem eine Menge von spezialisierten Verfahren steuern und koordinieren soll. Wie in Abb. 7.21 ersichtlich, teilt sich ein solches System in Methoden, Datenbasis, Wissensregeln und Kontrolleinheit auf. Aufbauend auf dem Datenbestand in der Datenbasis generieren die Methoden neue Teilergebnisse, die wiederum in der Datenbasis gespeichert werden. Die Auswahl der Methoden wird von der Kontrolleinheit, der sogenannten Inferenzmaschine, gesteuert. Die Inferenzmaschine wendet die Wissensregeln auf den aktuellen Datenbestand an und aktiviert die passenden Methoden [224].

Unter Verwendung von gestaltpsychologischen Gesichtspunkten lassen sich Regeln aufstellen, die eine harmonische Anordnung der Segmente im Bild favorisieren. Zu den reinen *Wissensregeln* kommen dann weitere *Kontrollregeln*, die den Fokus der Aufmerksamkeit des Systems auf wichtige oder

---

[5]siehe [192], [175]

verbesserungswürdige Teilergebnisse oder Bildausschnitte lenken. *Metaregeln* bestimmen die Reihenfolgen, in der die Prozesse aktiviert werden und *Strategieregeln* wählen eine geeignete Menge von Kontrollregeln aus.

Die abgeleiteten Aktionen können beispielsweise sein:

- erzeuge eine neue Region, berechne Regionenmerkmale,

- vereinige/zerlege Regionen,

- verlängere Linie, verbinde Linienstücke,

- ändere den Fokus der Aufmerksamkeit.

Die Regeln sorgen dafür, daß bestimmte Schlußfolgerungen oder Aktionen nur unter genau festgelegten Bedingungen erfolgen. Syntaktisch werden die Regeln wie folgt definiert:

<table>
<tr><td>Regel:</td><td>if (Bedingung)<br>then (Schlußfolgerung *oder* Aktion)</td><td>$if\ (A_i \wedge \ldots \wedge A_j)$<br>$then\ S$</td></tr>
</table>

Prinzipiell können Regeln entweder durch *Vorwärtsverkettung* oder *Rückwärtsverkettung* abgearbeitet werden.

$$\text{Vorwärtsverkettung:} \qquad A_i \wedge A_j \longrightarrow S$$
$$\text{Rückwärtsverkettung:} \qquad A_i \wedge A_j \longleftarrow S$$

Bei der Vorwärtsverkettung oder *bottom up*-Arbeitsweise nimmt das System Fakten $A_i$ und $A_j$ aus der Datenbasis und generiert daraus neue Fakten $S$. Im Gegensatz dazu wird bei der Rückwärtsverkettung oder *top down*-Arbeitsweise versucht, ein Ziel oder eine Hypothese $S$ auf Teilprobleme $A_i$ und $A_j$ zurückzuführen. Gleichgültig, welcher Verarbeitungsweise der Vorzug gegeben wird, füllt sich die Datenbasis nach Anwendung der Regeln mit neuen Hypothesen oder Fakten, die als Ausgangspunkt für weitere Regelanwendungen dienen. Die Kontrolle über die auszuwählenden Fakten und Regeln obliegt der *Inferenzmaschine*[6].

Mit dem regelbasierten Ansatz liegt ein flexibler Mechanismus vor, mit dem verschiedene Arten des Wissens gemeinsam repräsentiert werden können. Wegen der symbolischen Regelbeschreibung ist es leicht möglich, mit der Wissensbasis zu experimentieren. Der Systemaufbau kann direkt verwendet werden, um eine qualitative Bewertung für Segmentierungsergebnisse zu erhalten.

### 7.2.5　Segmentierung von Höhenbildern

Prinzipiell unterscheiden sich die Segmentierungsalgorithmen für Höhenbilder (siehe Abschnitt 8.2.1, S.226) nicht von den Segmentierungsalgorithmen für Grauwert- oder Farbbilder. Sofern — wie hier angenommen —

---

[6]Die genauere Arbeitsweise eines solchen Produktionssystems kann in [199] nachgelesen werden.

Höhenbilder[7] aus einer Menge von Koordinatentripeln für die vermessenen Oberflächenpunkte bestehen, legt die geometrische Interpretation der Daten eine Segmentierung in geometrische Grundelemente wie Ebenen oder Quadriken (Flächen zweiter Ordnung) nahe. Das Anliegen der Segmentierung besteht darin, die vermessene Oberfläche so in Segmente zu zerlegen, daß jedes Segment durch die vorgegebene Modellfunktion mit akzeptablen Approximationsfehler angenähert werden kann. Wegen ihrer Wichtigkeit sollen entsprechende Homogenitätskriterien aus [66] hier vorgestellt werden.

Eine Ebene kann durch ihre Normalform repräsentiert werden:

$$\vec{x} \cdot \vec{n} - d = 0 \tag{7.29}$$

Der Vektor $\vec{n}$ bezeichnet dabei die Flächennormale und die Konstante $d$ den Abstand der Ebene vom Kordinatenursprung. Um Mehrdeutigkeiten zu vermeiden, wird vereinbart, daß der Normalenvektor $\vec{n}$ vom Objekt aus gesehen nach außen zeigt. Der Approximationsfehler $E(I_\mu)$ ist dann gegeben durch:

$$E(I_\mu) = \min_{(\vec{n},d)} \sum_{\vec{x} \in I_\mu} (\vec{x} \cdot \vec{n} - d)^2 \tag{7.30}$$

Die Flächenparameter $(\vec{n}, d)$ sind dabei so zu wählen, daß der resultierende Approximationsfehler $E(I_\mu)$ minimal wird[8].

Quadriken oder Flächen zweiter Ordnung werden mit Hilfe der symmetrischen $3 \times 3$ Matrix $A$, dem $3 \times 1$ Vektor $\vec{v}$ und dem Skalar $d$ in Gleichung (7.31) definiert.

$$\vec{x}^t A \vec{x} + \vec{x} \cdot \vec{n} + d = 0 \tag{7.31}$$

Für die Definition des Abstands eines Punktes von einer Quadrik wird der einfachste Weg über die Definiton des Approximationsfehlers gewählt[9]:

$$E(I_\mu) = \min_{(A,\vec{v},d)} \sum_{\vec{x} \in I_\mu} (\vec{x}^t A \vec{x} + \vec{x} \cdot \vec{n} + d)^2 \tag{7.32}$$

BEAULIEU und BOULANGER [17] benutzen zur Segmentierung von Höhenbildern in Ebenen ein Bereichswachstumsverfahren. Das Homogenitätskriterium ist, wie in Abschnitt 7.2.3.2 vorgestellt, um entsprechende Nebenbedingungen erweitert worden, um verschiedene Zusatzforderungen an die Segmentform zu formulieren.

---

[7]Höhenbilder werden gelegentlich auch Tiefenbilder genannt; gemeint sind in beiden Fällen die durch Flächen-Distanzmeßverfahren entstehenden digitalen Distanzwert-Matrizen.

[8]Für die Lösung dieses Fehlerquadratproblems sei hier auf [66] verwiesen.

[9]Auch hier sei zur Lösung des dargestellten Minimierungsproblems und zur Berechnung des Approximationsfehlers auf [66] verwiesen.

## 7.3   Textur-Diskriminierung

Bevor man sich der Frage der Textursegmentierung widmen kann, muß zunächst der Begriff *Textur* festgelegt werden. ENGLERT [64] definiert eine visuelle Textur als einen durch das Auge vermittelten Sinneseindruck, also einer Gesichtsempfindung. Dabei ist die Textur diejenige Gesichtsempfindung, durch die sich zwei aneinandergrenzende, möglicherweise strukturierte Teile des Gesichtsfeldes bei Beobachtung mit unbewegtem Auge spontan unterscheiden.

Mit anderen Worten wird ein Gebiet gleicher Textur durch einen, gemäß einer bestimmten Regel auftretenden Grau- bzw. Farbwert bestimmt. Diese Regel muß dergestalt sein, daß ein menschlicher Betrachter das Gebiet von einem abweichend texturierten Gebiet unterscheiden kann. Es wurden zahlreiche Untersuchungen über die Texturwahrnehmung des Menschen durchgeführt. JULESZ [155] stellte in diesem Zusammenhang zunächst die Hypothese auf, daß der Mensch nur dann in der Lage sei zwei benachbarte Texturen auseinanderzuhalten, wenn diese sich in ihrer Statistik erster oder zweiter Ordnung unterscheiden. Spätere Untersuchungen, auch von JULESZ selbst, haben gezeigt, daß in einzelnen Fällen eine Unterscheidung von Texturen mit gleicher Statistik erster, zweiter und dritter Ordnung noch möglich ist.

Für eine Texturanalyse ist es notwendig, die sinnesphysiologischen Aspekte in ein mathematisches Modell zu übertragen. Ein solches Texturmodell ist das statistisch-strukturelle Modell von ABELE [1]. Die wichtigsten Eigenschaften des Modells sind:

- Texturen bestehen aus in der Ebene verteilten 2D Primitiva, den sogenannten Texturelementen (Texel).

- Eine Textur setzt sich aus einer beliebigen Anzahl von Basistexturen, das sind Texturen mit nur einem Texeltyp, zusammen.

- Jedes Texel läßt sich durch einen Merkmalsvektor beschreiben. Alle Merkmale der Textur, hierzu gehört auch die Position des Texel, können nun durch stochastische Prozesse beeinflußt werden.

ZAMPERONI [264] unterscheidet zwischen *strukturellen, statistischen* und *gemischt statistisch strukturellen* Texturmodellen.     JÄHNE [153] erwähnt zusätzlich fraktale Beschreibungen von Texturen, die beispielsweise in der Graphischen Datenverarbeitung (Visualisierung) zur Erzeugung von Wolken [225] und Gebirgszügen verwendet werden.

Aufgrund der Vielzahl von Ausprägungsformen einzelner Texturen existieren zahlreiche Methoden zur *Textursegmentierung*, die sich bereits in ihren Ansätzen unterscheiden. Häufig werden *statistische Methoden* verwendet, die auf den nachfolgenden typischen Merkmalen zur Charakterisierung von Texturen basieren [153]:

- mittlerer Grauwert,

- Varianz des Grauwerts,

- Lokale Diskontinuität des Grauwerts,

- Variationsbreite der lokalen Diskontinuität,

- Reihenfolge und Anordnung von Texturprimitiven.

Ein grundsätzliches Problem der Textursegmentierung ist die Bestimmung signifikanter Größen zur Beschreibung und Unterscheidung von Texturen in einem Rasterbild. Ein vielfach verwendetes Verfahren ist eine *überwachte Klassifikation* (siehe z.B. [101]). Die Analyse erfolgt in zwei Verarbeitungsschritten, der Trainings- und der Segmentierungsphase. Am Beispiel einer Auswertung von Satellitendaten soll das Verfahren beschrieben werden. In der *Trainingsphase* werden für die jeweiligen Texturen typische Gebiete in dem zu analysierenden Bild ausgewählt.

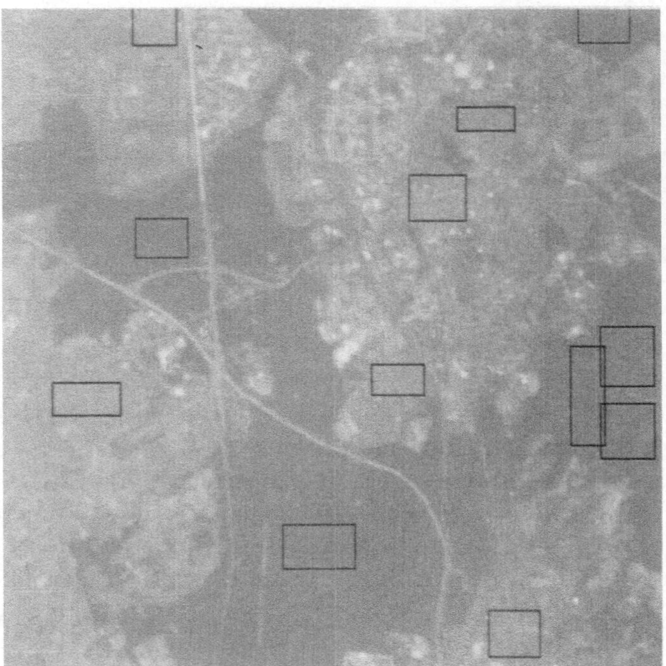

**Abb. 7.22.** Bestimmung der Eichgebiete in einer LANDSAT–Aufnahme der Gegend um Darmstadt; nach [101]

Diese *Eichgebiete* dienen der Festlegung eines Texturvektors, welcher die Textur charakterisiert. Die Komponenten des Texturvektors sind im allgemeinen statistische Größen wie z.B. Mittelwert, Varianz und Entropie der

Amplitudenwerte. Im Merkmalsraum, dessen Achsen durch die Komponenten des Texturvektors beschrieben werden, werden die Texturvektoren der Trainingsgebiete durch eine n-dimensionale hyperellipsoide Verteilungswolke ( *Cluster*) angegeben. In der anschließenden Segmentierungsphase wird nun der Texturvektor für die noch nicht klassifizierten Bildpunkte bestimmt. Entsprechend des Abstandes zu den zuvor ermittelten *Cluster*, erfolgt nun eine Zuordnung zu einem bestimmten Texturtyp.

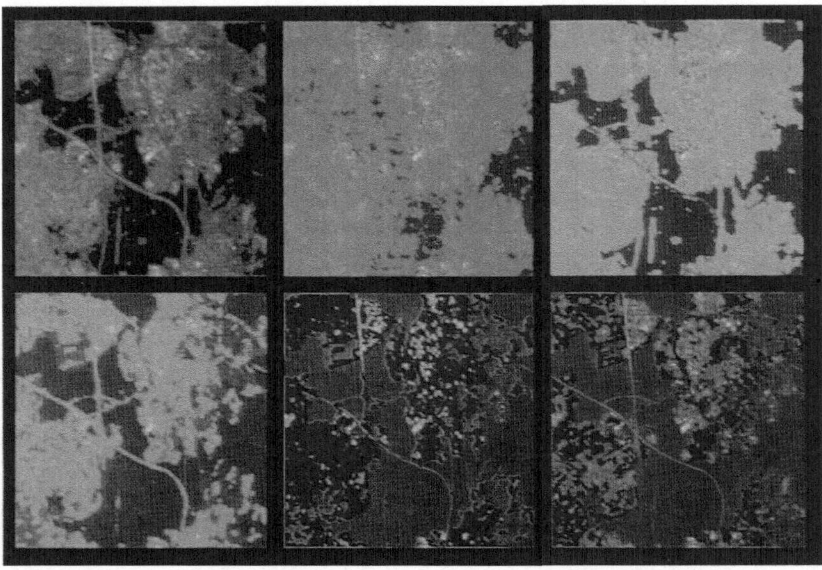

**Abb. 7.23.** Texturanalyse in einer LANDSAT–Aufnahme der Gegend um Darmstadt entsprechend den definierten Eichgebieten; nach [101]

Ein anderer Ansatz zur Textursegmentierung arbeitet im *Frequenzbereich*. Eine Periodizität einer Textur im Ortsbereich (d.h. im Rasterbild) läßt sich im Frequenzbereich durch das Auftreten eines Häufungspunktes erkennen. In Abhängigkeit zur Frequenz der Periodizität variiert die Lage des Häufungspunktes. Glatte Texturen mit geringen Schwankungen im Intensitätsverlauf unterscheiden sich von rauhen Texturen mit abrupten Diskontinuitäten aufgrund ihrer Lage im Frequenzraum. Des weiteren kann eine Orientierung von Texturprimitiven im Frequenzbereich erkannt werden.

Eine weitere Methode zur Textursegmentierung nutzt die *räumliche Beziehung* zwischen Texturelementen aus. Diese kann mit Hilfe der Statistik zweiter Ordnung beschrieben werden. Zur Bestimmung der Merkmale, die sich hieraus ableiten lassen, wird häufig eine *Co-occurrence Matrix* $C_a(G_i, G_j)$ aufgestellt. In dieser Matrix wird die Wahrscheinlichkeit $P_a(G_1, G_2)$ bestimmt, mit welcher für eine bestimmte Textur zwei Bildpunkte mit den Grauwerten $G_1$ und $G_2$ im Abstand $a$ zueinander auftreten.

$G_1$ und $G_2$ geben dabei die Zeilen und Spalten der Matrix an. Aus dieser Matrix lassen sich nun bestimmte Texturmerkmale ableiten [264]:

$$C_a(G_i, G_j) = \left[ \begin{array}{cccc} P_a(1,1) & P_a(1,2) & \cdots & P_a(1,n) \\ P_a(2,1) & P_a(2,2) & \cdots & P_a(2,n) \\ \hline P_a(n,1) & P_a(n,2) & \cdots & P_a(n,m) \end{array} \right. \tag{7.33}$$

Homogenität:

$$H(a) = \sum_{i=1}^{n} \sum_{j=1}^{m} \mid P_a(G_i, G_j) \mid^2 \tag{7.34}$$

Sind die Grauwertdiskontinuitäten nahezu gleichverteilt, so besitzt die entsprechende Textur eine geringe Homogenität. Mit zunehmender Gleichheit der Bildpunkte innerhalb der untersuchten Textur steigt der Grad der Homogenität $H(a)$.

Kontrast:

$$K(a) = \sum_{i=1}^{n} \sum_{j=1}^{m} (G_i - G_j)^2 \cdot p_a(G_i, G_j) \tag{7.35}$$

Existieren im Bild große Gebiete mit übereinstimmenden Grauwerten, so ist der Kontrast niedrig. Treten demgegenüber vielfach abrupte Grauwertsprünge auf, so nimmt der Kontrast $K(a)$ zu. Der Kontrast entspricht dem Trägheitsmoment der Matrix bezogen auf die Hauptdiagonale.

Inverses Differenzmodell :

$$I(a) = \sum_{i=1}^{n} \sum_{j=1}^{m} \frac{p_a(G_i, G_j)}{1 + (G_i - G_j)^2} \tag{7.36}$$

Liefert das inverse Differenzmodell $I(a)$ für einen bestimmten Abstand $a$ ein deutliches Maximum, so ist dies ein Indiz für eine Periodizität der Textur.

Entropie:

$$E(a) = - \sum_{i=1}^{n} \sum_{j=1}^{m} p_a(G_i, G_j) log_2(p_a(G_i, G_j)) \tag{7.37}$$

Die Entropie ist ein weiteres Maß zur Bestimmung der Homogenität der Textur. Die Berechnung der *Co-ocurrence*-Matrizen ist sehr rechenzeitintensiv. Außerdem muß als Voraussetzung erfüllt sein, daß die Textur in einem vorgegeben Bereich stationär ist. Um lokale Schwankungen zu reduzieren wählt man ein möglichst großes Gebiet. Hierdurch wird allerdings die örtliche Auflösung reduziert. Eine Berechnung der *Co-occurence* Matrix muß nicht unbedingt auf Grauwerten basieren, denkbar ist auch die Verwendung von anderen Merkmalen wie z.B. dem Gradienten [209], [83].

# 7.4   Morphologische Segmentierung

Grundlage der morphologischen Verfahren ist die Mengenalgebra von MIN-
KOWSKI [189]. Eine weitere Basisarbeit sind die Untersuchungen von MA-
THERON zur Topologie [184]. Die Übertragung des algebraischen Regel-
werks auf die Bildverarbeitung wurde vor allem von SERRA, HARALICK und
STERNBERG [235], [93, S.532–550] geleistet. Aufgrund der vielfältigen Ein-
satzmöglichkeiten morphologischer Verfahren zählen diese heutzutage zu den
Basisfunktionen der meisten kommerziellen Bildverarbeitungssysteme.

Ein beliebiges Rasterbild läßt sich als Menge $\mathcal{M}$ im n-dimensionalen
euklidischen Vektorraum interpretieren. Binärbilder werden als Mengen
im 2-dimensionalen Raum, bestehend aus den Ortskoordinaten der Bildpunkte beschrieben. Grauwert- oder zeitvariante Binärbilder werden im 3-
dimensionalen Raum aus den Ortskoordinaten und der Zeit bzw. dem Grauwert gebildet. Allgemein sind in diesem Kontext diskrete Bilder eine Menge
von n-Tupeln, wobei die einzelnen Komponenten natürlichen Zahlen entsprechen. Nachfolgend werden die elementaren Funktionen der morphologischen
Operationen anhand von Binärbilder beschrieben. Daran anschließend folgt
eine Erweiterung der Grundfunktionen auf Grauwertbilder. Abschließend
werden Anwendungsmöglichkeiten der morphologischen Operatoren für verschiedene Fragestellungen der Bildverarbeitung aufgezeigt.

## 7.4.1   Morphologische Grundoperationen und deren Anwendung auf Binärbilder

Das Grundgerüst der morphologischen Operatoren wird durch die Elementar-
funktionen, der *Erosion* und der *Dilatation* gebildet. Diese lassen sich auf die
Subtraktion und die Addition der MINKOWSKI-Algebra zurückführen. Die
Bildpunkte eines Binärbildes lassen sich in *Objektpunkte* (z.B. alle schwarzen
Punkte) und Punkte des Hintergrundes (z.B. alle weißen Punkte) unterteil-
ten. Betrachtet man die Menge aller Objektpunkte innerhalb eines Binärbildes, so können diese als Menge im 2-dimensionalen Raum dargestellt werden.
Ein Binärbild ist also eine Teilmenge der Produktmenge $I \times I$, mit $I \in Z$. Sei
nun $A \subseteq I^n$ und $s \in I^n$, so kann die Translation $A_S$ von $A$ um den Betrag $s$
wie folgt definiert werden:

$$A_S = \{t \mid \exists a \in A, t = a + s\} \tag{7.38}$$

Weiterhin sei für alle $A \subseteq I^n$ die Spiegelung von $A$ definiert durch:

$$\bar{A} = \{t \mid \exists a \in A, t = -a\} \tag{7.39}$$

Aus diesen Grundfunktionen können die Operationen Dilatation und Erosion abgeleitet werden. Ausgangspunkt ist hierbei eine Menge $A$, die mit
einem *Strukturelement* $B$ bearbeitet wird. In Abhängigkeit von der Gestalt

des Strukturelements und der Lage des Referenzpunktes variieren die Ergebnisse. Der *Referenzpunkt* bezeichnet den Koordinatenursprung. Er gibt an, in welcher Form die geometrische Beziehung zwischen der Menge $A$ und dem Strukturelement $B$ hergestellt werden soll. Somit wird die Lage des Strukturelementes, bei der Ausführung einer morphologischen Operation, bezüglich der Menge $A$ festgelegt. Eine Veränderung des Referenzpunktes bewirkt somit eine Translation des Ergebnisbildes dies hat allerdings keinen Einfluß auf die Form des Ergebnisbildes.

Für die Dilatation $\oplus$ der Menge $A \subseteq I^n$ mit dem Strukturelement $B \subseteq I^n$ gilt:

$$
\begin{aligned}
A \oplus B &= \{t \mid \exists a \in A, b \in B, t = a + b\} & (7.40) \\
&= \bigcup_{b \in B} A_b & (7.41)
\end{aligned}
$$

Die Erosion $\ominus$ der Menge $A$ mit dem Strukturelement $B$ bestimmt sich zu:

$$
\begin{aligned}
A \ominus B &= \{t \mid \forall b \in B, t + b \in A\} & (7.42) \\
&= \bigcap_{b \in B} A_{-b} & (7.43)
\end{aligned}
$$

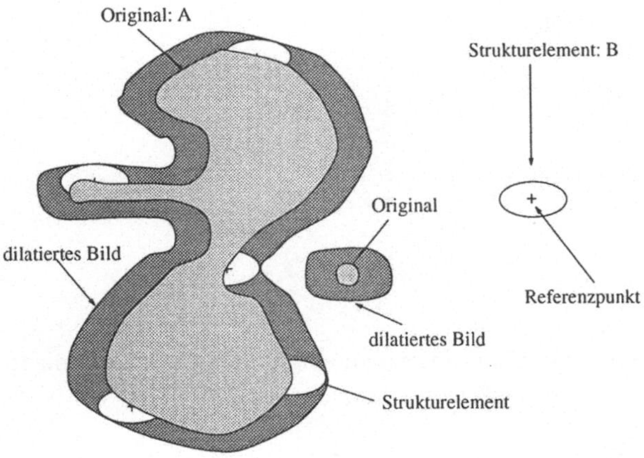


**Abb. 7.24.** Dilatation auf einem Binärbild mit einem elliptischen Strukturelement; Darstellung von $A$ in hellgrau, $B$ in weiß, die Differenz zwischen $A$ und $A \oplus B$ in dunkelgrau.

Abbildung 7.24 zeigt die Dilatation der Menge $A$ mit dem Strukturelement $B$. Anschaulich kann man sich eine Dilatation folgendermaßen vorstellen: Angenommen die Elemente der Menge $A$ seien auf einem Blatt Papier

aufgezeichnet. Die Gestalt des Strukturelements wird ebenfalls durch ein
Stück Papier, mit einem Loch an der Stelle des Referenzpunktes, vorgegeben. Steckt man nun durch das Loch einen Bleistift und fährt alle Stellen
der Menge $A$ ab, so entspricht die Vereinigungsmenge aller möglichen Positionen des Strukturelementes einer Dilatation $A \oplus B$. Das Strukturelement
darf dabei allerdings nicht gedreht werden. Infolge einer Dilatation entsteht
eine "Verstärkung" bzw. eine "Verdickung" des Bildinhaltes $A$. Die resultierende Menge ist nun einerseits gegenüber der Ausgangsmenge erweitert,
auf der anderen Seite werden konkave Formen verschliffen. Die Dilatation
ist kommutativ, es gilt:

$$A \oplus B = B \oplus A \qquad (7.44)$$

Eine Erosion $A \ominus B$ charakterisiert hingegen die Menge aller Punkte b,
für welche $B_p$ völlig in $A$ enthalten ist.

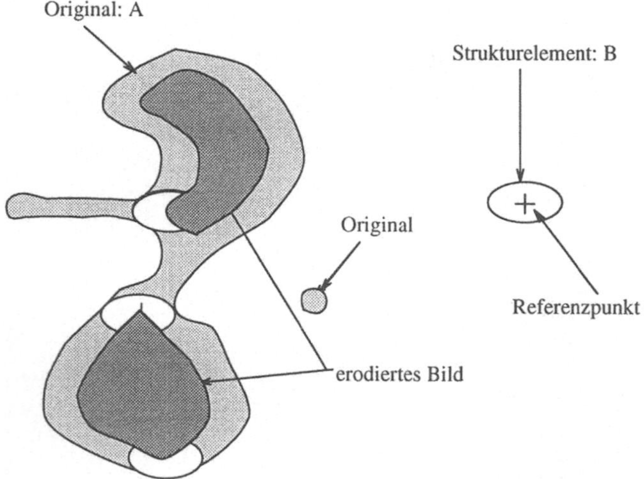


**Abb. 7.25.** Erosion auf einem Binärbild mit einem elliptischen Strukturelement;
Darstellung von $A$ in hellgrau, $B$ in weiß, $A \ominus B$ in dunkelgrau.

Abbildung 7.25 zeigt die Erosion der Menge $A$ mit dem Strukturelement
$B$. Anschaulich kann man sich eine Erosion folgendermaßen vorstellen: Wiederum seien die Menge $A$ und das Strukturelement $B$ in Form eines Pa-
pierstücks vorgegeben. Fährt man nun alle Stellen der Menge $A$ ab, an
denen das Strukturelement vollständig in der Menge $A$ enthalten ist, so
entsprechen alle Positionen, die mit dem Bleistift markiert wurden, dem
erodierten Bild $A \ominus B$. Das Strukturelement darf auch in diesem Fall nicht
gedreht werden. Das Ergebnis gibt eine oder mehrere Teilmengen der Menge

$A$ wieder, wobei schmale Stellen und kleine Objekte, deren geometrische Ausdehnungen kleiner als die des Strukturelementes sind, völlig eliminiert werden. Im Gegensatz zur Dilatation, ist eine Erosion nicht kommutativ, i.a. gilt:

$$A \ominus B \neq B \ominus A \qquad (7.45)$$

Die Funktionen Erosion und Dilatation sind dual zueinander d.h. das Komplementbild eines erodierten Bildes entspricht der Dilatation des Komplementbildes:

$$A \bar{\ominus} B = \bar{A} \oplus B \qquad (7.46)$$

Von den zahlreichen Rechenregeln und Beziehungen zwischen Erosion und Dilatation [209], [264] seien an dieser Stelle zwei wichtige Eigenschaften hevorgehoben. Für die Operationen Erosion und Dilatation gilt die Kettenregel:

$$A \oplus (B \oplus C) = (A \oplus B) \oplus C \qquad (7.47)$$
$$A \ominus (B \oplus C) = (A \ominus B) \ominus C \qquad (7.48)$$

Zerlegt man nun ein Strukturelement in mehrere kleine Strukturelemente, so kann unter Verwendung der obigen Regel 7.47 die Erosion eines Bildes mit einem großen Strukturelement, auf die sequentielle Anwendung kleinerer Strukturelemente zurückgeführt werden. Hierdurch läßt sich der Rechenaufwand reduzieren. Allerdings sei an dieser Stelle angemerkt, daß eine Zerlegung eines Strukturelements in kleinere Strukturelemente nicht in jedem Fall möglich ist [209].

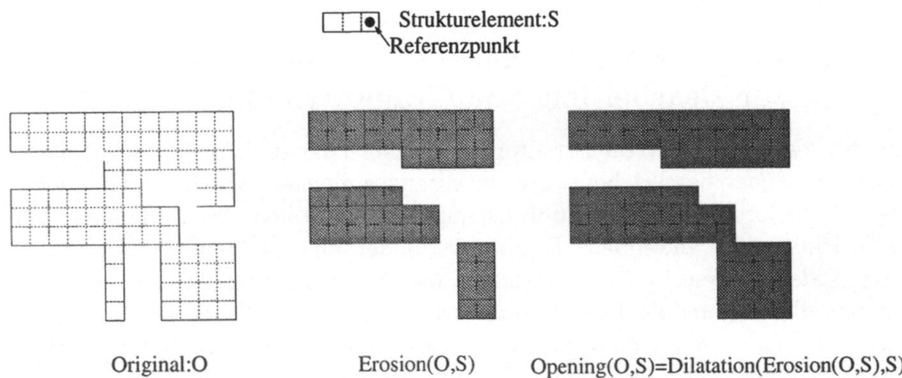


**Abb. 7.26.** Wirkung der zusammengesetzten Opening-Operation; Links das Originalbild, in der Mitte die Erosion, Rechts das Opening.

Aufbauend auf den Grundfunktionen Erosion und Dilatation lassen sich die Funktionen *Opening* $A \circ B$ und *Closing* $A \bullet B$ definieren:

$$A \circ B = (A \ominus B) \oplus B \qquad\qquad (7.49)$$
$$A \bullet B = (A \oplus B) \ominus B \qquad\qquad (7.50)$$

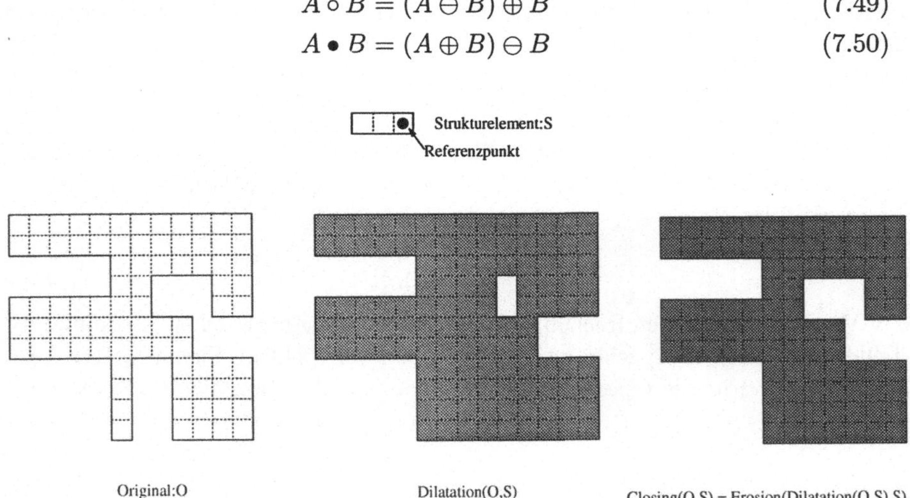


**Abb. 7.27.** Wirkung der zusammengesetzten Closing-Operation: Closing; Links das Originalbild, in der Mitte die Dilatation, Rechts das Closing.

Die Funktion *Opening* (siehe Abbildung 7.26) bewirkt eine Elimierung von im Verhältnis zum Strukturelement kleinen Teilmengen der Menge $A$, d.h. schmale Verbindungen oder auch alleinstehende Mengenelemente werden gelöscht.

Beim *Closing* (siehe Abbildung 7.27 werden hingegen kleine Einschnitte und Zwischenräume geschlossen.

## 7.4.2  Erweiterung der morphologischen Operationen zur Bearbeitung von Grauwertbildern

In diesem Kapitel wird die Erweiterung der morphologischen Operationen auf *Grauwertbilder* beschrieben. Die im vorangegangenen Abschnitt behandelten Operatoren lassen sich zunächst nur auf zweidimensionale Mengen, wie z.B. Binärbilder anwenden. Binärbilder bilden eine Teilmenge[10] der Grauwertbilder. Neben der Ortskoordinate, die für Binärbilder eine hinreichende Beschreibung darstellt, benötigt man nun noch die Amplitude des Bildpunktes. Die Erosion $\ominus_g$ eines Grauwertbildes läßt sich auf die Schnittmenge der Erosionen mehrerer Binärbilder zurückführen. Das erodierte Grauwertbild entspricht dem Minimum der erodierten Binärbilder, welche jeweils eine Bitebene des Grauwertbildes repräsentieren. Analog läßt sich die Grauwertdilatation $\oplus_g$ auf die Dilatation mehrerer Binärbilder zurückführen. Zur

---

[10]Eine Transformation der Menge der Grauwertbilder in die Menge der Binärbilder ist z.B. durch einen Schwellwertoperator möglich.

Beschreibung einer Grauwerterosion und -dilatation werden die Funktionen *Top* $\top$ und *Umbra* $\perp$ eingeführt, diese definieren sich formal wie folgt [93]: Es sei $A \subseteq E^3$ (die ersten beiden Komponenten beschreiben die Ortskoordinate und die dritte Komponente entspricht dem zugehörigen Grauwert) und

$$D = \{x \in E^2 \mid \exists y \in E, (x,y) \in A\} \tag{7.51}$$

somit gilt für die Funktion Top $\top A : D \to E$:

$$\top A(x) \quad = \quad \max\{y \mid (x,y) \in A\} \tag{7.52}$$

Weiterhin sei $D \subseteq E^2$ und $f : D \to E$. Dann definiert sich die Funktion Umbra $\perp f \subseteq D \times E$ zu:

$$\perp f \quad = \quad \{(x,y) \in D \times E \mid y \leq f(x)\} \tag{7.53}$$

Hieraus folgt für Erosion bzw. Dilatation eines Grauwertbildes A mit einem Strukturelement B:

$$A \oplus_g B \quad = \quad \top(\perp A \oplus \perp B) \tag{7.54}$$
$$A \ominus_g B \quad = \quad \perp(\perp A \ominus \perp B) \tag{7.55}$$

die Operationen *Opening* $\circ_g$ und *Closing* $\bullet_g$ definieren sich analog zu den zweidimensionalen Operatoren:

$$A \circ_g B = (A \ominus_g B) \oplus_g B \tag{7.56}$$
$$A \bullet_g B = (A \oplus_g B) \ominus_g B \tag{7.57}$$

### 7.4.3 Anwendungsbeispiele morphologischer Operatoren

Mit den in den vorangehenden beiden Abschnitten beschriebenen Funktionen Erosion, Dilatation, *Opening* und *Closing* lassen sich neue Operatoren für spezielle Fragestellungen modellieren. In diesem Abschnitt werden einige typische Anwendungen morphologischer Operationen vorgestellt. Zunächst wird die Wirkung der Grundoperationen anhand eines binären Beispielbildes verdeutlicht. Anschließend werden Operationen, die vergleichbar sind mit den Methoden Hochpaß, Tiefpaß und Bandpaß im Frequenzbereich, ein Bild vergröbern oder nur bestimmte Details wiedergeben, mit Hilfe morphologischer Operationen realisiert[11]. Am Schluß wird die Anwendung eines morphologischen Kantendetektors am Beispiel einer Satellitenaufnahme gezeigt.

---

[11]Eine direkte Nachbildung der Operationen im Frequenzbereich Abschnitt 1.2.4 (S.18) ist allerdings nicht möglich, da es sich um zwei gänzlich verschiedene Klassen von Operatoren handelt. Morphologischen Operatoren sind (nichtlineare) Rangfolgeoperatoren, demgegenüber handelt es sich bei Frequenzfiltern um lineare Operatoren.

Anhand des in den Abbildungen 7.28 bis 7.32 jeweils links dargestellten Originalbildes werden die Effekte der morphologischen Operationen erörtert. Das gewählte Strukturelement ist länglich mit vertikaler Ausdehnung und einer Breite von einem Pixel. Der Referenzpunkt wurde auf den oberen Rand gesetzt.

Die Dilatation des Originalbildes mit dem Strukturelement dehnt die Objekte in vertikaler Richtung aus. Die Wirkung läßt sich gut an den horizontalen Balken im unteren Teil des Bildes erkennen. Der keilförmige Zwischenraum des mittleren Objektes wird teilweise geschlossen. Der I-Punkt verschmilzt mit dem Rest des Buchstabens (siehe Abbildung 7.28).

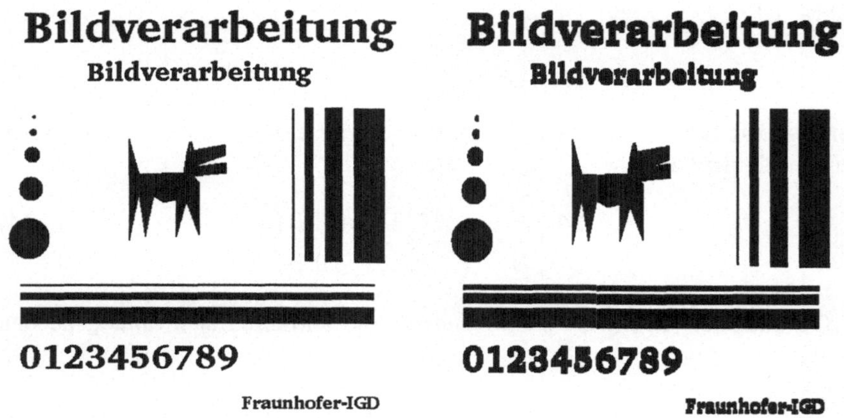


**Abb. 7.28.** Links das Originalbild, rechts Dilatation mit einem länglichen Strukturelement vertikaler Ausdehnung

Bei einer Erosion wird der Bildinhalt reduziert, der obere horizontale Balken und die Schrift in der rechten unteren Ecke wurden gelöscht (siehe Abbildung 7.29).

Nach Anwendung des *Openings* verschwinden schmale Übergänge, dies läßt sich sehr gut an der Beschriftung und den Zahlen erkennen (siehe Abb. 7.30). Die *Closing* Operation schließt kleine Öffnungen (siehe Abb. 7.31).

Eine Kantendetektion kann durch Anwendung einer Dilatation und anschließender Subtraktion des Ergebnisbildes vom Originalbild erreicht werden:

$$Edge(A, B) = A \oplus B - A \qquad (7.58)$$

Die Dicke der Kontur hängt hierbei von der Wahl der Strukturelementes ab. Infolge der Lage des Referenzpunktes wurden hier nur die unteren Konturen erkannt (siehe Abb. 7.32).

Mit morphologischen Operationen lassen sich Filtereffekte erzielen, die mit den Operationen im Frequenzbereich vergleichbar sind [264]. Nachfol-

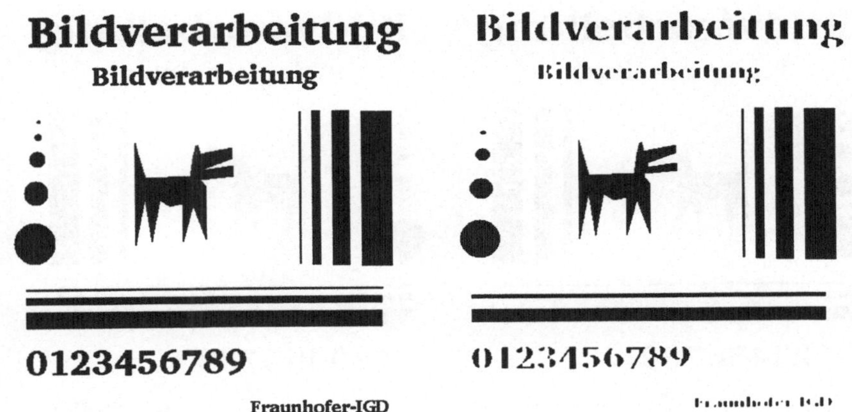

**Abb. 7.29.** Links das Originalbild, rechts Erosion mit einem länglichen Struktur-element vertikaler Ausdehnung.

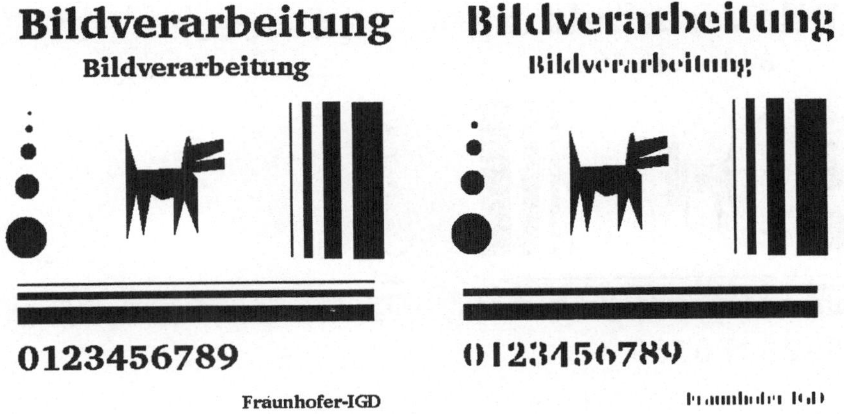

**Abb. 7.30.** Links das Originalbild, rechts Opening mit einem länglichen Struk-turelement vertikaler Ausdehnung.

gend werden Operationen angegeben, deren Wirkung ähnlich den Filterope-rationen Hochpaß, Tiefpaß und Bandpaß ist. Ein morphologischer Tiefpaß läßt sich aus der Vorschrift:

$$T(A) = ((A \oplus B)^n \ominus B)^n \qquad (7.59)$$

erzeugen, $(A \oplus B)^n$ bedeutet hierbei die n-fache Anwendung der Dilata-tion mit dem Strukturelement B. Die speziellen Eigenschaften des Tiefpaß-filters werden durch die Gestalt des Strukturelementes und der Anzahl der

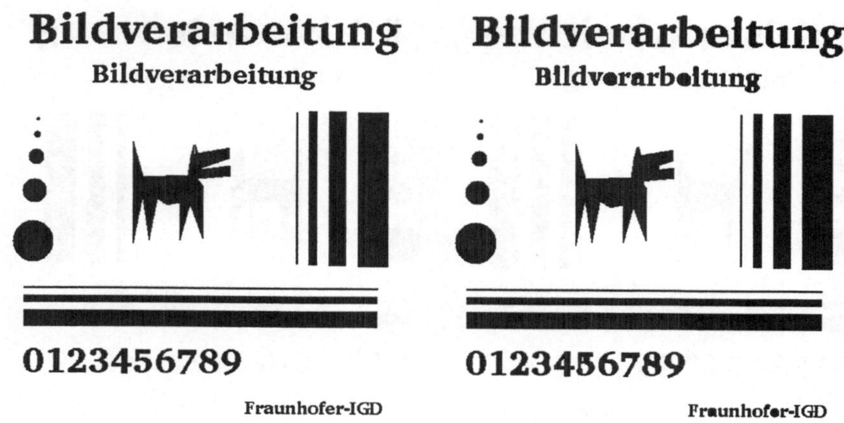

**Abb. 7.31.** Links das Originalbild, rechts Closing mit einem länglichen Strukturelement vertikaler Ausdehnung.

**Abb. 7.32.** Links das Originalbild, rechts Kantenextraktion mit einem länglichen Strukturelement vertikaler Ausdehnung

Iterationen bestimmt. Hierdurch gehen kleine Details im Bild verloren, es wird insgesamt gröber. Ein morphologischer Hochpaß läßt sich durch die Operationen:

$$H(A) = A - ((A \ominus B)^n \oplus B)^n \qquad (7.60)$$

darstellen. Einzelheiten des Bildes werden hierbei herausgefiltert. Ein Bandpaß ergibt sich aus:

$$B(A) = ((A \oplus B)^n \ominus B)^n - ((A \oplus B)^m \ominus B)^m, mit\, m < n \qquad (7.61)$$

Diese Beispiele geben einen Eindruck der hohen Flexibilität morphologischer Operatoren. Abschließend soll nun noch ein Beispiel gezeigt werden, welches aus dem Kontext einer Verarbeitung von Satellitendaten hervorgeht. Abbildung 7.33 zeigt eine Kantenextraktion im Infrarotkanal einer LANDSAT-Aufnahme des Frankfurter Flughafens [101]. Ziel dieser Anwendung war es die Startbahnen und Zufahrtsstraßen zu extrahieren. Da die Orientierung der einzelnen Straßen variiert, wurde das zur Detektion verwendete längliche Strukturelement rotiert und die resultierenden Ergebnisbilder miteinander kombiniert.

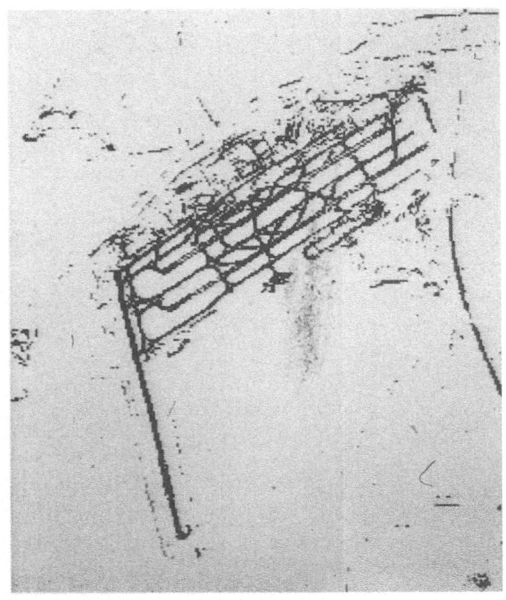

**Abb. 7.33.** Kantenextraktion mit einem länglichen Strukturelement am Beispiel des Infrarotkanals einer LANDSAT–Aufnahme des Frankfurter Flughafens; nach [101]

# 8. 3D-Bildverarbeitung

*Axel Hildebrand und Peter J.Neugebauer*

## 8.1 Gerätetechnik der 3D-Sensorik

### 8.1.1 Triangulationsverfahren

Dieses wohl älteste Verfahren zur Erfassung von 3D-Daten beruht auf einer dreieckigen, örtlichen Anordnung des Senders, des Empfängers und des zu erfassenden Objektes[1]. Die Verbindungsstrecke zwischen dem Sender und dem Empfänger wird Basislinie $b$ genannt. Der Sender projeziert einen stark gebündelten Lichtstrahl auf einen Punkt des Objektes. Dieser Punkt wird von dem Empfänger (z.B. einer CCD Kamera) erfaßt. Ist die Länge der Basislinie $b$ bekannt und außerdem die Winkel $\alpha$ und $\beta$ zwischen dem Sender und der Basislinie, bzw. dem Empfänger und der Basislinie, so ist das Dreieck vollständig bestimmt. Der unbekannte Winkel und die beiden unbekannten Seiten des Dreiecks können mit Hilfe des Sinussatzes bestimmt werden.

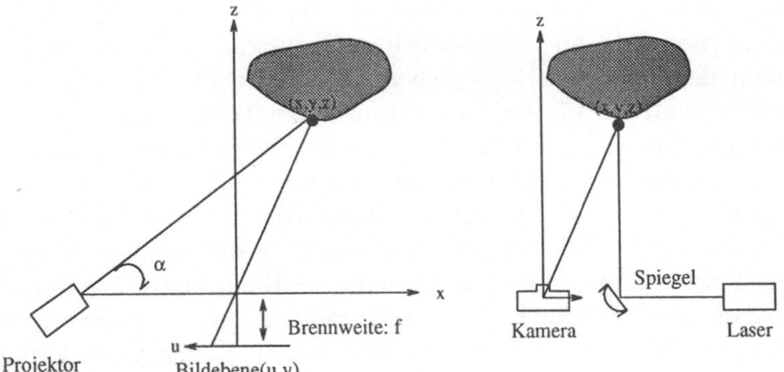


**Abb. 8.1.** Triangulationsverfahren; links: theoretischer Aufbau; rechts: typische Konfiguration eines Triangulationssystems

---

[1] Methode des Vorwärtseinschneidens, bereits von C.F. GAUSS benutzt.

In der Praxis muß nun einerseits der Winkel zwischen dem Sender und der Basislinie variiert werden (hierdurch lassen sich die Punkte einer Zeile erfassen) und andererseits die vertikale Lage zwischen dem Objekt und der Basislinie verändert werden. Somit lassen sich sukzessive alle Punkte des zu erfassenden Objektes abtasten. Abb. 8.1 zeigt links den theoretischen Aufbau eines Triangulationssystems. Dabei liegt der Sender auf der x-Achse und der Empfänger auf der $z$-Achse. Der Brennpunkt der Kamera entspricht dem Koordinatenursprung. Die Bildebene der Kamera liegt entsprechend der Brennweite $f$ auf der negativen z-Achse. Aus den bekannten Größen: Länge der Basislinie $b$, Winkel $\alpha$ zwischen Basislinie und Sender, der Brennweite $f$ der Kamera und den Koordinaten $u, v$ der Bildebene lassen sich die Koordinaten eines Objektpunktes $(x, y, z)$ durch folgende Gleichungen bestimmen:

$$x = \frac{bu}{f\cot\alpha - u} \tag{8.1}$$

$$y = \frac{bv}{f\cot\alpha - u} \tag{8.2}$$

$$z = \frac{bf}{f\cot\alpha - u} \tag{8.3}$$

Abb. 8.1 zeigt rechts eine typische Konfiguration eines Triangulationssystems. Diese besteht aus einem Laser mit niedriger Leistung, einem Scan-Mechanismus in Form eines rotierenden Spiegels und einer Kamera. Durch den rotierenden Spiegel kann zunächst nur eine Linie des Objektes erfaßt werden. Die zweite Dimension erhält man, indem das Objekt beispielsweise auf einem beweglichen Tisch verschoben bzw. rotiert wird.

Die Genauigkeit der Messung wird dabei wesentlich von der Länge der Basislinie beeinflußt. Eine Verlängerung der Basislinie bewirkt einerseits eine Erhöhung der Schatteneffekte und andererseits vergrößert sich dadurch der Sensoraufbau. Dies steht im Widerspruch zu industriellen Anwendungen, bei denen kompakte Sensoren erforderlich sind. Um dieses Defizit zu beseitigen, konstruierte RIOUX [218] einen synchronisierten Triangulationsscanner mit einem zweiten Spiegel. Die beiden Spiegel werden synchron zueinander bewegt. Unterscheiden sich zwei Objektpunkte nur in ihrer z-Koordinate, so ergeben sich für den synchronisierten Triangulationsscanner die gleichen Punkte der Bildebene wie bei einem nicht synchronisierten Scanner. Variierten hingegegen zwei Objektpunkte bezüglich ihrer x-Koordinate, so reduziert sich der Abstand der Bildpunkte bei der Verwendung eines synchronisierten Scanners gegenüber einem nicht synchronisierten Scanner. Aufgrund dieses Effektes ist es nun möglich, die Brennweite der Kamera zu erhöhen: Dies bewirkt eine höhere Auflösung, ohne den Abtastbereich zu reduzieren. Abb. 8.2 zeigt den schematischen Aufbau eines synchronisierten Scanners. Anstelle einer synchronen Bewegung der beiden äußeren Spiegel, wird ein zentral angeordneter Prismenspiegel gedreht. Zur Erfassung von Scannli-

nien mit unterschiedlicher vertikaler Lage wird der Laserstrahl über einen
weiteren Spiegel abgelenkt.

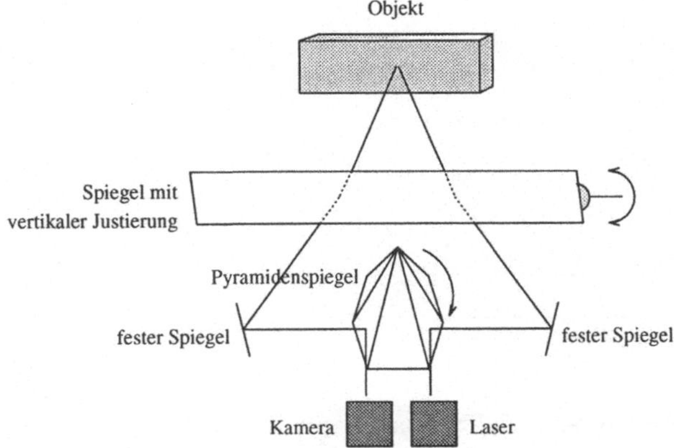


**Abb. 8.2.** Sychronisiertes Triangulationssystem

## 8.1.2 Strukturiertes Licht

Sensoren, die strukturiertes Licht zur Erfassung von 3D-Daten verwenden,
arbeiten auf der prinzipiell gleichen Grundlage wie der – im vorangehenden
Abschnitt behandelte – Triangulationssensor. Im Gegensatz zu einem Tri-
angulationsscanner wird allerdings nicht ein einzelner Punkt, sondern ein
Muster auf das Objekt projeziert. Dabei werden in verschiedenen Systemen
Muster unterschiedlicher Gestalt verwendet. So existieren Verfahren auf der
Basis von Punkten, Linien, Gittern, Kreisen, Kreuzen, binären Mustern,
farbigen Streifen, Texturen, etc.

Abb. 8.3 zeigt einen Sensor der unter Verwendung einer projezierten Linie
arbeitet. Ein Lichtstrahl wird hierbei durch einen horizontalen Schlitz auf das
Objekt projeziert. Die Orientierung des Projektors und die Entfernung zur
Kamera sind bekannt. Das Objekt befindet sich auf einem beweglichen Tisch.
Während der Tiefenmessung wird der Tisch bewegt und gleichzeitig werden
zu fest vorgegebenen Zeitpunkten Bilder erzeugt. Mit jedem aufgenommenen
Bild wird auch die aktuelle Position der Tisches festgehalten. Anschließend
wird die Lage des Lichtstreifens in der Bildebene bestimmt. Der Verlauf
dieser Profillinie gibt nun die Oberfläche des zu erfassenden Objektes wieder. Die 3D-Koordinaten lassen sich mit Hilfe des Triangulationsverfahrens
bestimmen. Eine Reduzierung der Akquisitionszeit kann erreicht werden,
indem anstelle eines einzelnen Streifens ein Gittermuster projeziert wird.
Eine weitere Möglichkeit zur Reduzierung der Aufnahmezeit besteht in der
Verwendung von Masken unterschiedlicher Struktur. Abb. 8.4 zeigt einen
typischen Aufbau eines solchen Verfahrens. Hierbei werden nacheinander

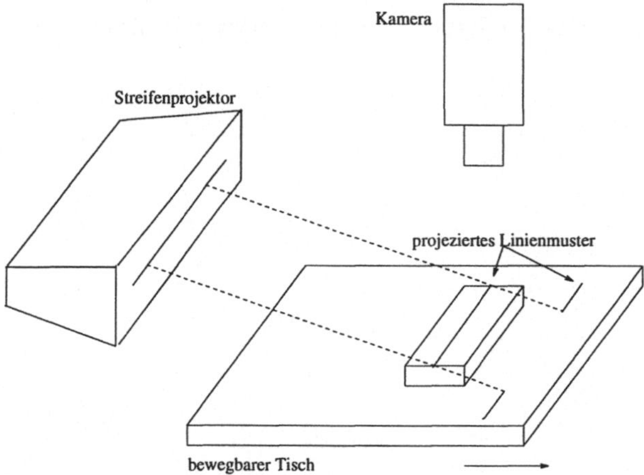


**Abb. 8.3.** Prinzipieller Aufbau eines 3D-Sensors, der mit strukturiertem Licht arbeitet

unterschiedliche Masken auf die Szene projeziert. Jedes Bild wird in einer anderen Bitebene abgespeichert, so daß durch die Verbindung der einzelnen Bitebenen eindeutig ein Lichtkeil identifiziert werden kann. Kennt man außerdem die jeweilige Position in der Bildebene der Kamera, so läßt sich durch einfache Triangulation der jeweilige Tiefenwert bestimmen. Akquiriert man $n$ Bilder mit verschiedenen Masken, so können durch Kombination der erfaßten Daten $2^n$–Regionen bestimmt werden [223]. Überdeckungen lassen sich relativ einfach erkennen, da sie für jede Maske das gleiche Kodewort erhalten. Die in Abb. 8.4 verwendete Maskenkombination erzeugt einen Binärkode. Liegt ein untersuchter Bildpunkt gerade auf dem Rand zwischen zwei Lichtkeilen, so können bei der Verwendung eines Binärkodes relativ große Fehler entstehen. Aus diesem Grund verwendet man häufig sogenannte GRAY-kodierten Masken. Bei diesem Code ist die Anzahl der sich ändernden Bits, bei zwei benachbarten Kodeworten gleich eins. Somit wird ein auf dem Rande liegender Objektpunkt im schlechtesten Falle dem links oder rechts benachbarten Kodewort zugeordnet.

### 8.1.3  MOIRÉ-Verfahren

Bei der Verwendung des MOIRÉ-Verfahrens wird ein Gitter mit konstanten Abstand der Gitterstäbe auf die zu erfassende Szene projeziert. Hierdurch werden Schatten auf den Objekten der Szene erzeugt. Betrachtet man die Szene aus einer anderen Blickrichtung, so variiert der Abstand und der Verlauf der Gitterlinien entsprechend der Oberflächenneigung. Werden nun diese Schattenlinien durch ein Kameragitter beobachtet, so ergeben sich im betrachteten Bild sogenannte MOIRÉ-Muster. Dieses Interferenzmuster entsteht durch die Überlagerung des projezierten Gitters und des Kameragitters

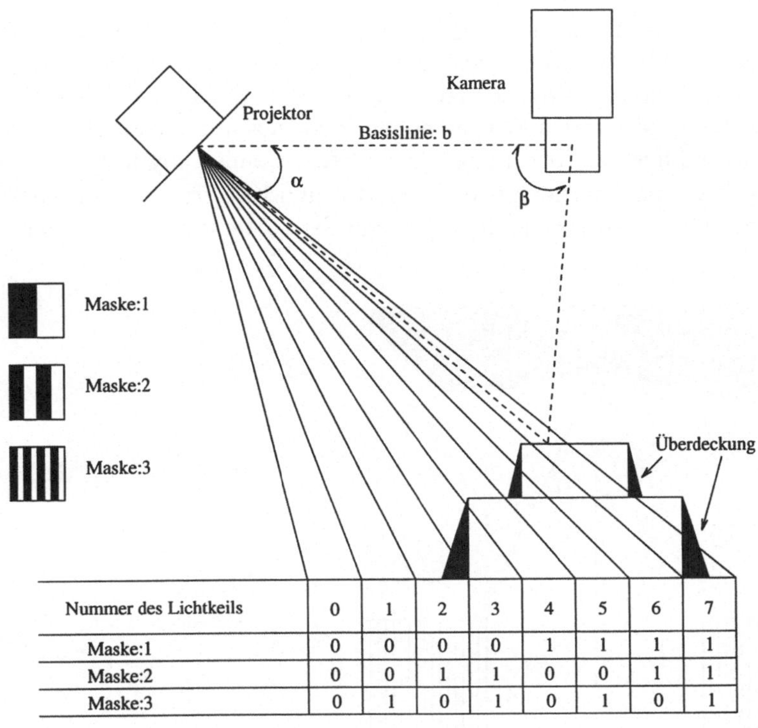



| Nummer des Lichtkeils | 0 | 1 | 2 | 3 | 4 | 5 | 6 | 7 |
|---|---|---|---|---|---|---|---|---|
| Maske:1 | 0 | 0 | 0 | 0 | 1 | 1 | 1 | 1 |
| Maske:2 | 0 | 0 | 1 | 1 | 0 | 0 | 1 | 1 |
| Maske:3 | 0 | 1 | 0 | 1 | 0 | 1 | 0 | 1 |

**Abb. 8.4.** Aufbau eines Verfahrens zur Bestimmung von Tiefe mittels Überlagerung von Masken

[234]. Die Punkte einer Konturlinie des Interferenzmusters liegen dabei im gleichen Abstand zur Kamera.

**Abb. 8.5.** Durch Überlagerung zweier hochfrequenter Ausgangsmuster (links und Mitte) entsteht ein niederfrequentes Interferenzmuster (rechts)

Dieser Sachverhalt leitet sich aus der Interferometrie ab. Danach läßt sich das Schatten- und das Kameragitter jeweils als ein amplituden-moduliertes Signal interpretieren, die Amplitudenmodulation wird dabei von dem Abstand der Gitterstäbe bestimmt. Die Überlagerung dieser Signale entspricht einer Multiplikation der zugehörigen Signalfunktionen. Abb. 8.5 zeigt die Überlagerung zweier Gitter mit hoher Frequenz. Das resultierende Muster besitzt nun sowohl die Frequenzen der Ausgangsmuster, als auch die niedrigere Frequenz des MOIRÉ-Muster, welches sich aus der Phasendifferenz der Ausgangssignale ableitet. Wendet man nun einen Tiefpaßfilter auf das Interferenzmuster an, so filtert dieser die hohen Frequenzen heraus und liefert somit die Phasendifferenz. Hieraus geht die Oberflächenneigung hervor.

Übertragen auf die Anordnung von Projektor und Kamera wird zunächst das Projektorsignal entsprechend dem Abstand der Gitterstäbe amplitudenmoduliert.

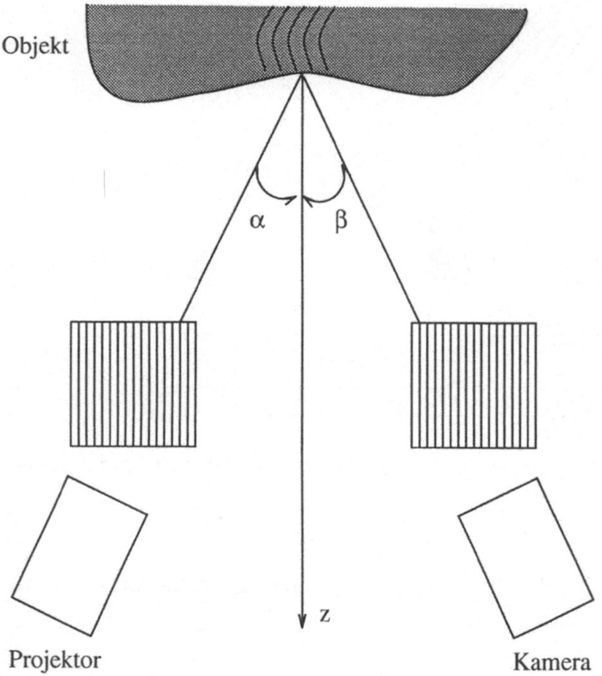


**Abb. 8.6.** Prinzipieller Aufbau eines MOIRÉ-Sensors

Auf dem Objekt wird nun gemäß der Oberflächenneigung die Phase des Projektorsignals moduliert. Durch das Kameragitter wird dieses Signal demoduliert. Die Konturlinien des resultierenden Musters, diese entsprechen der Phasendifferenz, geben nun die Oberflächenneigung an. Abb. 8.6 zeigt einen prinzipiellen Aufbau eines MOIRÉ-Sensors. Dabei ist $\alpha$ der Winkel zwischen dem Projektor und der z-Achse und $\beta$ der Winkel zwischen der Kamera und der z-Achse. Weiterhin ist $P_0$ die Periode des projezierten Musters auf der Objektfläche. Die relative Tiefenänderung $\triangle z$ zwischen den Zentren der Interferenzmuster läßt sich folgendermaßen berechnen [205]:

$$\triangle z = \frac{P_0}{tan(\alpha) + tan(\beta)} \tag{8.4}$$

Eine Schwierigkeit der Tiefenmessung mit dem MOIRÉ-Verfahren besteht darin, daß nur relative Änderungen festgestellt werden können. Außerdem sind die Vorzeichen der jeweiligen Änderungen unbestimmt. Verschiedene Verfahren wurden entwickelt, um dieses Manko zu beseitigen. So kann z.B. zusätzlich ein Stab zwischen Kamera und Gitter plaziert werden. Die Distanz zwischen dem Bild des Stabes und dem des Schattens auf dem MOIRÉ-Muster dient als Referenz um eine bestimmte Konturlinie zu identifizieren. Bewegt man nun zusätzlich das Objekt und akquiriert dabei mehrerer Bilder, so kann die absolute Oberflächenneigung ermittelt werden. Der gleiche Effekt kann erreicht werden, indem man das Projektorgitter leicht verschiebt. Zudem kann hierdurch die Genauigkeit erhöht werden.

### 8.1.4  Tiefe durch Fokussierung

Das Verfahren "Tiefe durch Fokussierung" nutzt die Eigenschaften von Sammellinsen zur Tiefenbestimmung. Gleichung 8.5 gibt die Beziehung zwischen der Brennweite $f$ der Linse, der Entfernung $b$ zwischen der Linse und der Bildebene und der Entfernung $o$ zwischen der Linse und dem Objekt an.

$$\frac{1}{f} = \frac{1}{b} + \frac{1}{o} \tag{8.5}$$

Formt man diese Gleichung um und löst man sie nach $b$ und $o$ auf, so erhält man die Gleichungen 8.6 und 8.7:

$$o = \frac{fb}{b-f} \tag{8.6}$$

$$b = \frac{fo}{o-f} \tag{8.7}$$

Diese beiden Gleichungen zeigen nun, in welcher Entfernung zur Linse ein Objektpunkt liegen muß, um bei vorgegebener Brennweite und festem Abstand zwischen der Linse und der Bildebene, auf der Bildebene im Fokus zu liegen. Auf der anderen Seite zeigen die Gleichungen, welcher Abstand zwischen Linse und Bildebene gewählt werden muß, um einen vorgegebenen Bildpunkt zu fokussieren.

Abb. 8.7 zeigt die drei möglichen Fälle, die bei fester Brennweite $f$ und fester Entfernung $o$ zwischen Linse und Bildebene auftreten können.

- Der Abstand zwischen dem Punkt $A$ und der Linse ist zu gering, somit liegt der Bildpunkt $A'$ vor der Bildebene. Auf der Bildebene erscheint der Punkt, infolge der nicht-exakten Fokussierung, in Form einer Fläche.

- Punkt $C$, dessen Bildpunkt $C'$ hinter der Bildebene liegt, wird ebenfalls auf der Bildebene als Fläche abgebildet.

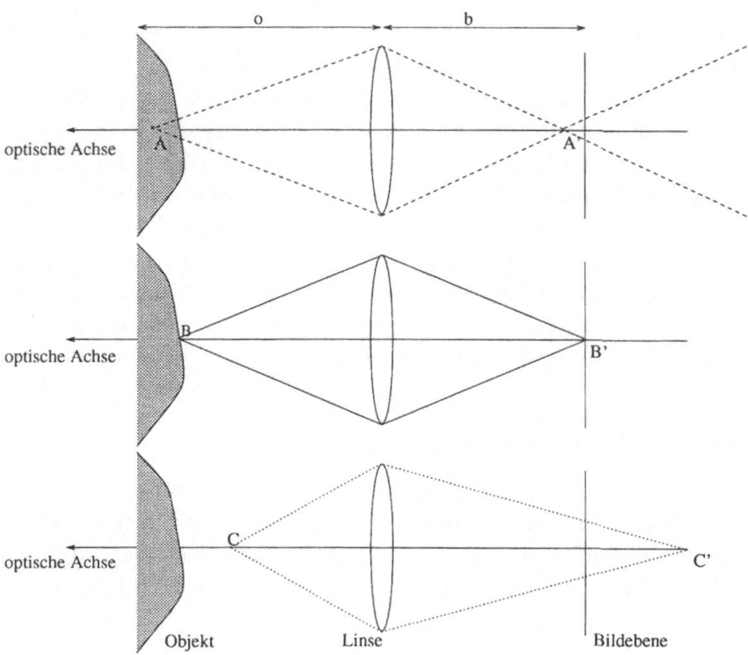


**Abb. 8.7.** Projektion eines Punktes in unterschiedlicher Entfernung zur Linse

- Nur Punkt $B$ ist genau fokussiert, und wird somit auch in Form eines Punktes auf der Bildebene abgebildet.

Die Größe der verschwommenen Fläche eines nicht-exakt fokussierten Punktes wird durch die Entfernung des Punktes vom Fokus bestimmt. Es besteht also eine Korrelation zwischen der Größe eines verschwommenen Feldes und dem Abstand eines Punktes von der Linse. Diesen Sachverhalt nutzten RIOUX und BLAIS [219] aus und bauten einen Sensor zur Bestimmung der Entfernung einzelner Punkte, die in Form eines Punktmusters auf das Objekt projeziert wurden. Nun war man in der Lage, anhand der Größe der Flächen auf der Bildebene, die sich durch die Projektion der Punkte ergaben, die Entfernungen der einzelnen Punkte zu ermitteln.

Ein anderer Ansatz zur Bestimmung der mittleren Entfernung zu einem Objekt basiert auf einer *Bildfolge* des Objektes. Die einzelnen Bilder werden mit unterschiedlicher Brennweite aufgenommen. Danach wird die Bildschärfe der einzelnen Abb. untersucht, diese korreliert mit dem Anteil hoher Frequenzen im Bild. Je größer die erreichte Bildschärfe, um so höher ist der hochfrequente Anteil des Bildes.

Es gibt im wesentlichen zwei Möglichkeiten den Betrag an hohen Frequenzen zu ermitteln: Zum einen läßt sich dieser durch eine FOURIER–Transformation des Bildes in den Frequenzbereich angeben, hier kann für jedes Bild der Anteil der hohen Frequenzen direkt bestimmt werden. Auf der anderen Seite kann eine Untersuchung direkt im Bild, also im Ortsbereich durchgeführt werden. Hier können mittels eines Gradientenfilters die Diskonitinuitätsstellen ermittelt werden. Der Betrag des Gradienten gibt das Quantum der Diskontinuität an. Addiert man nun die Beträge des Gradienten für jedes Bild der Bildfolge, so liefert das Bild mit der maximalen Summe der idealen Brennweite mit dem am besten fokussierten Objekt.

Die Entfernung zum Objekt kann nun ermittelt werden, indem man die Parameter $f$ und $o$ des am besten fokussierten Bildes in die Gleichung 8.6 einsetzt [163].

### 8.1.5 Radarsysteme

Anfang des 20. Jahrhunderts wurden erstmals Radiowellen zur Detektion von Objekten eingesetzt [120]. Prinzipiell existieren zwei Ansätze zur Bestimmung der Tiefendaten. Einerseits gibt es Systeme, die einen Signalimpuls senden und anschließend eine Messung der Laufzeit zwischen dem Sender und dem Objekt durchführen (Laufzeitmeßsysteme).. Andere Systeme senden kontinuierlich ein moduliertes Signal und ermitteln durch einen Vergleich des gesendeten und des empfangenen Signals die Tiefeninformation (Modulationssysteme). Die Signalleistung eines Radarsystems wird im wesentlichen vom Sendesystem, vom Empfangssystem, von den Reflexionseigenschaften des Objektes und von den spezifischen Eigenschaften des Mediums, durch die die elektromagnetischen Wellen laufen, bestimmt, somit wird das maximal von einem Radar erfaßbare Gebiet durch die kleinste noch erkennbare Leistung, die von einem *Fehlalarm* getrennt werden kann, bestimmt. Fehlalarme sind Messungen die nicht aufgrund der tatsächlichen Objektoberfläche zustande kommen und z.B. durch Rauschen hervorgerufen [262] werden.

### 8.1.6 Laufzeitmeßsysteme

Der Grundgedanke dieser Systeme besteht in einer Messung der Laufzeit elektromagnetischer Wellen zwischen dem Sensor und dem Objekt. Anhand der benötigten Laufzeit des reflektierten Signals kann die Entfernung zum Objekt bestimmt werden. Es gilt:

$$v\tau = 2r \tag{8.8}$$

Dabei entspricht $v$ der Signalgeschwindigkeit und $\tau$ der Zeit, die das Signal für die zweifache Strecke zwischen Sender und Empfänger benötigt. Die Entfernung zwischen dem Objekt und dem Sender wird durch die Variable $r$ angegeben.

Laufzeitmeßsysteme besitzen gegenüber den meisten anderen Sensorsystemen einen wesentlichen Vorteil: Sie ermöglichen die Anordnung des Senders und des Empfängers derart, daß keine Schattenprobleme entstehen.

Diese werden normalerweise durch den Parallaxenwinkel zwischen Sender und Empfänger verursacht. Ein weiteres Plus ist, daß Laufzeitsysteme keine Segmentierung der empfangenen Daten erfordern.

Die zwei wichtigsten Typen der Laufzeitmeßsysteme sind Ultraschall- und Laser-Laufzeitmeßungssysteme. Ein Nachteil der Ultraschallsysteme ist die niedrige Auflösung mit der die Tiefeninformation gewonnen werden kann. Weiterhin kann die Signalreflexion, für bestimmte Oberflächenkrümmungen derart gering sein, daß das reflektierte Signal einen bestimmten Wert unterschreitet und somit keine Tiefenmessung mehr möglich ist [208]. Laser-Laufzeitmeßungssysteme liefern gegenüber den Ultraschallsystemen eine höhere Auflösung. Abb. 8.8 (nach [208]) zeigt einen typischen Aufbau eines Laser-Laufzeitmeßungssystems. Der Laserstrahl wird durch einen semipermeablen Spiegel auf das Objekt projeziert. Der reflektierte Lichtstrahl wird von einem Photomultiplier erfaßt. Der Sender leitet zum Zeitpunkt des Aussendens des Laserstrahls ein Synchronisationssignal an die Meßeinheit weiter. Diese erhält zudem ein Signal vom Photomultiplier sobald das reflektierte Signal empfangen wurde. Die Meßeinheit berechnet nun aus der Zeitdifferenz den zugehörigen Tiefenwert des Oberflächenpunktes.

Ein Nachteil dieser Technik besteht in den Genauigkeitsanforderungen des Meßsystems. Liegt das Objekt z.B. in einer Entfernung von 2 Metern zum Sensor, so benötigt das Licht für die zweifache Strecke zwischen dem Objekt und dem Sensor etwa 13 $ns$. Möchte man nun eine Genauigkeit von $\pm0.1$ $cm$, so erfordert dies eine Meßgenauigkeit der Zeit von c.a. $\pm3$ $ps$ [208]. Laser-Laufzeitmeßungssysteme besitzen außerdem eine ähnliche Schwachstelle wie akustische Systeme. Für bestimmte Objekte können die Reflexionseigenschaften und die Neigung der Oberfläche zu Fehlern führen.

### 8.1.7  Modulationssysteme

Modulationssysteme senden im Unterschied zu Laufzeitmeßsystemen ein kontinuierliches Wellensignal. Es gibt zwei Typen von Modulationssystemen, dies sind die amplituden- und frequenz-modulierende Systeme. Amplitudenmodulierende Systeme messen die Phasendifferenz zwischen gesendeten und empfangenen Signal. Frequenz-modulierende Systeme überlagern das empfangene Signal mit einer Taktfrequenz, um daraus die Entfernung zum Objekt abzuleiten [22].

Bei einem amplituden-modulierenden System (AM-System) wird ein in seiner Intensität veränderter Laserstrahl auf das Objekt gesendet. Die Amplitude des reflektierten Signals variiert in gleicher Weise, allerdings verschiebt sich je nach Entfernung zum Objekt die Phasenlage. Die Phasendifferenz zwischen dem gesendeten und dem empfangenen Signal wird somit ermittelt. Diese liefert einen Wert für die Objektentfernung (siehe Abb. 8.9 nach [22]). Aufgrund des wellenförmigen Signals ist die Messung nicht eindeutig: Die relative Phasendifferenz läßt sich nur modulo $2\pi$ ermitteln. Ohne weitere Maßnahmen zur Reduzierung der Mehrdeutigkeit wird die meßbare

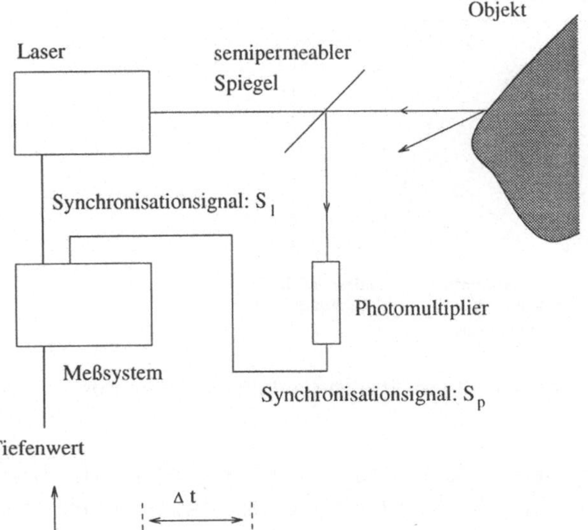


**Abb. 8.8.** Aufbau eines Laufzeitmeßsystems

Tiefe durch das Mehrdeutigkeitsintervall bestimmt. Durch eine Erhöhung der Modulationsfrequenz kann die Genauigkeit der Messung verbessert werden, gleichzeitig wird allerdings der Bereich, in dem eine widerspruchsfreie Messung durchgeführt werden kann, verkleinert. Das Problem der Mehrdeutigkeit kann durch eine Verwendung unterschiedlicher Modulationsfrequenzen beseitigt werden.

Bei einem frequenz-modulierenden System (FM-System) wird die Frequenz des gesendeten Signals während einer Modulationsperiode verändert. Das empfangene Signal wird mit einem Referenzsignal gemischt. Die hieraus resultierende Taktfrequenz ist proportional zu der Entfernung des Objektes.

## 8.2  Datenstrukturen für die 3D-Bildverarbeitung

Datenstrukturen sollten einerseits einen möglichst großen Anteil der sensorseitig gelieferten Information erhalten und andererseits den Hauptaufgaben

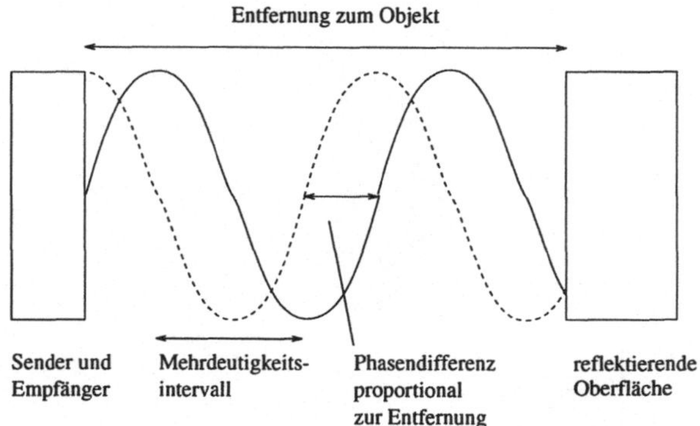


**Abb. 8.9.** Phasendifferenz bei einem amplituden-modulierenden Sensor

— Objekterkennung und Objektlokalisation — gerecht werden. Um beide Aufgaben zu erfüllen, sind verschiedene Objektrepräsentationen gebräuchlich, ausgehend von den low-level-Sensordaten bis hin zu abstrakteren Beschreibungsformen, die jedes Objekt als topologische Konstruktion, bestehend aus seinen Grundprimitiven, darstellen.

## 8.2.1 Höhenbilder, Freiformflächen

Höhenbilder ergeben sich, wenn die Meßpunkte des Sensors rasterartig — beispielsweise in einem kartesischen Koordinatenraster — angeordnet sind und in einer Bildmatrix gespeichert werden (Abb. 8.10, 8.12 und 8.31). Die Koordinaten der Meßwerte sind durch die Position $(x, y)$ im Raster und den Pixelwert $z$ bestimmt, wobei alle Koordinatenwerte unbedingt in der gleichen Einheit vorliegen müssen, um eine geometrisch korrekte Interpretation zu ermöglichen. Gegebenenfalls müssen die Bildkoordinaten entsprechend skaliert werden, um die tatsächlichen Raumkoordinaten zu erhalten.

Streng genommen sind Höhenbilder nur an den abgetasteten Rasterpunkten definiert. Zwischen definierten Rasterpunkten kann der Funktionsverlauf durch Interpolationsmaßnahmen stetig fortgesetzt werden, so daß Höhenbilder als Freiformflächen im Raum interpretiert oder als partiell definierte Funktionen $z = f(x, y)$ verstanden werden können.

Verschiedene Interpolationsverfahren, wie *bilineare Interpolation* (für $C^0$-Stetigkeit) oder *B-Spline-Approximation* (für $C^2$-Stetigkeit), stehen zur Verfügung.

Abb. 8.11 zeigt das Prinzip der bilinearen Interpolation: Der interpolierte $z$-Wert wird an der interessierenden Stelle durch die gewichtete Summe der vier umgebenden Nachbarpixel berechnet. Wenn mit $\mu$ und $\nu$ die Nachkommastellen der fraglichen Bildkoordinaten $(x, y)$ bezeichnet werden, lautet die Interpolationsformel ohne Einbeziehung der ganzzahligen Koordinaten-

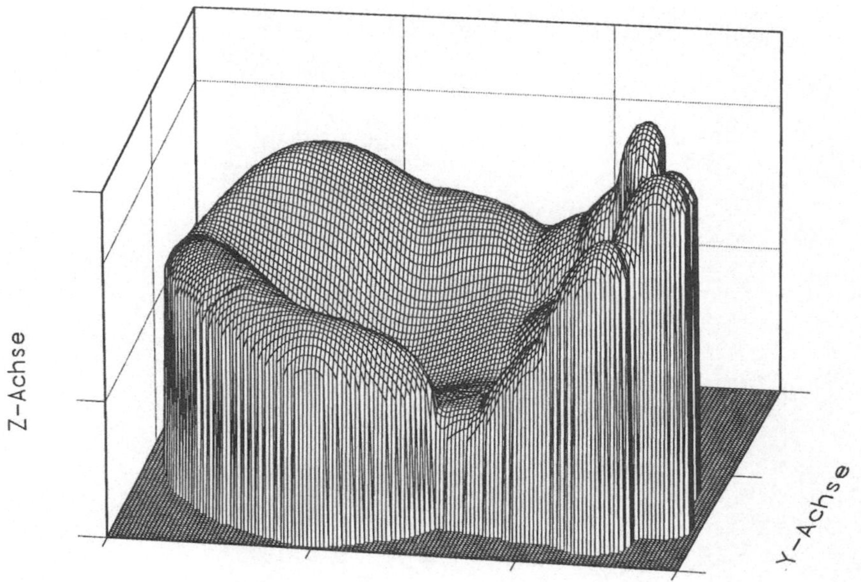



**Abb. 8.10.** Höhenbild einer Porzellanhand. Bei dieser Darstellung ist jeder Rasterpunkt $(x, y)$ um die gespeicherte Höhe $f(x, y)$ nach oben verschoben.

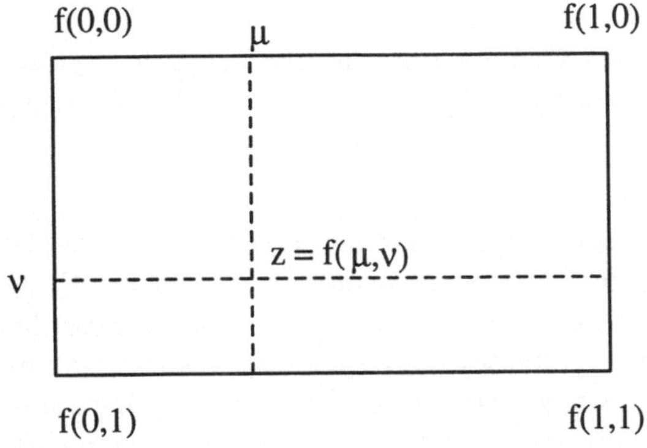



**Abb. 8.11.** Prinzip der bilinearen Interpolation

anteile:

$$f(\mu, \nu) = \begin{pmatrix} 1 - \mu & \mu \end{pmatrix} \begin{pmatrix} f(0,0) & f(0,1) \\ f(1,0) & f(1,1) \end{pmatrix} \begin{pmatrix} 1 - \nu \\ \nu \end{pmatrix} \tag{8.9}$$

Die *bilineare Interpolation* ist einfach und effizient zu berechnen und für viele Anwendungen gut geeignet. Bei Anwendungen, bei denen auch die ersten oder zweiten Ableitungen stetig interpoliert werden müssen, kann auf eine B-Spline-Approximation zurückgegriffen werden (siehe dazu [236]).

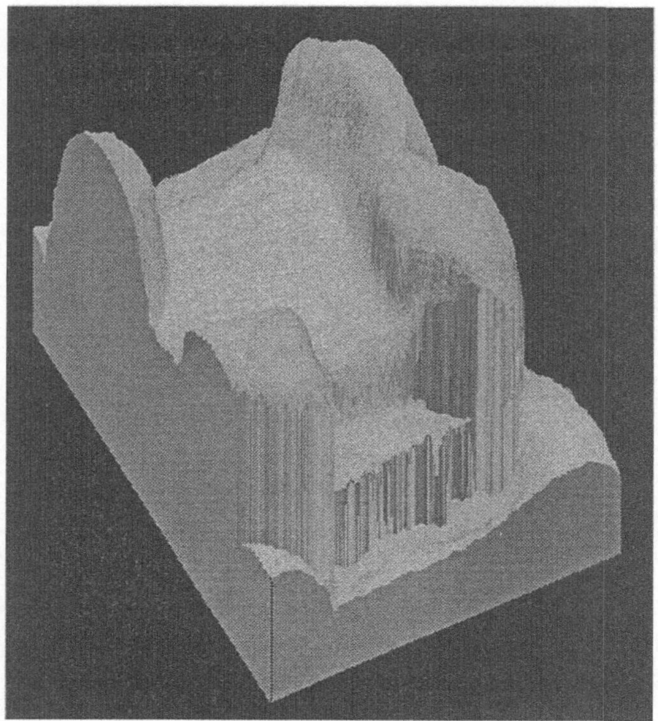

**Abb. 8.12.** Höhenbild eines Backenzahns aus einer dentaltechnischen Applikation. Das Höhenbild wird hier unter der Annahme eines einfachen Beleuchtungsmodells visualisiert.


Freiformflächen zeichnen sich dadurch aus, daß ihre Oberflächen beliebig geformt sein können und daher im allgemeinen weder durch Ebenen, Quadriken, Superquadriken oder generalisierten Zylindern stückweise dargestellt werden können; es gibt i.a. keine Symmetrieachsen oder Symmetriepunkte. Ecken und Kanten können an beliebigen Stellen im Bild liegen, wobei Kanten entweder direkt mit Ecken verbunden sein können oder einfach in einem kontinuierlichen, glatten Flächenstück auslaufen können [23].

Dennoch zeigt eine Freiformfläche, außer an Ecken und Kanten, einen glatten Verlauf, d.h. sie ist differenzierbar. Freiformflächen werden für eine geeignete Modellierung von Geländeformen, Autos, Skulpturen und Werkstückoberflächen benötigt.


## 8.2.2  Extended Gaussian Image

Eine spezielle Repräsentationsform von 3D-Objekten stellt das sogenannte *Extended Gaussian Image* (EGI) dar. Das EGI beschreibt die Häufigkeitsverteilung der Oberflächennormalen eines Objektes [236].

Am einfachsten läßt sich ein EGI für Objekte herstellen, die nur aus planaren Oberflächen bestehen. Nach MINKOWSKI läßt sich ein konvexes Polyeder allein durch die Flächeninhalte und die Normalen seiner Flächen vollständig beschreiben [114].

Die Oberflächennormalen eines Polyeders werden so angegeordnet, daß sie im Mittelpunkt einer Einheitskugel beginnen und das Ende auf der Kugeloberfläche liegt. Jeder Punkt der Kugeloberfläche repräsentiert nun eine bestimmte Oberflächenorientierung. Eine derartige Beschreibung nennt man *Gaussian Image*. Bestimmt man nun zusätzlich für jedes Oberflächensegment des Polyeders den dazugehörigen Flächeninhalt und ordnet diesen den entsprechenden Punkten der Kugeloberfläche zu, so entsteht ein *Extended Gaussian Image*. Abb. 8.13 zeigt beispielsweise einen Zylinder und das dazugehörigen EGI.

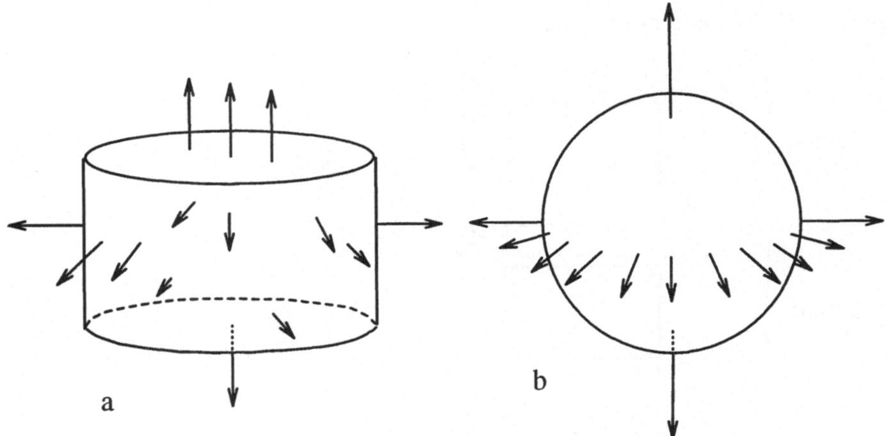


**Abb. 8.13.** Das Bild (a) zeigt einen Zylinder zusammen mit einer Menge von Oberflächennormalen. Bild (b) stellt das dazugehörige *Extended Gaussian Image* (EGI) dar. Die obere und untere Begrenzungsfläche des Zylinders wird im EGI durch einen nach oben und einen nach unten gerichteten Vektor repräsentiert. Die äquatorial angeordneten Vektoren im EGI repräsentieren die Mantelfläche des Zylinders.

Die Gesamtoberfläche des Polyeders wird somit durch die Summe der gewichteten Oberflächenpunkte der Einheitskugel angegeben. Zerlegt man die Oberfläche von konvexen Objekten in Flächensegmente (*Patches*) so kann mit Hilfe des *Extended Gaussian Image* eine invertierbare Beschreibungsform gebildet werden. Eine andere Situation ergibt sich für konkave Objekte. Hierbei kann durch das dazugehörige EGI nicht eindeutig auf das Objekt zurückgeschlossen werden, vielmehr wird eine ganze Klasse von Objekten repräsentiert.

Der Vorteil der EGI-Repräsentation wird offensichtlich, wenn man die

Auswirkungen von Objektbewegungen auf das EGI betrachtet. Translationen des Objekts haben keinen Einfluß auf das EGI. Es ist *translationsinvariant*. Auch für Rotationen bleiben die induzierten Transformationen des EGI überschaubar. Rotiert man ein Objekt, so erhält man seine neue Beschreibung durch eine Rotation seines EGI um die gleichen Achsen und den gleichen Betrag.

### 8.2.3  Primitive Elemente

Auf dem Weg zu abstrakteren Bildbeschreibungen sucht man nach primitiven Bildelementen, in die das Bild zerlegt und mit deren Hilfe das Bild beschrieben werden kann. Einige Segmentierungsverfahren zur Bildzerlegung sind bereits aus Abschnitt 7.2 bekannt. Eine hierarchische Ordnung möglicher Bildprimitive ist in Abb. 8.14 zusammengestellt und in der folgenden Aufzählung kurz erläutert.

Volumen

Flächen

Kanten

Ecken

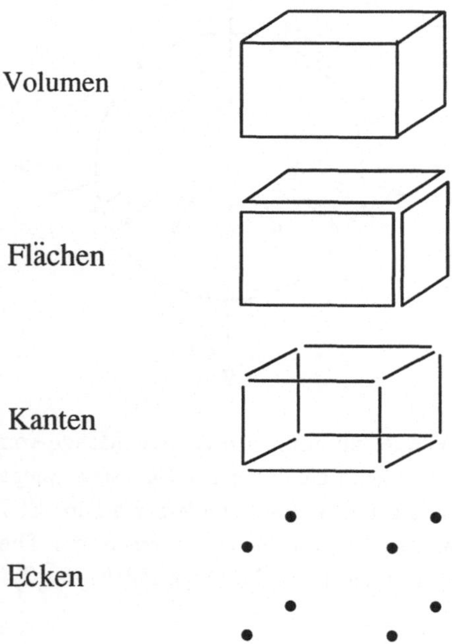

**Abb. 8.14.** Eine hierarchische Ordnung gebräuchlicher Bildprimitive. Die Ordnung orientiert sich auf natürliche Weise an der Dimensionalität der Primitive.

*Punkte:*   Ecken, Symmetriezentren oder lokale Krümmungsextrema der Objektoberfläche können als charakteristische Punkte dienen. Sie lassen sich mit lokalen Filtern oder als Ergebnisse anderer Segmentierungsverfahren ermitteln.

*Linien, Kurven:* Regionengrenzen, Symmetrieachsen, Objektkanten oder Höhensprünge im Bild sind ausgezeichnete Bildelemente, die bei der Regionenfindung oder Kantenverfolgung erkannt werden können.

*Flächen: Patches*, ebene Flächen, Quadriken oder homogen gekrümmte Flächensegmente dienen als flächenhafte Grundelemente.

*Volumen:* Generalisierte Zylinder und andere Volumenmodelle dienen zur Modellierung der Objektform. Diese Modellbeschreibungen sind im wesentlichen nur für vollständige Objekte geeignet und können deshalb bei teilweise verdeckten Objekten nur beschränkt eingesetzt werden.

Die aufgezählten Primitive stellen nur einen Teil der Bildinformationen dar. Ein wesentlicher Informationsgehalt drückt sich in relationalen Zusammenhängen zwischen den einzelnen Primitiven aus. Welche Datenstrukturen zur Repräsentation der Primitiven und ihrer Relationen verwendet werden, wird nachfolgend behandelt.

## 8.2.4 Graph-Repräsentationsformen

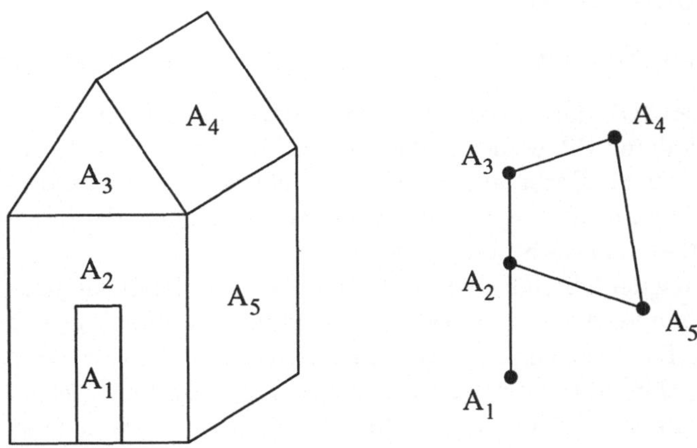

**Abb. 8.15.** Ein einfaches Beispiel für die Bildung eines Regionenzusammenhangsgraphen. Links im Bild ist das in Regionen segmentierte Objekt zu sehen. Der dazugehörige Regionenzusammenhangsgraph befindet sich im rechten Bildteil. Mögliche Knotenattribute sind hierbei der Einfachheit halber nicht aufgeführt.

Segmentierungsergebnisse der Regionenfindung lassen sich auf natürliche Weise in einem attributierten Graphen, dem sogenannten *Regionenzusammenhangsgraphen* repräsentieren. Die Knoten des Graphen entsprechen den gefundenen Regionen und die Kanten im Graphen stellen die Grenzlinien zwischen benachbarten Regionen dar. Bei der Segmentierung abfallende Segmenteigenschaften (wie die Flächengleichung selbst, Typ der Fläche, etc.)

werden den Knoten als Attribute beigefügt. Ein Bild wird somit durch die Summe seiner Segmente aufgefaßt (siehe Abb. 8.15).

Solch ein Regionenzusammenhangsgraph kann vor allem für Szenen mit einer großen Anzahl von Objekten sehr viele Knoten enthalten. Eine überschaubarere und höhere Beschreibungsform erhält man, wenn alle Knoten, die zu einem Objekt im Bild gehören, zu syntaktischen Einheiten, den sogenannten *Hyperknoten*, zusammengefaßt werden. Jeder Hyperknoten ist dabei ein Teilgraph des Regionenzusammenhangsgraphen. Relationen zwischen den Hyperknoten lassen sich mit *Hyperkanten* realisieren [82]. Im Gegensatz zum Regionenzusammenhangsgraphen, wird das Bild nunmehr als Summe der dargestellten Objekte betrachtet. Relationen zwischen diesen Objekten werden im Hypergraphen nur noch als Ganzes gesehen, d.h. es interessiert nicht mehr die Fülle der Relationen zwischen den gefundenen Regionen, sondern nur noch die Relationen zwischen ganzen Objekten.

# 8.3   Rekonstruktion der 3D-Geometrie aus 2D-Bildern

## 8.3.1   Monoskopische Verfahren

### 8.3.1.1   Shape from Shading

Eine Bestimmung der 3D-Information eines Objektes aus den Intensitäten eines einzigen monokularen Bildes ist im allgemeinen Fall nicht möglich. Infolge der Projektion der 3D-Daten auf ein 2D-Bild geht ein Teil der Bildinformation verloren: Die Umkehrung hat unendlich viele Lösungen, da es sich hierbei um ein unterbestimmtes System handelt.

Für eine Ermittlung der Oberflächenform muß somit entweder die Objektvielfalt auf eine bestimmte Art von Objekten eingeschränkt werden, oder es müssen zusätzliche Informationen in die Berechnung mit einbezogen werden. In der Literatur [12], [236], [114] werden verschiedene Verfahren beschrieben, für die jeweils bestimmte Vorbedingungen gelten. Zwei dieser Methoden sollen nachfolgend etwas genauer dargestellt werden. Im ersten Ansatz werden mehrere Bilder der Szene mit variierender Position der Lichtquelle verwendet. Das zweite Verfahren nutzt, ausgehend von Startpunkten mit bekannter Oberflächenorientierung, die Nachbarschaftsbeziehungen zwischen Bildpunkten aus, um somit die Oberflächenstruktur abzuleiten. Ausgangspunkt beider Verfahren ist die Beziehung zwischen der gemessenen Bildintensität und der Oberflächenneigung unter Berücksichtigung der Anordnung von Kamera und Lichtquelle.

Zur genaueren Untersuchung der relevanten Größen betrachtet man ein Flächenelement $F$ (siehe Abb. 8.16) mit dem Mittelpunkt $(x, y, z)$. Dieses Flächenelement mit der Flächennormalen $\vec{n}$ wird von einer Lichtquelle aus der Richtung $\vec{l}$ beleuchtet und anschließend wird die gesamte Szene von einer

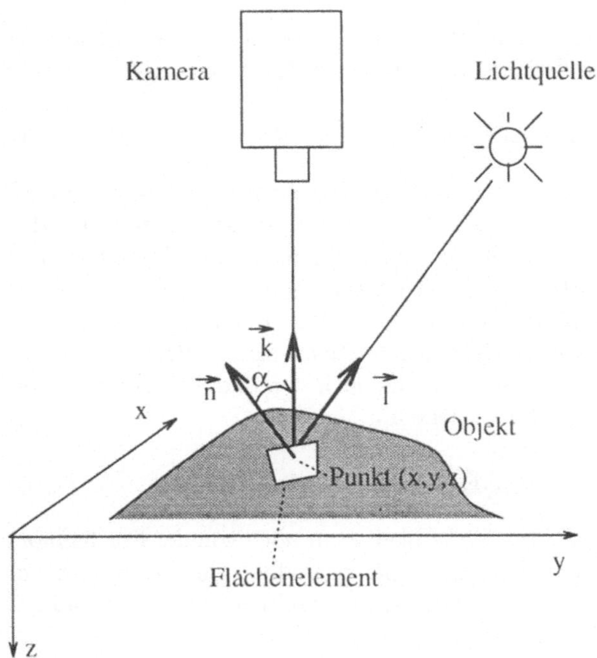


**Abb. 8.16.** Geometrie zum *Shape from Shading*-Verfahren

Kamera aus der Richtung $\vec{k}$ aufgenommen: Die "Blickrichtung" der Kamera verläuft in Richtung der positiven z-Achse. Weiterhin beschreibt $a(x,y,z)$ die Eingangsintensität des Lichtes auf dem Flächenelement und $\rho(\vec{n},\vec{l},\vec{k})$ die Reflexionsfunktion. Die Lichtintensität des Bildes an der Stelle $(u,v)$ läßt sich nun wie folgt beschreiben:

$$I(u,v) = \kappa\, a(x,y,z)\, \rho(\vec{n},\vec{l},\vec{k}) \tag{8.10}$$

$\kappa$ entspricht hierbei einer Kamerakonstanten. Die allgemeine Quantifizierung dieser Gleichung ist sehr kompliziert und erfordert in der Praxis Vereinfachungen [106]. Eine Möglichkeit besteht z.B. darin, die Beleuchtungsquelle sehr weit entfernt vom Objekt zu positionieren. Hierdurch kann der Term $a(x,y,z)$ auf eine Konstante $\lambda$ reduziert werden. Mithin vereinfacht sich die Gleichung 8.10 zu:

$$I(u,v) = \kappa\,\lambda\rho(\vec{n},\vec{l},\vec{k}) \tag{8.11}$$

setzt man $E(u,v)$ zu $I(u,v)/(\kappa\,\lambda)$ so folgt:

$$E(u,v) = \rho(\vec{n},\vec{l},\vec{k}) \tag{8.12}$$

Die Reflexionsfunktion $\rho(\vec{n},\vec{l},\vec{k})$ beschreibt die Reflexionseigenschaften

des betrachteten Objektes. In den meisten Fällen setzt sich das reflektierte
Licht aus einem diffusen und einem spiegelnden Anteil zusammen:

$$\rho(\vec{n}, \vec{l}, \vec{k}) = \zeta_1 \cos\alpha + \zeta_2 \cos^m d \tag{8.13}$$

$\zeta_1$ und $\zeta_2$ sind hierbei Reflexionskonstanten, $\alpha$ entspricht dem Winkel
zwischen Beleuchtungsquelle und Flächennormale, $m$ gibt den Grad der
spiegelnden Reflexion und $d$ die Abweichung des Kamerablickwinkels vom
Winkel des ausfallenden Lichtes bei idealer Reflexion an. Zur Vereinfachung
gehen wir im folgenden von einer idealen LAMBERT-Reflexion aus. Hierbei
wird das Licht mit gleicher Intensität in alle Richtungen reflektiert. Somit
hängt die zugehörige Reflexionsfunktion nur noch von dem Winkel zwischen
der Flächennormalen und der Lichtquelle ab:

$$\rho(\vec{n}, \vec{l}, \vec{k}) = \zeta \cos\alpha \tag{8.14}$$

Für eine feste Lichtquelle wird der Winkel $\alpha$ nur noch von der Flächennormalen $\vec{n}$ beeinflußt. Eine zur Flächennormalen analoge Beschreibungsform
der Flächenorientierung stellen partielle Richtungsableitungen im Gradientenraum dar.

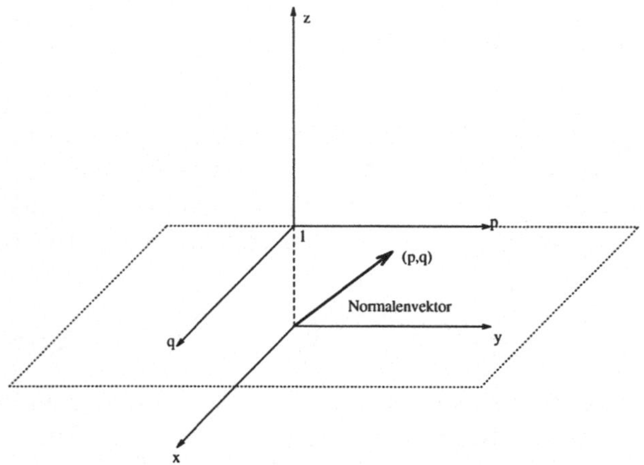


**Abb. 8.17.** Repräsentation einer Flächennormalen im Gradientenraum

Wählt man die Lage des Koordinatensystems analog zu der aus Abb.
8.16, so läßt sich der Tiefenwert $z$ eines Objektpunktes als Funktion $f(x, y)$
darstellen.

Die Flächennormale $\vec{n}$ läßt sich durch die partiellen Richtungsableitungen
$p = \partial f / \partial x$ und $q = \partial f / \partial y$ folgendermaßen beschreiben (siehe Abb. 8.17):

$$\vec{n} = \left( -\frac{\partial g(x, y)}{\partial x}, -\frac{\partial g(x, y)}{\partial y}, 1 \right) \tag{8.15}$$

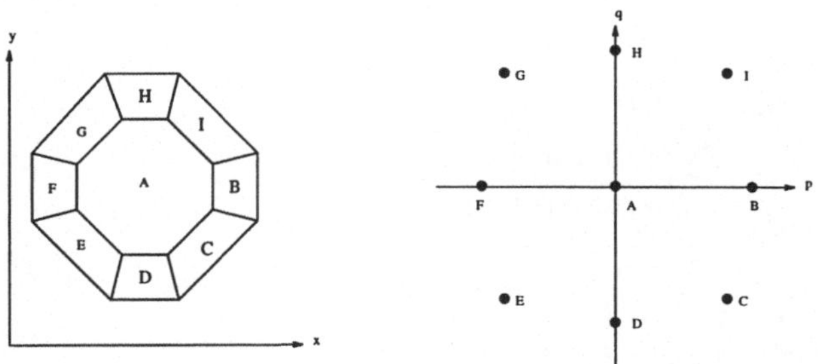

**Abb. 8.18.** Darstellung eines Polyeders im Gradientenraum

Durch einen Punkt $p, q$ im Gradientenraum wird somit eine spezielle Oberflächenorientierung beschrieben, und die Flächennormale $\vec{n}$ wird zu $(p, q, 1)$. Abb. 8.18 zeigt die Repräsentation eines Polyeders im Gradientenraum. Die Reflexionsfunktion kann nun in Abhängigkeit von den Variablen $p$ und $q$ im Gradientenraum angegeben werden:

$$\rho(\vec{n}, \vec{l}, \vec{k}) = R(p, q) \tag{8.16}$$

Die Beleuchtungsrichtung läßt sich in Analogie zu der Beschreibung der Flächennormalen ebenfalls sehr leicht im Gradientenraum durch den Term $(-p_l, -q_l, 1)$ angegeben. Nach Gleichung 8.14 bestimmt sich die Reflexionsfunktion aus dem Cosinus des Winkels $\alpha$ zwischen der Flächennormalen und der Beleuchtungsrichtung. Dieser läßt sich aus dem normalisierten inneren Produkt der beiden Vektoren $\vec{l}$ und $\vec{n}$ bestimmen:

$$\cos \alpha = \frac{1 + pp_l + qq_l}{\sqrt{(1 + p^2 + q^2)}\sqrt{(1 + p_l{}^2 + q_l{}^2)}} \tag{8.17}$$

Die hieraus hervorgehende Reflexionsfunktion

$$R(p, q) = \rho\cos \alpha = \frac{\rho(1 + pp_l + qq_l)}{\sqrt{(1 + p^2 + q^2)}\sqrt{(1 + p_l{}^2 + q_l{}^2)}} \tag{8.18}$$

kann nun in Form von Kurven gleicher Intensität dargestellt werden, für $\rho = 1$ wird Gleichung 8.18 identisch mit 8.17:

$$\cos \alpha = c = \frac{(1 + pp_l + qq_l)}{\sqrt{(1 + p^2 + q^2)}\sqrt{(1 + p_l{}^2 + q_l{}^2)}} \tag{8.19}$$

Jede Kontur $c$ (siehe Abb. 8.19) gibt dabei eine mögliche Kombination der partiellen Richtungsableitungen $p$ und $q$ für eine beobachtete Intensität an, d.h. es existieren zunächst unendlich viele Lösungen. Betrachtet man nun mehrere Bilder, in denen die Lage der Lichtquelle verändert wird, so kann die Oberflächenorientierung aus dem Schnittpunkt der Intensitätskonturen

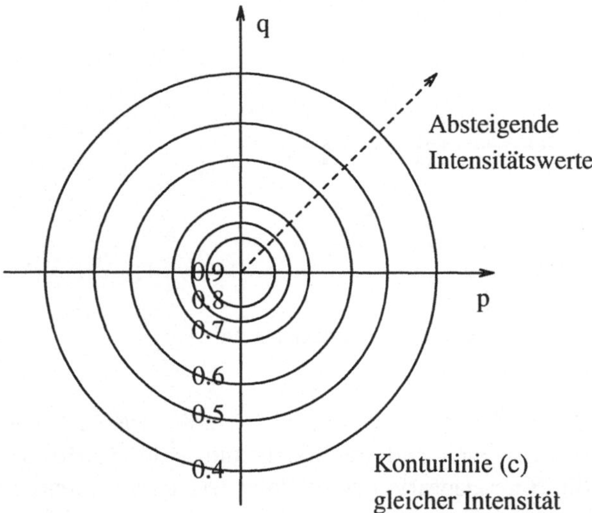


**Abb. 8.19.** Reflexionsfunktion einer diffus reflektierenden Oberfläche für $p_l = 0$ und $q_l = 0$.

ermittelt werden. Bei zwei Bildern mit unterschiedlichen Beleuchtungsrichtungen schneiden sich die zugehörigen Intensitätskonturen im allgemeinen in zwei Punkten, d.h. es verbleiben zwei mögliche Orientierungen der Flächennormalen. Nimmt man nun ein drittes Bild mit wiederum geänderter Beleuchtungsrichtung hinzu, so kann die Orientierung eindeutig bestimmt werden. Da die Flächennormale im Gradientenraum bereits durch die beiden Variablen $p$ und $q$ beschrieben werden kann, ist es nun möglich, mit Hilfe von drei Aufnahmen zusätzlich die Reflexionskonstante $\rho$ zu bestimmen. Es gilt für jede Beleuchtungsrichtung $\vec{l_i}$ :

$$E_i(u,v) = \rho\,cos(\alpha_i) = \rho(\vec{l_i}\vec{n}), \text{ für } i = 1,2,3 \qquad (8.20)$$

in Matrizenschreibweise folgt

$$E = \rho L\vec{n} \qquad (8.21)$$

mit den drei beobachteten Intensitäten

$$E = (E_1(u,v), E_2(u,v), E_3(u,v))^t \qquad (8.22)$$

und den Orientierungen der Lichtquellen

$$L = \begin{pmatrix} l_{11} & l_{12} & l_{13} \\ l_{21} & l_{22} & l_{23} \\ l_{31} & l_{32} & l_{33} \end{pmatrix} \qquad (8.23)$$

Unter der Voraussetzung, daß die Zeilenvektoren $l_{1j}, l_{2j}$ *und* $l_{3j}$ nicht komplanar sind, besitzt die Matrix $L$ eine Inverse $L^{-1}$. Somit können $\rho$ und anschließend die Flächennormale $\vec{n}$ bestimmt werden:

$$\rho = \left| L^{-1} E \right| \qquad (8.24)$$

$$\vec{n} = (1/\rho) L^{-1} E \qquad (8.25)$$

Eine weitere Möglichkeit zur Bestimmung der Oberflächenorientierung nutzt die Beziehung zwischen benachbarten Bildpunkten, ausgehend von bekannten Startpunkten aus. Geht man von einer lokalen Kontinuität der Oberflächenorientierung aus, so kann man mit Hilfe eines iterativen Verfahrens, sukzessive die Neigung der Oberfläche bestimmen. Das Ziel ist, die Differenz $D(x, y)$ zwischen der unbekannten Reflexionsfunktion $R(p, q)$ und der beobachteten Bildintensität $I(x, y)$, unter Einbeziehung der lokalen Kontinuität als Nebenbedingung, zu minimieren. Die lokale Kontinuität läßt sich durch die Beträge der partiellen Richtungsableitungen bestimmen. Liegt eine glatte Oberfläche vor, so ist das Quadrat der Richtungsableitungen $p_x{}^2 p_y{}^2 q_x{}^2 q_y{}^2$ sehr klein, d.h. die Differenz der Flächennormalen benachbarter Bildpunkte ist sehr gering. Die Minimierung der Differenz D(x,y), unter der Nebenbedingung der lokalen Kontinuität, läßt sich unter Verwendung des LAGRANGEschen Multiplikators folgendermaßen beschreiben:

$$D(x, y) = \left( I(x, y) - R(p, q) \right)^2 + \lambda (p_x{}^2 p_y{}^2 q_x{}^2 q_y{}^2) \qquad (8.26)$$

Differenziert man nun die Gleichung nach $p$ und nach $q$ und approximiert man die Ableitungen numerisch, so erhält man die folgenden Vorschriften für $p(x, y)$ und $q(x, y)$:

$$p(x, y) = \bar{p}(x, y) + T(x, y, p, q)\frac{\delta R}{\delta p} \qquad (8.27)$$

$$q(x, y) = \bar{q}(x, y) + T(x, y, p, q)\frac{\delta R}{\delta q}$$

mit

$$T(x, y, p, q) = (1/\lambda)[I(x, y) - R(p, q)] \qquad (8.28)$$

$\bar{p}(x, y)$ bzw. $\bar{q}(x, y)$ ergeben sich aus dem Mittelwert der Bildpunkte einer Vierernachbarschaft:

$$\bar{p}(x, y) = \frac{1}{4}[p(x + 1, y) + p(x - 1, y) + p(x, y + 1) + p(y - 1)] \qquad (8.29)$$

$$\bar{q}(x, y) = \frac{1}{4}[q(x + 1, y) + q(x - 1, y) + q(x, y + 1) + q(y - 1)]$$

Die Gleichungen für $p(x, y)$ und $q(x, y)$ lassen sich unter Verwendung der GAUSS-SEIDEL Methode iterativ bestimmen. Als Eingangsgrößen für diesen

Algorithmus werden Startpunkte mit einer möglichst genauen Angabe ihrer Flächennormalen benötigt. Hierzu eignen sich Punkte der äußeren Kontur des Objektes [12].

## 8.3.1.2 Shape from Texture

Einen weiteren Hinweis auf die Oberflächengestalt in einer perspektivischen Projektion eines Objektes liefert in einigen speziellen Fällen dessen Textur: Kennt man die genaue Gestalt der Texturelemente (Texel), so kann, infolge der durch die Projektion hervorgerufenen geometrischen Veränderung, die Neigung der Oberfläche abgeleitet werden. Besteht die untersuchte Textur beispielsweise aus Ellipsen gleicher Größe, so ändert sich die Gestalt der Ellipsen, in Abhängigkeit von der Oberflächenorientierung. Die Hauptachse der Ellipsen gibt dabei den Rotationswinkel der Oberfläche bezüglich der Kamerablickrichtung an und das Verhältnis zwischen den beiden Hauptachsen die Neigung der Oberfläche (siehe Abb. 8.20).

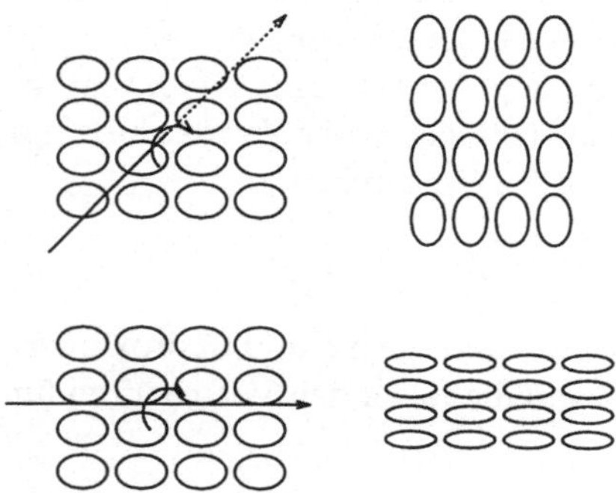

**Abb. 8.20.** Veränderung der Exzentrizität in Abhängigkeit zur Oberflächenneigung

Ein allgemeineres Kriterium für die Orientierung der Oberfläche resultiert aus dem sogenannten *Texturgradienten*. Dieser liefert ein Maß für die maximale Änderung der Texturelemente. Hierbei können verschiedene Eigenschaften der untersuchten Texel bewertet werden [3]. Dies sind z.B. die Breite, die Höhe, die Exzentrizität, der Flächeninhalt und die Dichte. Anhand der in Frage kommenden Textureigenschaften läßt sich bereits erkennen, daß nur spezielle Texturen für dieses Verfahren geeignet sind. So ist es für die meisten natürlichen Texturen nicht oder nur sehr schwer möglich, einen Texturgradienten zu bestimmen. Die Orientierung des Texturgradienten, d.h. die Richtung der maximalen Änderung gibt an, wie stark die Oberfläche gegenüber der Kamerablickrichtung gedreht ist. Der Betrag des Gradienten liefert einen Hinweis auf die Neigung der Oberfläche bezüglich der Kamera [12].

Eine andere Möglichkeit die Oberflächeneigenschaften aus der Textur ab-

zuleiten basiert auf der Bestimmung von *Fluchtpunkten paralleler Linien*.
Die Beziehung dieser Fluchtpunkte zueinander liefert die Orientierung der
Oberfläche. Im einfachsten Fall sind die Texturelemente bereits Liniensegmente. Texturen mit einer anderen Gestalt, deren Texel ebenfalls parallel
verlaufen, können zum Teil in die Repräsentation paralleler Linien überführt
werden. Hierzu werden aus dem Größenverhältnis gleichartiger Texturelemente parallele Linien erzeugt [236]. Um nun die Fluchtpunkte bestimmen
zu können, transformiert man die Linien, die im Rasterbild zunächst in kartesischen Koordinaten beschrieben wurden, in den Parameterrraum. Eine
Linie kann dabei angegeben werden als

$$r = x cos\phi + y sin\phi \tag{8.30}$$

Kennt man weiterhin die Orientierung der Linie, gegeben durch die par-
tiellen Richtungsableitungen $\partial f/\partial x$ und $\partial f/\partial y$, so kann diese, entsprechend
der Gleichungen 8.31 und 8.32, im Parameterraum dargestellt werden (siehe
Abb. 8.21) :

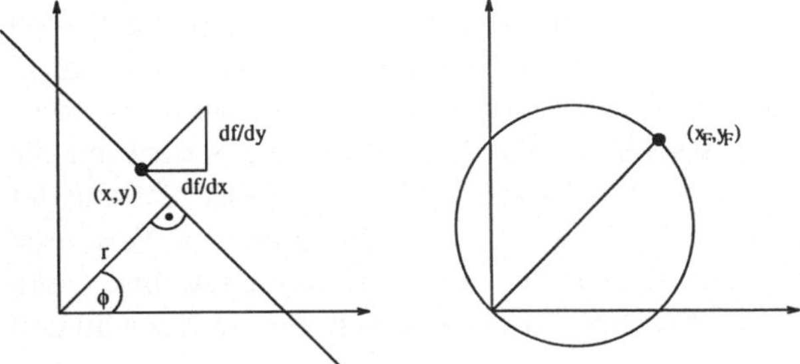

**Abb. 8.21.** Links: Darstellung einer Geraden im Parameterraum; rechts: Bestimmung des Fluchpunktes

$$r = \frac{\partial f/\partial x \, x + \partial f/\partial y \, y}{\sqrt{\partial f/\partial x^2 + \partial f/\partial y^2}} \tag{8.31}$$

$$\phi = tan^{-1}\left(\frac{df/dy}{df/dx}\right) \tag{8.32}$$

Im Parameterraum werden alle Linien, die auf einer Geraden liegen auf
einen Punkt projeziert. Weiterhin werden Linien mit dem gleichen Flucht-
punkt auf einen Kreis abgebildet. Der Durchmesser des Kreises gibt die
Koordinaten des Fluchtpunktes $(x_F, y_F)$ an. Mit Hilfe der Fluchtpunkte
kann nun die Oberflächenneigung ermittelt werden [12].

## 8.3.2  Stereoskopische Verfahren

Das bekannteste Verfahren zur Rekonstruktion der 3D-Geometrie aus mehreren 2D-Ansichten ist die Stereoskopie. Hierbei werden aufgenommene Bilder der Szene unter Ausnutzung der Disparität jeweils paarweise ausgewertet. Die Grundlagen stammen im wesentlichen aus dem Gebiet des Vermessungswesens bzw. im speziellen aus der Photogrammetrie [2]. Mit der zunehmenden Verbreitung der elektronischen Datenverarbeitung wurden diese Verfahren für den Einsatz in *Computer-Vision*-Systemen neu entdeckt. Insbesondere wurde eine große Anzahl an Untersuchungen durchgeführt um die Vorgänge des visuellen Systems nachzubilden. Pioniere waren MARR und POGGIO, die 1976 ihren Algorithmus zur Rekonstruktion der 3D-Geometrie aus zwei perspektivischen Projektionen einer Szene vorstellten [183] [182] [3]. Die in den Abschnitten 8.3.2.2 und 8.3.2.3 beschriebenen Rekonstruktionsverfahren setzen eine idealisierte Projektion (*Zentralprojektion* ) der 3D-Objektkoordinaten auf die Bildebene voraus. Um die Vorbedingung zu erfüllen, ist zunächst die Abbildungscharakteristik der Kamera zu bestimmen. Im Abschnitt 8.3.2.1 werden zunächst die für eine *Kamerakalibrierung* notwendigen Parameter der *inneren Orientierung* bestimmt.

Die einfachste Anordnung der Kamerasysteme besteht, wenn die beiden Bildebenen exakt parallel zueinander liegen. Basierend auf dieser Konfiguration wird in Abschnitt 8.3.2.2 gezeigt, wie sich die 3D-Koordinaten der Szene bestimmen lassen. Im daran anschließenden Abschnitt 8.3.2.3 wird auf die Voraussetzung der Parallelität der Bildebenen verzichtet. Die Ermittlung der 3D-Koordinaten erfolgt in zwei Schritten: In dem beschriebenen Verfahren wird zunächst die Beziehung zwischen den beiden Kamerasystemen (*relative Orientierung* ) bestimmt. Anschließend lassen sich die 3D-Koordinaten ermitteln.

### 8.3.2.1  Innere Kameraorientierung

Die innere Orientierung einer Kamera gibt die für die perspektivische Projektion relevanten Parameter an. Dies sind im einzelnen: der *Perspektivenhauptpunkt* $p$ (an dieser Stelle schneidet die optische Achse die Bildebene), die *Skalierungsfaktoren* $s_x$ und $s_y$ der Bildebene und die *Kamerabrennweite* $f$. In manchen Algorithmen wird zudem die *Linsendistorsion* berücksichtigt. Mit Ausnahme der Linsendistorsion, die im allgemeinen nicht linear ist, läßt sich die Abbildung der 3D-Koordinaten auf die Bildebene durch eine lineare Transformationsmatrix darstellen. Die Komponenten dieser Matrix werden durch die folgenden Einflußgrößen bestimmt [114]:

- Skalierungsfaktoren (abhängig von der Brennweite)

---

[2]PULFRICH [210] erfand bereits 1901 den Stereokomparator, dieser diente als Meßgerät für Bildkoordinaten

[3]siehe hierzu die weiteren Ausführungen in den Abschnitten 8.3.2.2 und 8.3.2.3.

- Translationsfaktoren(Verschiebung des Perspektivenhauptpunktes)

- Rotationsfaktoren (Rotation und Abweichung von der Orthogonalität des Sensors)

- Scherung (ungleiche Skalierung der Bildebene)

hieraus ergeben sich 12 Unbekannte. Diese Parameter lassen sich nun ermitteln, indem man die Punkte der Bildebene mit den zugehörigen 3D-Punkten in Beziehung setzt. Jeder Bildpunkt liefert zwei Gleichungen, jeweils eine für die Abbildung der $x$- und der $y$–Koordinate. Danach sind 6 Punkte erforderlich, bestehend aus den 3D-Koordinaten der Szene und den 2D-Bildkoordinaten, um die Unbekannten der Transformationsmatrix zu bestimmen. Da sich die Punkte der Bildebene im allgemeinen nicht mit absoluter Genauigkeit bestimmen lassen, können durch eine direkte Lösung des Gleichungssystems erhebliche Fehler entstehen. Um diese Ungenauigkeit zu reduzieren, bestimmt man im allgemeinen wesentlich mehr als die erforderlichen 6 Punkte und löst das überbestimmte Gleichungssystem mit Hilfe des GAUSSschen Fehlerquadratverfahrens [67], [252].

### 8.3.2.2 Parallele Anordnung der Bildebenen

Wesentliche Grundlage zur Bestimmung der 3D-Geometrie aus 2D-Ansichten ist die Beziehung zwischen den *Kamerakoordinatensystemen*. Die einfachste Variante der Stereoskopie liegt vor, wenn die Orientierung der beiden Kamerasystemen a priori bekannt ist. Schwieriger wird die Auswertung wenn nur die Richtung der Kamerabewegung oder aber überhaupt keine Information über die Beziehung zwischen den Kamerakoordinatensystemen vorliegt.

Zunächst soll die einfachste Situation beschrieben werden: Hierbei wird vorausgesetzt, daß die Kamerakoordinatensysteme achsenparallel zueinander liegen und die Verbindungslinie $b$ zwischen den beiden Kamerastandorten im rechten Winkel zu den optischen Achsen liegt. Diese Voraussetzungen können nicht für alle Anwendungsszenarien (z.B. Luftbildaufnahmen) gewährleistet werden. In diesen Fällen werden Einzelaufnahmen gewonnen, die Beziehung zwischen den Aufnahmenorten werden im Anschluß algorithmisch bestimmt.

Zur Berechnung der 3D-Koordinaten legt man das Bezugssystem derart, daß der Koordinatenursprung zwischen den beiden Kamerasystemen liegt. Die $x$-Achse liegt auf der Verbindungslinie zwischen den Kamerastandorten, die $z$-Achse verläuft in Richtung des zu vermessenden Objektes und die $y$-Achse im rechten Winkel zu den beiden anderen Koordinatenachsen (siehe Abb. 8.22) [114].

Ausgehend von den Bildkoordinaten $(x_l, y_l)$ und $(x_r, y_r)$ auf den Bildebenen des linken bzw. des rechten Kamerasystems und einer Brennweite $f$ (die Brennweite entspricht hier dem Abstand zwischen dem Linsenzentrum und der Bildebene) für beide Abbildungssysteme, können die folgenden Beziehungen aufgrund des Strahlensatzes abgeleitet werden (siehe Abb. 8.23):

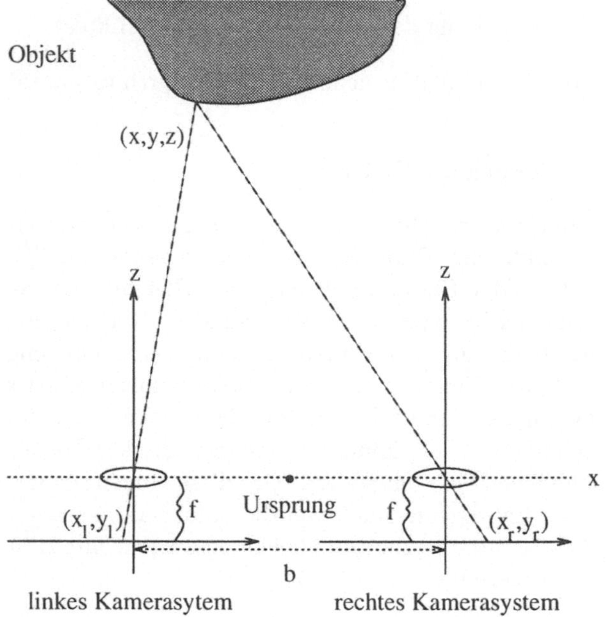


**Abb. 8.22.** Parallele Anordnung der Kamerasysteme für eine stereoskopische Aufnahme

$$\frac{-x_l}{f} = \frac{x + b/2}{z} \tag{8.33}$$

$$\frac{x_r}{f} = \frac{b/2 - x}{z} \tag{8.34}$$

und

$$\frac{y_l}{f} = \frac{y_r}{f} = \frac{y}{z} \tag{8.35}$$

hieraus lassen sich die drei Unbekannten $x, y, z$ bestimmen:

$$x = b\frac{(x_l + x_r)/2}{x_l - x_r} \tag{8.36}$$

$$y = b\frac{(y_l + y_r)/2}{x_l - x_r} \tag{8.37}$$

$$z = b\frac{f}{x_l - x_r} \tag{8.38}$$

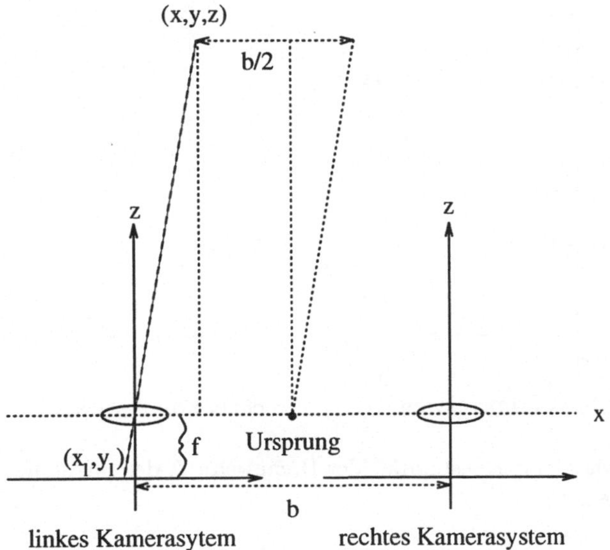



**Abb. 8.23.** Beziehung zwischen den Bildkoordinaten $(x_l, y_l)$ und den Objektkoordinaten $(x, y, z)$.

Die Genauigkeit der stereoskopischen Erfassung von 3D–Koordinaten wird im wesentlichen durch die *Disparität* der zugehörigen Bildpunkte bestimmt. Die Disparität bezeichnet die Differenz $(x_l - x_r)$ zwischen der $x$-Koordinate des rechten und des linken Bildes. Je weiter ein Objekt von der Kamera entfernt liegt um so geringer ist die Disparität. Gleichzeitig wird die Disparität von der Brennweite $f$ und dem Abstand $b$ zwischen den beiden Kamerasystemen beeinflußt. Die Beziehung zwischen der Brennweite $f$, der Objektkoordinate $z$, der Disparität $(x_l - x_r)$ und der Basislinie $b$ wird noch einmal in Gleichung 8.39 und Abb. 8.24 dargestellt.

$$\frac{b}{z} = \frac{x_l - x_r}{f} \tag{8.39}$$

Eine Verlängerung des Abstands $b$ erhöht die Disparität und vergrößert somit auch die erreichbare Genauigkeit. Weiterhin bewirkt eine Vergrößerung der Brennweite ebenfalls eine Verbesserung der Ergebnisse, da hierbei das Abbild des 3D-Objektes auf der Bildebene vergrößert wird[4] (siehe Abb. 8.24).

Ist die Position eines Punktes auf der Bildebene von Kamera $K_l$ bekannt, so ist der zugehörige Punkt der Bildebene von $K_r$ auf einer, durch die relative Orientierung zwischen den Kamerasystemen bestimmten Linie zu finden (siehe Abb. 8.25). Diese Linie wird *Epipolarlinie* genannt. Aufgrund der

---

[4]Allerdings wird hierbei auch die meßbare Szene verkleinert. Somit wird eine erhöhte Anzahl von Aufnahmen erforderlich um die gesamte Szene zu erfassen

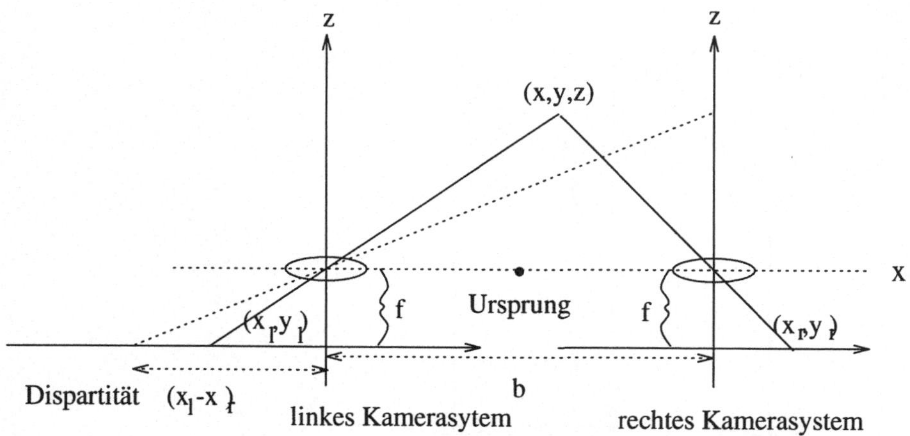



**Abb. 8.24.** Verhältnis zwischen der Disparität, der Brennweite $f$, der Basislinie $b$ und der Objektkoordinate $z$

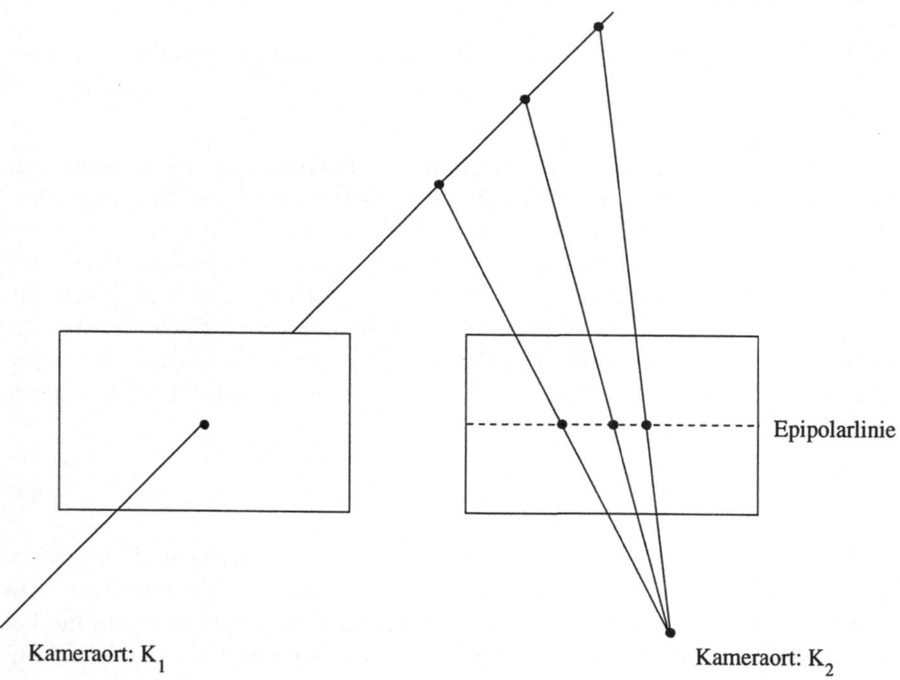



**Abb. 8.25.** Lage der Epipolarlinie bei parallel angeordneten Kamerasystemen

speziellen Anordnung der Kameras $K_l$ und $K_r$ liegen in diesem Fall die Epipolarlinien parallel zur $x$-Achse. Dies ist allerdings nicht auf den allgemeinen Fall übertragbar.

In der Praxis ist die Ausgangssituation einer stereoskopischen Rekonstruktion weniger ideal, als bislang beschrieben. So ist es mit erheblichen Schwierigkeiten verbunden, eine exakt parallele Anordnung der beiden Kamerasysteme zu erreichen, die eine parallele Lage der beiden optischen Achsen gewährleistet.

### 8.3.2.3  Shape from Motion

Grundlage des im vorangegangenen Abschnitts beschriebenen Verfahren zur Bestimmung der 3D-Koordinaten aus 2D-Abbildungen war auf der einen Seite eine parallele Anordnung der Bildebenen. Auf der anderen Seite war die Entfernung $b$ zwischen den beiden Kamerastandorten bekannt. Das nachfolgend beschriebene Verfahren verzichtet auf diese Vorbedingungen. Ein auf diesem Algorithmus basierendes System ist somit flexibel einsetzbar und kann ohne besondere Vorkenntnisse bedient werden (siehe Abschnitt 8.3.3, S.251).

### 8.3.2.4  Relative Kameraorientierung

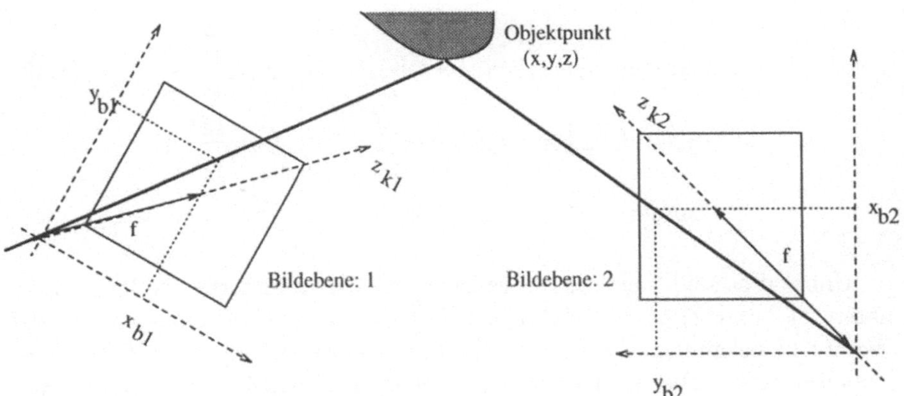


**Abb. 8.26.** Beliebige Anordnung der Kamerasysteme

Die relative Orientierung ist die Beziehung zwischen den beiden Kamerakoordinatensystemen. Ausgangssituation hierbei sind zwei Ansichten einer unbewegten Szene (siehe Abb. 8.26). Die Transformation eines Koordinatensystems in das andere läßt sich durch eine Rotation und eine Translation darstellen. Somit müssen, ebenso wie bei der Bestimmung der inneren Orientierung 12 Unbekannte ermittelt werden (9 für die Rotation $r_{11}, r_{12}, .., r_{33}$ und 3 für die Translation $t_1, t_2, t_3$), um die Transformation des Koordinatensystems beschreiben zu können: Es sei $P_1 = (X_{k1}, Y_{k1}, Z_{k1})$ ein Punkt im Koordinatensystems $K_1$; und $P_2 = (X_{k2}, Y_{k2}, Z_{k2})$ ein Punkt im Koordinatensystem $K_2$:

$$
\begin{pmatrix} X_k \\ Y_k \\ Z_k \end{pmatrix} = \begin{pmatrix} r_{11} & r_{12} & r_{13} \\ r_{21} & r_{22} & r_{23} \\ r_{31} & r_{32} & r_{33} \end{pmatrix} \begin{pmatrix} X_w \\ Y_w \\ Z_w \end{pmatrix} + \begin{pmatrix} t_1 \\ t_2 \\ t_3 \end{pmatrix} \tag{8.40}
$$

Die zugehörigen Bildpunkte nach der perspektivischen Projektion sind $A_1 = (x_{b1}, y_{b1})$ und $A_2 = (x_{b2}, y_{b2})$ in den Bildebenen $B_1$ und $B_2$. Ausgehend von einer Brennweite $f$ gilt für beide Abbildungen folgende Beziehung:

$$
\frac{x_{b1}}{f} = \frac{X_{k1}}{Z_{k1}} \tag{8.41}
$$

und

$$
\frac{x_{b2}}{f} = \frac{X_{k2}}{Z_{k2}}
$$

Für jeden Bildpunkt ergeben sich aufgrund der relativen Orientierung der beiden Kamerasysteme drei Gleichungen:

$$
\begin{aligned}
r_{11}x_{b1} + r_{12}y_{b1} + r_{13}f + t_1\frac{f}{Z_{k1}} &= x_{b2}\frac{Z_{k2}}{Z_{k1}} \\
r_{21}x_{b1} + r_{22}y_{b1} + r_{23}f + t_2\frac{f}{Z_{k1}} &= y_{b2}\frac{Z_{k2}}{Z_{k1}} \\
r_{31}x_{b1} + r_{32}y_{b1} + r_{33}f + t_3\frac{f}{Z_{k1}} &= f\frac{Z_{k2}}{Z_{k1}}
\end{aligned} \tag{8.42}
$$

Unbekannt sind, neben den Transformationsparametern, die 3D-Koordinaten $Z_{k1}$ und $Z_{k2}$. Jeder Punkt liefert drei neue Gleichungen und zwei weitere Unbekannte. Zwei Eigenschaften erschweren die Lösung des Gleichungssystems. Dies ist auf der einen Seite die Nichtlinerarität und andererseits die Skalierungsinvarianz des Systems. Praktisch bedeutet letzteres: Skaliert man den Translationsvektor, der die beiden Kamerakoordinatensysteme miteinander verbindet, und in gleicher Weise den Abstand zwischen den 3D-Punkten, so bleiben die Koordinaten der Punkte der Bildebenen unverändert (siehe Abb. 8.27).

Betrachtet man nun als zusätzliche Bedingung die Orthogonalität der Rotationsmatrix ($RR^{-1} = E$), so ergeben sich sechs zusätzliche Gleichungen:

$$
\begin{aligned}
r_{11}^2 + r_{12}^2 + r_{13}^2 &= 1 \\
r_{21}^2 + r_{22}^2 + r_{23}^2 &= 1 \\
r_{31}^2 + r_{32}^2 + r_{33}^2 &= 1
\end{aligned} \tag{8.43}
$$

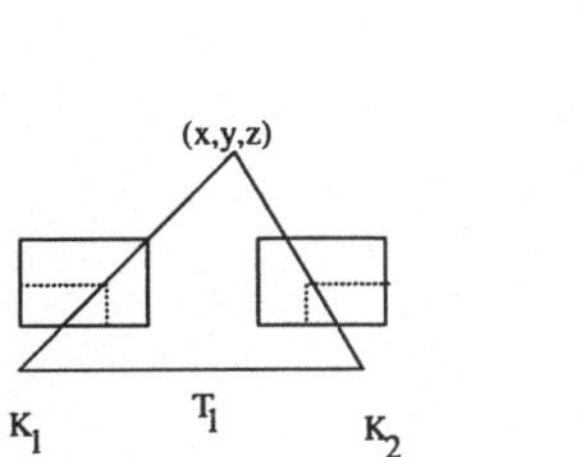
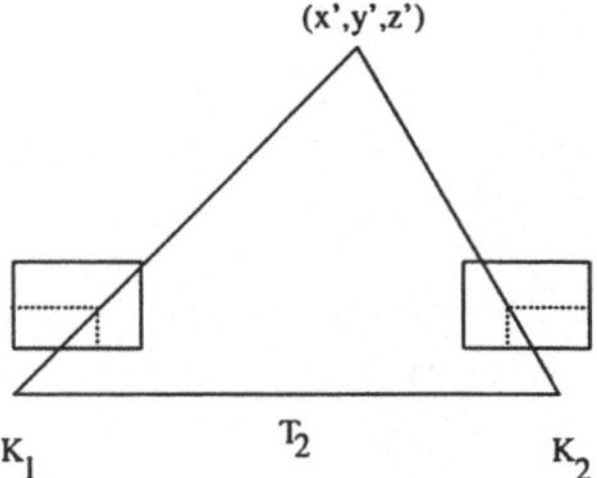

**Abb. 8.27.** Gleichförmige Skalierung des Translationsvektors und der Objektkoordinaten $(x, y, z)$

und

$$r_{11}r_{21} + r_{12}r_{22} + r_{13}r_{23} = 0$$
$$r_{21}r_{31} + r_{22}r_{32} + r_{23}r_{33} = 0$$
$$r_{31}r_{11} + r_{32}r_{12} + r_{33}r_{13} = 0$$

Für eine eindeutige Lösung wird die Länge des Translationsvektors $\vec{t}$ festgelegt (z.B. $\|\vec{t}\| = 1$). Somit ergeben sich für $n$ Punktpaare $12 + 2n$ Unbekannte und $7 + 3n$ Gleichungen. Kennt man *fünf Punktpaare* in den Bildebenen $B_1$ und $B_2$, so kann die *relative Orientierung* bestimmt werden. Nachdem die Unbekannten $Z_{k1}$ und $Z_{k2}$ durch Auflösen der Gleichungen 8.43 bestimmt wurden, können die 3D-Koordinaten der Punkte bezüglich der beiden Kamerakoordinatensysteme bestimmt werden:

$$
\begin{aligned}
X_{k1} &= (x_{b1}Z_{k1})/f \\
Y_{k1} &= (y_{b1}Z_{k1})/f \\
X_{k2} &= (x_{b2}Z_{k2})/f \\
Y_{k2} &= (y_{b2}Z_{k2})/f
\end{aligned}
\tag{8.44}
$$

In praktischen Anwendungen werden üblicherweise mehr als fünf Punkte für eine Berechnung der relativen Orientierung verwendet. Aufgrund der Nichtlinearität des Systems kann eine Lösung nur mittels eines iterativen Verfahrens gefunden werden. LONGUET-HIGGINS [177] beschreibt ein Verfahren, das die Bestimmung der relativen Orientierung allein durch Lösung eines linearen Gleichungssystems ermöglicht. Da sich in realen Bilddaten die Bildkoordinaten nicht mit absoluter Genauigkeit angeben lassen (die Koordinaten werden zunächst nur in Pixelgenauigkeit bestimmt), wurde eine Verbesserung des Verfahrens von LONGUET-HIGGINS durch FAUGERAS, LUSTMAN und TOSCANI vorgeschlagen [69]. Dabei wird das exakte Lösungsverfahren des Gleichungssystems, zur Erhöhung der Robustheit des Algorithmus, durch ein Fehlerquadratverfahren ersetzt.

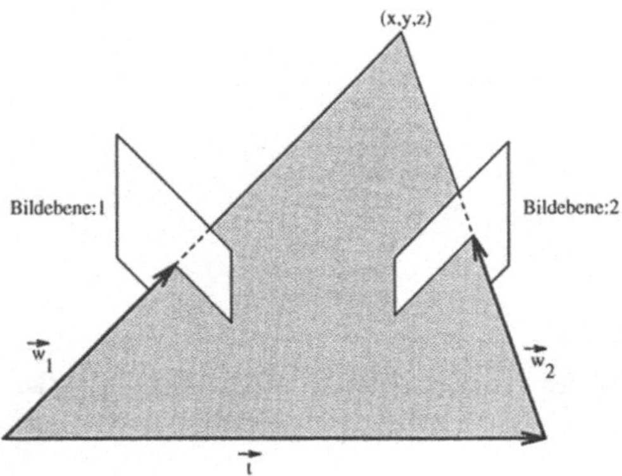


**Abb. 8.28.** Komplanarität der Ortsvektoren $\vec{w}_1, \vec{w}_2$ und des Translationsvektors $\vec{t}$

Es wird die Komplanarität der Vektoren $\vec{w}_1\,\vec{w}_2$ und $\vec{t}$ in die Berechnung mit einbezogen (siehe Abb. 8.28). Hieraus folgt für das Spatprodukt der Vektoren:

$$\vec{w}_1 \left( \vec{t} \times R\vec{w}_2 \right) = 0 \tag{8.45}$$

Definiert man nun die schiefsymmetrische Matrix T

$$T = \begin{pmatrix} 0 & -t_3 & t_2 \\ t_3 & 0 & -t_1 \\ -t_2 & t_1 & 0 \end{pmatrix} \tag{8.46}$$

so kann die Transformation eines Punktes, dessen Koordinaten bezüglich des Koordinatensystems $K_1$ angegeben sind, in eine Beschreibung der Punktkoordinaten im Koordinatensystem $K_2$ mit Hilfe der Matrix $E$ angegeben werden:

$$E = TR \tag{8.47}$$

Somit folgt aus $\vec{w}_1^{\,T} = (x_{b1}, y_{b1}, 1)$ und $\vec{w}_2^{\,T} = (x_{b2}, y_{b2}, 1)$ aufgrund der Komplanarität der Vektoren $\vec{w}_1, \vec{w}_2$ und $\vec{t}$:

$$\vec{w}_1^{\,T} E \vec{w}_2 = 0 \tag{8.48}$$

Es kann nun für jedes Bildpunktepaar $(x_{b1}, y_{b1})$ und $(x_{b2}, y_{b2})$ die folgende Gleichung aufgestellt werden:

$$x_{b1}x_{b2}e_{11} + x_{b1}y_{b2}e_{12} + x_{b1}e_{13} + \tag{8.49}$$

$$y_{b1}x_{b2}e_{21} + y_{b1}y_{b2}e_{22} + y_{b1}e_{23} + \tag{8.50}$$

$$x_{b2}e_{31} + y_{b2}e_{32} + e_{33} = 0 \tag{8.51}$$

Separiert man in dieser Gleichung die Bildpunkte

$$a_i = (x_{b1i}x_{b2i}, x_{b1i}y_{b2i}, x_{b1i}, y_{b1i}x_{b2i}, y_{b1i}y_{b2i}, y_{b1i}, x_{b2i}, y_{b2i}, 1) \qquad (8.52)$$

von den Parametern der Matrix $E$

$$X = (e_{11}, e_{12}, e_{13}, e_{21}, e_{22}, e_{23}, e_{31}, e_{32}, e_{33}) \qquad (8.53)$$

und berücksichtigt man weiterhin die Nebenbedingung $\|\vec{t}\| = 1$, bzw. $\|T^2\| = 2$ und somit $\|E^2\| = 2$, so lassen sich 8 Gleichungen $(A_1, ..., A_8)$ aufstellen, um die Unbekannten der Matrix $E$ (bzw. des Vektors $X$) zu ermitteln:

$$A_n X = 0 \qquad (8.54)$$

Ist der Rang der Matrix $A = 8$, so kann das Gleichungssystem direkt gelöst werden. In realen Applikationen lassen sich die Bildkoordinaten einzelner Punkte aufgrund der Diskretisierung häufig nur in Form von ganzzahligen Werten bestimmen. Durch diese ungenaue Angabe der Koordinaten entstehen bei einer direkten Lösung des Gleichungssystems relativ große Fehler. Verwendet man zur Bestimmung der Matrix $E$ erheblich mehr als die oben geforderten 8 Punkte, so kann unter Anwendung des GAUSSschen Fehlerquadratverfahrens die Qualität des Ergebnisses deutlich verbessert werden. Danach kann das folgende Minimierungsproblem definiert werden:

$$\min_X \|A_n X\| \qquad (8.55)$$

Die Matrix $E$ ergibt sich somit aus dem zum betragsmäßig kleinsten Eigenwert gehörenden und auf $\sqrt{2}$ normierten Eigenvektor der Matrix $A_n{}^T A_n$. Zur Bestimmung von $R$ und $T$ muß anschließend $E$ zerlegt werden. Dies kann wiederum mit Hilfe des GAUSSschen Fehlerquadratverfahrens erfolgen. Anschließend können die Kamerakoordinaten $x_{k1}, y_{k1}$ und $z_{k1}$ wie folgt bestimmt werden:

$$z_{k1} = \frac{(R_1{}^T - x_{b2}R_3{}^T)t}{(R_1{}^T - x_{b2}R_3{}^T)T_1} \qquad (8.56)$$

$$x_{k1} = x_{b1}z_{k1} \qquad (8.57)$$

$$y_{k1} = y_{b1}z_{k1} \qquad (8.58)$$

Die Variablen $R_i$ und $T_i$ entsprechen jeweils den i-ten Zeilenvektoren.

Die bisher beschriebenen Verfahren zur Stereorekonstruktion liefern die 3D-Koordinaten des Objektes nur aus den gemeinsamen Punkten eines Stereopaares; es wird jeweils nur eine Teilansicht des Objektes erfaßt. Für eine vollständige Bestimmung der 3D-Geometrie eines Objektes müssen die rekonstruierten Teilansichten des Objektes untereinander verbunden werden (siehe Abb. 8.29).

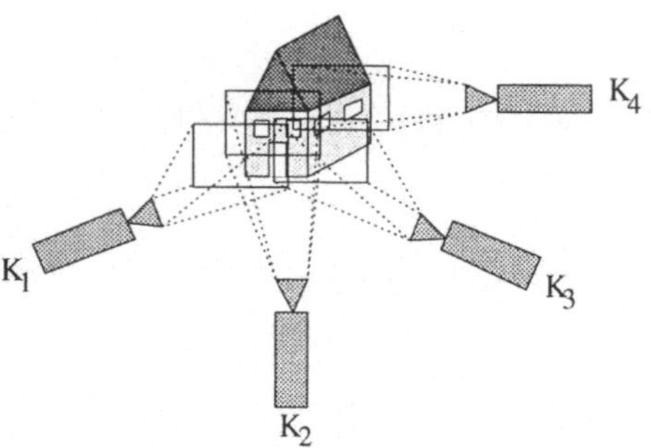

**Abb. 8.29.** Zusammenführen der rekonstruierten Teilansichten

Hierzu bieten sich unterschiedliche Lösungsansätze an. Die paarweise Auswertung der Stereorekonstruktion liefert zunächst die 3D-Koordinaten bezüglich eines der beiden zugrundeliegenden Koordinatensysteme $K_1$ bzw. $K_2$. Führt man nun eine weitere Stereorekonstruktion unter Verwendung der Kamerakoordinatensysteme $K_2$ und $K_3$ durch, so können die hierbei ermittelten Koordinaten wieder auf das Koordinatensystem $K_1$ zurückgerechnet werden. Dies geschieht, indem man die relative Orientierung zwischen $K_3$, $K_2$ und $K_1$ berücksichtigt. Somit lassen sich sukzessive, die durch paarweise Auswertung gewonnenen Teilansichten auf das Koordinatensystem $K_1$ zurückrechnen.

Diese Methode hat allerdings zwei Nachteile. Auf der einen Seite akkumulieren sich die Fehler der relativen Orientierungen zwischen den einzelnen Koordinatensystemen. Auf der anderen Seite liegen die Teilansichten in unterschiedlichen Maßstäben vor. Dies ist auf die Normierung des Translationsvektors zurückzuführen. Auch hier besteht die Gefahr einer Fehlerfortpflanzung, da das Zusammenfügen der Teilansichten nur unter der Voraussetzung einer einheitlichen Skalierung des Objekts funktioniert. Dieses Verfahren wird in der Photogrammetrie *Blockausgleichsrechnung* [260] genannt.

Ein weiteres Verfahren zur Verbindung der rekonstruierten Teilansichten ist die *Bündelblockausgleichsrechnung*. Im Gegensatz zur *Blockausgleichsrechnung* werden hierbei korrespondierende Punkte nicht nur jeweils in einem Bildpaar betrachtet, sondern es werden zusätzliche Korrespondenzen berücksichtigt, die sich über mehrere Aufnahmen erstrecken. Als Eingangsdaten sind grobe Näherungen sowohl für die Kamerastandorte als auch für die Objektkoordinaten erforderlich. Auf dieser Grundlage wird eine Ausgleichsrechnung durchgeführt. Hierbei werden in einem iterativen Verfahren (NEWTON-GAUSS-Iteration) die anfänglichen Näherungswerte der Objektkoordinaten verbessert. Der Prozeß wird beendet, sobald die Ausgleichsdaten einen a priori festgelegten Schwellwert unterschritten haben.

## 8.3.3  Das SMART-System

Für viele Anwendungsgebiete, z.B. die Medizin, die Robotertechnik, das Bauwesen [102] und andere, ist die Gewinnung einer abstrakten 3D-Beschreibung existierender Objekte von großer Bedeutung.

Nutzungsreife Verfahren auf der Grundlage des photogrammetrischen Kalküls basieren im wesentlichen auf einer direkten stereoskopischen Erfassung von Teilansichten des Objektes (siehe Abschnitt 8.3.2.2, S.241). Gleichzeitig erfordern diese Verfahren eine exakte Bestimmung der Kamerapositionen und damit einen großen technischen Aufwand für die Vororteinmessung der Aufnahmetechnik. Die Genauigkeit der Vermessung hängt, neben anderen Faktoren, im starken Maße von der Entfernung zwischen den Kamerastandorten ab. Diese sogenannte Basislänge läßt sich allerdings, aus Gründen der Praktikabilität, nicht beliebig vergrößern (siehe Abschnitt 8.3.2.2, S.241). Aus diesem Grund ist die Erfassung einer Sequenz von Einzelaufnahmen vorzuziehen (siehe Abschnitt 8.3.2.3, S.245). Andererseits ist die Auswertung der passiv erfaßten Objekte derzeit zumeist mit einem hohen Arbeitsaufwand qualifizierter Fachkräfte verbunden.

Ein Nachteil aktiver Verfahren (siehe Abschnitt 8.1, S.215) zur Vermessung von 3D-Objekten ist die Voraussetzung bestimmter Umweltbedigungen, die eine Erfassung erst ermöglichen. So ist bei einer Aufnahme eines Objektes mit Hilfe der Moiré-Technik oder eines Sensors, der auf der Basis von strukturiertem Licht arbeitet, die Projektion eines Musters auf das Objekt erforderlich. Das wesentliche Manko besteht in der begrenzten Einsetzbarkeit der Gerätetechnik, d.h. die Erfassung von 3D-Daten ist nur unter ganz speziellen Bedingungen bezüglich der Beleuchtung, der Größe, Gestalt und Oberfläche der Objekte möglich.

Ein System zur photogrammetrischen Erfassung von 3D-Koordinaten sollte es dem Anwender auf der einen Seite ermöglichen eine paarweise Auswertung der Aufnahmen durchzuführen. Auf der anderen Seite sollte die Möglichkeit bestehen die rekonstruierten Teilansichten miteinander zu verbinden um somit das Objekt in seiner vollständigen Gestalt erfassen zu können. Abb. 8.30 zeigt das SMART-System [104], [100], [103], [99] (**S**egmentation, **M**atching **A**nd **R**econstruc**T**ion) eine Entwicklung des Fraunhofer-Instituts für Graphischen Datenverarbeitung. Mit diesem System ist eine graphisch-interaktive Erfassung von 3D-Objekten möglich.

SMART ist als selbst-kalibrierendes System konzipiert, d.h. die relative Lage der Aufnahmepositionen der einzelnen Bilder einer Szene (relative Kameraorientierung) ist nicht a priori bekannt, sondern wird aus den Aufnahmen automatisch abgeleitet. Damit reduziert sich der Aufwand für die Vororterfassung auf die Aufzeichnung einer Bildserie des zu vermessenden Objektes.

Die Elemente der inneren Orientierung (Brennweite der Kamera, Perspektivenhauptpunkt und allgemeine Verzeichnungen) werden, sofern diese nicht als Herstellerangaben vorliegen, einmalig in einem vorangehenden Schritt zur

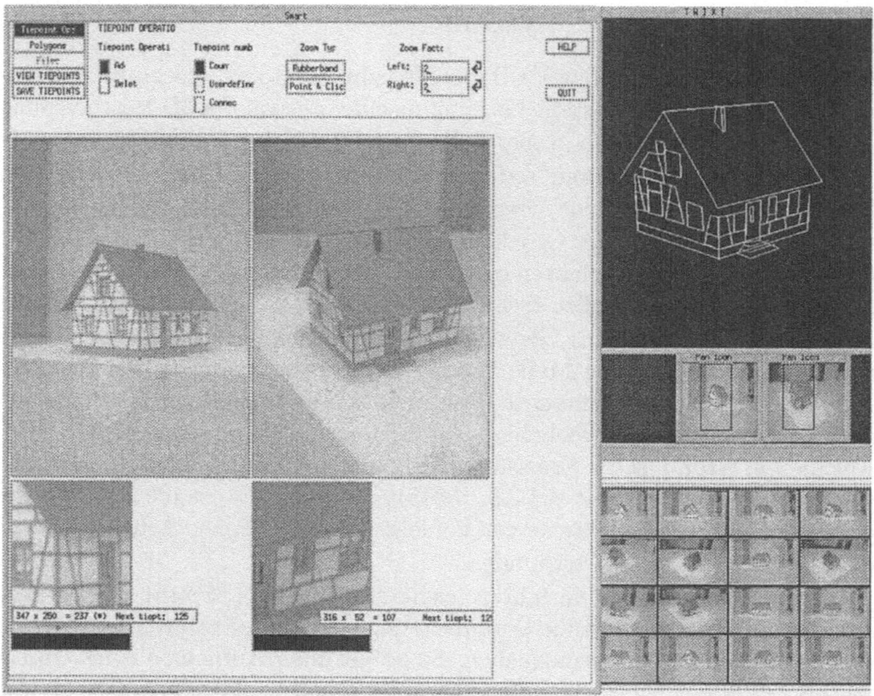

**Abb. 8.30.** Benutzeroberfläche des SMART-System, zur Rekonstruktion eines Objektes aus mehreren Ansichten


Kalibrierung der Kamera bestimmt.

Grundlage des Rekonstruktionsverfahrens [190] ist die Bestimmung einer hinreichenden Zahl korrespondierender Bildpunkte (mind. acht) in jedem Bildpaar der Aufnahmeserie. Hierdurch wird die Evaluierung der relativen Orientierung und die anschließende Berechnung der Raumkoordinaten für die jeweiligen Objektpunkte ermöglicht. Zusatzinformationen, wie z.B. eine interaktive Zuordnung von Bildpunkten zu Polygonzügen, gestatten den Aufbau kanten- und flächenbezogener 3D-Beschreibungen. Eine derartige Repräsentation ermöglicht die direkte Überführung in eine *Wireframe* (Drahtgitter) Darstellung und somit auch die Übertragung der rekonstruierten Punktdaten in ein Linienmodell eines CAD-Systems. Durch Hinzufügen weiterer Objektansichten können für bereits berechnete Objektpunkte die Raumkoordinaten präzisiert, sowie neue Objektpunkte ergänzt werden. Damit wird eine schrittweise Vervollständigung der Objektbeschreibung ermöglicht. Eine wesentliche Zielsetzung bei der Entwicklung von SMART war der Verzicht auf spezielle Gerätetechnik. Für die Bildakquisition wird eine herkömmliche Kleinbild- oder CCD-Kamera verwendet. Die graphisch-interaktive Verarbeitung der Bilddaten erfolgt anschließend auf einer General-Purpose Graphic-Workstation. Das User-Interface basiert (siehe Abb. 8.30) auf dem de-facto Standard X-Windows und dem Athena Widget Set [77]. Die einzelnen Module wurden in KHOROS [187], einem offen System zur Informationsverarbeitung und Datenvisualisierung integriert. Somit ist eine einfache Erweiterung der Funktionalität gewährleistet. Das SMART-System setzt sich im wesentlichen aus vier Komponenten zusammen:

- Einem Bildbrowser: dieser ermöglicht die Selektion eines, für die Rekonstruktion vorgesehenen Bildverbundes. Zur Auswahl eines Bildverbunds wird das zugrundeliegende Dateisystem traversiert. Nachdem ein Bildverbund identifiziert wurde, kann eine Auswahl gewünschter Ansichten des zu rekonstruierenden Objektes getroffen werden. Diese erfolgt durch Anklicken von ikonifizierten Derivaten der Originalbilder.

- Einem Baustein zur Herstellung der Korrespondenz signifikanter homologer Bildpunkte in einem Bildpaar. Die Korrespondenzfindung erfolgt zweistufig, zunächst werden die Ausgangsdaten segmentiert. Die Segmentierung der Daten dient der Reduzierung von Mehrdeutigkeiten für den nachfolgenden *Machting*-Prozeß. Mit Hilfe des *Matchings* werden korrespondierende Punktpaare in Bildpaaren bestimmt. Diese Punktpaare dienen als Eingabe für das anschließende Rekonstruktionsmodul.

- Dem eigentlichen Rekonstruktionsalgorithmus. Dieser erfolgt wiederum in zwei Teilschritten: in einem ersten Schritt wird die relative Orientierung der Kamerasysteme evaluiert. Diese dient als Grundlage der nachfolgenden Bestimmung der 3D-Koordinaten.

- Einem Modul zur Visualisierung des rekonstruierten Objektes. Dieses ermöglicht die Erzeugung beliebiger Ansichten des Objektes.

Die interne Datenstruktur ist anwendungsunabhängig und bietet die Voraussetzung für den Anschluß an existierende Entwurfssysteme. Der modulare Aufbau des Systems ermöglicht eine problemlose Erweiterung und Modifikation.

## 8.4  3D-Objektlokalisation

Die *Objektlokalisation* zählt neben der Objekterkennung zu den Aufgabenschwerpunkten der 3D-Bildverarbeitung. Aus der Aufnahme eines bekannten Objekts soll dessen Lage im Raum in Relation zu einer bekannten Normlage ermittelt werden. Die Normlage wird durch das interne Objektmodell definiert, welches im einfachsten Fall durch eine zweite Referenzaufnahme gegeben sein kann. Durch Vergleich der beiden Aufnahmen müssen die Rotations- und Translationsparameter $\vec{\theta} = (w_x, w_y, w_z, t_x, t_y, t_z)^{\mathrm{T}}$ gefunden werden, mit denen das Objekt durch Drehungen um die $x$-, $y$- und $z$-Achse und

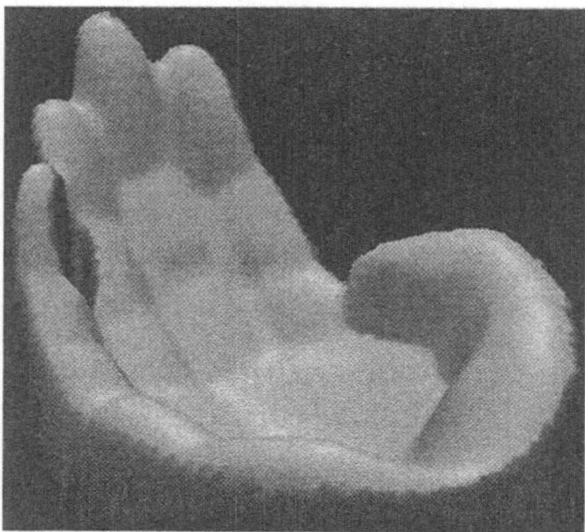 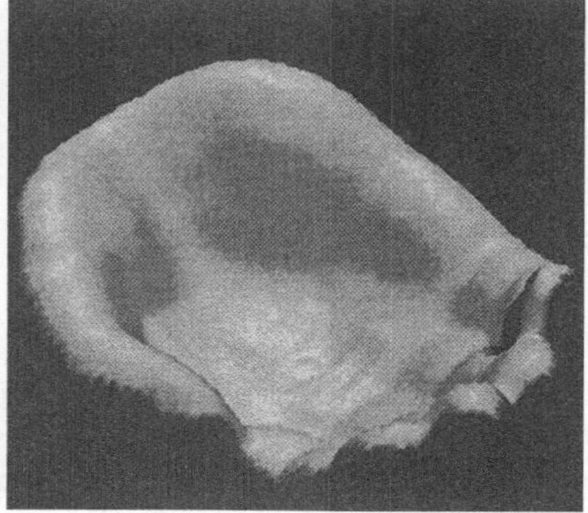

**Abb. 8.31.** Zwei Aufnahmen einer Porzellanhand aus verschiedenen Richtungen

einer nachgeschalteten Translation $\vec{t}_\theta$ mit dem Modell zur Deckung gebracht werden kann. Da Höhenbilder in der Regel frei von projektiven Verzerrungen sind, entfällt die Suche nach einer Größenskalierung.

Bezeichnet $\mathcal{R}_\theta$ die unitäre Rotationsmatrix, die sich direkt aus den Rotationswinkeln ergibt, dann ist die Abbildungsvorschrift $T_\theta$ zur Rotation und Translation von Koordinatenpunkten $\vec{x}_i$ gegeben durch:

$$T_\theta(\vec{x}_i) = \mathcal{R}_\theta \vec{x}_i + \vec{t}_\theta \tag{8.59}$$

Die wesentliche Schwierigkeit dieser *Lokalisationsaufgabe* liegt in der *Anzahl der Freiheitsgrade*. Ein 6-dimensionaler Parameterraum, bestehend aus den Transformationsparametern $\vec{\theta}$, erlaubt praktisch keine simplen Suchverfahren, mit denen die Lösung durch Probieren gefunden wird. Schwierigkeiten bereiten auch die zwangsläufig unvollständigen Objektdaten, Verdeckungsprobleme und typische Sensorfehler. Zur Veranschaulichung der Problematik zeigt Abb. 8.31 zwei verschiedene Aufnahmen einer Porzellanhand, die von unterschiedlich positionierten 3D-Sensoren aus verschiedenen Richtungen gewonnen wurden.

Zur Lösung des dargestellten Problems können die Objektdaten in eine interne Beschreibungsform übergeführt werden, die auf einem mehr oder weniger hohen Abstraktionsniveau angesiedelt ist. Bei der HOUGH-Transformation (siehe Abschnitt 8.4.11, S.272) macht man beispielsweise von einer Repräsentationsform Gebrauch, die die Objektdaten zwar nicht eindeutig repräsentieren kann, aber dafür direkt aus den Objektdaten ohne weitere Abstraktionsstufen konstruiert wird.

Ein modellbasierter Ansatz ist in Abb. 8.32 erläutert. Objekte bestehen hierbei aus Segmenten, die wiederum homogene Eigenschaften von geeigneten 3D-Merkmalen darstellen. Die Merkmale selbst können direkt aus den Daten berechnet werden. Der Mustervergleich zwischen Beobachtungs- und Modelldaten findet hier auf verschiedenen Ebenen statt.

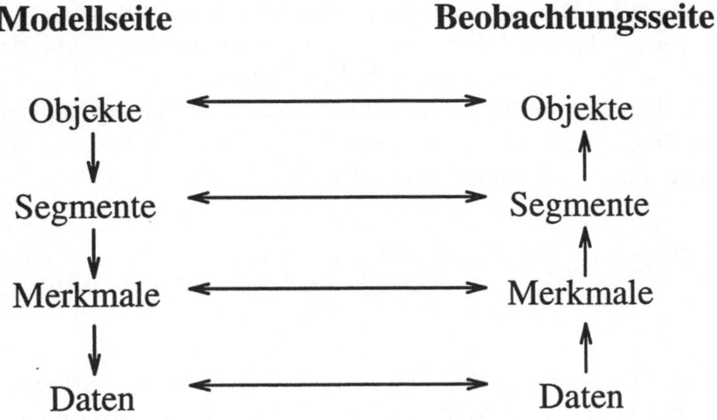



**Abb. 8.32.** Modell-basierte Objektlokalisation

## 8.4.1 Geometriemerkmale von 3D-Objekten

Zur internen Repräsentation von 3D-Objekten auf einem höheren Beschreibungsniveau werden Merkmale benötigt, die die Objektgeometrie unabhängig von der jeweiligen Beobachtungsrichtung wiedergeben. Dies gilt natürlich nur für Bereiche, die auch vom Sensor einsehbar sind. Solche lageinvarianten Merkmale, die nur von der Objektform abhängen, sind aus der Differentialgeometrie in Gestalt der Krümmungsmerkmale bekannt[5].

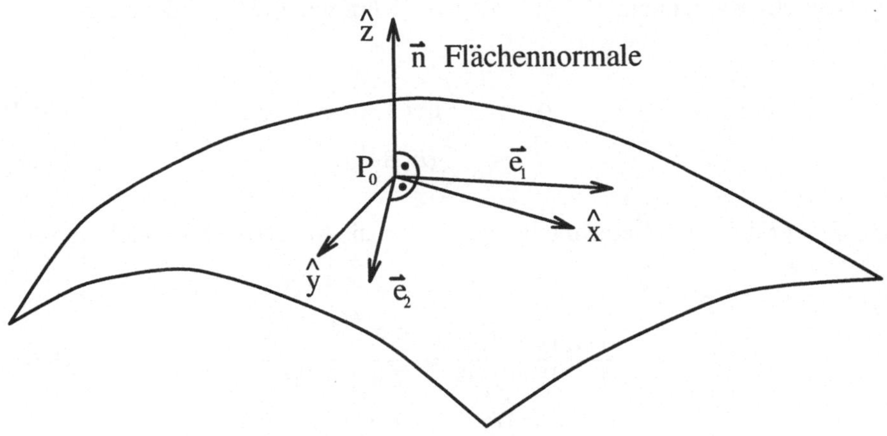



**Abb. 8.33.** Ein lokaler Flächenausschnitt zur anschaulichen Darstellung einiger Krümmungsmerkmale. Die Hauptkrümmungsrichtungen sind im Bild mit den Vektoren $\vec{e}_1$ und $\vec{e}_2$ bezeichnet.

Zur anschaulichen Erläuterung betrachte man in Abb. 8.33 einen lokalen

---

[5] [193]

Oberflächenausschnitt im $\mathbf{R}^3$. Ein kartesisches Koordinatensystem werde so in den Punkt $P_0$ gelegt, daß die $\hat{z}$-Achse mit der Flächennormalen $\vec{n}$ und die $\hat{x}\hat{y}$-Ebene mit der Tangentialebene im Punkt $P_0$ identisch ist.

Die Oberfläche läßt sich in diesem Koordinatensystem durch ein Taylorpolynom zweiten Grades approximieren, so daß für alle Flächenpunkte in der lokalen Umgebung von $P_0$ näherungsweise gilt:

$$\hat{f}(\hat{x},\hat{y}) = \frac{1}{2}\begin{pmatrix} \hat{x} & \hat{y} \end{pmatrix} \underbrace{\begin{pmatrix} \hat{f}_{\hat{x}\hat{x}} & \hat{f}_{\hat{x}\hat{y}} \\ \hat{f}_{\hat{x}\hat{y}} & \hat{f}_{\hat{y}\hat{y}} \end{pmatrix}}_{\mathcal{F}} \begin{pmatrix} \hat{x} \\ \hat{y} \end{pmatrix} \tag{8.60}$$

Die Größen $\hat{f}_{\hat{x}\hat{x}}, \hat{f}_{\hat{x}\hat{y}}$ und $\hat{f}_{\hat{y}\hat{y}}$ bezeichnen hierbei die zweiten partiellen Ableitungen der Fläche $\hat{f}$ an der Stelle $P_0$. Durch eine Hauptachsentransformation der Formenmatrix $\mathcal{F}$ — dies entspricht einer Drehung des Koordinatensystems um die $\hat{z}$-Achse — läßt sich die Matrix $\mathcal{F}$ diagonalisieren:

$$\tilde{f}(\tilde{x},\tilde{y}) = \frac{1}{2}\begin{pmatrix} \tilde{x} & \tilde{y} \end{pmatrix} \begin{pmatrix} k_1 & 0 \\ 0 & k_2 \end{pmatrix} \begin{pmatrix} \tilde{x} \\ \tilde{y} \end{pmatrix} \tag{8.61}$$

In diesem Koordinatensystem, welches wohlgemerkt nur durch die lokale Flächenform bestimmt ist, können die Hauptkrümmungen der Fläche in $P_0$ leicht durch die zweiten partiellen Ableitungen $k_1$ und $k_2$ definiert werden, die wegen der Hauptachsentransformation gerade Minima und Maxima der partiellen Richtungsableitungen im Punkt $P_0$ angeben. Somit lassen sich die GAUSSsche Krümmung $K$ und mittlere Krümmung $H$ definieren:

$$K = k_1 \cdot k_2 \tag{8.62}$$

$$H = \frac{1}{2}(k_1 + k_2) \tag{8.63}$$

Zur praktischen Berechnung eignen sich die folgenden Formeln[6] besser:

$$K = \frac{f_{xx}f_{yy} - f_{xy}^2}{(1 + f_x^2 + f_y^2)^2} = \frac{\det\left(\nabla\nabla^{\mathrm{t}}f\right)}{(1 + \|\nabla f\|^2)^2} \tag{8.64}$$

$$H = \frac{1}{2}\frac{(1 + f_y^2)f_{xx} + (1 + f_x^2)f_{yy} - 2f_xf_yf_{xy}}{(1 + f_x^2 + f_y^2)^{3/2}} \tag{8.65}$$

$$= \frac{1}{2}\nabla \cdot \left(\frac{\nabla f}{\sqrt{1 + \|\nabla f\|^2}}\right) \tag{8.66}$$

---

[6] $\nabla$ bezeichnet den 2-D-Gradienten-Operator, der formal durch $\nabla := \begin{pmatrix} \frac{\partial}{\partial x} & \frac{\partial}{\partial y} \end{pmatrix}^{\mathrm{t}}$ definiert werden kann. $\nabla\nabla^{\mathrm{t}}$ ist der Operator zur Berechnung der HESSE-Matrix.

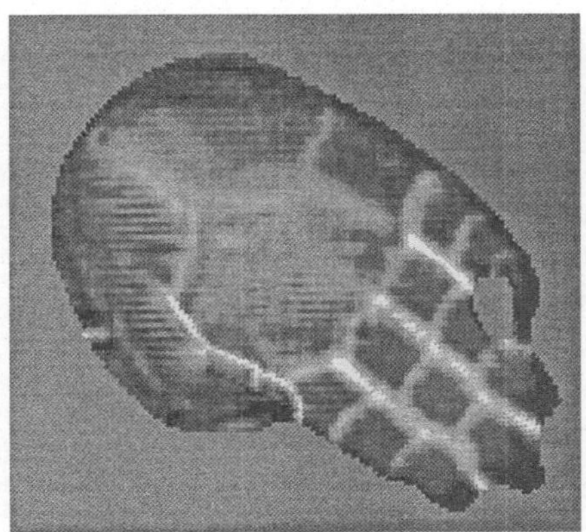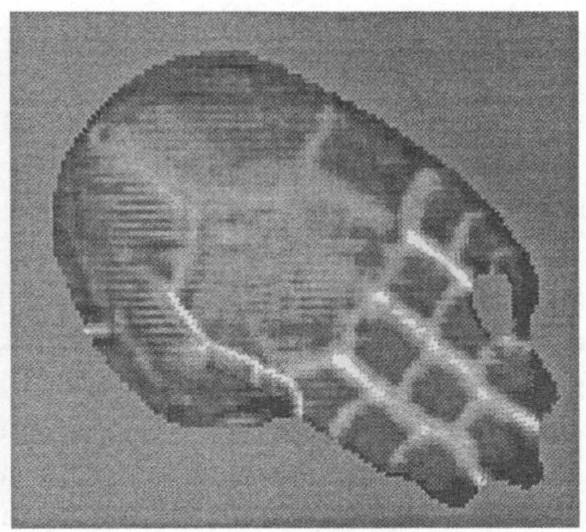

**Abb. 8.34.** GAUSSsche Krümmung $K$ und mittlere Krümmung $H$ einer Porzellanhand. Die Intensitäten entsprechen hierbei den Krümmungswerten.

Die Krümmungen einer Kugel — als Beispiel — sind an jedem Punkt der Oberfläche konstant $1/r$. Entsprechend gilt $K = 1/r^2$ und $H = 1/r$. Zur Veranschaulichung realer Krümmungsbilder zeigt Abb. 8.34 die GAUSSsche und mittlere Krümmung einer Porzellanhand.

Die Richtungen der Koordinatenachsen in $\tilde{x}$- und $\tilde{y}$-Richtung bestimmt die Hauptkrümmungsrichtungen $\vec{e_1}$ und $\vec{e_2}$, die gemäß den Eigenschaften der Hauptachsentransformation durch die Eigenvektoren der Formenmatrix $\mathcal{F}$ (siehe Gleichung (8.60)) gegeben sind und daher orthogonal sind. Man beachte, daß die Hauptkrümmungsrichtungen nicht an jedem Punkt einer Fläche eindeutig definiert sind, so z.B. bei Ebenen oder Kugeln.

Mit der GAUSSschen und mittleren Krümmung liegen Merkmale vor, die die lokale Flächenform unabhängig vom gewählten Koordinatensystem und unabhängig von der Objektlage beschreiben. Diese Eigenschaft wird in Abschnitt 8.4.3 zur Klassifikation lokaler Flächenabschnitte in geometrische Grundformen benutzt. Doch zunächst soll die Frage untersucht werden, wie groß der Informationsgehalt ist, den die Krümmungsmerkmale aus dem Bild übernehmen.

## 8.4.2 Informationsgehalt der Krümmungsbilder

Nachdem die GAUSSsche Krümmung $K(x,y)$ und die mittlere Krümmung $H(x,y)$ als Formcharakteristika erkannt wurden, stellt sich nunmehr die Frage, ob Objektformen durch diese Merkmale eindeutig beschrieben werden können. Zu diesem Punkt sind fundierte Aussagen bekannt.

Unter den Voraussetzungen, daß

1. $f_1(x,y)$ und $f_2(x,y)$ zwei Flächen mit identischer mittlerer Krümmung $H(x,y)$ sind,

2.     $H(x, y)$ stetig differenzierbar ist und

3.     auf dem Rand $\partial D$ der Region $D$ die Beziehung $f_1(x, y) = f_2(x, y)$ gilt,

sind die Funktionen $f_1$ und $f_2$ in der ganzen Region $D$ identisch [78].

Da reale Höhenbilder die Voraussetzungen dieses Satzes trivialerweise erfüllen, kann die Oberfläche in einer abgeschlossenen Region $D$ eindeutig durch das Krümmungsbild $H(x, y)$ zusammen mit dem Rand $\partial D$ der Region $D$ repräsentiert werden. Das Bild der mittleren Krümmung ist somit zumindest theoretisch ein vollwertiger Ersatz für das Ausgangsbild.

Eine ähnliche Aussage kann über den Informationsgehalt der GAUSSschen Krümmmung aufgestellt werden. Konvexe Objekte oder konvexe Flächenelemente können eindeutig durch die GAUSSsche Krümmung $K(x, y)$ repräsentiert werden[7]. Werden auch Objekte mit nicht konvexer Oberfläche betrachtet, so stellt die GAUSSsche Krümmung eine eigene Klasse von Objekten dar.

### 8.4.3   Klassifikation von Flächenpunkten

Ausgehend von der lokalen Oberflächenapproximation nach Formel (8.61) kann die lokale Umgebung im Punkt $P_0$ auf Grund ihrer inneren Flächengeometrie in verschiedene Grundformen klassifiziert werden:

| Bezeichnung des Punktes $P_0$ | analytische Definition | Verhalten der Fläche in Umgebung von $P_0$ in zweiter Ordnung wie |
|---|---|---|
| elliptischer Punkt | $K > 0$ | Ellipsoid |
| Nabelpunkt | $K > 0, k_1 = k_2$ | Kugel |
| hyperbolischer Punkt | $K < 0$ | einschaliges Hyperboloid |
| parabolischer Punkt | $K = 0$ | |
| | a) $k_1^2 + k_2^2 \neq 0$ | Zylinder |
| | b) $k_1 = k_2 = 0$ | Ebene |

Eine differenzierte Klassifikation wird durch den zusätzlichen Gebrauch der mittleren Krümmung möglich, die nunmehr eine Unterscheidung zwischen den Hauptwölbungsrichtungen ("oben" und "unten") erlaubt. In Abb. 8.35 wird dargestellt, welche 8 Formen sich unterscheiden lassen. Da die Hauptkrümmungen $k_{1/2}$ für reale Höhenbilder immer existieren und reell sind, kann der Fall $H = 0, K > 0$ nicht auftreten. Die Fallunterscheidung von Abb. 8.35 ist somit vollständig.

---

[7]siehe [47], [116], [188]

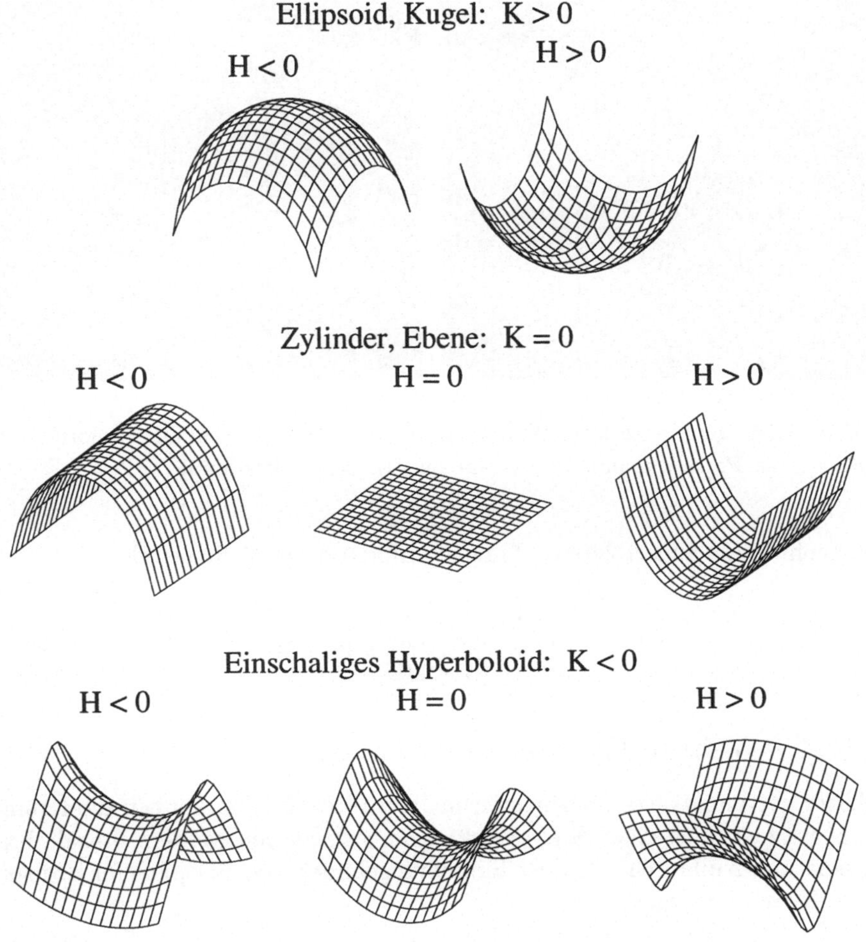



**Abb. 8.35.** Die acht fundamentalen Flächenformen

Die acht Typen von lokalen Flächenformen gliedern sich in drei Hauptklassen. Für $K > 0$ ist die Oberfläche lokal elliptisch, für $K = 0$ parabolisch (Zylinder, Ebene) und für $K < 0$ hyperbolisch (Sattelfläche) geformt.

Je nach der dominierenden Wölbungsrichtung der Oberfläche kann mit Hilfe der mittleren Krümmung eine weitere Klassifikation vorgenommen werden. Für $H < 0$ ist die Fläche dominierend nach oben gewölbt und für $H > 0$ ist sie dominierend nach unten gewölbt. Ist $H = 0$ an jedem Punkt der Oberfläche, dann wird die Fläche auch Minimalfläche genannt.

In der Praxis muß für die Bestimmung des Vorzeichens von $H$ und $K$ eine fehlertolerante Vorzeichenfunktion sign $_\delta(x)$ Verwendung finden, damit die Klassen $H = 0$ bzw. $K = 0$ zumindest näherungsweise erkannt werden

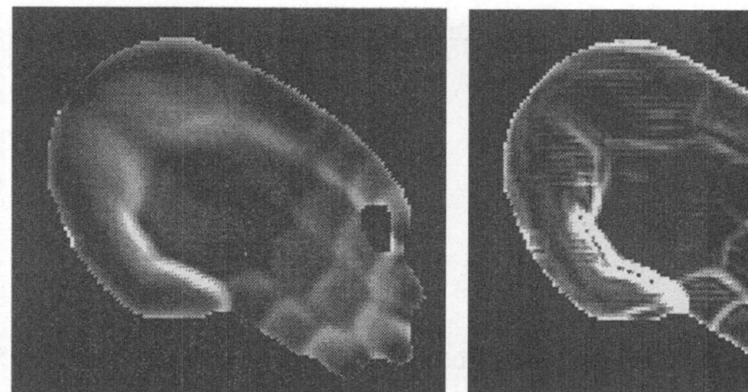

**Abb. 8.36.** Links: der lokale Flächenanteil $\sqrt{g}$ eines Pixels auf der Freiformoberfläche einer Porzellanhand. Rechts: die quadratische Variation $Q$.

können. Diese fehlertolerante Vorzeichenfunktion ist definiert als

$$
\operatorname{sign}_\delta(x) = \begin{cases} +1 & \text{falls} & x > \delta \\ 0 & \text{falls} & |x| \leq \delta \\ -1 & \text{falls} & x < -\delta \end{cases}
\tag{8.67}
$$

## 8.4.4  Weitere Geometriemerkmale

Außer zur punktweisen Segmentierung von Höhenbildern können die Krümmungsbilder auch einer Kurvendiskussion unterworfen werden. Lokale Extrema und Nulldurchgänge der Krümmungsbilder sind Beispiele für abgeleitete Krümmungsmerkmale.

Nachdem eine Fläche in Regionen segmentiert ist, können die Regionen leicht mit weiteren Maßzahlen attributiert werden. Zu diesen Maßzahlen zählen Flächeninhalt der Regionen und die Rauheit der Oberfläche [24].

**Flächeninhalt:**

$$
A = \int_D \underbrace{\sqrt{1 + f_x^2(x,y) + f_y^2(x,y)}}_{\sqrt{g}}\, dxdy
\tag{8.68}
$$

In Anlehnung an die Berechnungsformel (8.68) für den Flächeninhalt der Oberfläche in einer Region $D$ kann die lokale Größe $\sqrt{g}$, das ist der lokale Flächenanteil eines Pixels auf der Freiformfläche $f$, in der betrachteten Region $D$ aufsummiert werden und als Näherung für den Flächeninhalt dienen.

**Rauheit:**

$$Q = f_{xx}^2 + 2f_{xy}^2 + f_{yy}^2 \tag{8.69}$$

Eine andere Maßzahl für die Charakterisierung von Regionen liefert die quadratische Variation (*quadratic variation*) $Q$, die, wenn sie innerhalb einer Region aufsummiert wird, die Rauheit der Region ermittelt.

Betrachtet man die Größen $\sqrt{g}$ und $Q$ als lokale Merkmale, dann sind die entsprechenden Merkmalsbilder der Porzellanhandaufnahme in Abb. 8.36 dargestellt.

## 8.4.5  Ausgezeichnete Geometriepunkte und Raumkurven

Die vorgestellten Krümmungsmerkmale können dazu benutzt werden, isolierte Punkte mit ausgezeichneten geometrischen Eigenschaften in Höhenbildern zu detektieren (siehe [23]). Einige geeignete geometrische Merkmale sind nachfolgend aufgelistet.

1. Scheitelpunkte (*Vertices*) mit wohldefinierten Tangentenvektoren. Zu unterscheiden sind konvexe (Gipfel oder Gruben) oder konkave (sattelförmige) Scheitelpunkte.

2. Spitzen, die keine eindeutig definierten Tangentenvektoren besitzen (z.B. Kegelspitzen).

3. Isolierte Nabelpunkte (Kugelpunkte). Hierbei kann die Flächennormale als zusätzliches Punktmerkmal herangezogen werden.

4. Extremalstellen der GAUSSschen und mittleren Krümmung.

5. Isolierte Flächenpunkte mit genau spezifizierter Krümmung.

6. Krümmungsextrema und Nulldurchgänge von vorab detektierten Raumkurven auf der Freiformfläche.

7. Geometrische Eigenschaften von vorab erkannten Flächensegmenten, wie Schwerpunkt oder Symmetriepunkt.

In analoger Weise lassen sich durch Auswertung der folgenden Merkmale verschiedene Raumkurven mit besonderen geometrischen Eigenschaften auf Freiformflächen extrahieren:

1. Diskontinuitäten in den Flächennormalen

2. Nulldurchgänge von Oberflächenkrümmungen

Mit Hilfe von Geometriepunkten, Raumkurven und Flächensegmenten können Höhenbilder in geometrische Grundelemente zerlegt werden.

## 8.4.6  Punktsatz-Matching

Liegen für zwei zu vergleichende Höhenbilder jeweils genügend Punkte mit ausgezeichneten Geometriemerkmalen vor, so können diese Punkte zur Objektlokalisation herangezogen werden. Bezeichnet man die Punktmengen für das eine Bild mit $X$ und für das andere Bild mit $Y$, so wird die *günstigste Zuordnung* zwischen den Punkten beider Mengen gesucht, mit der die Punktmengen $X$ und $Y$ (zumindest näherungsweise) kongruent aufeinander abgebildet werden können (siehe Abb. 8.37).

$$X \;=\; \{\vec{x}_i | i = 0, \dots, n-1\} \tag{8.70}$$

$$Y \;=\; \{\vec{y}_j | j = 0, \dots, m-1\} \tag{8.71}$$

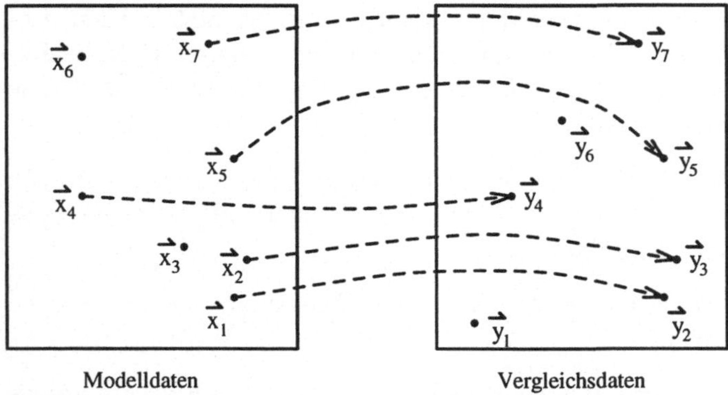


**Abb. 8.37.** Korrespondenzen zwischen zwei fehlerbehafteten Punktmengen $X$ und $Y$

*Globale Strategien* gehen davon aus, daß diese Punktmengen nur geringfügig fehlerbehaftet sind und deshalb die gesuchten Rotations- und Translationsparameter durch Vergleich von globalen Merkmalen der Punktmengen $X$ und $Y$ (Schwerpunkt, Trägheitsachsen, etc.) leicht gefunden werden können.

*Lokale Strategien* tolerieren hingegen auch unvollständige und fehlerbehaftete Punktmengen $X$ und $Y$, so daß diese in der Praxis deutlich besser für die Lösung dieses Zuordnungsproblems geeignet sind.

Ein effizienter, fehlertoleranter Algorithmus wird in [46] vorgestellt, der sowohl fehlende als auch überschüssige Punkte in den Punktmengen erlaubt: Um jeden Punkt wird eine Fehlerkugel mit konstantem Fehlerradius $\epsilon$ gelegt, in der die jeweils zugeordneten Punkte zu liegen kommen sollten. Der Fehlerradius wird dabei maximal so groß gewählt, daß sich keine Fehlerkugeln überschneiden.

Zwischen den Punktmengen $X$ und $Y$ wird nun die maximale (nicht erweiterbare) partielle Zuordnung $\lambda(k) : \{0, \dots, n-1\} \rightarrow \{0, \dots, m-1\}$

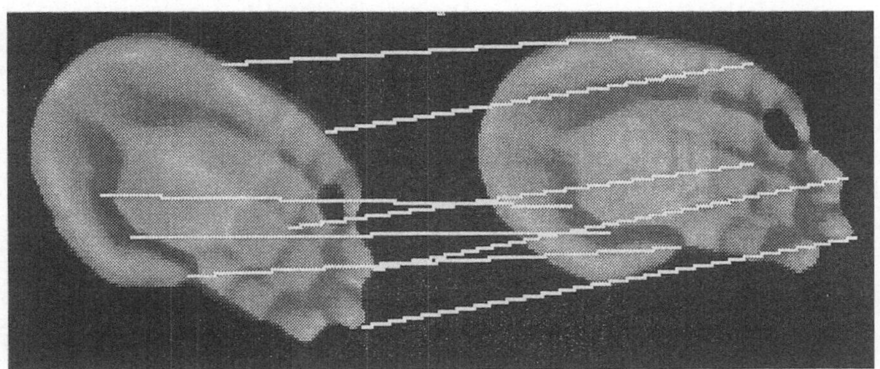

**Abb. 8.38.** Die gefundenen Korrespondenzen zwischen ausgezeichneten Geometriepunkten zweier Porzellanhandaufnahmen. Punkte, für die kein passender Korrespondenzpunkt gefunden wurde, sind in den Bildern nicht eingezeichnet.

gesucht, bei der alle gefundenen Punktkorrespondenzen die Kongruenzbedingung (8.72) erfüllen.

$$\|\mathcal{R}_\theta \vec{x}_i + \vec{t}_\theta - \vec{y}_{\lambda(i)}\| \leq \epsilon \tag{8.72}$$

Der vorzustellende Algorithmus durchsucht einen Zustandsbaum, dessen Knoten je eine mögliche Punktkorrespondenz repräsentieren. Sobald die Kongruenzbedingung (8.72) verletzt wird, können inkonsistente Äste sofort abgebrochen werden. Die Suche kann erfolgreich beendet werden, wenn eine Zuordnung gefunden ist, die zwei Teilmengen beider Punktmengen $X$ und $Y$ kongruent aufeinander abbildet (siehe Abb. 8.38).

Da die Abbildungsparameter $\vec{\theta}$ in der Kongruenzbedingung (8.72) während der Suche nicht bekannt sind, muß die Kongruenzbedingung auf andere Kriterien zurückgeführt werden. Entscheidend hierbei ist, daß die EUKLIDschen Distanzen zwischen je zwei Punkten einer Punktmenge invariant gegenüber Kongruenzabbildungen sind, so daß Punktkorrespondenzen durch Vergleich von Punktabständen schnell instanziiert werden können.

Dieses Kriterium reicht alleine noch nicht aus, da es nicht zwischen korrekten Zuordnungen und deren spiegelverkehrten Varianten unterscheiden kann. Aus diesem Grund wird ein Zusatztest eingeführt, der die korrekte Orientierung der zugeordneten Punktmenge sicherstellt. Dieser Test wird erst beim vierten zugeordneten Punkt angewendet, weil erst jetzt eine Orientierung der Punkte im Raum festgelegt werden kann. Ist die korrekte Orientierung erst einmal sichergestellt, braucht dieser Test bei Erweiterungen der Zuordnung nicht mehr beachtet zu werden.

Sobald vier Punkte einander zugeordnet sind, muß jede weitere Punktkorrespondenz wegen der disjunkten Fehlerkugeln zwangsläufig eindeutig sein. Der Suchbaum verzweigt sich nicht mehr.

Damit nicht mehrmals dieselbe Zuordnung gefunden wird, muß jede initiale Zuordnung daraufhin überprüft werden, ob sie nicht schon in einer gefundenen maximalen Zuordnung vorkommt und daher weggelassen werden kann.

Verbesserungen des vorgestellten Algorithmus können beispielsweise durch die Nutzung von weiteren Bildinformationen, wie speziellen Punktattributen oder Gruppierungsinformationen erreicht werden.

### 8.4.7  Quaternionen, Repräsentationsformen für Rotationen

Liegen ausreichend Korrespondenzen zwischen den Bildprimitiven eines Bildes und eines Modells vor, dann müssen daraus die entsprechenden Rotations- und Translationsparameter berechnet werden. Wegen ihrer mathematisch leichten Handhabbarkeit, wird zur Bestimmung der Rotationsparameter häufig von Quaternionen[8] Gebrauch gemacht.

Ein Quaternion $q = (s, \vec{v}) \in \mathbf{R}^4$ ist ein Viertupel von reellen Zahlen, wobei die erste reelle Zahl $s$ den skalaren Anteil (Realteil) und der nachfolgende Vektor $\vec{v}$ den vektoriellen Anteil (Imaginärteil) des Quaternions bezeichnet. Skalare und Vektoren können leicht in die Quaternionenschreibweise umgewandelt werden, indem die fehlenden Komponenten auf 0 gesetzt werden. Auf diese Art und Weise sind Skalare und Vektoren in die Algebra der Quaternionen eingebettet. Einige Operationen auf Quaternionen sind wie folgt definiert:

$$
\begin{aligned}
\text{Addition:} \qquad & q_1 + q_2 & = \quad & (s_1 + s_2, \vec{v}_1 + \vec{v}_2) \\
\text{Multiplikation:} \qquad & q_1 \star q_2 & = \quad & (s_1 s_2 - \vec{v}_1 \vec{v}_2, s_1 \vec{v}_2 + s_2 \vec{v}_1 + \vec{v}_1 \times \vec{v}_2) \\
\text{Konjungierte:} \qquad & \bar{q} & = \quad & (s, -\vec{v}) \\
\text{Inversenbildung:} \qquad & q^{-1} & = \quad & \bar{q}/|q|^2 \quad (q \neq 0) \\
\text{Betrag:} \qquad & |q|^2 & = \quad & |s|^2 + \|\vec{v}\|^2 = q \star \bar{q} = \bar{q} \star q \\
& & \Rightarrow \quad & |q_1 \star q_2| = |q_1| \star |q_2|
\end{aligned}
$$

$$(8.73)$$

Es läßt sich leicht nachprüfen, daß die Menge der Quaternionen $\mathbf{Q}$ bezüglich der oben definierten Addition eine kommutative Gruppe bildet. Zusammen mit der Multiplikation und dem neutralen Element $e = (1, 0, 0, 0)$ bildet die Menge der Quaternionen eine nichtkommutative Gruppe. Da weiterhin die distributiven Gesetze gelten, ist die Algebra $(\mathbf{Q}, +, \star)$ ein Ring, vergleichbar mit dem Ring der quadratischen $n \times n$-Matrizen.

Interessant werden Quaternionen $q$ mit $|q| = 1$ nun deshalb, weil man ihnen eindeutig eine Drehmatrix $\mathcal{R}$ zuordnen kann. Abb. 8.39 veranschaulicht, wie eine Rotation um die Achse $\vec{w}$ ($\|\vec{w}\| = 1$) mit dem Winkel $\alpha$ durch das Quaternion $q$ in Formel (8.74) repräsentiert werden kann:

---

[8] "Erfindung" der Quaternionen durch HAMILTON (1843), siehe dazu auch [58]

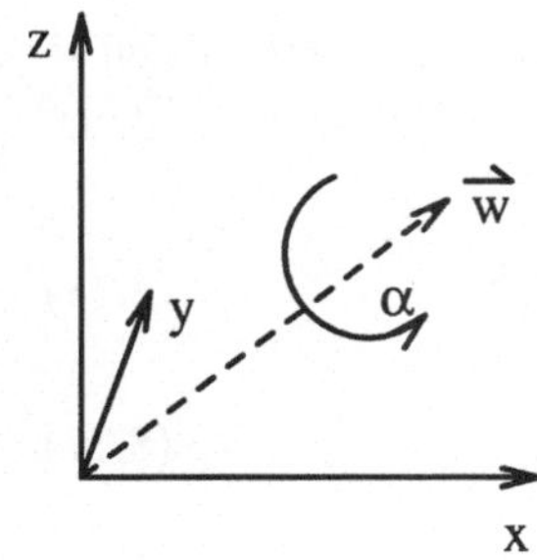



**Abb. 8.39.** Quaternionen als Repräsentationsformen von räumlichen Drehungen

$$q = \pm(\cos\frac{\alpha}{2}, \sin\frac{\alpha}{2} \cdot \vec{w}) \tag{8.74}$$

Die Quaternionen eröffnen somit eine Möglichkeit Rotationsbewegungen im Raum darzustellen und leicht zu berechnen. Wenn $\mathcal{R}(q)$ die $q$ ($|q| = 1$) zugeordnete Rotationsmatrix bezeichnet, dann gilt für beliebige Vektoren $\vec{v}$:

$$\mathcal{R}\vec{v} = q \star \vec{v} \star q^{-1} \tag{8.75}$$

Eine Verkettung von Rotationen kann dann sowohl mittels der Rotationsmatrizen $(\mathcal{R}(q_2) \cdot \mathcal{R}(q_1))$ als auch mittels der Quaternionen $(q_2 \star q_1)$ berechnet werden. Algebraisch gesehen handelt es sich bei der Zuordnungsfunktion $\mathcal{R}(q)$ um einen Gruppenhomomorphismus, da die Beziehungen $\mathcal{R}(q_1 \star q_2) = \mathcal{R}(q_1) \cdot \mathcal{R}(q_2)$ und $\mathcal{R}(e) = \mathcal{I}$ erfüllt sind.

## 8.4.8 Berechnung der Objektlage

Hat man bereits eine Menge von korrespondierenden Punkten in unterschiedlich orientierten Objekten vorliegen, dann kann die Objektlage in zwei Schritten berechnet werden:

**Rotationsbewegung:** Bei der Bestimmung der Rotationsbewegung wird der Vorteil genutzt, daß alle Verbindungsvektoren zwischen den Punkten einer Punktmenge invariant gegenüber Translationsbewegungen sind. Aus der Zuordnung der Verbindungsvektoren zwischen zwei Punktmengen läßt sich die Rotation getrennt von der Translation vorab bestimmen.

Konkret wird die Rotationsbewegung bestimmt, die alle Differenzvektoren $\vec{v}_{ij} = \vec{x}_i - \vec{x}_j$ der einen Punktmenge auf die korrespondierenden Differenzvektoren $\vec{w}_{ij} = \vec{y}_i - \vec{y}_j$ der anderen Punktmenge mit minimalen quadratischen Fehler abbildet. Bei der Notation wird der Einfachheit halber angenommen, daß alle $n$ korrespondierende Punkte $(\vec{x}_i, \vec{y}_i)$ denselben Index $i$ haben.

Die gesuchte Rotationsbewegung, welche durch ein Quaternion $q$ mit $|q| = 1$ repräsentiert ist, dient zur Definition des Optimalitätskriteriums $c_1$ ([68]):

$$c_1 \;=\; \min_q \sum_{i \neq j} \| \vec{w}_{ij} - q \star \vec{v}_{ij} \star q^{-1} \|^2 \qquad (8.76)$$

$$=\; \min_q \sum_{i \neq j} \| \vec{w}_{ij} \star q - q \star \vec{v}_{ij} \|^2 \qquad (8.77)$$

Da der Term $\vec{w}_{ij} \star q - q \star \vec{v}_{ij}$ linear in den Elementen von $q$ ist, gibt es eine $4 \times 4$ Matrix $\mathcal{A}_{ij}$ mit $\mathcal{A}_{ij} q = \vec{w}_{ij} \star q - q \star \vec{v}_{ij}$. Das Kriterium $c_1$ vereinfacht sich damit zu

$$c_1 = \min_q \sum_{i \neq j} \| \mathcal{A}_{ij} q \|^2 = \sum_{i \neq j} q^{\mathrm{t}} \mathcal{A}_{ij}^{\mathrm{t}} \mathcal{A}_{ij} q = q^{\mathrm{t}} \underbrace{\left( \sum_{i \neq j} \mathcal{A}_{ij}^{\mathrm{t}} \mathcal{A}_{ij} \right)}_{\mathcal{B}} q \qquad (8.78)$$

Diese quadratische Form wird genau dann minimal, wenn $q$ der Eigenvektor zum kleinsten Eigenwert der Matrix $\mathcal{B}$ ist. Nach Normierung des Quaternions $q$ kann eindeutig auf die entsprechenden Rotationsparameter zurückgeschlossen werden.

**Translationsbewegung:** Die nachgeschaltete Translationsbewegung läßt sich unter Berücksichtigung der schon bekannten Rotationsbewegung leicht gewinnen, indem der Abstand der gedrehten Modellpunkte von den Vergleichspunkten minimiert wird. Zur Drehung der Modellpunkte wird hier wieder auf den Formalismus der Rotationsmatrizen Bezug genommen.

$$c_2 = \min_{\vec{t}} \sum_i \| \mathcal{R}\vec{x}_i + \vec{t} - \vec{y}_i \|^2 \qquad (8.79)$$

Die Lösung dieses Problems ist trivial, da die einzelnen Translationskomponenten unabhängig voneinander sind:

$$\vec{t} = \frac{1}{n} \sum_i \vec{y}_i - \mathcal{R}\vec{x}_i \qquad (8.80)$$

### 8.4.9   Kurven-Matching

Als nächstes Element in der Hierarchiestufe von Abschnitt 8.2.3 lassen sich ausgeprägte Raumkurven auf einer Freiformfläche für den *Matching*-Vorgang verwenden. Zur Definition eines Abstandsmaßes $E(\vec{x}, \vec{y})$ zwischen zwei Raumkurven $\vec{x}(\mu)$ und $\vec{y}(\mu)$ werden die Kurven, wie in Abb. 8.40 gezeigt, entlang ihrer Krümmung als Funktion der Bogenlänge parametrisiert, so daß der Abstand mit dem Formalismus (8.81) angegeben werden kann.

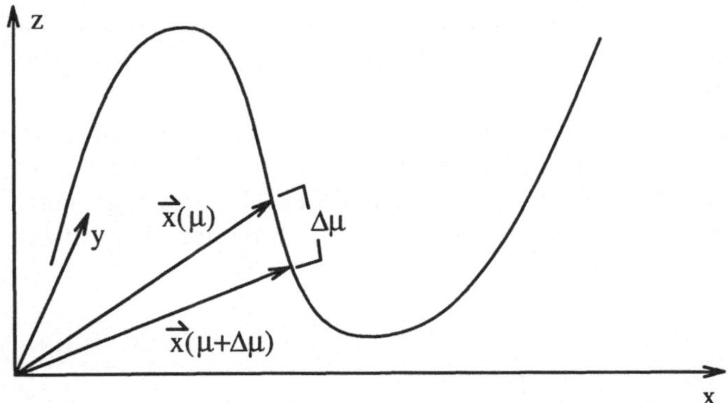


**Abb. 8.40.** Parametrisierung einer Kurve entlang ihrer Krümmung als Funktion der Bogenlänge

$$E(\vec{x},\vec{y}) = \min_{(\mathcal{R},\vec{t},\tau_0)} \sum_k \|\vec{y}(k\Delta\mu) - \mathcal{R}\vec{x}(k\Delta\mu + \tau_0) - \vec{t}\,\|^2 \qquad (8.81)$$

In dieser Form ist bereits ersichtlich, daß das Problem "Kurven-Matching" in seiner eigentlichen Fragestellung auf das Problem Punktsatz-Matching zurückgeführt werden kann. Der wesentliche Unterschied besteht einfach darin, daß beim Kurven-Matching die Punktmenge einer Kurve a priori geordnet ist und somit bereits eine einzige korrekte Zuordnung nur zwei globale Punktzuordnungen zuläßt. Aufwandsreduzierungen bei der Suche sind hier zu erreichen, wenn sich besondere Punktmerkmale (Kreuzungspunkte, etc.) der Raumkurve isolieren lassen.

## 8.4.10  Freiformflächen-Matching

Für Objekte mit beliebig geformten Freiformflächen stellt die Lageerkennung unter Berücksichtigung möglicher Verdeckungsprobleme eine relativ komplexe Aufgabe dar. In diesem und auch im nächsten Abschnitt werden zwei grundsätzlich verschiedene Ansätze vorgestellt, die ohne eine Identifikation von korrespondierenden Bildprimitiven, wie Punkten, Linien oder Regionen auskommen.

Der in [194] und [195] vorgestellte und hier erläuterte Ansatz sucht die Lageparameter als lokales Minimum einer Optimierungsaufgabe, bei der in Analogie zum Kurven-Matching ein Distanzmaß zwischen den zu vergleichenden Freiformflächen in Abhängigkeit von den gesuchten Abbildungsparametern minimiert wird. In einer Veröffentlichung im Jahre 1990 schreibt

BESL zu diesem Ansatz: *"Minimizing this surface matching metric for general free-form surfaces is a highly non-linear optimization problem with many local minima for complex surfaces, and it has not been solved in practice."*[9]. Dennoch kann hier ein neues Matching-Verfahren vorgestellt werden, welches das erwähnte Optimierungsproblem sehr effizient und sicher löst, sofern eine grobe, gegebenenfalls stark verfälschte Näherungslösung für die gesuchten Lageparameter bekannt ist.

Für die Herleitung der geometrischen Abstandsformel werden die Referenzfläche $\mathcal{X}$, welche die Referenzlage definiert, und die Vergleichsfläche $\mathcal{Y}$ als Punktmengen im Raum betrachtet. Neben den expliziten Flächenrepräsentationsformen $f(x,y)$ und $g(x,y)$ können Flächen auch durch ihre Vektorform definiert werden.

$$\mathcal{X} = \{\vec{x}(u,v)|\vec{x}(u,v) = \begin{pmatrix} u \\ v \\ g(u,v) \end{pmatrix} \wedge (u,v) \in \mathcal{V}_x \subseteq \mathbf{R}^2\} \quad (8.82)$$

$$\mathcal{Y} = \{\vec{y}(u,v)|\vec{y}(u,v) = \begin{pmatrix} u \\ v \\ f(u,v) \end{pmatrix} \wedge (u,v) \in \mathcal{V}_y \subseteq \mathbf{R}^2\} \quad (8.83)$$

Die Definitionsmengen $\mathcal{V}_x$ und $\mathcal{V}_y$ grenzen den betrachteten Flächenausschnitt auf den interessierenden bzw. bekannten Teil ein.

Rotations- und Translationsbewegungen von Modellpunkten $\vec{x}$ im Raum lassen sich mit der unitären Rotationsmatrix $\mathcal{R}_\theta$ und dem Translationsvektor $\vec{t}_\theta$ als Abbildungsoperator $T_\theta$ definieren.

$$T_\theta \vec{x} \stackrel{\text{def}}{=} \mathcal{R}_\theta \vec{x} + \vec{t}_\theta \qquad (8.84)$$

Läßt man etwaige Randprobleme außer acht, so kann das Lokalisationsproblem als Optimierungsaufgabe formuliert werden, bei der der kleinste quadratische Abstand $D(T_\theta \mathcal{X}, \mathcal{Y})$ zwischen der Vergleichsfläche $\mathcal{Y}$ und der gedreht und verschobenen Referenzfläche $\mathcal{X}$ in Abhängigkeit der Lageparameter $\vec{\theta}$ gesucht wird.

$$c = \min_{\vec{\theta}} D(T_\theta \mathcal{X}, \mathcal{Y}) \qquad (8.85)$$

Da hierbei beliebige Flächenformen für $\mathcal{X}$ und $\mathcal{Y}$ zugelassen sind und die Lageparameter nichtlinear in die Abbildungsvorschrift $T_\theta$ einfließen, handelt es sich hier um ein hochgradig nichtlineares Minimierungsproblem, das nicht mehr direkt analytisch, sondern nur mit mathematischen Näherungsverfahren gelöst werden kann. Ein entsprechender Lösungsweg soll nunmehr skizziert werden und gleichzeitig als Paradigma für ähnlich geartete nichtlineare Problemstellungen dienen.

---

[9] [23]

Sogenannte Korrekturverfahren gehen, wie in Abb. 8.41 gezeigt, von einer bekannten Näherungslösung $\vec{\tau}$ aus und versuchen diese iterativ um einen Korrekturvektor $\vec{\delta}$ zu verbessern, bis das Verfahren konvergiert und die Lösung in ausreichender Genauigkeit vorliegt. Der Korrekturvektor $\vec{\delta}$ wird in der lokalen Umgebung der Näherungslösung $\vec{\tau}$ gesucht, wobei die zu minimierende Funktion in der lokalen Umgebung von $\vec{\tau}$ linearisiert wird.

<table>
<tr><td colspan="2">Eine vorgegebene Näherungslösung $\vec{\tau}$</td></tr>
<tr><td></td><td>wird iterativ um den Korrekturvektor $\vec{\delta}$ verbessert</td></tr>
<tr><td colspan="2">bis das Minimum des Fehlerquadratterms gefunden ist</td></tr>
</table>

**Abb. 8.41.** Das numerische Prinzip der Korrektur

Zu diesem Zweck wird die Bewegung $T_\theta$ in einen bekannten Anteil $T_\tau$ und eine kleinere Korrekturbewegung $T_\delta$ gemäß $T_\theta = T_\delta T_\tau$ zerlegt.

$$c = \min_{\vec{\delta}} D(T_\delta T_\tau \mathcal{X}, \mathcal{Y}) = \min_{\vec{\delta}} D(T_\tau \mathcal{X}, T_\delta^{-1} \mathcal{Y}) \tag{8.86}$$

Im nächsten Schritt muß dieser Ausdruck linearisiert werden. Wenn die Fläche $\mathcal{X}$ durch eine Menge von Kontrollpunkten $\hat{\vec{x}}_i$ und den dazugehörigen, leicht berechenbaren Flächennormalen $\hat{\vec{n}}_i$ gegeben ist, so läßt sich die Fläche $\mathcal{X}$ in den lokalen Umgebungen der Kontrollpunkte stückweise linearisieren und durch ihre Tangentialebenen ersetzen. In der HESSEschen Normalenform kann eine Tangentialebene durch die Punktmenge $\{\hat{\vec{x}} | \hat{\vec{n}}_i(\hat{\vec{x}} - \hat{\vec{x}}_i) = 0\}$ ausgedrückt und gemäß der Bewegungsvorschrift $T_\tau$ im Raum auf die gedrehte und verschobene Tangentialfläche $\{\vec{x} | \vec{n}_i(\vec{x} - \vec{x}_i) = 0\}$ abgebildet werden. Die neue Flächennormale $\vec{n}_i$ und der neue Aufpunkt $\vec{x}_i$ ergeben sich mit dem Formalismus

$$\vec{n}_i = \mathcal{R}_\tau \hat{\vec{n}}_i \tag{8.87}$$

$$\vec{x}_i = \begin{pmatrix} u_i \\ v_i \\ w_i \end{pmatrix} = T_\tau \hat{\vec{x}}_i = \mathcal{R}_\tau \hat{\vec{x}}_i + \vec{t}_i \tag{8.88}$$

Nach diesem ersten Linearisierungsschritt kann die Gesamtdistanz $D(.)$ auf die Beiträge der einzelnen linearen Teilstücke zurückgeführt werden. Unter der Annahme, daß die Korrekturbewegung $T_\delta^{-1}$ klein ist, wird für das lineare Teilstück an der Stelle $(u_i, v_i)$ der korrespondierende Punkt $\vec{y}(u_i, v_i)$ auf der Vergleichsfläche betrachtet. Der Zusammenhang wird in Formel (8.89) und Abb. 8.42 verdeutlicht.

$$c = \min_{\vec{\delta}} \sum_i d(\{\vec{x} | \vec{n}_i(\vec{x} - \vec{x}_i) = 0\}, T_\delta^{-1} \vec{y}(u_i, v_i))^2$$

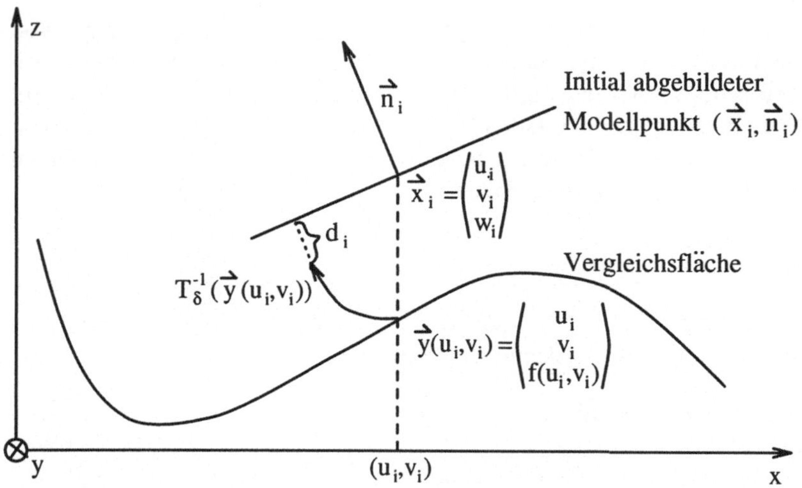


**Abb. 8.42.** Definition der Distanzfunktion

$$= \min_{\vec{\delta}} \sum_i \| \underbrace{\vec{n}_i(T_\delta^{-1}\vec{y}(u_i, v_i) - \vec{x}_i)}_{d_i} \|^2 \tag{8.89}$$

Jeder Summand mißt den EUKLIDschen Abstand, den der lagekorrigierte Punkt $T_\delta^{-1}\vec{y}(u_i, v_i)$ von der zugeordneten linear approximierten Referenzfläche an der betrachteten Stelle $(u_i, v_i)$ besitzt. Die Kontrollpunkte $(u_i, v_i)$ im Parameterraum werden hierbei durch die $x$- und $y$-Koordinaten der initial abgebildeten Modellpunkte $T_\tau \hat{\vec{x}}_i$ festgelegt. Da die Kontrollpunkte $(u_i, v_i)$ nicht notwendigerweise auf das Koordinatenraster fallen, sollte die $z$-Koordinate des Vektors $\vec{y}(u_i, v_i)$ auf der Vergleichsfläche zur Steigerung der Genauigkeit interpoliert werden.

Wird die Korrekturbewegung $T_\delta^{-1}$ durch die linearisierte Abbildungsvorschrift ersetzt, so ist das Minimierungsproblem auf ein einfaches, lineares Fehlerquadratproblem reduziert worden, welches mit Standardmethoden gelöst werden kann.

Nach einigen algebraischen Umformungen ergibt sich schließlich für jeden Kontrollpunkt $i$ eine $1 \times 6$ elementige Matrix $\mathcal{A}_i$ und ein Skalar $b_i$ gemäß folgendem Formalismus:

$$A_i = \left( \begin{array}{c} \vec{y}(u_i, v_i) \times \vec{n}_i \\ \vec{n}_i \end{array} \right)^{\mathrm{T}} \tag{8.90}$$

$$b_i = \vec{n}_i(\vec{y}(u_i, v_i) - \vec{x}_i) \tag{8.91}$$

Damit läßt sich der Korrekturvektor $\vec{\delta}$ berechnen:

$$c = \min_{\vec{\delta}} \sum_i \|\mathcal{A}_i\vec{\delta} - b_i\|^2 \quad \text{mit} \tag{8.92}$$

$$\delta = \left( \sum_i \mathcal{A}_i^{\mathrm{T}} \mathcal{A}_i \right)^{-1} \sum_i (\mathcal{A}_i^{\mathrm{T}} b_i) \tag{8.93}$$

Wegen der notwendigen Linearisierungsschritte kann die Lösung natürlich kaum in einem Iterationsschritt des Korrekturprozesses exakt berechnet werden. So bietet es sich an, die Anzahl der Kontrollpunkte in den ersten Iterationen gering zu halten und mit wachsender Iterationszahl sukzessive zu steigern.

Wie bei jedem iterativen Verfahren muß man sich auch hier um ein geeignetes Abbruchkriterium Gedanken machen. Sicherlich kann das Verfahren terminieren, wenn alle Komponenten des Korrekturvektors $\vec{\delta}$ eine untere Schwelle unterschreiten.

Verbesserte Abbruchkriterien benutzen statistisch motivierte Modellvorstellungen, die die Komponenten des Korrekturvektors $\vec{\delta}$ in Relation zu ihren erwarteten Ungenauigkeiten setzen und somit überprüfen, ob die Korrekturbewegung noch signifikant ist oder nur noch durch etwaige Ungenauigkeiten der Aufnahmedaten gerechtfertigt werden können.

Weitere Verbesserungsmöglichkeiten des skizzierten Algorithmus ergeben sich durch die Anwendung von erweiterten mathematischen Korrekturverfahren [181], die einerseits sicherere Konvergenzeigenschaften besitzen und andererseits auch bei numerisch instabilen Fällen eine sinnvolle Lösung liefern.

Zwei Freiformflächen, die im oberen Teil der Abb. 8.43 zu sehen sind und zwei unterschiedliche Ansichten einer Porzellanhand darstellen, wurden mit dem vorgestellten Algorithmus auf ihren Lageunterschied hin überprüft. Die Freiformflächen werden unter der Annahme eines einfachen Beleuchtungsmodells in der oberen Bildhälfte visualisiert. Die visualisierten Daten enthalten eine Reihe von Kontrollpunkten, die vom Benutzer vorab interaktiv plaziert werden können. Mit dem Algorithmus aus Abschnitt 8.4.8 wird damit eine grobe Näherungslösung für den Lageunterschied geschätzt. Bei der exakten Lagebestimmung mit dem in diesem Abschnitt vorgestellten Algorithmus erlauben die Kontrollpunkte eine schnelle interaktive Verifikation des gefundenen Lageunterschieds

Ausgehend von der Näherungslösung $\vec{\tau} = 0$ findet der Algorithmus einen Lageunterschied $\vec{\theta}$ mit

$$\vec{\theta} = \begin{pmatrix} w_x \\ w_y \\ w_z \\ t_x \\ t_y \\ t_z \end{pmatrix} = \begin{pmatrix} -5.52 \pm 0.014 \\ -3.29 \pm 0.010 \\ -22.04 \pm 0.019 \\ -11.87 \pm 0.024 \\ 18.36 \pm 0.026 \\ 3.71 \pm 0.017 \end{pmatrix} \tag{8.94}$$

Die ersten drei Komponenten bezeichnen hierbei die Rotationswinkel um die $x$-, $y$- und $z$-Achse und die nächsten drei Komponenten die Translationskomponenten. Die geschätzte Genauigkeit der Lageparameter kann mit

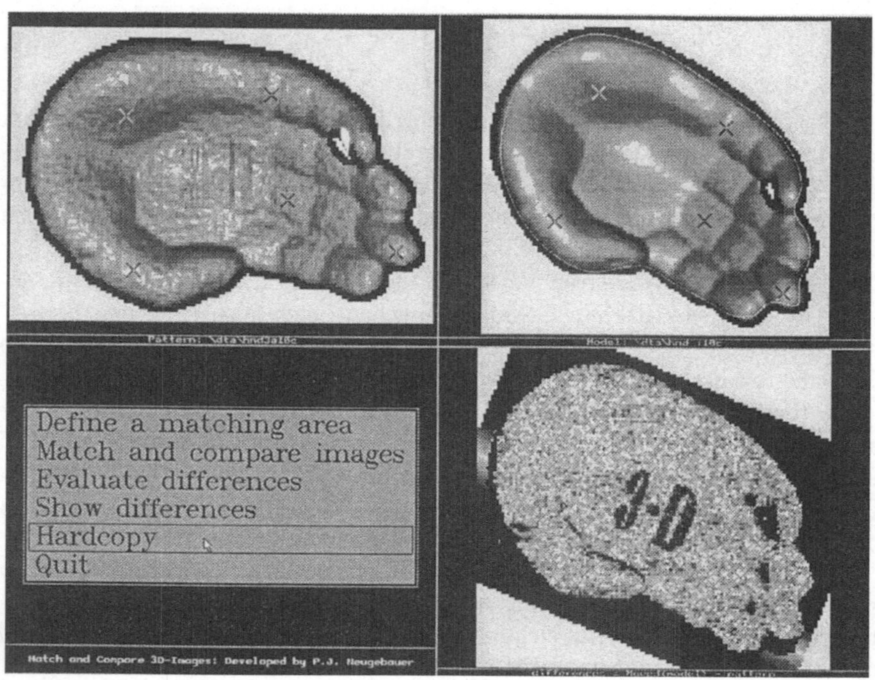


**Abb. 8.43.** Die gezeigte Applikation ermittelt den Lageunterschied zweier Freiformflächen und berechnet anschließend deren Formabweichungen.

statistischen Methoden unter allgemeinen Annahmen über die Ungenauigkeit der Aufnahmedaten ermittelt und hier mit aufgeführt werden.

Um einen visuellen Eindruck von der Genauigkeit der Lageparameter zu erlangen, werden mit Hilfe der Lageparameter die Referenz- und Vergleichsaufnahme zur Deckung gebracht und ein Differenzbild berechnet. Das Differenzbild der korrelierten Aufnahmen ist rechts unten in Abb. 8.43 zu sehen. Außer den zufälligen Bildunterschieden läßt sich mit Hilfe des Algorithmus leicht der qualitative Formunterschied beider Aufnahmen im Differenzbild ausmachen.

## 8.4.11   3D-Matching mit der HOUGH-Transformation

In Anlehnung an [162] wird in diesem Abschnitt eine alternative Methode zur Bestimmung der Objektlage in 3D-Bildern vorgestellt, die ohne eine vorherige Segmentierung des Objekts, und auch ohne eine Näherungslösung für die Lageparameter auskommt. Die praktische Einsatzfähigkeit dieses oder ähnlicher Verfahren für allgemeine Freiformflächen, und nicht nur für polyederförmige Objekte, ist momentan Gegenstand aktueller Forschung [37].

**Prinzip:**  Die zu verarbeitenden 3D-Objekte liegen als Menge von kleinen Flächenstücken (*Patches*) vor, deren Mittelpunkt durch den Aufpunkt $\vec{x}_i$ und deren Flächeninhalt durch $A_i$ gegeben ist. Die Objektdaten werden durch eine Abbildungsvorschrift, der HOUGH-Transformation, in einen Parameter- oder HOUGH-Raum überführt, der in diskretisierter Form durch das zweidimensionale HOUGH-Feld $H(n,p)$ repräsentiert wird. Dieses HOUGH-Feld stellt für jedes diskrete Indexpaar $(n,p)$ eine Akkumulatorzelle bereit. Bei der Überführung eines Objektpunktes in den HOUGH-Raum werden gemäß der Transformationsvorschrift eine Reihe von Akkumulatorzellen selektiert und um einen bestimmten Betrag inkrementiert.

Wie sich noch zeigen wird, werden die Elemente dieses HOUGH-Feldes $H(n,p)$ durch eine Änderung der Objektlage permutiert, so daß durch einen Vergleich des HOUGH-Feldes mit verschiedenen vorab gespeicherten Referenzmustern die gesuchte Objektlage grob geschätzt werden kann.

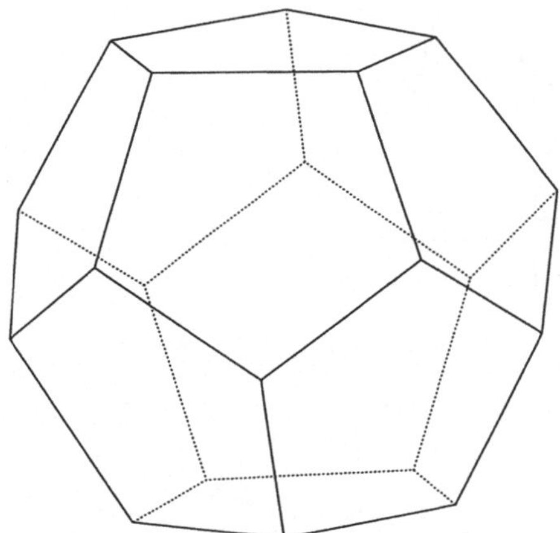

**Abb. 8.44.**  Mit seinen 20 Ecken ist das Dodekaeder der "eckenreichste" PLATONISCHE Körper. Zu den 5 PLATONISCHEN oder regulären Körpern zählen das Tetraeder, das Hexaeder, das Oktaeder, das Dodekaeder und das Ikosaeder. Sie zeichnen sich durch vollkommene Symmetrie aus.

**Definition der Transformationsvorschrift:**  Sei $<\vec{u}_i>$ eine Menge von normierten Richtungsvektoren ($\|\vec{u}_i\| = 1$), die möglichst gleichmäßig auf der oberen Kugelhälfte ($z > 0$) der Einheitskugel verteilt sind. Die größte Anzahl von absolut gleichmäßig verteilten Richtungsvektoren erhält man, wenn die Richtungsvektoren vom Körperschwerpunkt ausgehend gerade auf die Ecken eines Dodekaeders zeigen (siehe Abb. 8.44). Da ein Dodekaeder nur 20 Ecken besitzt, können so pro Halbkugel nur 10 Richtungsvektoren gefunden werden. Für die praktische Anwendung des hier vorgestellten Algorithmus wünscht man sich eine feinere Unterteilung der Richtungen. Auf die damit verbundenen zusätzlichen Probleme soll im Rahmen dieser Darstellung nicht weiter eingegangen werden[10].

Für jeden Objektpunkt $\vec{x}_i$ und jeden Richtungsvektor $\vec{u}_n$ wird ein Indexpaar (n,p) im HOUGH-Raum gemäß folgender Vorschrift selektiert:

$$p = \vec{x}_i \vec{u}_n \tag{8.95}$$

Offensichtlich votieren alle Punkte $\vec{x}_i$, die auf einer bestimmten Ebene liegen, für dasselbe Indexpaar $(n,p)$. Die Ebene ist durch ihre Flächennormale $\vec{u}_n$ und ihre vorzeichenbehaftete Distanz $p$ vom Koordinatenursprung definiert (siehe Abb. 8.45).

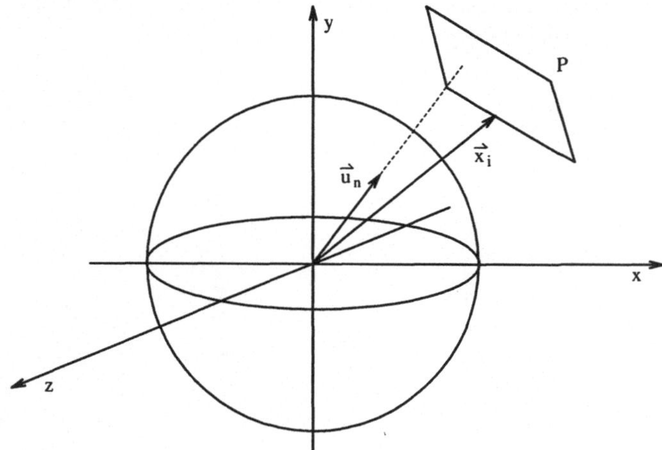


**Abb. 8.45.** Die 3D-HOUGH-Transformation: Sofern $\vec{u}_n$ die Flächennormale der Ebene P ist, ist der Ausdruck $p = \vec{x}_i \vec{u}_n$ für alle Punkte $\vec{x}_i$ auf der Ebene konstant.

Nach Diskretisierung des Parameters $p$ muß die angesprochene Akkumulatorzelle $H(n,p)$ im HOUGH-Raum zur Ausführung der Transformation inkrementiert werden. Um die Transformationsvorschrift nur von der Objektform und nicht von der Unterteilung des Objekts in Flächenstücke abhängig zu machen, muß als Inkrement im HOUGH-Feld gerade der Flächeninhalt $A_i$ des aktuell bearbeiteten Flächenstücks gewählt werden.

Diese Überlegungen führen zu der Defintion der hier verwendeten HOUGH-Transformation.

$$H(n,p) = \sum_i \{A_i \,|\, p = \vec{x}_i \vec{u}_n\} \tag{8.96}$$

---

[10]Weitergehende Literatur: [35]

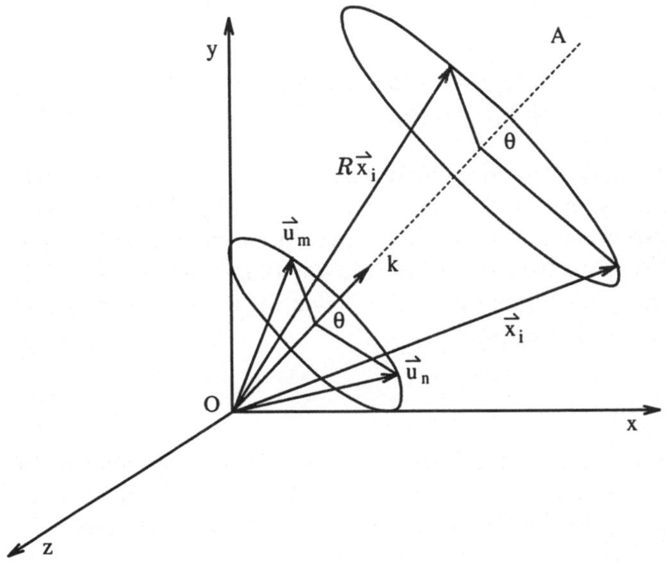


**Abb. 8.46.** Auswirkungen auf die Objektbeschreibung im HOUGH-Raum, falls das Objekt um die Achse OA um den Winkel $\theta$ gedreht wird.

Anschaulich spiegelt das HOUGH-Feld die Verteilung der Begrenzungs-ebenen eines 3D-Objekts wieder. Lokale Maxima in diesem Feld deuten auf Ebenen im Bildraum hin, die die Flächennormale $\vec{u}_n$ und den Abstand $p$ vom Koordinatenursprung haben.

**Einfluß von Rotationen auf das HOUGH-Feld:** Wählt man als Richtungsvektoren $\vec{u}_n$ gerade die Vektoren vom Mittelpunkt bis zu den Ecken eines Dodekaeders, so gibt es 10 Richtungsvektoren (mit positiver $z$-Komponente) und 60 mögliche Rotationen, die die Richtungsvektoren $\{-\vec{u}_0, \vec{u}_0, -\vec{u}_1, \vec{u}_1, \ldots, -\vec{u}_9, \vec{u}_9\}$ bijektiv aufeinander abbilden. Nur solche Rotationen sollen hier betrachtet werden.

Es wird nun versucht, das HOUGH-Feld $H_r(m, q)$ der gedrehten und verschobenen Bilddaten mit den bekannten Größen aus dem HOUGH-Feld $H(n, p)$ zu beschreiben. Mit $\mathcal{R}$ wird die $3 \times 3$ Rotationsmatrix bezeichnet, mit der die Bildpunkte im Raum gedreht werden:

$$q = \mathcal{R}\vec{x}_i\vec{u}_m \tag{8.97}$$

Für alle zugelassen Rotationen gibt es nun einen Vektor $\vec{u}_n$ oder einen Vektor $-\vec{u}_n$, der mittels der Rotation auf den Vektor $\vec{u}_m$ abgebildet werden kann (siehe Abb. 8.46).

$$q = \mathcal{R}\vec{x}_i\mathcal{R}\vec{u}_n = \vec{x}_i\vec{u}_n = p \quad \text{für } \vec{u}_m = \mathcal{R}\vec{u}_n$$
$$q = -\mathcal{R}\vec{x}_i\mathcal{R}\vec{u}_n = -\vec{x}_i\vec{u}_n = -p \quad \text{für } \vec{u}_m = -\mathcal{R}\vec{u}_n \tag{8.98}$$

Folglich wandert ein Eintrag $H(n,p)$ durch die Rotation an die Stelle $H_r(m,-p)$ oder $H_r(m,p)$ im HOUGH-Feld der rotierten Objektdaten. Wenn mit der ersten Indexkomponente $n$ eine Zeile und durch die zweite Komponente $p$ die Spalte im HOUGH-Feld selektiert wird, dann bewirkt eine Rotation somit eine bestimmte Permutation der Zeilen im HOUGH-Feld, wobei einige der Spalten gespiegelt werden.

**Einfluß der Translation auf das HOUGH-Feld:**  Bezeichnet man mit $\vec{t}$ den Translationsvektor, dann wird auch hier versucht, das HOUGH-Feld des verschobenen Objekts durch die Werte im Ausgangsfeld auszudrücken.

$$q = (\vec{x}_i + \vec{t})\vec{u}_n = \vec{x}_i\vec{u}_n + \vec{t}\vec{u}_n = p + \vec{t}\vec{u}_n \tag{8.99}$$

$$\Rightarrow H(n,p) = H_t(n, p + \vec{t}\vec{u}_n) \tag{8.100}$$

Offensichtlich resultiert jede Translation in eine von der Zeile $n$ abhängigen Verschiebung des HOUGH-Feldes entlang der Spalten. Alle Akkumulatorzellen einer Spalte $p$ werden hierbei um denselben Betrag $\vec{t}\vec{u}_n$ verschoben.

**Bestimmung der Lageparameter:**  Zur Bestimmung der am besten passenden Rotation aus der Menge der vorgegebenen Rotationen nutzt man den Umstand, daß für jede betrachtete Rotation die Zeilenpermutation bekannt ist, mit der das HOUGH-Feld durch Anwendung der Rotation verändert wird. Da sich durch die Translation jedoch die $p$-Komponenten innerhalb einer Spalte verschieben kann, muß man vom Parameter $p$ in diesem Stadium unabhängig werden. Dies kann einfach durch eine Summation über alle Spaltenelemente erreicht werden:

$$H(n) = \sum_p H(n,p) \tag{8.101}$$

Für das Modellobjekt muß für jede mögliche Rotation ein entsprechender Referenzvektor $H_i(n)$ abgespeichert sein. Durch Vergleich und Auswahl des am besten passenden Referenzvektors kann die zugeordnete Rotation zumindest näherungsweise gefunden werden.

Mit Hilfe der so gefundenen Rotation kann die Zeilenpermutation des HOUGH-Feldes $H(n,p)$ nachvollzogen werden. Die verbleibende Fragestellung beschäftigt sich mit der Bestimmung der Translationskomponenten.

Vergleicht man das transformierte Feld $H(n,p)$ mit dem Referenzfeld $H_{ref}(n,p)$, so kann, separat für jede Spalte $n$, die Verschiebung des Spaltenvektors in der $p$-Komponente ermittelt werden. Da $\vec{t}$ aus drei Komponenten besteht, werden mindestens drei Verschiebungswerte in $p$-Richtung benötigt, um die Translation zu bestimmen. In der Praxis werden natürlich mehr Verschiebungswerte verwendet, um den Vektor $\vec{t}$ stabiler als Lösung einer linearen Fehlerquadrataufgabe zu bestimmen.

**Schwierigkeiten und Verbesserungsmöglichkeiten:** Das vorgestellte Verfahren wirft verschiedene Schwierigkeiten auf, die die Einsatzfähigkeit des Verfahrens erheblich beeinflussen können. Es stellt sich die Frage, in wieviel Quantisierungsstufen die Parameter $n$ und $p$ der HOUGH-Transformation sinnvoll unterteilt werden können. Bei der Wahl der Richtungsvektoren sind die Überlegungen relevant, daß die Menge der Richtungsvektoren durch die erlaubten Rotationen zumindest näherungsweise bijektiv aufeinander abgebildet werden müssen.

Verbesserungen des vorgestellten Verfahrens sind möglich, da das Verfahren in der vorgestellten Form noch nicht ausgereift ist. Beispielsweise sollte nicht nur die am besten passende Rotation weiterverarbeitet werden, sondern es sollten mehrere konkurrierende Hypothesen generiert und verifiziert werden.

## 8.5  3D-Datenerfassung des visuellen Systems des Menschen

Zum Verständnis der Methoden zur Akquisition von 3D-Objekten ist es sinnvoll zu untersuchen, welche Informationen das visuelle System des Menschen zur Erfassung von Entfernungen und Tiefe verwendet, und in welcher Form eine Bewertung dieser Daten stattfindet.

Da die Netzhaut des Menschen eine zweidimensionale Gestalt besitzt, führen offensichtlich komplexe Mechanismen zu einer räumlichen Wahrnehmung, die wiederum eine Erfassung von 3D-Objekten, bzw. das Abschätzen von Entfernungen ermöglicht. Anhaltspunkte in einer Szene sind dabei die Perspektive, Schattierung, Schatten, Textur, Verdeckungen und das Wissen über die Größe bekannter Objekte. Zu klären ist allerdings in welcher Form diese Informationen verwendet werden und welchen Beitrag sie leisten. Sinnesphysiologische Untersuchungen (z.B. [222], [36]) ergaben, daß für ein monoskopisches Sehen (mit einem Auge) die Faktoren Akkommodation, Schattierung, Textur von Objekten, Glanzlichter, Bewegungsparallaxe und sogenannte Abbildungsfaktoren maßgeblich sind. Für eine stereoskopische Wahrnehmung (mit zwei Augen) sind die Einflußgrößen Konvergenz und

Disparität von besonderer Bedeutung. Nachfolgend werden diese Faktoren
im einzelnen betrachtet.

## 8.5.1  Akkommodation

Betrachtet der Mensch ein Objekt in geringer Entfernung (kleiner als 2 Meter), so wird die Augenlinse entsprechend der Entfernung eingestellt. Mit
Hilfe des Zilliarmuskels wird die Linse derart gekrümmt, daß das Bild des
fixierten Objektes auf der Netzhaut scharf erscheint (siehe Abbildung 8.47).
Objekte im Vorder- bzw. im Hintergrund werden unscharf abgebildet. Die
Stärke der Akkommodation, auch Dioptrie genannt, verhält sich reziprok zu
der Entfernung des Fokusses von der Retina, d.h. Objekte die nahe am Auge
liegen, erfordern eine stärkere Akkommodation als weit entfernte. Bei einem

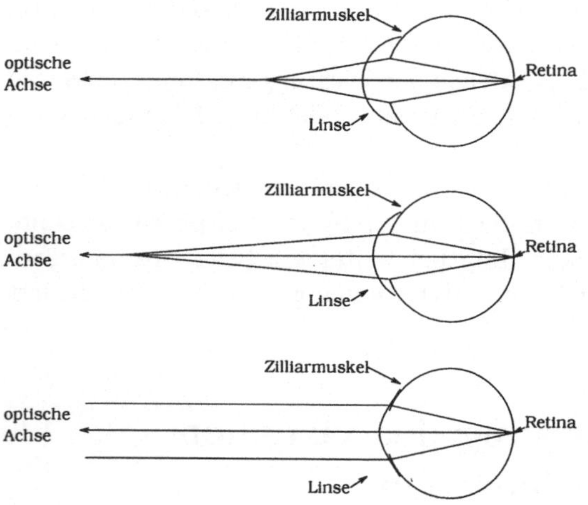


**Abb. 8.47.** Akkommodation: Zusammenhang zwischen der Linsenkrümmung
und der Entfernung des fokusierten Objektpunktes

kurzsichtigen Menschen liegt der Fokus des nicht akkommodierten Auges vor
der Retina. Beträgt das Maß für die Kurzsichtigkeit beispielsweise 3 Dioptrien so wird ein Objekt im Abstand von 33 *cm* mit dem nicht akkomodierten
Auge exakt fokusiert. Im Falle einer Weitsichtigkeit mit 2 Dioptrien werden
2 Dioptrien benötigt, um ein Objekt welches sehr weit entfernt liegt, zu
fokusieren. Geht man von einer maximalen Linsenkrümmung von 10 Dioptrien aus, so können Objekte in einer Entfernung von mindestens 8 Dioptrien
(12.5 *cm*) exakt fokusiert werden. Das Vermögen des Zillarmuskels, die Linse
zu krümmen ist eine Funktion des Alters. Ein junger Mensch im Alter von
bis zu ca. 8 Jahren erreicht maximal 14 Dioptrien, danach fällt diese Leistung quasi linear ab bis zu einem etwa 55 jährigen dessen Zilliarmuskel noch
etwa ein Dioptrien Linsenkrümmung hervorrufen kann [31]. Untersuchungen
haben gezeigt, daß die Akkommodation im Bereich bis zu etwa 2 Metern

einen Beitrag zur Entfernungsbestimmung leistet.

Die Methode, die Entfernung eines Objektes durch Fokussierung zu bestimmen, wird auch in der Sensortechnik (siehe Abschnitt 8.1.4, S.221) verwendet.

### 8.5.2  Schattierung und Glanzlichter

Aus einer Photographie ist der Mensch in der Lage, anhand der 2D-Information des Bildes die wichtigsten 3D-Eigenschaften der dargestellten Szene abzuleiten. Physiologische Untersuchungen haben gezeigt, daß die Intensitätsänderung auf der Oberfläche der betrachteten Objekte eine entscheidende Orientierungshilfe darstellt. Diese Sensitivität des visuellen Systems wird beispielsweise in der Kosmetik verwendet, um bestimmte Regionen des Gesichtes, durch Änderung des Intensitätsverlaufs, zu "gestalten". Hierbei wird der Zusammenhang zwischen der Orientierung einer betrachteten Oberfläche und der reflektierten Lichtintensität ausgenutzt. Abbildung 8.48 zeigt die Wirkung unterschiedlicher Informationsquellen auf die visuelle Erscheinung eines Ellipsoids. Links oben wird das Ellipsoid mit einer konstanten Intensität für jeden Bildpunkt dargestellt, der Betrachter kann keinerlei Tiefen- bzw. Orientierungsinformation gewinnen. Oben rechts wurde das Objekt schattiert, der Betrachter ist nun in der Lage die Gestalt des Objekts zu beurteilen. Fügt man Glanzlichter hinzu (unten links), so wird der Gestalteindruck weiter verstärkt. Eine zusätzliche Texturierung des Objektes (unten rechts, siehe auch Abbschnitt 8.5.3) verstärkt den Eindruck der räumlichen Lage des Objektes.

### 8.5.3  Textur

Einen weiteren Einflußfaktor bei der visuellen Erfassung von 3D-Objekten bildet die Textur. Die visuelle Textur ist dabei eine durch das Auge vermittelte Empfindung, durch die sich zwei aneinandergrenzende Teile des Gesichtsfeldes mit unbewegtem Auge spontan unterscheiden [64]. Die Textur liefert sowohl Informationen über die Orientierung des Objektes, als auch über Entfernungen zwischen verschiedenen Punkten der Objektoberfläche. Durch die entsprechend der Oberfläche hervorgerufenen Gestalts- und Abstandsänderungen der Texturprimitive kann das visuelle System räumliche Informationen ableiten. Hierbei liefern strukturierte Texturen mit deutlich voneinander trennbaren, periodisch auftretenden Texturelementen einen stärkeren Beitrag zur 3D-Wahrnehmung als andere.

Besonders gute Hinweise liefern gitterförmige oder aus parallelen Linien bestehende Texturen. Hier kann der Beobachter leicht Fluchtpunkte identifizieren, die die Wahrnehmung der Objektorientierung und -tiefe vereinfachen. Abbildung 8.49 zeigt zwei Ellipsoide, deren erste Hauptachsen im Winkel von 90 Grad zueinander stehen. Im linken Bild der Abbildung 8.49 ist auf die Ellipsoide eine Textur mit kreisförmigen Texturelementen aufgetragen. Hier

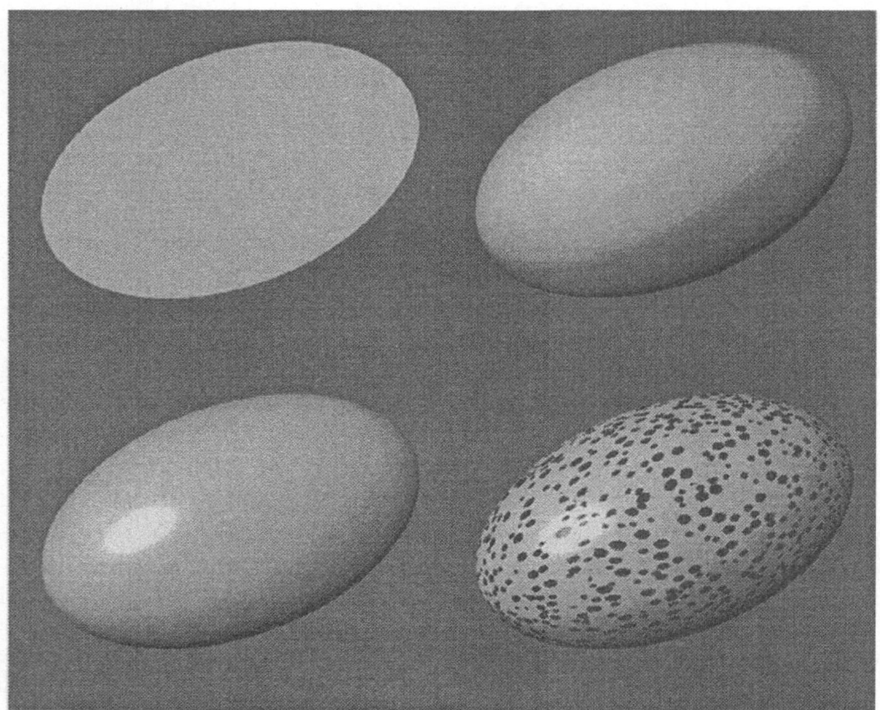

**Abb. 8.48.** Beispiel für monoskopische Einflußgrößen: oben links: Konstante Intensität, oben rechts: schattiertes Objekt, unten links: schattiertes Objekt mit zusätzlichen Glanzlichtern, unten rechts: schattiertes Objekt mit Glanzlicht und Textur (nach Bülthoff [36])

kann der Winkel zwischen den Ellipsoiden relativ gut geschätzt werden. Sehr schlecht allerdings läßt sich die Gestalt der Objekte wiedergeben.

Betrachtet man demgegenüber die schattierten Ellipsoide (Abbildung 8.49 mitte), so kann man relativ gut die Gestalt erkennen, allerdings ist es schwierig, die Orientierung zu bestimmen. Kombiniert man Textur und Schattierung (Abbildung 8.49 rechts), so kann sowohl die Gestalt als auch die Orientierung gut erkannt werden.

## 8.5.4 Bewegungsparallaxe

Ein weiteres Kriterium der monoskopischen Tiefenwahrnehmung ist die Bewegungsparallaxe. Bewegt man sich in einer Umgebung von unbewegten Objekten, so verschiebt sich das Netzhautbild von nahen Objekten stärker als das Netzhautbild von weiter entfernten Objekten, d.h. es entsteht eine Art Gradient der Richtungsänderung. Durch die Beziehung zwischen den einzelnen Objekten und die Veränderung ihrer Netzhautbilder, ist die Be-

**Abb. 8.49.** Beispiel für monoskopische Einflußgrößen: links: Texturierte Ellipsoide, mitte: schattierte Ellipsoide, rechts: texturierte und schattierte Ellipsoide (nach Bülthoff [36])

stimmung ihrer räumlichen Lage möglich. Abbildung 8.50 zeigt die Änderung der Blickrichtung beim Betrachten eines Objektes in einer kleinen bzw. einer großen Entfernung. Ist das Objekt nahe dem Betrachter, so muß dieser seine Blickrichtung stärker ändern als bei einem weit entfernten Objekt.

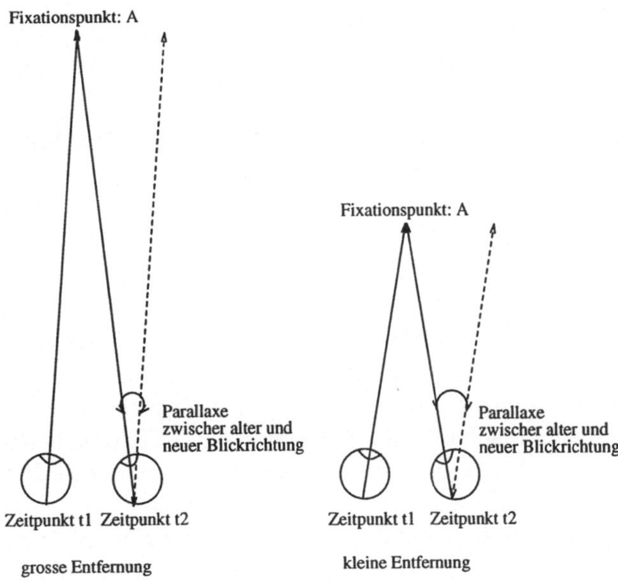



**Abb. 8.50.** Bewegungsparallaxe für verschiedene Entfernungen

## 8.5.5 Abbildungsfaktoren

Neben dem direkt am Objekt hervorgerufenen Tiefeneindruck existieren weitere Einflußfaktoren, die durch die räumliche Lage eines Objekts in bezug auf andere Objekte entstehen. Dies sind die sogenannten *Abbildungsfaktoren*. Perspektive, Schatten, Überdeckung und das Größenverhältnis zwischen

bekannten und unbekannten Objekten. Durch die teilweise Verdeckung von
Gegenständen ist es möglich die räumliche Anordnung zu bestimmen. Zudem
erlaubt der Schatten Rückschlüsse auf die Gestalt der abgebildeten Objekte.
Die Erfahrung spielt auch eine Rolle bei der Interpretation eines Schattens.
Da der Mensch in den allermeisten Fällen Szenen betrachtet, in denen die
Objekte von oben beleuchtet werden, überträgt das visuelle System diese An-
nahme selbst auf Abbildungen in denen keine Beleuchtungsquelle sichtbar ist:
Der Mensch geht implizit davon aus, daß die betrachtete Szene von oben be-
strahlt wird. Somit werden Schatten in Relation zu Objekten gesehen, die
über ihnen liegen (siehe Abbildung 8.51).

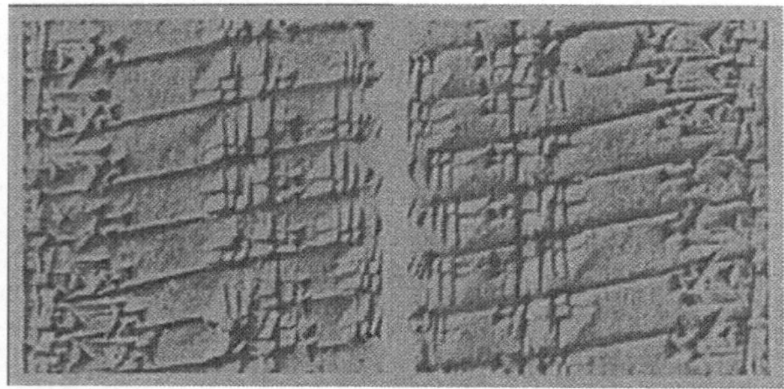

**Abb. 8.51.** Wirkung des Schattens am Beispiel einer babylonischen Keilschrift.
Links: Originalbild, Rechts: Um 180 Grad gedrehtes Originalbild

## 8.5.6  Konvergenz

Die *Konvergenz* ist eng verbunden mit der Akkommodation. Da beide Mechanismen durch Kontraktion der Augenmuskulatur hervorgerufen werden,
bezeichnet man sie auch als *okulomotorische Faktoren*. Die Konvergenz wird
hervorgerufen durch das Zusammenlaufen der Sehachsen beim Fixieren eines
Punktes. Als Konvergenzwinkel $\kappa$ bezeichnet man den Winkel zwischen den
Sehachsen.

Dieser Mechanismus wird bei Triangulationssensoren zur Erfassung von
3D-Punkten verwendet. Ist die Basisentfernung $b$ (Abstand zwischen den
Pupillen etwa 6 *cm*) und die beiden Winkeln zwischen der Basis und der
Blickrichtung $\alpha, \beta$ bekannt, so ist das Dreieck vollständig bestimmt:

$$e = b\, \frac{\sin \alpha \, \sin \beta}{\sin(180 - \alpha - \beta)} \tag{8.102}$$

Mit Hilfe der Konvergenz kann nicht nur, wie beispielsweise bei der Akkommodation, eine Entfernungsmessung zwischen mehreren Punkten durchgeführt werden, sondern es kann der absolute Abstand eines einzelnen Punktes bestimmt werden. Konvergenz allein spielt nur eine untergeordnete Rolle

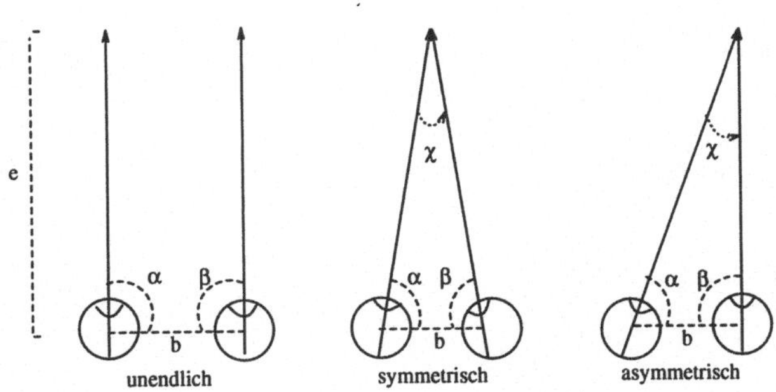



**Abb. 8.52.** Beispiel für verschiedene Konvergenzwinkel

bei der Erfassung von 3D-Objekten. Im Zusammenspiel mit der Akkommodation werden Entfernungen bis zu 3 Metern richtig geschätzt.

## 8.5.7 Disparität

Eine weitere Einflußgröße der Tiefenwahrnehmung ist die Disparität der Netzhautbilder. Schließt man wechselweise das linke und das rechte Auge, so erkennt man sehr leicht die Wirkung der *Disparität*. Disparität (auch *Stereopsis* genannt) bedeutet Ungleichheit, d.h. das Bild des betrachteten Objektes wird für das linke und das rechte Auge auf unterschiedliche Bereiche der Netzhaut abgebildet. Fixiert man mit beiden Augen einen Punkt $A$ und betrachtet man nun das Netzhautbild eines Punktes $B$ und $C$ so ergeben sich, je nach Lage des zweiten Punktes $B$, differente Netzhautbilder des linken und des rechten Auges (siehe Abbildung 8.53). Punkte mit gleicher Disparität liegen auf einem sogenannten *Horopter*. . Unter idealisierten Annahmen entspricht dieser Horopter einem Kreis, dem VIETH-MÜLLER-Kreis. Die Disparität nimmt mit dem Quadrat der Entfernung des betrachteten Objektes ab. Allerdings wirkt sich dies nicht in gleicher Weise auf die Tiefenwahrnehmung aus, vielmehr findet ein Ausgleich der Entfernung statt (Stereoskopische Tiefenkonstanz).

Die Fähigkeit des visuellen Systems mit Hilfe der Disparität räumliche Tiefe wahrzunehmen läßt sich unter Verwendung von sogenannten Stereogrammen beweisen. Dabei sind die Bilder für das rechte und das linke Auge horizontal leicht gegeneinander versetzt. JULESZ hat bereits 1960 [155] Stereogramme auf der Grundlage von statistisch verteilten Punkten entwickelt. Jedes Bild für sich beurteilt, wirkt wie eine Menge willkürlich angeordneter Punkte. Betrachtet man ein solches Bildpaar mit einem Stereoskop, so erscheint dem Betrachter eine Figur. Vergleichende Untersuchungen mit anderen Einflußfaktoren zur Tiefenwahrnehmung (z.B. von WALLACH und ZUCKERMANN [222]) zeigten, daß die Stereopsis einen wesentlichen Beitrag zur Tiefenwahrnehmung darstellt.

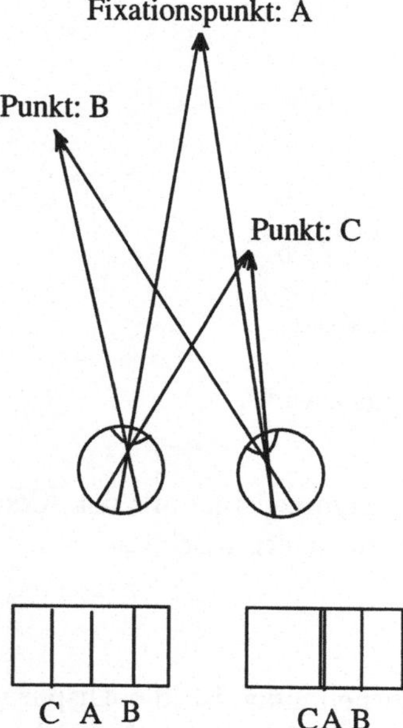


**Abb. 8.53.** Beispiel für unterschiedliche Disparitäten

# 9. Die IPI–Norm nach ISO/IEC 12087

*Christof Blum und Georg Rainer Hofmann*

Das Kürzel IPI steht für *Image Processing and Interchange* und bezeichnet die Norm ISO/IEC 12087 zur Verarbeitung und zum Austausch digitaler Bilder, welche im Oktober 1992 als Vornorm *Draft International Standard* (DIS) vorgelegt worden ist [137], [138], [139]. Dieser Abschnitt beschreibt die Entwicklung des IPI und gibt einen Überblick über den technischen Inhalt.

## 9.1 Zur fachlichen Einordnung der IPI–Norm

Das ROSENFELD'sche Modell Rosenfeld'sche Modell von 1975 (siehe Tabelle 1.1 in Kapitel 1.1) ordnet die Bildverarbeitung, Bildanalyse, und die generative Computergraphik zwar in ein gemeinsames Terminologiefeld ein, setzt sie aber nicht in einen Bezug zueinander; Gemeinsamkeiten der Disziplinen schienen in 1975 noch kaum zu existieren. Diese Gemeinsamkeiten wurden erst durch die massive Einführung der Rasterbild–Technologie in der Computergraphik evident. In der zweiten Hälfte der 80er Jahre wurden immer mehr Gemeinsamkeiten zwischen (Raster–)Computergraphik und Bildverarbeitung identifiziert[1], welche heute als durchaus selbstverständlich erscheinen. Die neuere Begriffsbestimmung der Bildverarbeitung ist darum differenzierter: Nunmehr wird die Ikonische Bildverarbeitung als eine Basistechnologie (im Sinne eines *system support*) der "höheren" Disziplinen Bildsynthese und Bildanalyse verstanden; vergl. das *Imaging*–Referenzmodell in Abbildung 1.1 in Kapitel 1.1. Diese Gemeinsamkeiten zwischen Bildsynthese und Bildanalyse — welche den Kern der Ikonischen Bildverarbeitung darstellen — zeigen sich vor allem in den drei Bereichen, nämlich

1.  gemeinsamen Bildmodellen,

2.  gemeinsamen ikonischen Algorithmen und

---

[1] Siehe hierzu auch die Beiträge in [62].

3.   generischen Daten–Formaten zum Bilddaten–Austausch.

In denselben drei Bereichen setzt auch die Internationale Standardisierung der Bildverarbeitung der ISO/IEC (*International Organization for Standardisation* und *International Electrotechnical Commission*) an. Die jeweiligen Grundgedanken und Motivationen für die Normung sind:

1.   Gemeinsame Bildmodelle: Durch eine Abstimmung und Standardisierung

   - der mathematisch–algebraischen Modelle, das sind Metriken für den Ortsbereich (Bildräume, Koordinatensysteme), die Amplitude ("Pixelwerte"), die Farbmodelle (Farbkanäle, Primärvalenzen, Farb–Gradierung), und die Zeit (für Bewegtbilder)

   - der Datenmodelle, das sind Bildstrukturen, wie Arrays, Records, Listen für Bildverbunde; aber auch Basisdatentypen (Bit, Integer, Real, Complex) für Pixelwerte; sowie bildbegleitende Attribute (Look–up–Tabellen, Histogramme, Text–Annotationen, etc.) für das diskrete Bild (*digital image*)

gelingt es, die Basis für die genormte Definition sowohl von ikonischen Operatoren und Funktionen, als auch für den anwendungsunabhängigen Bilddaten–Austausch zu formulieren.

2.   Gemeinsame ikonische Algorithmen: Hier ist ein Katalog von ikonischen Bildverarbeitungs–Funktionen erwünscht, welcher mit einer Sprachanbindung (*language binding*) versehen als eine Programmier–Bibliothek (*imaging programming library*) dienen kann. Diese Bibliothek umfaßt zum Beispiel Display–Funktionen, Filter, bildarithmetische Funktionen, und andere. Indem Anwendungs–Programme aus der Computergraphik und Bildanalyse diesen Katalog von ikonischen Bildverarbeitungs–Funktionen nutzen, sind eben diese Programme — klassischer Gedanke der Normung graphischer Kernsysteme — hardware–unabhängig und somit zwischen verschiedenen Rechnersystemen portierbar.

3.   Daten–Formate zum Bilddaten–Austausch: Es existieren eine Vielzahl von Dateiformaten für den Austausch digitaler Bilder. Diese Dateiformate sind meistens aus den unmittelbaren Anforderungen einer speziellen Applikation heraus definiert worden. So haben derzeit z. B. viele Rasterbildeditoren (*paint boxes, electronic darkrooms*) ein eigenes Bilddateiformat. In einigen Applikations–Bereichen, so in der Druckvorstufe, der Medizin, der Satellitenbild–Übertragung (Fernerkundung), und anderen, haben sich ISO/IEC- oder De–facto–Standards etabliert. Die Standardisierung eines universell verwendbaren Bildformats hätte den Vorzug, daß die heute im Gebrauch befindliche Vielzahl der Bilddateiformate einen gemeinsamen Referenzpunkt hätte, und damit der

leidige Aufwand der Erstellung von Format–Konvertierungs-Software erheblich reduziert wäre.

Die hier aufgeführten drei Teilgebiete der Ikonischen Bildverarbeitung reflektieren sich in der Dokumentation der IPI–Norm. Letztere ist wie folgt gegliedert:

**Teil 1:**    *Common Architecture for Imaging* CAI

**Teil 2:**    *Programmer's Imaging Kernel System* PIKS

**Teil 3:**    *Image Interchange Facility* IIF

Im System der Numerierung der internationalen Normen sind diese drei Teile mit ISO/IEC 12087–1 (CAI), ISO/IEC 12087–2 (PIKS), und ISO/IEC 12087–3 (IIF) bezeichnet.

Das dreiteilige Dokument des IPI (CAI, PIKS, und IIF) war nach Maßgabe des Fortschritts der technischen Arbeit am IPI ständigen Änderungen unterworfen — welche natürlich im Zuge der Konvergenz der Entwürfe (*drafts*) zum Internationalen Standard immer geringer werden; die *Draft International Standards* [137], [138] und [139] des IPI sind die unmittelbare Vorstufe des eigentlichen *International Standards*.

# 9.2  Common Architecture for Imaging (CAI)

In diesem ersten Teil CAI der IPI–Norm wird ein Bildverarbeitungs–Modell (eine Architektur) definiert, das die Beziehungen zwischen den einzelnen Teilen einer IPI–Implementierung verdeutlicht. Die CAI regelt die Gemeinsamkeiten (speziell die gemeinsam benutzten Datenstrukturen) und die gemeinsame Terminologie sowie die Wechselwirkung (*interworking*) zwischen PIKS und IIF, welche ja an sich — ohne die CAI — weitgehend unabhängige Teile der IPI–Norm wären. Im einzelnen werden in der CAI die folgenden Festlegungen getroffen:

1.    Es wird das Anwendungsgebiet (*scope and field of application*) in Form einer *In/Out*-Liste festgelegt. Diese Liste umfaßt: Einfache Bildmanipulationen, Bild–Verbesserung, –Restauration, –Analyse, –Klassifikation, Farbmodelle, Bildaustausch, Bilddaten–Kompression und – Dekompression.

   Ausgeschlossen, und nicht im Rahmen der IPI–Norm standardisiert werden: Generative Computergraphik, Mustererkennung, Bildverstehen, Multimedia, Fenstersysteme (*windowing systems*), Bildakquisition, Bildanzeige, Gerätetreiber (*device control*).

2.  Es werden die dem PIKS und dem IIF gemeinsamen Definitionen und Abkürzungen angegeben.

3.  Es werden die sogenannten "generischen Datentypen" (*generic data types*) des IPI beschrieben, siehe hierzu Kapitel 9.2.1.

4.  Es werden die sogenannten "PIKS–spezifischen Datentypen" (*PIKS–specific data types*) des IPI beschrieben, siehe hierzu Kapitel 9.2.2.

5.  Es werden Vorschriften für die *conformance* des IPI und seiner Implementierungen beschrieben.

6.  Es werden die Einzelheiten zum Datenaustausch zwischen dem IIF *gateway* und dem PIKS geregelt.

7.  Es werden die farbmetrischen Grundlagen des IPI definiert.

## 9.2.1  Die generischen Datenstrukturen des IPI

Nach dem von der ISO/IEC erarbeiteten generischen Ansatz zur Datenmodellierung können beliebige, hierarchische Bilddatenstrukturen konstruiert werden. Es gibt zunächst keine Einschränkungen bezüglich Strukturierbarkeit von Pixeln, Dimensionalität von Pixel–Feldern und der Generierung von Bildverbunden. Somit sind neben einfachen Binär– und Grauwertbildern beispielsweise Volumenbilder, Zeitserien, Multispektralbilder und Stereobilder modellierbar. Weiterhin können die verschiedensten Farbmodelle, Geometrie– und Kanalbeschreibungen in Form von Attributen den Bildstrukturen zugeordnet werden.

Zusätzlich ist es möglich, nicht–ikonische Daten wie Text, Graphik und Audio oder anwendungsspezifische Informationen als sogenannte Bild–Annotationen hinzuzufügen. Zur Modellierung wird zunächst ein Vorrat an Basis–Datentypen definiert. Ein solcher Basis–Datentyp kann "elementar" oder "zusammengesetzt" sein. Als elementare Datentypen (*elementary data types*) stehen zur Verfügung: *bits, characters, enumerations, integer numbers, real numbers,* und *complex numbers*. Hierauf aufbauend können die folgenden zusammengesetzten Datentypen (*compound data types*) konstruiert werden:

- n–dimensionale *arrays* zur Strukturierung von Daten gleichen Typs in n–dimensionalen Feldern,

- *sets* zur Beschreibung von Daten–Mengen,

- *lists* zur Strukturierung von Daten gleichen Typs in Listen mit entsprechenden Zugriffsoperationen und

- *records* zur Kombination von Daten unterschiedlichen Typs.

Die Beschreibung der Datentypen des CAI basiert auf den programmier-sprachen–unabhängigen Datentypen (*common language–independent data types* CLID) [126], die innerhalb des Normungsgremiums ISO/IEC JTC1/SC22[2] entwickelt wurden.

Auch die Bilddatentypen (*image data types*) gliedern sich in "elementare" und "zusammengesetzte", wobei die elementaren Bilddatentypen (*elementary image data types*) die folgenden drei Bestandteile aufweisen:

- n–dimensionale *arrays* aus Pixeln eines Basis–Datentyps,

- *non–image data types* zur Erfassung von bildbezogenen Informationen und

- *attributes* zur Zuordnung von Bildeigenschaften, wie beispielsweise Farbe oder Bemaßung.

Für die zusammengesetzten Bilddatentypen (*compound image data types*) können die bereits bei den Basis–Datentypen eingeführten Konstruktoren *array, set, list* und *record* verwendet werden. Die Definition von nicht–ikonischen Datentypen (*non image data types*) unterscheidet zwischen "Bildannotationen" und "bildbezogenen Daten". Unter Bildannotationen versteht man Informationen vom Typ "Text", "Graphik" oder "Audio", die einem Bild innerhalb eines bestimmten Anwendungsszenarios zugeordnet sind und eine gewisse Semantik dem Bild beigeben. Dies können beispielsweise Patientendaten sein, die einem Tomographie–Bild zugeordnet sind. Die Verarbeitung von Bildannotationen bleibt der Anwendung überlassen, da die Bildverarbeitungsfunktionen des API keine Kenntnisse zur Auswertung von deren Semantik besitzen. Unter bildbezogenen Daten (*image–related non-image data types*) versteht man solche Daten, die als Ein– oder Ausgabe-Parameter einer Bildverarbeitungsfunktion auftreten. Dies sind:

- Farbtabellen (*look–up tables*),

- Histogramme,

- *Regions–of–Interest* (ROI),

- Pixel–Nachbarschaften (*basic neighborhoods*) und

- Eigenschafts–Listen (*feature lists*).

Alle weiteren Informationen, die benötigt werden, um Bilder für Präsentationszwecke exakt zu beschreiben, werden Attribute genannt. Sie können, wie oben angegeben, elementaren oder zusammengesetzten Bilddatentypen zugeordnet werden. Im Einzelnen existieren Attribute zur:

- geometrischen Beschreibung,

---

[2] *SC22 — Subcommittee 22 "Languages"*

- farbmetrischen Beschreibung,

- Kanal–Beschreibung und

- Freiform–Beschreibung.

Innerhalb der geometrischen Beschreibung werden ein Koordinatensystem und Abbildungen zu physikalischen Maßen (Raum, Zeit) für alle Dimensionen eines Bildes angegeben. Weiterhin können metrische Transformationen spezifiziert werden.

Zur Farbbeschreibung gehört die Angabe eines genormten Farbraumes oder alternativ die Angabe von Primärvalenzen, Weißpunkt, etc. zur expliziten Spezifikation eines anwendungs-bezogenen Farbraumes.

Die Kanalbeschreibung beinhaltet Primärvalenzen, Transfer–Funktionen, sowie Angaben zur Quantisierung und zur Transparenz des Signals.

Unter der Freiform–Beschreibung werden alle anwendungs–spezifischen Bildattribute zusammengefaßt. Mit Hilfe der Bildverarbeitungs-Funktionen des PIKS können Anwendungsprogramme auf die Bild–Objekte zugreifen und typische Operationen wie *Image to Image*-Transformation, *Image Display* und *Image Analysis* ausführen.

### 9.2.2   Die PIKS–spezifischen Datenstrukturen

Die PIKS–spezifischen Datentypen wurden eingeführt, da es sich herausgestellt hat, daß die Unterschiede in der Komplexität der Struktur der Bilddatentypen, welche im PIKS bzw. im IIF verwendet werden sollen, so groß ist, daß diese in speziellen Teilen des CAI getrennt beschrieben werden müssen.

Als ein Beispiel sei hier ein Bildverbund genannt (etwa ein Bewegtbild, welches aus einer Liste von Einzelbildern besteht; oder auch ein zusammengesetztes Bild *tiled image*, welches aus einem *array* von Einzelbildern besteht, u.a.m.), welcher durchaus in einer IIF–Datei beschrieben und ausgetauscht werden soll, für den es aber keine speziellen PIKS–Operatoren gibt: Die Operatoren des PIKS werden immer nur auf den relativ einfachen Strukturen der Einzelbilder arbeiten, aus denen der Bildverbund besteht; nicht jedoch auf dem Bildverbund selbst.

Während der generische Teil zur Datenmodellierung auch im Hinblick auf den Bilddatenaustausch–Mechanismus IIF konzipiert wurde, beschreibt der PIKS-spezifische Teil nur jene Datenstrukturen, die im Basis–Funktionsumfang des PIKS benötigt werden. Dies sind Pixelfelder, welche maximal fünf–dimensional sind. Hierunter fallen

- drei Orts–Dimensionen,

- eine Zeit–Dimension und

- eine "Dimension" zur Modellierung mehrkanaliger Bilddaten.

Pixelwerte können vom Typ "Integer", "Real" oder "Complex" sein. Anhand dieser Datentypen werden die folgenden 12 konkreten Bildtypen spezifiziert:

- *Monochrome*, zwei–dimensional;

- *Colour*, *Volume*, *Spectral* und *Temporal*, jeweils drei–dimensional;

- *Volume–Colour*, *Volume–Spectral*, *Volume–Temporal*, *Temporal–Colour* und *Temporal–Spectral*, jeweils vier–dimensional;

- *Volume–Temporal–Colour* und *Volume–Temporal–Spectral*, fünf–dimensional.

Der Unterschied zwischen der Farb– und der Spektral–Dimension besteht darin, daß für Farbbilder in Abhängigkeit vom gewählten Farbmodell eine feste Semantik den drei (bzw. vier beim subtraktiven CMYK–Modell) Kanälen zugeordnet ist. Die Anzahl und Bedeutung der Kanäle ist beim Spektralbild hingegen frei wählbar.

### 9.2.3  Das Operatormodell

Das fundamentale Operatormodell stellt eine Verallgemeinerung des DIN–Vorschlags des sogenannten SIO (*structured image operation*) dar, welches schon im IKS[3] beschrieben worden ist. Ein Bildverarbeitungs–Operator fungiert zur Konvertierung von

- bildhaften Eingabedaten in bildhafte Ausgabedaten,

- bildhaften Eingabedaten in nicht–bildhafte Ausgabedaten oder

- nicht–bildhaften Eingabedaten in nicht–bildhafte Ausgabedaten.

Der Operator wird von einem Nachbarschafts–Kontrollelement und einem allgemeinen Bild–Kontrollelement gesteuert. Das Nachbarschafts–Kontrollelement steuert die Selektion von Pixeln in der lokalen Umgebung eines aktuellen Pixels eines Eingabebildes. Das allgemeine Bild–Kontrollelement steuert die gesamte Region–of–Interest eines Eingabebildes und alle weiteren Verarbeitungs–Optionen.

## 9.3  Programmer's Imaging Kernel System (PIKS)

Das PIKS–Dokument enthält einen sehr umfangreichen Katalog[4] mit genormten Bildverarbeitungsfunktionen (*IPI imaging operators*). Im Rahmen

---

[3] Siehe [75]
[4] Die Spezifikation umfaßt ca. 1000 Seiten.

dieses Abschnitts können die über 200 Operatoren des PIKS weder aufgezählt noch beschrieben werden. Es seien jedoch die wichtigeren Operatorklassen exemplarisch genannt:

1.  Analyse–Operatoren, wie Textur–Analyse–Funktionen, HOUGH–Transformationen,

2.  Farb–Verarbeitungs–Funktionen, wie Farbmodellkonversionen, Farbbalancierungen,

3.  Kanten–, Linien–, Punkt–Detektoren, wie Gradienten–Operatoren, SOBEL–Operatoren,

4.  Filter–Operatoren, wie Konvolutionen, Median–Filter, Lineare Filter,

5.  Geometrische Operatoren, wie Translation, Rotation, Projektion, Skalierung,

6.  Morphologische Operatoren, welche Bildelemente unmittelbar im Bild selektieren (*erosion, dilation, opening, closing, hit or miss transform*),

7.  Präsentations–Operationen, wie Error–Diffusion, Dithering, welche unmittelbar vor der Anzeige eines Bildes auf einem Monitor oder Hardcopy–System verwendet werden,

8.  Segmentations–Operatoren, wie Tresholding, Region–Growing,

9.  Transformations–Operatoren, wie Cosinus–, HADAMARD–, FOURIER–Transformationen.

Diese Liste ist unvollständig, sie umfaßt nicht alle Operatoren des IPI. Sie gibt aber wohl einen Einblick in die Art der Funktionalität, welche im Rahmen des IPI genormt wird. Daraus lassen sich die Felder der Anwendbarkeit in den verschiedensten Applikationen ableiten. Die einzelnen Operatoren werden im IPI mittels *operator manual pages* beschrieben, indem

*   der Name des Operators,

*   eine verbale Beschreibung seiner Funktionalität,

*   die Eingabe– und Ausgabe–Parameter des Operators,

*   die Bilddatenobjekte, auf denen dieser Operator arbeitet,

*   eine mathematisch–algebraische Spezifikation seiner Funktionalität und

*   die möglichen Fehlermeldungen, die der Operator produzieren kann

für jeden Operator angegeben werden.

Die innerhalb der PIKS–Spezifikation genormte Programmier–Schnittstelle, genannt *application programmer's interface* (API), ist prinzipiell programmiersprachen–unabhängig. Die Anbindung an eine konkrete Programmiersprache erfolgt anhand von *language bindings*.

# 9.4 Image Interchange Facility (IIF)

Die *Image Interchange Facility* (IIF) — der dritte Teil der IPI–Norm nach [139] — umfaßt:

- die Spezifikation eines Datenaustauschformates (IIF–DF) sowie

- die Spezifikation einer funktionalen Schnittstelle (IIF-Gateway).

Betrachtet man die Menge existierender Austauschformate und die gängige Praxis beim Austausch digitaler Bilder zwischen unterschiedlichen Anwenderkreisen und Applikationen, so ist die Forderung nach einem verallgemeinerten Austauschformat direkt evident. Gefordert ist ein Austauschformat, welches eine derartige Flexibilität in der Strukturierung von Bilddaten aufweist, daß Anwenderformate mit nur sehr geringem Aufwand und ohne Informationsverlust in dieses Format konvertiert werden können. Hierzu ist es weiterhin erforderlich, daß das Austauschformat die Spezifikation von Bildattributen (z.B. exakte Farbbeschreibungen) und bildbegleitenden (anwendungsspezifischen) Informationen erlaubt, so daß der Sender nicht mehr darauf angewiesen ist, implizit vereinbarte Parameter dem Empfänger separat mitzuteilen.

Eine Zusammenstellung der Anforderungen an ein universelles Bilddaten–Austauschformat und die daraus resultierenden Design–Prinzipien für das IIF sind in [30] dargestellt. Das Bilddaten–Austauschformat FTCRP (*File for the Transfer Coloured Raster Pictures*), welches eine wichtige Vorarbeit zur Entwicklung des IIF darstellte, ist in [113] und [108] dokumentiert.

## 9.4.1 Das Austauschformat IIF–DF

Das Austauschformat (IIF–DF) stützt sich auf die im CAI (dem Teil 1 der IPI–Norm) definierten Bilddaten–Strukturen. Beliebig komplexe, hierarchisch strukturierte und attributierte Bilddaten können repräsentiert werden. Das IIF–DF eignet sich zum Austausch von Bilddaten und bildbegleitenden Informationen innerhalb typischer Anwendungsszenarien sowie über die Grenzen bestehender Anwendungen hinaus (z.B.: Übermittlung von Bilddaten aus medizinischen Anwendungen in *teaching* oder *publishing-*Anwendungen). Die Spezifikation des Formats erfolgte nach folgenden Gesichtspunkten[5]:

- Die Syntax des IIF–DF ist mit den Mitteln der normierten abstrakten Beschreibungssprache ASN.1 (*Abstract Syntax Notation One*) beschrieben[6].

---

[5]Siehe hierzu auch Kapitel 6.
[6]Eine Einführung in ASN.1 wird in Kapitel 6.3 gegeben.

- Das Kodieren der Bilddaten geschieht anhand der *Basic Encoding Rules* (BER) für ASN.1. Auf diese Weise wird Hardware–Unabhängigkeit bei der Daten–Repräsentation gewährleistet.

- Zur effizienten Kodierung von Pixelfeldern können die folgenden normierten Verfahren zur Datenkompression eingesetzt werden: Facsimile Gruppe 3 und 4, JBIG, JPEG und MPEG. Die Verfahren sind in Kapitel 5.5 beschrieben.

## 9.4.2  Das IIF-Gateway

Das IIF-Gateway beschreibt eine funktionale Schnittstelle, die einem Anwendungsprogrammierer den Zugang zu den Bilddaten, die im IIF-Datenformat vorliegen, ermöglicht. Es umfaßt:

- Funktionen, die die Kontrolle über das IIF-Gateway und über die *ports* zum lesenden und/oder schreibenden Zugriff auf externe Daten erlauben;

- Parser und Generatoren, die kodierte Daten in eine IIF-Gateway-interne, baumartige Repräsentation überführen und umgekehrt;

- Zugriffs- und Manipulations-Funktionen, die dem Anwendungsprogrammierer die Manövrierung in der baumartigen Struktur, den Zugriff auf elementare Daten und die Manipulation der Struktur erlauben;

- Funktionen zur Datenkompression und Dekompression gemäß den oben genannten Kompressions-Schemata;

- Funktionen zum Datentransfer zwischen IIF-Gateway und PIKS.

Neben den obligatorischen Parsern und Generatoren für das IIF werden Software–Werkzeuge, wie Debugger für fehlerhafte IIF–Dateien, Display–Werkzeuge für die Anzeige von IIF–kodierten Bildern auf verschiedenen Darstellungsmedien, sowie Konvertoren sinnvoll sein. Konvertoren sind hierbei in zweifachem Kontext denkbar: Zum einen sollen andere De–facto–Bildformate in das IIF (und umgekehrt) konvertiert werden können, zum anderen sind aber auch IIF–kodierte Bilder in andere IIF–kodierte Bilder umzurechnen, etwa zur Anpassung des verwendeten Farbsystems, der geometrischen Auflösung, und anderem mehr. Damit ist eine Anpassung importierter IIF–Bilder an die Hardware– und System–Gegebenheiten der importierenden Applikation möglich.

## 9.4.3  Leistungsprofile

Für das IIF–Datenformat sind einige Leistungs-Profile definiert. Man unterscheidet zwischen Anwendungs-Profilen (*application profiles*) und Konformitäts-Profilen (*conformance profiles*).

Anwendungs-Profile sind auf die Merkmale spezieller Anwendungsgebiete (z.B.: *medical imaging, publishing,* etc.) abgestimmt. In der Norm werden die Möglichkeiten zur Definition von Anwendungs-Profilen aufgezeigt; vordefinierte Profile sind jedoch nicht enthalten.

Durch die Konformitäts-Profile wird der volle Umfang der Norm nach dem "Zwiebel-Prinzip" in mehrere Leistungsstufen untergliedert, um die Schaffung norm-konformer Produkte zu ermöglichen, die nicht zur Unterstützung des vollen Leistungsumfanges konzipiert sind. Im IIF sind die folgenden Normen definiert:

- IIF *binary image profile,*

- IIF *colour image profile* und

- IIF *full PIKS profile.*

Mit Hilfe des IIF *binary image profile* lassen sich Binärbilder definieren und austauschen; das IIF *colour image profile* umfaßt ungefähr die Funktionalität bekannter, am *desk–top–publishing*-Bereich orientierter, Datenformate für den relativ unkomplizierten Farbrasterbild–Datenaustausch; das *full PIKS profile* umfaßt alle Bilddatentypen, welche auch vom PIKS direkt verarbeitet werden können.

## 9.5  Abschluß der IPI–Entwicklung

Die Entwicklung der IPI–Norm innerhalb der ISO/IEC sieht vor, daß für Ende des Jahres 1993 der letzte formale Schritt vom *Draft International Standard* (DIS) zum *International Standard* (IS) vorgenommen werden kann. Dieser Schritt komplettiert die Entwicklung der Internationalen IPI–Norm nach ISO/IEC 12087.

# A. Symbole und Abkürzungen

| | |
|---|---|
| $I$ | Bild (*image*); diskretes Bild (*digital image*) |
| $\mathbf{R}$ | Raum der rellen Zahlen |
| $\mathbf{Z}$ | Raum der ganzen Zahlen |
| $\mathbf{R}^2$ | zweidimensionaler Raum der rellen Zahlen |
| $\mathbf{Z}^2$ | zweidimensionaler Raum der ganzen Zahlen |
| $F$ | Teilmenge des $\mathbf{R}^2$; reelle Fläche; Bildfläche; |
| $F'$ | Teilmenge des $\mathbf{Z}^2$; Ortsraum des (diskreten) Bildes $I$ |
| $\in$ | ist Element von |
| a,b,c,d | Grenzen des Bildes $I$ innerhalb der Bildfläche $F$ |
| x,y | Dimensionsbezeichnungen von $F$ und $\mathbf{R}^2$ |
| $I(x,y)$ | Bildfunktion im $\mathbf{R}^2$ |
| $\lambda$ | Wellenlänge (des Lichts) |
| $S(\lambda)$ | spektrale Verteilungsfunktion |
| $r(\lambda)$ | Spektralwertfunktion; Empfindlichkeit eines Sensors |
| $A$ | Amplitude von $I$; reeller "Wert" eines Pixels |
| $A'$ | Amplitude von $I$; diskreter "Wert" eines Pixels |
| $x(\lambda), y(\lambda), z(\lambda)$ | Norm-Spektralwertfunktionen |
| L | Luminanz; Helligkeitswert einer Farbe |
| u, v | Chrominanzen, Farbart einer Farbe |
| Luv | Luminanz–Chrominanz–Farbmodell |
| $X$ | Menge möglicher diskreter Amplitudenwerte $A'$ |
| $A_{max}$ | maximaler Amplitudenwert in einem Bild $I$ |
| $\Delta A$ | (kleinster) Abstand zwischen diskreten Amplitudenwerten |
| $f$ | Bildwiederholrate; Bildfrequenz; (*frame rate, field rate*) |
| $T$ | Bild–Bild–Transformation; ikonische Transformationen |
| $t$ | Transferfunktion |
| $h$ | Häufigkeitsverteilung; Histogramm |
| $h_r$ | relative Häufigkeitsverteilung |
| $s(A')$ | Summenhäufigkeitsfunktion |
| $s_r(A')$ | relative Summenhäufigkeitsfunktion |
| **MIN** | Minimumsfunktion |
| **exp** | Exponentionalfunktion |
| **fou** | FOURIER-Tranformation |
| $I^{\#}$ | zweidimensionale FOURIER-Transformierte eines Bildes $I$ |
| $f * g$ | Faltung zweier beliebiger Funktionen $f(x,y)$ und $g(x,y)$ |
| $W$ | Faltungsmaske |
| $W_{Sx}, W_{Sy}$ | SOBEL-Operatoren |
| $W_{Lpl}$ | LAPLACE-Operator |
| $A, B$ | Teilmengen von Bildern; (morphologische) Objekte im Bild |
| $A_x$ | Translation eines Objektes $A$ um den Vektor $x$ |
| $I_{send}$ | gesendetes Bild |

| | |
|---|---|
| $I_{empf}$ | empfangenes Bild |
| **cos** | Cosinus–Funktion |
| **dct** | diskrete Cosinus–Transformation (DCT) |
| $I^+(u,v)$ | DCT–Transformierte des Bildes $I(x,y)$ |
| $\oplus$ | Morphologische Dilatation zweidimensionaler Daten |
| $\ominus$ | Morphologische Erosion zweidimensionaler Daten |
| $\circ$ | Morphologisches Opening zweidimensionaler Daten |
| $\bullet$ | Morphologisches Closing zweidimensionaler Daten |
| $\top$ | Morphologische Maximumsoperation dreidimensionaler Daten |
| $\perp$ | Morphologische Minimumsoperation dreidimensionaler Daten |
| $\oplus_g$ | Morphologische Dilatation dreidimensionaler Daten |
| $\ominus_g$ | Morphologische Erosion dreidimensionaler Daten |
| $\circ_g$ | Morphologisches Opening dreidimensionaler Daten |
| $\bullet_g$ | Morphologisches Closing dreidimensionaler Daten |
| ACM | *Association for Computing Machinery* |
| ACR | *American College of Radiology* |
| ADT | Abstrakter Datentyp |
| apART | *System for the Acquisition, Processing, Archiving and ReTrieval of digital images* |
| API | *Application Programming Interface* |
| April | *Another Prodat Implementation* |
| ASN.1 | *Abstract Syntax Notation One* |
| BER | *Basic Encoding Rules* |
| BERKOM | BERliner KOMmunikationssystem |
| B–ISDN | *Broadband–ISDN* |
| Bit | *Binary digit* |
| BNF | Backus-Naur-Form |
| BV | Bildverarbeitung |
| CAI | *Common Architecture for Imaging* |
| CCD | *Charge Coupled Device* |
| CCT | *Computer Compatible Tape* |
| CCIR | *Consultative Committee on International Radio* |
| CCITT | *Comite Consultatif International Telegraphique et Telephonique* |
| CCITT-SG | *CCITT – Study Group* |
| CD | *Committee Draft bzw. Compact Disc* |
| CD-ROM | *Compact Disc – Read Only Memory* |
| CGI | *Computer Graphics Interface* |
| CGM | *Computer Graphics Metafile* |
| CIE | *Commission Internationale de l'Eclairage* |
| CIF | *Common Intermediate Format* |
| CLID | *Common Language-Independent Data Types* |
| CLUI | *Command Line User Interface* |
| CMYK | Cyan–Magenta–Gelb–Schwarz–Farbmodell |
| DCT | Diskrete Cosinus-Transformation |

| | |
|---|---|
| DFT | Diskrete Fourier-Transformation |
| DIN | Deutsches Institut für Normung |
| DIS | *Draft International Standard* |
| DPCM | *differential pulse code modulation* |
| dpi | *dots per inch* |
| DTAM | *Document Transfer And Manipulation* |
| ETSI | *European Telecommunications Standards Institute* |
| FDDI | *Fibre Distributed Data Interface* |
| FFT | *Fast Fourier Transform* |
| FIP | *Fast Image Processor* |
| FTCRP | *File for the Transfer of Coloured Raster Pictures* |
| GKS | *Graphical Kernel System* |
| GIF | *Graphics Image Format* |
| GOB | *group of blocks* |
| HDTV | *High Definition Television* |
| HSV | *Hue, Saturation, Value* |
| HyperODA | *Hyper ODA* |
| HyTime | *Hypermedia/Time-based Document Structure Language* |
| IBCN | *Integrated Broadband Communication Network* |
| IBV | Ikonische Bildverarbeitung |
| IIF | *Image Interchange Facility* |
| IIF-DF | *IIF - Data Format* |
| IPI | *Image Processing and Interchange* |
| IS | *International Standard* |
| IS&T | *Society for Imaging Science and Technology* |
| ISDN | *Integrated Service Digital Network* |
| ISO | *International Organization for Standardization* |
| ISO-DE | *ISO - Development Environment* |
| IEC | *International Electrotechnical Commission* |
| IKS | Ikonisches Kern-System |
| JBIG | *Joint Bi-level Imaging Group* |
| JPEG | *Joint Photographic Experts Group* |
| JTC1 | *Joint Technical Committee One* |
| KLT | Karhunen-Loeve-Transformation |
| LAN | *Local Area Network* |
| LCD | *Liquid Crystal Display* |
| LUT | *Look-up table* |
| MAN | *Metropolitan Area Network* |
| MB | *macro block* |
| MB | *Megabyte* |
| MH | *Modified-HUFFMAN-Code* |
| MHEG | *Multimedia and Hypermedia Information coding Experts Group* |
| MIT | *Massachusets Institute of Technology* |
| MPEG | *Moving Pictures Experts Group* |

| | |
|---|---|
| MR | *Modified–READ–Code* |
| MWM | *Motif Window Manager* |
| NEMA | *National Electrical Manufacturers Association* |
| NIST | *National Institute of Standards and Technology* |
| ODA | *Office/Open Document Architecture* |
| ODA DAP | *Open Document Architecture – Document Application Profile* |
| ODIF | *Open Document Interchange Format* |
| ODL | *Open Document Language* |
| OSF | *Open Software Foundation* |
| OSI | *Open System Interconnection* |
| PHIGS | *Programmer's Hierarchical Interactive Graphics System* |
| PIKS | *Programmer's Imaging Kernel System* |
| Pixel | *Picture element* |
| PPM | *Portable Pixmap* |
| QCIF | *Quarter-CIF* |
| QoS | *Quality of Service* |
| Rec. | *Recommendation* |
| RGB | Rot–Grün–Blau–Farbmodell |
| ROI | *Region Of Interest* |
| RPC | *Remote Procedure Call* |
| SC24 | *Subcommittee 24, "Computer Graphics and Computer Imaging"* |
| SGML | *Standard Generalized Markup Language* |
| SONET | *Synchronous Optical Network* |
| SPIE | *International Society for Optical Engineering* |
| TC | *Technical Committee* |
| TFT | *Thin Film Transistor* |
| TIFF | *Tagged Image File Format* |
| TWM | *Tab Window Manager* |
| UIS | *User Interface Specification* |
| VBN | Vermittelndes Breitband Netz |
| VIEW–Station | *Vision and Image Engineering WorkStation* |
| VIFF | *Khoros Visualization and Image File Format* |
| VPL | *Visual Programming Language* |
| WAN | *Wide Area Network* |
| WORM | *Write Once Read Multiple* |
| WYSIWYG | *What you see is what you get* |
| XDR | *eXternal Data Representation* |
| YUV | Farbdarstellung mittels Luminanz- und Farbdifferenz-Anteilen |

# Abbildungsverzeichnis

# Tabellenverzeichnis

# Literaturverzeichnis

[1]    L. Abele. *Statistische und strukturelle Texturanalyse mit Anwendungen in der Bildsegmentierung.* PhD thesis, Technische Universität München, München, 1982.

[2]    ADERA/ADESO/SEE. *Proceedings of the Image'Com–90 Conference, Bordeaux,* Bordeaux, November 1990.

[3]    J.K. Aggarwal and C.H. Chien. 3-d Structures from 2-d Images. In J.L.C. Sanz, editor, *Advances in Machine Vision,* pages 64–121. Springer-Verlag, New York, 1989.

[4]    G.A. Agoston. *Color Theory and Its Application in Art and Design.* Springer-Verlag, Berlin, 1979.

[5]    R.J.  Ahlers und H.J. Warneke.  *Industrielle Bildverarbeitung.* Addison–Wesley, second edition, 1991.

[6]    K. Aizawa, H. Harashima, and T. Saito. Model–Based Analysis–Synthesis Image Coding (MBASIC) System for a Person's Face. *Signal Processing : Image Communication,* 1(2):139–152, October 1989.

[7]    Aldus and Microsoft Corporation, Seattle. *Tag Image File Format Specification (TIFF), Revision 5.0,* 1988.

[8]    Aldus Corporation, Seattle. *Tag Image File Format Specification, Revision 6.0,* 1992.

[9]    *ANSI IT8.1: User Exchange Format (UEF00) for the Exchange of Color Picture Data between Electronic Prepress Systems via Magnetic Tape (DDES00),* Reston, Virginia, 1988. The National Electrical Manufacturers Association (NEMA).

[10]    Apple Computer, Inc. *Inside Macintosh.* Addison–Wesley, Reading, Massachusetts, 1985.

[11] R.B. Arps and W.K. Pratt, editors. *Image Processing and Interchange: Implementation and Systems*, volume 1659 of *SPIE-Proceedings Series*, San Jose, CA, February 1992. SPIE.

[12] D.H. Ballard and C.M. Brown. *Computer Vision*. Prentice-Hall, Englewood Cliffs N.J., 1982.

[13] M.F. Barnsley and A.D. Sloan. A Better Way to Compress Images. *BYTE Journal*, January 1988.

[14] H. Bässmann und P. W. Besslich. *Konturorientierte Verfahren in der digitalen Bildverarbeitung*. Springer-Verlag, 1989.

[15] P. Baumann and D. Köhler. APRIL, another PRODAT Implementation. Projektabschlußbericht FAGD–89i007, Fraunhofer-Arbeitsgruppe für Graphische Datenverarbeitung, Darmstadt, 1989.

[16] B.E. Bayer. An Optimum Method for Two–Level Rendition on Continuous–Tone Pictures. *Conference Record of the International Conference on Communications*, 1973. 26-11—26-15.

[17] J.M. Beaulieu and P. Boulanger. Segmentation of Range Images by Piecewise Approximation with Shape Constraints. In A. Krzyzak, T. Kasvand, Ch. Y. Suen, editor, *Computer Vision and Shape Recognition*, pages 87–98. World Scientific, 1989.

[18] D. Begehr. Aktiv–Matrix–Displays – die Zukunft der LCDs. *Elektronik*, (11):112 –116, 1991.

[19] *BERKOM Reference Model II, Application–oriented Recommendations, Version 3.0*. DETECON, Berlin, December 1990.

[20] *BERKOM Reference Model II, Application–oriented Recommendations, Version 4.0*. DETECON, Berlin, 1991.

[21] M. Bertuch. Bunte Alleskönner. *c't*, (10):52–63, 1989.

[22] P. J. Besl. Active Optical Range Imaging Sensors. In J.L.C. Sanz, editor, *Advances in Machine Vision*, pages 1–63. Springer-Verlag, New York, 1989.

[23] P. J. Besl. The Free-Form Surface Matching Problem. In H. Freeman, editor, *Three-Dimensional Scenes*. Academic Press, Inc., 1990.

[24] P.J. Besl. *Surfaces in Range Image Understanding*. Springer-Verlag, Berlin, 1988.

[25] Bildverarbeitung ohne Standards. *Elektronik*, (2):22–26, 1992.

[26] F.W. Billmeyer. *Principles of Color Technology, 2nd Edition*. Wiley-Interscience Publication, 1981.

[27] J. Bloomer. *Power Programming with RPC*. O'Reilly & Associates, Inc., Sebastopol, CA, 1992.

[28] C. Blum. Fast Image Communication in a Distributed LAN Environment. In *Proceedings of the Image'Com–90 Conference, Bordeaux* [2], pages 30–35.

[29] C. Blum and G.R. Hofmann. Basic Concepts for ISO/IEC's Image Interchange Format (IIF). *Computer and Graphics*, 15(4):507–514, 1991.

[30] C. Blum and G.R. Hofmann. ISO/IEC's Image Interchange Facility (IIF). In Arps and Pratt [11], pages 130–141.

[31] K.R. Boff, L. Kaufman, J.P. Thomas, editor. *Handbook of Perception and Human Performance*. Wiley, New York, 1986.

[32] G. Born. *Referenzhandbuch Dateiformate*. Addison Wesley, 1990.

[33] C. Boudard, P. Fricya, A. Verhamme, and J.L. Defay. Use of the ISO–ADCT for high resolution still pictures compression. In *Proceedings of the Image'Com–90 Conference, Bordeaux* [2], pages 87–92.

[34] J.E. Bresenham. A linear algorithm for computer control of a digital plotter. *IBM Systems Journal*, 4(1):25–30, 1965.

[35] P. Brou. Using the Gaussian Image to Find the Orientation of Objects. *The International Journal of Robotics Research*, 3(4), 1984.

[36] H. H. Bülthoff. Shape from X: Psychophysics and Computation. In M.S. Landy and J.A. Movshon, editors, *Computational Models of Visual Processing*, pages 304–330. The MIT Press, Cambridge, Massachusetts, 1991.

[37] X. Cao and G. Hu. Hough Transform for 3-D Object Recognition. In *SPIE Vol. 1608 Intelligent Robots and Computer Vision X*, 1991.

[38] S. Carlson. *Tag Image File Format (TIFF)*. Aldus/Microsoft Technical Memorandum, October 1986.

[39] CCITT. *Standardization of Group 3 Facsimile Apparatus for Document Processing, Recommendation T.4*. Red Book. CCITT, 1984.

[40] CCITT. *Facsimile Coding Schemes and Coding Control Functions for Group 4 Facsimile Apparatus, Recommendation T.6*. Blue Book. CCITT, 1988.

[41] CCITT. *Message Handling Systems and Service Overview, Recommendation X.400*. Blue Book. CCITT, 1988.

[42] CCITT. *Open System Interconnection (OSI), Recommendation X.200*. Blue Book. CCITT, 1988.

[43] CCITT. *Specification of Abstract Syntax Notation One ASN.1, Recommendation X.208*. Blue Book. CCITT, 1988.

[44] CCITT. *Specification of Basic Encoding Rules for Abstract Syntax Notation One ASN.1, Recommendation X.209*. Blue Book. CCITT, 1988.

[45] CCITT. *Video Codec for Audiovisual Services at p*64 kbit/s, Recommendation H.261*. CCITT, 1990.

[46] H. H. Chen and T. S. Huang. Maximal Matching of 3-D Points for Multiple-Object Motion Estimation. *Pattern Recognition*, 21(2):75–90, 1988.

[47] S. Chern. A proof of the uniqueness of Minkowski's problem for convex surfaces. *Amer. J. Math.*, 79:949–950, 1957.

[48] R.T. Chien and W.E. Synder. Hardware for Visual Image Pocessing. *IEEE Trans. on Circ. and Sys.*, CAS–22(6):541–551, June 1975. Aus: SPIE Milestone Series, Vol. MS17, 1990.

[49] CompuServe Incorporated, Columbus, Ohio. *Graphics Interchange Format (sm) Version 89a*, Programming Reference edition, July 1990.

[50] D. Conrads. *Daten–Kommunikation: Verfahren – Netze – Dienste*. Moderne Kommunikationstechnik. Vieweg, Wiesbaden, 1989.

[51] S. Dali. *50 Magische Geheimnisse*, page 18. Köln, 1986.

[52] Deutsches Institut für Normung. Farbmessung. In *DIN5033*, Berlin, 1977.

[53] Deutsches Institut für Normung. Farbmetrische Bestimmung nach der Cie-Lab Formel. In *DIN6147*, Berlin, 1979.

[54] Digital Imaging and Communication. Standard Publication 300, American College of Radiology (ACR) and National Electrical Manufacturers Association (NEMA), 1985.

[55] Draft Revision of Recommendation H.261: Video Codec for Audiovisual Services at p*64 kbit/s. *Signal Processing: Image Communication*, 2(2):221–239, August 1990.

[56] A. Dripke und A. Dripke. *Netzwerke im Überblick – Grundlagen und Einsatzmöglichkeiten.* McGraw–Hill Book Company GmbH, Hamburg, second edition, 1990.

[57] D.S. Dyer. A Dataflow Toolkit for Visualization. *IEEE Computer Graphics and Applications*, pages 60–69, July 1990.

[58] H.-D. Ebbinghaus, H. Hermes, F. Hirzebruch, M. Koecher, K. Mainzer, J. Neukirch, A. Prestel, R. Remmert. *Numbers.* Springer-Verlag, 1991.

[59] D. Eccles and G. Romans. High Definition vs. High Resolution Displays: What Sort of Image Quality ? *Advanced Imaging*, (9):16–20, 1992.

[60] J. Encarnação, editor. *Telekommunikation und multimediale Anwendungen der Informatik*, volume 293 of *Informatik–Fachberichte*, Berlin Heidelberg, Oktober 1991. GI, Springer–Verlag.

[61] J. Encarnação, M. Groß, R. Hofmann, and W. Hübner. Integrating computer graphics and computer vision for industrial applications. In Kunii [164], pages 869–881.

[62] J. Encarnação und W. Straßer. *Computer Graphics.* Reihe Datenverarbeitung. Oldenburg Verlag, München, second edition, 1986.

[63] J. Encarnação und W. Straßer. *Computer Graphics*, pages 353–360. In *Reihe Datenverarbeitung* [62], second edition, 1986.

[64] G. Englert. *Visuelle Texturen: Modellbildung, Generierung und Anwendung.* PhD thesis, Technische Hochschule Darmstadt, Darmstadt, 1992.

[65] K. M. Fant. A Nonaliasing, Real–Time Spatial Transform Technique. *IEEE CG&A*, pages 71–80, January 1986.

[66] O. D. Faugeras and M. Hebert. The Representation, Recognition, and Locating of 3-D Objects. *The International Journal of Robotics Research*, 5(3):27–53, 1986.

[67] O. D. Faugeras and G. Toscani. The Calibration Problem for Stereo. *IEEE International Conference on Computer Vision and Pattern Recognition CVPR*, pages 15–20, 1986.

[68] O.D. Faugeras. New Steps Toward a Flexible 3-D Vision System for Robotics. In *Proceedings of the 7th Intern. Joint Conf. on Pattern Recognition*, pages 796–805, Montreal, Canada, 1984.

[69]   O. D. Faugeras, F. Lustman , G. Toscani. Motion and Structure from Motion from Point and Line Matching. *IEEE International Conference on Computer Vision*, pages 25–34, 1987.

[70]   M. Flickner, M. Lavin, and S. Das. An Object Oriented Language for Image and Vision Execution. *IEEE Computer*, pages 561–571, May 1990.

[71]   R. Floyd and L. Steinberg. An Adaptive Algorithm for Spatial Gray Scale. *Society for Information Display 1975 Symposium Digest of Technical Papers*, page 36, 1975.

[72]   J. Foley, A. van Dam, S. Feiner, and J. Hughes. *Computer Graphics: Principles and Practice*. The Systems Programming Series. Addison–Wesley Publishing Company, Reading, Massachusetts, second edition, 1990.

[73]   Open Software Foundation. *OSF/Motif*. Eleven Cambridge Center, Cambridge, Massachusetts, 1989.

[74]   J.P. Frisby. *Seeing, Illusion, Brain and Mind*. Oxford University Press, Oxford, 1979.

[75]   P. Gemmar und G. Hofele. *Empfehlung für ein Ikonisches Kernsystem IKS*. ITG–Fachgruppe Mustererkennung, Ettlingen, April 1989.

[76]   L. Gerschau. Basis aller Bits. *iX*, (12):116–121, 1992.

[77]   J. Gettys and R. Scheifler. The X–Window System. *ACM TOG*, 5(2):79–109, April 1986.

[78]   D. Gilbarg and N. Trudinger. *Elliptic Partial Differential Equations of Second Order*. Springer-Verlag, New York, 2nd edition, 1983.

[79]   B. Gillam. Geometrisch-optische Täuschungen. *Spektrum der Wissenschaft*, (3), 1980.

[80]   P. Gilles, editor. *Computer Compatible Tape (CCT) format for raw or system–corrected Landsat Thematic Mapper (TM) imagery data acquired from Landsat 4 and 5 satellites, Revision 2*. DFVLR, Oberpfaffenhofen, 1987.

[81]   E. P. Glinert, M. E. Kopache, and D. W. McIntyre. Exploring the General Purpose Visual Alternative. *Journal of Visual Programming and Computing*, 1(1):3–39, March 1990. Academic Press.

[82]   E. Gmür. Robuste und Effiziente Erkennung von Objekten mit Hypergraph-Homomorphismen. In *DAGM '90*, 1990.

[83] C. R. Gonzalez and P. Wintz. *Digital Image Processing*. Addison-Wesley, second edition, 1987.

[84] R.C. Gonzalez and P. Wintz. *Digital Image Processing*, page 186 ff. In [85], second edition, November 1987.

[85] R.C. Gonzalez and P. Wintz. *Digital Image Processing*. Addison-Wesley Publishing Company, second edition, November 1987.

[86] W. Göpfert. *Raumbezogene Informationssysteme*. Wichmann, 1987.

[87] W. Gora and R. Speyerer. *Abstract Notation One: ASN.1*. Datacom Verlag, Bergheim, 1990.

[88] L.G. Graef. Graphics formats. *Byte*, September 1989.

[89] Silicon Graphics. IRIS Explorer. Technical report, Silicon Graphics, 1991.

[90] F. Halasz and T. Moran. Analogy considered harmful. *Proceedings of the Human Factors in Computer Systems Conference, ACM*, pages 383–386, 1982.

[91] F. Halsall. *Data Communications, Computer Networks and OSI*. Addison–Wesley Publishing Company, second edition, 1990.

[92] H. Hampel et al. Technical Features of the JBIG Standard. *Signal Processing: Image Communication Journal*, 4(2), April 1992.

[93] R.M. Haralick, S.R. Sternberg, and X. Zhuang. Image analysis using mathematical morphology. *IEEE PAMI*, 9(4), 1987.

[94] P. Haubner. Strukturaspekte der Informationsgestaltung auf Bildschirmen. In H.W. Bodmann, editor, *Aspekte der Informationsverarbeitung*, pages 301–330. Springer-Verlag, Berlin, 1985.

[95] K. Hemenway. Psychological issues in the use of icons in command menus. *Proceedings of the Human Factors in Computer Systems Conference, ACM*, pages 20–23, 1982.

[96] H.J. Hentschel. *Licht und Beleuchtung*. Dr. Alfred Hüthig Verlag, Heidelberg, 1987.

[97] R.G. Herrtwich and R. Steinmetz. Towards integrated multimedia systems: Why and how. In Encarnação [60], pages 327–342.

[98] A. Hildebrand. Verfahren zur Objektselektion in gespeicherten Bildern. Technische Hochschule Darmstadt, 1989. Diplomarbeit.

[99]   A. Hildebrand , U. Köthe , W. Luth , U. Mönninghoff. SMART: ein Segmentierungs-, Matching, 3D-Rekonstruktionssystem. *Computer Graphik topics*, 3(1), 1992.

[100]   A. Hildebrand. SMART: Die Umsetzung bestehender Objekte in abstrakte 3D-Beschreibungen. *TOP-Zeitung*, 1993.

[101]   A. Hildebrand, C. Blum, G.R. Hofmann, und R. Strack. Verarbeitung und Visualisierung von multispektralen Satellitendaten. *Informatik Forschung und Entwicklung*, (7):106–114, July 1992.

[102]   A. Hildebrand und G.R. Hofmann. Studie über Systeme für die Bauaufnahme. Projektabschlußbericht FAGD–90i014, Fraunhofer-Arbeitsgruppe für Graphische Datenverarbeitung, Darmstadt, 1990.

[103]   A. Hildebrand and U. Köthe. SMART: system for segmentation matching and reconstruction. *SPIE: OE/Aerospace and Remote Sensing*, April 1993.

[104]   A. Hildebrand und U. Köthe. Vereinfachte Vorort-Erfassung. *Elektronik Journal, Zeitschrift für industrielle Elektronik*, 28(7), Mai 1993.

[105]   U. Hilgefort. Farbe aufs Papier. *c't*, (11):132–139, 1992.

[106]   G.R. Hofmann , E. Klement ,D. Krömker. Konditionierung von bildverarbeitenden Qualitätsprüfsystemen mittels computergenerierter Referenzbilder. *Jahrestagung der Gesellschaft für Informatik*, Oktober 1987.

[107]   G.R. Hofmann. The Calculus of the Non–exact Perpective Projection. In *Proceedings of Eurographics'88, Nizza*, pages 429–442. North–Holland, 1988.

[108]   G.R. Hofmann. FTCRP — Implementation Manual and Report, version 1.1, volume 1 : Concepts and Syntax; User Options. Technical Report FAGD–89s003, Fraunhofer–Arbeitsgruppe für Graphische Datenverarbeitung, Darmstadt, 1989.

[109]   G.R. Hofmann. Non–planar Polygons and Photographic Components for Naturalism in Computer Graphics. In *Proceedings of Eurographics'89, Hamburg*, pages 159–171. North–Holland, 1989.

[110]   G.R. Hofmann. *Naturalismus in der Computergraphik*. Springer-Verlag, Berlin, Heidelberg, 1992.

[111]   G.R. Hofmann. The modelling of images for communication in multimedia environments and the evolution from the image signal to the image document. *The Visual Computer*, 1993.

[112] G.R. Hofmann und A. Hildebrand. Objektselektion in gespeicherten Bildern. In *11. DAGM-Symposium Hamburg, Informatik Fachberichte*, 1989.

[113] G.R. Hofmann and D. Krömker. FTCRP — File for the Transfer of Colored Raster Pictures, version 1. In *SPIE/SPSE's Conference on Electronic Imaging*, Los Angeles, 1989.

[114] B. K. P. Horn. *Robot Vision*. MIT Press, 1986.

[115] S. L. Horowitz and T. Pavlidis. Picture Segmentation by a Directed Split-And-Merge Procedure. In *2nd Intern. Joint Conf. on Pattern Recognition*, Copenhagen, Denmark, Aug. 13–15 1974.

[116] C.-C. Hsiung. *A First Course in Differential Geometry*. Wiley-Interscience, New York, 1981.

[117] D.H. Hubel and T.N. Wiesel. Receptive Fields and Functional Architecture of Monkey Strate Cortex. *The Journal of Physiologie*, (2):215–244, 1968.

[118] D.H. Hubel and T.N. Wiesel. Die Verarbeitung visueller Information. *Spektrum der Wissenschaft*, (11), 1979.

[119] D.A. Huffman. A method for the construction of minimum redundancy codes. In *Proc. IRE*, volume 40, pages 1098–1101, 1952.

[120] C. Hulsmeyer. Hertzian wave projection and receiving apparatus adapted to indicate or give warning of the presence of a metallic body, such as a ship or train, in the line of projection of such waves. *U.K. Patent13,170*, 1904.

[121] R.W.G. Hunt. *The Reproduction of Colour*. Fountain Press England, London, 1987.

[122] G. M. Hunter and K. Steiglitz. Operations on Images Using Quad Trees. *IEEE Trans. Pattern Anal. Mach. Intell. PAMI*, 1(2):145–153, 1979.

[123] E. Hutchins, J. Hollan, and D. Norman. *User Centered System Design*, chapter Direct Manipulation Interfaces, pages 87–124. Erlbaum, Hillsdale, N.J., 1986.

[124] ISO/IEC JTC1/SC24/WG1 Imaging Rapporteur Group. *N318: New Work Item Proposal on Imaging*. ISO/IEC, 1990.

[125] ISO/IEC JTC1/SC21. *Packed Encoding Rules for ASN.1*. ISO/IEC, 1992.

[126]   ISO/IEC JTC1/SC22/WG11. *N162: Common Language Independent Data Types (CLID).* ISO/IEC, 1990.

[127]   ISO/IEC JTC1/SC29. *Coded Representation of Multimedia and Hypermedia Information Objects, Part 1: Base Notation – Working Document S.7.* ISO/IEC, October 1992.

[128]   ISO/IEC JTC1/SC24 N721. *Image Processing and Interchange (IPI), Part 1: Common Architecture for Imaging(CAI), preliminary Committee Draft 12087-1.* ISO/IEC, March 1992.

[129]   ISO/IEC JTC1/SC24 N721. *Image Processing and Interchange (IPI), Part 2: Programmer's Imaging Kernel System (PIKS), preliminary Committee Draft 12087-2.* ISO/IEC, March 1992.

[130]   ISO/IEC JTC1/SC24 N721. *Image Processing and Interchange (IPI), Part 3: Image Interchange Facility (IIF), preliminary Committee Draft 12087-3.* ISO/IEC, March 1992.

[131]   *ISO/IEC DIS 10744: Information Technology — Hypermedia / Time-based Structuring Language (HyTime).* ISO/IEC, 1991.

[132]   *ISO/IEC DIS 10918-1: Coded Representation of Picture and Audio Information, Digital Compression and Coding of Continuous-tone Still Images.* ISO/IEC, March 1991.

[133]   *ISO/IEC DIS 11172: Coded Representation of Picture and Audio Information, Coding of Moving Pictures and Associated Audio for Digital Storage Media up to about 1.5 Mbit/s.* ISO/IEC, 1992.

[134]   *ISO/IEC DIS 11554: Coded Representation of Picture and Audio Information, Progressive Bi-level Image Compression Standard.* ISO/IEC, May 1992.

[135]   *ISO/IEC DIS 11554: Coded Representation of Picture and Audio Information, Progressive Bi-level Image Compression Standard.* ISO/IEC, June 1992.

[136]   *ISO/IEC DIS 12087: Information Technology — Computer Graphics and Image Processing — Image Processing and Interchange (IPI) — Functional Specification.* ISO/IEC, November 1992.

[137]   *ISO/IEC DIS 12087-1: Information Technology — Computer Graphics and Image Processing — Image Processing and Interchange (IPI) — Functional Specification — Part 1: Common Architecture for Imaging (CAI).* ISO/IEC, November 1992.

[138]   *ISO/IEC DIS 12087-2: Information Technology — Computer Graphics and Image Processing — Image Processing and Interchange (IPI) — Functional Specification — Part 2: Programmers Imaging Kernel System (PIKS)*. ISO/IEC, November 1992.

[139]   *ISO/IEC DIS 12087-3: Information Technology — Computer Graphics and Image Processing — Image Processing and Interchange (IPI) — Functional Specification — Part 3: Image Interchange Facility (IIF)*. ISO/IEC, November 1992.

[140]   *ISO/IEC IS 7942: Information Processing — Graphical Kernel System (GKS) — Functional Description*. ISO/IEC, 1985.

[141]   *ISO/IEC IS 8571: Information Processing Systems — Open Systems Interconnection (OSI) — File Transfer, Access and Management (FTAM)*. ISO/IEC, 1988.

[142]   *ISO/IEC IS 8613: Information Processing — Text and Office Systems — Office Document Architecture (ODA) and Interchange Format (ODIF)*. ISO/IEC, 1989.

[143]   *ISO/IEC IS 8632: Information Processing — Graphics–Metafile for Transfer and Storage of Picture Description Information (CGM)*. ISO/IEC, 1987.

[144]   *ISO IS 8824: Information Processing Systems — Open Systems Interconnection (OSI) — Specification of Abstract Notation One (ASN.1)*. ISO, 1987.

[145]   *ISO IS 8824: Information Processing Systems — Open Systems Interconnection (OSI) — Specification of Abstract Notation One (ASN.1) — Draft Addendum 1: Extensions to ASN.1*. ISO, 1987.

[146]   *ISO IS 8825: Information Processing Systems — Open Systems Interconnection (OSI) — Specification of Basic Encoding Rules for Abstract Notation One (ASN.1)*. ISO, 1987.

[147]   *ISO/IEC IS 8825: Information Processing Systems — Open Systems Interconnection (OSI) — Specification of Abstract Notation One (ASN.1) — Draft Addendum 1: Extensions to ASN.1 Basic Encoding Rules*. ISO/IEC, 1987.

[148]   *ISO IS 8879: Information Processing — Text and Office Systems — Standard Generalized Markup Language (SGML)*, Genf, 1986. ISO/IEC.

[149]   *ISO IS 9592: Information Processing — Computer Graphics — Programmers Hierarchical Interactive Graphics System (PHIGS PLUS)*. ISO, 1990.

[150]   *ISO/IEC IS 9636: Information Processing — Computer Graphics Interface (CGI)*. ISO/IEC, 1991.

[151]   B. Jähne. *Digitale Bildverarbeitung*, page 88 ff. In [153], 1991.

[152]   B. Jähne. *Digitale Bildverarbeitung*, pages 17–70. In [153], 1991.

[153]   B. Jähne. *Digitale Bildverarbeitung*. Springer–Verlag, Berlin Heidelberg, 1991.

[154]   J.F. Jarvis, C.N. Judice, and W.H. Ninke. A survey of techniques for the image display of continuous tone pictures on bilevel displays. *Computer Graphics and Image Processing*, 5(1):13–40, March 1976.

[155]   B. Julesz. Experiments in Visual Perception of Texture. *Scientific American*, (4), 1975.

[156]   T. Kamae. Multimedia telecommunications toward the 21st century. In Encarnação [60], pages 60–70.

[157]   P. Kaufmann. Perspektiven für die Weiterentwicklung des Wissenschaftsnetzes. In Encarnação [60], pages 86–103.

[158]   T. Kawai, H. Okazaki, K. Tanaka, and H. Tamura. VIEW–Station software and its graphical user interface. In Arps and Pratt [11], pages 311–322.

[159]   T. Kirste. Optical Disks. Report 43, Zentrum f. Graph. DV, 1990.

[160]   J.W. Klingler, L.T. Andrews, and C.L. Vaughan. Visual programming system for development of image processing applications. *Journal of Electronic Imaging*, 1(2):192–202, April 1992.

[161]   A. Korn. *Bildverarbeitung durch das visuelle System*. Springer–Verlag, Berlin, 1982.

[162]   R. Krishnapuram and D. Casasent. Determination of Three-Dimensional Object Location and Orientation form Range Images. *IEEE Trans. Pattern Anal. Mach. Intell. PAMI*, 11(11):1158–1167, 1989.

[163]   E. Krotkov. *Focusing*. PhD thesis, University of Pennsylvania, Philadelphia, 1986.

[164]   T.L. Kunii, editor. *Visual Computing, Integrating Computer Graphics with Computer Vision*, Tokyo, 1992. Springer–Verlag.

[165]   S. Lambert and J. Sallis. *CD–I and Interactive Videodisc Technology*. Sams & Co., 1987.

[166] H. Lang. *Farbmetrik und Farbfernsehen*, page 198 ff. In [168], 1978.

[167] H. Lang. *Farbmetrik und Farbfernsehen*, page 161 ff. In [168], 1978.

[168] H. Lang. *Farbmetrik und Farbfernsehen*. Oldenbourg Verlag, München, Wien, 1978.

[169] B. Lauter. *Software–Ergonomie in der Praxis*. Oldenbourg Verlag, München, Wien, 1987.

[170] D. Le Gall. MPEG: A Video Compression Standard for Multimedia Applications. *Communications of the ACM*, 34(4), April 1991.

[171] A. Leger, I. Sebastyen, T. Frislev, A. Poulsen, S. Gickel, and J. Scarr. Photovideotex — Towards Standardized Still Picture Telecommunication Services in Europe. In *Proceedings of the Image'Com–90 Conference, Bordeaux* [2], pages 36–41.

[172] H. Lemme. Flachdisplays auf dem Weg zur Vorherrschaft. *Elektronik*, (11):118–129, 1991.

[173] H. Lemme. CCDs zehnmal emfindlicher. *Elektronik*, (18):30, 1992.

[174] R. Lenz. Digitale Kamera mit CCD–Flächensensor und programmierbarer Auflösung bis zu 2994x2320 Bildpunkten pro Farbkanal. Technical report, Lehrstuhl für Nachrichtentechnik, Technische Universität München, 1989.

[175] M.D. Levine, A.M. Nazif. Dynamic Measurements of Computer Generated Image Segmentations. *IEEE Transactions PAMI*, 7:155–164, 1985.

[176] C.-E. Liedtke und M. Ender. *Wissensbasierte Bildverarbeitung*. Springer-Verlag, 1989.

[177] H.C. Longuet-Higgins. A Computer Algorithm for Reconstructing a Scene from Two Projections. *Nature*, pages 133–135, 1981.

[178] K. Lutze. Evaluierung verschiedener Verfahren zur Symbolerkennung in technischen Zeichnungen. Diplomarbeit, TH Darmstadt, 1991.

[179] D.L. MacAdams. *Color Measurement*. Springer-Verlag, Berlin, 1981.

[180] A. Marcus. Corporate idendity for iconic interface design: The graphic design perspective. *IEEE CG&A*, 4(12):24–32, December 1984.

[181] D. W. Marquardt. An Algorithm for Least-Squares Estimation of Nonlinear Parameters. *J. Soc. Indust. Appl. Math.*, 11(2):431–441, 1963.

[182] D. Marr. *Vision*. Freeman, San Francisco, 1982.

[183] D. Marr, T. Poggio. Cooperative computation of stereo disparity. *Science*, (194):283–287, 1976.

[184] G. Matheron. *Random Sets and Integral Geometry*. Wiley, New York, 1975.

[185] D.L. McAdam. *Color Measurement*. Springer–Verlag, 1981.

[186] K. R. McConnell, D. Boolson, and Schaphorst R. *FAX: Digital Facsimile Technology & Applications*. Artech House, Inc., Norwood, MA, 1989.

[187] P.J. Mercurio. Khoros. *Pixel*, pages 28–33, March/April 1992.

[188] H. Minkowski. *Allgemeine Lehrsätze über die konvexen Polyeder*, pages 198–219. Nachrichten von der Königlichen Gesellschaft der Wissenschaften, Mathematisch-Physikalische Klasse, Göttingen, 1897.

[189] H. Minkowski. Volumen und Oberfläche. *Math. Ann.*, 57:447–459, 1903.

[190] U. Mönninghoff. Verfahren zur Rekonstruktion der 3D-Geometrie eines Objektes aus mehreren 2D-Ansichten. Fachhochschule Darmstadt, 1993. Diplomarbeit.

[191] H.G. Musmann, M. Hötter, and J. Ostermann. Object–oriented analysis–synthesis coding of moving images. *Signal Processing: Image Communication*, 1(2):117–138, October 1989.

[192] A.M. Nazif and M.D. Levine. Low Level Image Segmentation: An Expert System. *IEEE Transactions PAMI*, 6:555–577, 1984.

[193] P. J. Neugebauer. Bestimmung der Flächenkrümmung aus Tiefenbildern. IMMD 5, Universität Erlangen-Nürnberg, 1990. Studienarbeit.

[194] P. J. Neugebauer. Feinjustierung von Tiefenbildern zur Vermessung von kleinen Verformungen. IMMD 5, Universität Erlangen-Nürnberg, 1991. Diplomarbeit.

[195] P. J. Neugebauer. Hochgenaue Objektlokalisation in Tiefenbildern. In *Visualisierung — Rolle von Interaktivität und Echtzeit*, Sankt Augustin, Schloß Birlinghoven, Juni 1992. GMD — Gesellschaft für Mathematik und Datenverarbeitung mbH.

[196] S.R. Newcomp, N.A. Kipp, and V.T. Newcomp. The "HyTime" Hypermedia/Time–based Structuring Language. *Communications of the ACM*, 34(11), November 1991.

[197]  W. M. Newman and R. F. Sproull. *Principles of Interactive Computer Graphics*. Computer Science Series. McGraw–Hill, New York, second edition, 1979.

[198]  H. Niemann. *Pattern Analysis and Understanding*. Springer-Verlag, Heidelberg, 1990.

[199]  H. Niemann und H. Bunke. *Künstliche Intelligenz in Bild- und Sprachanalyse*. Teubner, 1987.

[200]  A. Nye. *Xlib Programming Manual, for Version 11*, volume 1 of *The Definitive Guides to the X Window System*. O'Reilly & Associates, Inc., second edition, April 1990.

[201]  A. Nye and T. O'Reilly. *X Toolkit Intrinsics Programming Manual, for Version 11 Release 4*, volume 4 of *The Definitive Guides to the X Window System*. O'Reilly & Associates, Inc., first edition, January 1990.

[202]  N. Otsu. Discriminant and Least Square Threshold Selection. In *Proc. 4th IJCPR Tokyo*, pages 592–596, 1978.

[203]  G.P. Otto, D. Lau-Kee, and Y. Kozato. Design and implementation issues in VPL: visual language for image processing. In Arps and Pratt [11], pages 240–253.

[204]  W.J. Paul. *Komplexitätstheorie*. Teubner Studienbücher Informatik. B.G. Teubner, Stuttgart, 1978.

[205]  L. Pirodda. Shadow and projection moire techniques for absolute or relative mapping of surface shapes. *Optical Engineering*, 21(4):640–649, July-August 1982.

[206]  R. Popescu-Zeletin. From broadband ISDN to multimedia computer networks. In Encarnação [60], pages 35–49.

[207]  J. Poskanzer. *User Manuals for Portable Image Pixmap (PPM) format converters*, 1989.

[208]  D. Poussart and D. Laurendeau. 3-d Sensing for Industrial Computer Vision. In J.L.C. Sanz, editor, *Advances in Machine Vision*, pages 122–159. Springer-Verlag, New York, 1989.

[209]  W. K. Pratt. *Digital Image Processing*. Wiley, second edition, 1991.

[210]  C. Pulfrich. *Stereoskopisches Sehen und Messen*. Jena, 1911.

[211]  M. J. Quinn. *Algorithmenbau und Parallelcomputer*. McGraw–Hill, Hamburg, 1988.

[212]   M. Rabbani and P. Jones. *Digital Image Compression Techniques*, volume TT 7 of *SPIE Tutorial Texts*. SPIE, Bellingham, USA, 1991.

[213]   J. Rasure, D. Argiro, E. Engquist, S. Hallete, R. Neher, S. Wilson, and M. Young. Interactive image processing using X–Windows. *ESD: The Electronic System Design Magazine*, pages 32–33, December 1987.

[214]   J.R. Rasure and M. Young. Open environment for image processing and software development. In Arps and Pratt [11], pages 300–310.

[215]   B. Reder. Auf der Suche nach preiswertem Einstieg (FDDI). *Elektronik*, (19):96–107, 1992.

[216]   H. Ricke und J. Kanzow, editors. *BERKOM Breitbandkommunikation im Glasfasernetz, Übersicht und Zusammenfassung 1986–91*. Sammlung Informatik. R. v. Decker's Verlag, G. Schenk GmbH, Heidelberg, 1991.

[217]   K. Riedel. *Datenreduzierende Bildcodierung*. Franzis Verlag, München, 1986.

[218]   M. Rioux. Laser range finder based upon synchronized scanners. *Appl. Op.*, 23(21):3837–3844, Nov 1984.

[219]   M. Rioux and R. Blais. Compact 3-d camera for robotic applications. *J. Opt. Soc. Amer.*, A 3(9):1518–1521, Sept 1986.

[220]   G.D. Ripley. DVI — A Digital Multimedia Technology. *Communications of the ACM*, 32(7), July 1989.

[221]   G. Ritter, J. Wilson, and J. Davidson. Image algebra: An overview. *Computer Vision, Graphics, and Image Processing*, 49:297–331, 1990.

[222]   I. Rock, editor. *Wahrnehmung: Vom visuellen Reiz zum Sehen und Erkennen*. Spektrum der Wissenschaft Verlag, Heidelberg, 1984.

[223]   J.P. Rosenfeld, C.J. Tsikos. High-speed space encoding projector for 3D imaging. *SPIE: Optics, Illumination, and Image Sensing for Machine Vision*, 728:146–151, October 1986.

[224]   G. Sagerer. *Automatisches Verstehen gesprochener Sprache*. BI-Wiss.-Verlag, 1990.

[225]   G. Sakas. *Definition und Visualisierung zeitvarianter Texturen zur optischen Simulation turbulenter Gasbewegungen*. PhD thesis, Technische Hochschule Darmstadt, 1992.

[226] H. Samet. Neighbor Finding Techniques for Images Represented by Quadtrees. *Computer Graphics and Image Processing*, 18:37–57, 1982.

[227] H. Samet and M. Tamminen. Computer Geometric Properties of Images Represented by Linear Quadtrees. *IEEE Trans. Pattern Anal. Mach. Intell. PAMI*, 7(2):229–240, 1985.

[228] H. Sato, H. Okazaki, T. Kawai, H. Yamamoto, and H. Tamura. The VIEW–Station environment: Tools and architecture for a platform–independent image–processing workstation. *IEEE Computer*, pages 576–583, May 1990.

[229] M. Schaale. Farbenlotto, Wiedergabe von Echtfarbbildern mit VGA–Karten. *c't*, (12):166–173, 1989.

[230] M. Schendel. Farbtreue Rasterdarstellung und Farbdruck mit einem Tintenstrahldrucker, Technische Hochschule Darmstadt, Studienarbeit, March 1988.

[231] U. Schneider and R. Strack. apART: System for the acquisition, processing, archiving, and retrieval of digital images in an open, distributed imaging environment. In Arps and Pratt [11], pages 288–298.

[232] G. Schnurer. Farbmonitortechnik im Detail. *c't*, (10):128–129, 1990.

[233] G. Schnurer. Normenzirkus. *c't*, (10):68–70, 1990.

[234] C.A. Sciammarella. The Moiré Method-A Review. *Experimental Mechanics*, pages 418–433, November 1982.

[235] J. Serra, editor. *Image Analysis and Mathematical Morphology*. Academic Press, London, 1982.

[236] Y. Shirai. *Three Dimensional Computer Vision*. Springer-Verlag, Berlin, 1987.

[237] B. Shneiderman. Direct manipulation: A step beyond programming languages. *IEEE Computer*, 16(8):57–69, August 1983.

[238] B. Shneiderman. *Designing the User Interface: Strategies for Effective Human Computer Interaction*. Addison–Wesley, Reading, Massachusetts, May 1987.

[239] Society of Motion Picture and Television Engineers (SMPTE). *Report of the Task Force on Digital Image Architecture*, 595 West Hartsdale Avenue, White Plains, New York 10607, August 1992.

[240]   J. Stärk. Der integrierte Display Controller, Eine neue Architektur. Doktorarbeit, TH Darmstadt, Darmstadt, 1989.

[241]   K. Staudt und H. Schmidt. *Gestaltgesetze.* Studienreihe der Hochschule für Gestaltung, Offenbach, 1975.

[242]   B. Steinbrink. Compact mit Format. *c't*, (2):178–185, 1993.

[243]   R. Strack and L. Neumann. Object–orientated image database for an open imaging environment. In *Electronic Imaging and the visual arts (EVA) 92, Conference Proceedings*, London, July 1992. BRAMEUR, Ltd.

[244]   R. Strack editor, C. Blum, R. Cordes, I. Defée, D.A. Duce, N. García, G.R. Hofmann, R. Maybury, E. Moeller, M.J. Pérez-Luque, D.C. Sutcliffe, and R. Strack. Conceptual Building Blocks for an Image Communication Open Architecture (ICOA). Deliverable, RACE Project R2056 Advanced Multimedia Image Communication Services (AMICS), December 1992.

[245]   P. Stucki. Image Processing for Document Reproduction. In *Proceedings of the International Symposion on Advances in Digital Processing, Bad Neuenahr*, September 1978.

[246]   SUN Microsystems, Mountain View, CA. *RPC eXternal Data Representation Standard — Protocol Secification. SUN OS 4 Manuals, Network Programming, Part 2, revision B*, 1986.

[247]   Sun Microsystems, Mountain View, CA. *OPEN LOOK Graphical User Interface*, 1989.

[248]   H. Tamura, S. Sakane, F. Tomita, N. Yokoya, M. Kaneko, and K. Sakane. Design and implementation of SPIDER – a transportable image processing software package. *Computer Vision, Graphics, and Image Processing*, 23:273–294, 1983.

[249]   A. S. Tanenbaum. *Operating Systems, Design and Implementation.* Prentice–Hall Software Series. Prentice–Hall, Englewood Cliffs, New Jersey, 1987.

[250]   A. S. Tanenbaum. *Computer–Netzwerke.* Wolframs's Fachverlag, 1990.

[251]   F. Topsøe. *Informationstheorie.* Teubner Verlag, 1974.

[252]   R.Y. Tsai. An Efficient and Accurate Camera Calibration Technique for 3D Machine Vision. *IEEE International Conference on Computer Vision*, pages 364–374, 1986.

[253]   R. Ulichney. *Digital Halftoning*. MIT Press, Cambridge, Massachusets, 1987.

[254]   C. Upson, T. Faulhaber Jr., D. Kamins, D. Laidlaw, D. Schlegel, J. Vroom, R. Gurwitz, and A. van Dam. The application visualization system: A computational environment for scientific visualization. *IEEE Computer Graphics and Applications*, pages 30–42, July 1989.

[255]   M. Utermöhle. Fenster zur Welt. *iX*, (12):112–115, 1992.

[256]   G. Wallace. The JPEG Still Picture Compression Standard. *Communications of the ACM*, 34(4), April 1991.

[257]   R. Weiss, A. Lesch, R. Cordes, K.-H. Jerke, H. Rößler, and P. Szabo. Integration und Bedienung breitbandiger, multimedialer Dienste auf zukünftigen Endgeräten. In Encarnação [60], pages 235–245.

[258]   B. Willim. *Leitfaden der Computer Grafik*. Drei–R–Verlag, Berlin, 1989.

[259]   I.H. Witten. Arithmetic Coding for Data Compression. *Communications of the ACM*, 60(6), June 1987.

[260]   B. Wrobel. *Photogrammetrie III, Skriptum zur Vorlesungsreihe*. Darmstadt, Institut für Photogrammetrie und Kartographie, 1987.

[261]   Y. Yamazaki. Standardization activities in image communication for telematic services. *Signal Processing: Image Communication*, 1(1):55–73, June 1989.

[262]   A. Yariv. *Introduction to optical electronics*. Holt Rinehart Winston, New York, 1976.

[263]   H. Yasuda. Standardization activities on multimedia coding in ISO. *Signal Processing: Image Communication*, 1(1):3–16, 1989.

[264]   P. Zamperoni. *Methoden der digitalen Bildsignalverarbeitung*. Vieweg, Braunschweig, 1991.

# B. Die Autoren

## Dr. Georg Rainer Hofmann

Dr. Georg Rainer Hofmann studierte Informatik mit Nebenfach Volkswirtschaftslehre an der Technischen Hochschule Darmstadt, 1986 Diplom, 1991 Promotion zum Dr.-Ing. ebenda.

Seit 1987 war Herr Hofmann wissenschaftlicher Mitarbeiter beim Fraunhofer-Institut für Graphische Datenverarbeitung (IGD) in Darmstadt, wo er bis 1990 auf dem Gebiet der Visualisierungstechnik, und an bildverarbeitungs-orientierten Algorithmen zur Erzeugung computergenerierter Bilder arbeitete. Von 1990 bis 1992 war Herr Hofmann Leiter der Abteilung 'Bildverarbeitung (Imaging)' des Fraunhofer-Instituts für Graphische Datenverarbeitung. Von 1989 bis 1992 arbeitete er mit am Entwurf und als Editor der *Image Interchange Facility (IIF)* im Rahmen der internationalen Standardisierung des *Image Processing and Interchange Standards (IPI)* innerhalb der ISO/IEC.

Seit 1989 ist Herr Hofmann Lehrbeauftragter für das Fach *Bildverarbeitung* im Fachbereich Informatik an der Technischen Hochschule Darmstadt.

Seit 1993 ist Herr Hofmann im Bereich Informationstechnologie der KPMG Unternehmensberatung in der KPMG Deutsche Treuhand Gruppe tätig.

## Axel Hildebrand

Axel Hildebrand studierte Informatik an der Technischen Hochschule Darmstadt, wo er 1989 sein Diplom erhielt. Seitdem ist er wissenschaftlicher Mitarbeiter am Fraunhofer-Institut für Graphische Datenverarbeitung (IGD) in Darmstadt.

Dort ist er in der Abteilung Bildverarbeitung auf dem Gebiet Computer Vision, der Mustererkennung und insbesondere der elektronischen Photogrammetrie tätig.

## Christof Blum

Christof Blum studierte Informatik an der Technischen Hochschule Darmstadt, wo er 1988 sein Diplom erhielt. Seitdem ist er wissenschaftlicher Mitarbeiter am Fraunhofer–Institut für Graphische Datenverarbeitung (IGD) in Darmstadt.

Herr Blum ist auf dem Gebiet der Bildkommunikation tätig. Er ist Mitglied in den Normungsgremien DIN NI 24.6 "Imaging" und DIN NI 29 "Bild- und Ton–Kodierung". Seit 1989 arbeitet Herr Blum an der internationalen Standardisierung des "Image Processing and Interchange Standards" (IPI) innerhalb ISO/IEC JTC1/SC24 mit, wo er seit Oktober 1992 Editor für Part 3 der Norm, der "Image Interchange Facility" (IIF) ist.

Seit Januar 1993 ist Herr Blum Projektleiter beim IGD im fachlichen Bereich "Multimediale Teledienste — Multi Media Mail".

## Luc Neumann

Luc Neumann studierte Informatik an der Technischen Hochschule Darmstadt, wo er 1991 sein Diplom erhielt. Seit 1992 ist er als wissenschaftlicher Mitarbeiter am Fraunhofer–Institut für Graphische Datenverarbeitung (IGD) in Darmstadt tätig.

Dort arbeitet er in der Abteilung Bildverarbeitung (Imaging) auf dem Gebiet der Bildkommunikation. Im speziellen ist er an der Entwicklung von bildspezifischen Diensten und Systemen für multimediale Anwendungen in Telekommunikationsnetzen interessiert.

## Peter Johannes Neugebauer

Peter Johannes Neugebauer studierte an der Friedrich–Alexander Universität Erlangen–Nürnberg, wo er 1991 sein Diplom im Fachbereich Informatik erhielt. Nach seinem Studium wurde er als wissenschaftlicher Mitarbeiter in der Abteilung für "Bildverarbeitung (Imaging)" am Fraunhofer–Institut für Graphische Datenverarbeitung eingestellt.

Seitdem ist er dort auf dem Gebiet der Mustererkennung tätig. Sein spezielles Interesse gilt vor allem der 3D–Bildverarbeitung, Bildanalyse und *Matching*.

## Uwe Schneider

Uwe Schneider absolvierte ein Studium der Informatik an der Technischen Hochschule Darmstadt und erhielt dort im Mai 1991 sein Diplom. Seit Januar 1992 ist er als wissenschaftlicher Mitarbeiter am Fraunhofer–Institut für Graphische Datenverarbeitung (IGD) in Darmstadt in der Abteilung Bildverarbeitung (Imaging) tätig.

Sein Interessenumfeld bildet die Bildkommunikation im Kontext multimedialer Teledienste. Ein Arbeitsschwerpunkt ist dabei die Einbindung von Bilddaten in multimediale standardisierte Dokumenten–Architekturen.

## Rüdiger Strack

Rüdiger Strack studierte von 1984 bis 1990 Informatik an der Technischen Hochschule Darmstadt. Seit 1990 ist er wissenschaftlicher Mitarbeiter am Fraunhofer–Institut für Graphische Datenverarbeitung (IGD) Darmstadt in der Abteilung Bildverarbeitung (Imaging). Dort arbeitet er in den Bereichen Bildverarbeitung und Bildkommunikation.

Seine Interessensschwerpunkte sind der Entwurf von graphisch–interaktiven Systemen der Bildverarbeitung und Bildkommunikation, Bildinput– und Outputprozesse, und die Modellierung von Bilddatenstrukturen.

Seit Januar 1993 ist Herr Strack Projektleiter beim IGD im fachlichen Bereich "Multimediale Bildkommunikation".

# Index